（典藏版）

百部国学传世经典

中华国学经典盛宴／获取先贤核心

中国通史

史靖妍／主编

漓江出版社

图书在版编目（CIP）数据

中国通史/史靖妍主编. --桂林：漓江出版社，2017.8
（2026.1重印）(百部国学传世经典)
ISBN 978-7-5407-8238-2
Ⅰ. ①中… Ⅱ. ①史… Ⅲ. ①中国历史-通俗读物 Ⅳ. ①K209
中国版本图书馆 CIP 数据核字(2017)第 211377 号

中国通史 ZHONGGUO TONGSHI

主　　编　史靖妍

策划统筹　陈植武　林晓鸿
责任编辑　魏志明　李淑娟

出 版 人　梁　志
出版发行　漓江出版社
社　　址　广西桂林市南环路 22 号
邮　　编　541002
网　　址　www. lijiangbooks. com
印　　制　北京飞达印刷有限责任公司
开　　本　710 mm×1000 mm　1/16
印　　张　30
字　　数　538 千字
版　　次　2017 年 8 月第 1 版
印　　次　2026 年 1 月第 5 次印刷
书　　号　ISBN 978-7-5407-8238-2
定　　价　45.00 元

前言

历史是一面镜子，映照出古今中外的世道变迁、人事浮沉；历史是一种智慧，隐藏着人生宇宙的规则尺度、机巧谋略；历史是一个进程，囊括了时空之中的演化嬗变、传承接续。历史从未远离我们，就在我们身边，任何历史都是当代史。只有认真地学习历史，才能成为真正的智者；只有认真地品读历史，才能更好地把握未来。

不了解现实，是因为不了解历史；不理解现实，是因为不理解历史。历史就像一面镜子，记录着人类社会的成功与失败、兴盛与衰退、辉煌与悲怆、交替与更新，更预示着人类的未来。

读史使人明智，鉴古方能知今。一条妙计，可以赢得一场战争；一番谋划，可以拯救一个国家；一计良策，可以成就一桩事业；一点心机，可以反败为胜，化险为夷。古往今来的有识之士无不注重从历史中汲取营养，从历史的兴衰演进中体会生存智慧，从历史人物的叱咤风云中感悟人生真谛和成功的哲学。古今中外的历史不仅风起云涌、波澜壮阔，而且隐藏着无数盛衰存亡的道理、得失成败的奥秘、可吸收借鉴的智慧。

本书以宏阔的视角，科学的历史观述载历史，将中国历史汇聚成见微知著、借古鉴今的智库。讲述历史，阐释内蕴的智谋，融知识性、故事性、趣味性、哲理性于一体，引导读者尽览历史风云，解读生动的历史人物，从浩如烟海的史学著作中深入挖掘古人智慧精华，让读者轻松获取领悟历史智慧的捷径。

目录

史前史

夏

商

西　周

春　秋

战　国

秦

西　汉

东　汉

三 国

西 晋

东 晋

南北朝

隋

唐

五代十国

北宋

南宋

辽

西 夏

金

元

明

清

史前史

（800 万年前至前 21 世纪）

【历史解说】

从 800 万年前的云南腊玛古猿化石，到 300 万年前湖北南方古猿的牙齿化石，直到 170 万年前的元谋人化石，证明着中国这块土地上早期人类进化的遗迹。此后 170 万年的时间里，由旧石器时代，到中石器时代，再到新石器时代，丰富多彩的石器文明遗迹勾画出夏王朝以前中国先民的文明化过程。

115 万—65 万年前的陕西蓝田人，是最早的直立起来行走的人类之一。70 万—23 万年前北京周口店的北京猿人，已经具备蒙古人种的体质特点。旧石器时代前期的人类，用打击制造的石器捕猎动物，同时采撷植物的果实，来维持自己的生命，就这样茹毛饮血地创造出最初的文明。从周口店到天安门，这是一个多么耐人寻味的宇宙奇迹和文明硕果！我们华夏文明的初蕾，就是这样萌动成长的。

20 万年前的大荔人和 10 万年前许家窑人，完成了向智人的过渡。到了眼眶低扁、鼻孔宽阔的广西柳江人，就已经是晚期的智人。山西、河北、内蒙古、宁夏，都出土了旧石器时代的石器，山西丁村的三棱尖状器，是最典型的旧石器文化的代表。

细小石器，是中石器时代的象征，时间约在 1 万年前到 5500 年前。比起旧石器时代的直接打击法，细小石器的特殊间接打击和琢磨法，是历史的一大进步。山西怀仁出土了最早的农具，标志着人类正从采撷（xié）和渔猎生活向农耕和畜牧生活过渡。

新石器时代约从 9000 年前开始，农耕畜牧比渔猎采撷变得更为重要，而花纹斑斓的彩陶和黑陶成为文明前进的符号。仰韶文化和龙山文化，像黄河和长江一样，成为贯穿中国史前文化的两大干流。仰韶文化，东到河南，西达甘肃、青海，南到湖北，北达河套地区。发掘出的彩陶花瓣纹盆、勾叶纹彩陶盆等陶器，制作精致，上面绘画着植物、动物与几何图案。山东和江苏地区的龙山文化，则以黑陶为特征，精致的蛋壳陶，乌漆一般光亮闪烁，上面有巧妙的花纹图样，标志着一个新的文明高度。

中华文明的早期基础，在母系氏族社会为主调的新石器时代已经逐渐奠定。房屋建构的规制，墓葬的方法、仪式，鬼魂、祖先和生殖崇拜的原始宗教萌芽，各种工具的制造，逐渐勾勒出中华文明的粗线条轮廓。构木为巢，钻木取火，伏羲、女娲、炎帝、黄帝，种种神话传说，都是文明前进的象征。

炎黄子孙，正在创造出光辉灿烂的华夏文明。

旧石器时代的黄河文明

山西省芮城县西侯度文化遗址，位于黄河中游左岸高出河面约170余米处，是目前发现的最早的旧石器时代文化的历史现场，约在180万年前。

石制品的文化遗物共发现32件。用石英岩、脉石英和火山岩加工成的刮削器、砍器、尖状器和石核、石片，集中分布在平均约1米厚的早更新世交错层岩中。我们最早的祖先拿起石头，开始制造工具，为生存而奋斗。

黄河的乳汁，哺育出后来的华夏文明。而西侯度，应该说是华夏文明最原初的一个源头，站在这里，感觉实在而亲切。人，中国人的老祖先，就是从这里跳出来，走出来的。

元　谋　人

170万年以前，云南元谋一带，林莽丛生，是一片亚热带的草原和森林，原始鹿、爪蹄兽、最后枝角鹿等第3纪残存动物在这里出没，再晚一些，则是桑氏鬣（liè）狗、云南马、山西轴鹿等早更新世的动物。它们大多数都是食草类野兽。元谋人使用原始的石器捕猎它们，以获得自己的生存。

这是化石提供的景象。元谋上那蚌村附近的早更新世地层中，元谋盆地内暴露的695米厚共4段28层的河湖相沉积地层里，在第4段第22层，发现了两枚上内侧门齿化石。用古地磁测定法检测，这两枚牙齿属于170万年前的一个男性青年。

这是我们170万年前一个祖先的牙齿,它证实了中国人的历史起源和存在。

和这两枚牙齿化石同时从褐色黏土层中出土的,还有7件脉石英石核与刮削器。元谋人制造和使用这些石器,也许后来中国人的文明就是从这里开始萌动。

平额广眉的蓝田人

在今天的陕西省蓝田县公王岭一带,约115万年至65万年前,有一些在低平的前额上隆起粗壮眉脊骨的原始人类生息活动。他们打制的石器外形又粗又大,但已经有不同类型石器分工的迹象。这就是蓝田人。他们的化石于1963年至1964年在当地更新世早期地层中被发现。

考古研究表明,蓝田人比稍后的北京人大脑容量较小一些,有780立方厘米。但他们已经是完全的直立人,而且是亚洲北部最早的直立人。

直立起来,这是成为人的重要标志。

火的使用

希腊神话里普罗米修斯为人类从天神宙斯那里偷火,中国的古史传说则是燧人氏“钻木取火,炮生为熟”。从中国和西方对使用火不同的神话传说中,已经可以看出中西不同的民族性格走向。但从地下的史料发掘看,欧洲人是在四万年前旧石器时代的摩斯特里安期,才有人使用火的确凿证据,而周口店北京人的遗址里,有成堆的灰烬,紫、红、白、黑、黄,五色缤纷,却是50万年以前人使用火的实在遗迹。

人掌握了火,不仅能驱寒取暖,还能用作与野兽搏斗的武器,更重要的是,火使人从生食到熟食,体力和脑力都得到大幅度提高改善。火光中,人的生活方式变得更积极,走向文明的步伐也大大加快了。

传说中的有巢氏

"太古之民,穴居野处,博生咀华,与物相友,无有杀伤之心;逮乎后世,人民机智,而物始为敌,爪牙角毒,既不足以胜禽兽,有巢氏作,构木为巢,教民居之,以避其害。"(明王世贞《纲鉴》)

人为万物之灵,面临困难,就开动脑筋想办法。既然是从古森林中的猿猴进化而来,栖居森林的经验自然使他们想到构木为巢。

盘古开天辟地的传说

"天地混沌如鸡子,盘古生其中。万八千岁,天地开辟,阳清为天,阴浊为地。盘古在其中,一日九变,神于天,圣于地。天日高一丈,地日厚一丈,盘古日长一丈。"(《艺文类聚》卷一引《三五历纪》)

在某种意义上,晚出的盘古开辟神话,正象征着由猿到人的演进历程。原始大自然的造山运动,壮观辉煌,印迹在人类远祖的记忆中,到了文明时代,就衍化为开天辟地的幻想。

北　京　人

从约 70 万—23 万前年北京周口店龙骨山的北京猿人,到 21 世纪中国首都的北京人;从周口店到天安门,中国人迈出了多么耐人寻味的历史步伐。

1929年,在周口店发现了第一个北京人的头盖骨,到20世纪60年代一共找到了大约40个不同年龄个体的人类化石,90多种哺乳动物的化石,数以万计的石器和用火的遗址。可惜,1937年以前出土的北京人骨化石资料,全部在第二次世界大战中遗失了。

根据第11号头骨化石复原的北京人头像,是人类学头像复原的首例。据研究测定,周口店北京人的脑量为1059毫升,比现代人的平均脑量1400毫升还有较大距离,但从脑膜上语言区部位隆起的现象分析,他们已经有了简单的思想和语言。那时,周口店一带三面有青山环绕,一面是广阔的平原,附近有潺潺的水源,气候比较干燥,北京人就在这片山清水秀的土地上,过着狩猎和采集的穴居生活。

辽宁金牛山人类化石

剑齿虎、变种狼、中国貘(mò)、肿骨大角鹿和硕猕猴等活跃在茂密的森林和丛生的灌木中,三门马奔跑在广袤的草原上,门氏犀则在辽阔的水域里游泳……在辽宁省营口市金牛山发掘出的石器和动物化石,向我们展现了公元前约20万年到10万年的这样一幅宏伟景象。石器的打片方法和北京人文化很相近,在这片原始的背景下,中心已经是人——我们的老祖先。

一具人类化石在这里出土,包括头盖骨、肋骨、脊椎骨、尺骨、髋骨、手骨、足骨等五十多件化石。经测定,这是一个刚成年的十多万年以前的男性青年的身体。这样完整的早期人类个体化石,在旧石器时代实属罕见。如此遥远的人类化石,他的存在却这般质感,实在让人产生无限遐想。

广东曲江马坝人

1958年5月,在广东省曲江县马坝乡狮子山岩洞中,发掘到一个虽然已经破碎但可以复原的人类头顶骨,经测定,属于13万年以前的中更新世晚期,各种特征都比北京人更进化。这是一种比直立猿人更接近于现代人的古人。

马坝人的发现告诉我们,20万年以前,珠江三角洲就有我们祖先的踪迹了。

许家窑文化

山西省阳高县许家窑村和河北省阳原县侯家窑村一带,发现了10万年前到6万年前的人类化石二十多块,属于地质时代中更新世末或晚更新世初。二十多块化石分别属于10个不同的人类个体,经考古研究,他们总体上已经属于早期智人。

智人已经能制造更进步的石器和骨器。发掘出来的石器多达14000件,以石英和燧石为主要原料。用厚石片加工成的龟背形状的刮削器、细小石器和石球,成了许家窑文化的象征。

许家窑遗址中出土了数以吨计的动物骨骸,却没有见一具完整的动物遗体。看来,成了智人的许家窑人已经具有了更大的战斗力,野兽都成了他们的口中食和身上衣了。生存竞争的规律从一开始就是残酷的。

在许家窑人的牙齿化石上发现"氟牙症",不知道早期的人类是如何战胜这种疾病的。

晚期智人

1958年,在广西柳江通天岩发掘出一具骨骼,这是一个中年男性。他的头骨比现代人低,股骨干上部的肩平度介于北京人和现代人之间,上门齿舌面呈铲形,面部短而宽,眼眶低而扁,鼻孔较宽阔。体骨和股骨则显示体型比较矮,和现代东南亚一带的人相近。考古鉴定,这是距今约5万至3万年前旧石器时代晚期的正在形成中的蒙古人种。

这是迄今为止发现的中国以至东南亚地区最早的晚期智人化石。

河套文化

河套文化是约5万年前至3万年前的旧石器时代遗址,在内蒙古萨拉乌苏河六湾沟一带的峡谷峭壁上。在河、湖生成的细沙、淤泥和风成的沙丘底层,发现了丰富的动物化石。其中有晚期智人化石23件,包括额骨、枕骨、肩胛骨、胫骨和牙齿等。还有用石英和燧石打制的刮削器、尖形器、楔形石器、钻具和雕刻器等共五百余件。这些石器的特点是器形小巧,因而被命名为“细小石器”。这里的动物化石被称为“萨拉乌苏动物群”,有最晚鬣狗、诺琪驼、河套大角鹿、披毛犀、原始牛、王氏水牛、赤鹿、蒙古野马等三十多种,那是一个多么壮观的原始草原动物园!

中石器文化

中石器时代,也叫续旧石器时代——旧石器时代向新石器时代过渡的转折期。从地质年代说,这时是全新世,属于冰后期。

约1万年以前,中国开始步入中石器时代。发展是不平衡的,当中原地区已经完成了转型而进入新石器时代以后,边远的一些地区仍然停留在中石器文化时代。气候比旧石器时代变得更暖和了。人类仍然靠采集植物果实、打鱼和狩猎生活,还没有发展出农业和畜牧业。但用间接打击法制作的细石器变得更流行、更典型。一些用磨制法做成的石器也出现了。

从考古发掘来看,这个时期还有些朦胧,遗址调查出来不少,但出土的文物还不多。

最早的中国农具

山西省怀仁县鹅毛口村附近,1963年发现了8000年前2万平方米的一处中石器制造遗址。发掘出来的石器,除了有大砍斫器、三棱大尖状器等之外,特别引人注目的是一些石斧头、石锄头、石镰刀等,这是中国最早的农具,中国人开始经营农业的证据。这些农具的制造程序是先打制毛坯,再敲击凸棱,最后磨光。这种制作过程生动地说明了从旧石器时期向新石器时期的演变。

8000年前的祖先扛着这些原始的农具日出而作,日落而息,逐步地脱离单纯狩猎的生活。他们迈出了历史前进的关键一步。

怀仁县的遗址和内蒙古大窑、广东省西樵山的另外两处,是中国史前时期的三大石器制造场所。

山顶洞人

山顶洞人是接近现代人的“北京人”。这些18000年前至10000年前的化石，发现于北京周口店北京人遗址的山顶洞。这是一个洞穴堆积，洞口朝北，里面分上室、下室和地窖。东南部是上室，东西长16米，南北宽8米，是山顶洞人起居坐卧的地方。洞西北部是下室，深达8米，保存着三具完整的人骨化石，可能是葬地。地窖里则有大量的动物化石，看来是贮藏食物等生活用品的仓库。

山顶洞发现的人类化石，属于8个不同的个体，男女老少都有。检测表明，男性身高1.74米，女性身高1.59米，平均脑量已经有1300到1500立方厘米。无论身体外形还是智力，山顶洞人都已经和现代人没有太大的差别。

对头骨、面骨等作考古测量和分析，发现山顶洞人与蒙古人种比较接近，但也有个别其他人种的特征。人类的种族形成也是一个漫长的过程。

山顶洞中发现的54种脊椎动物化石，绝大多数是华北、内蒙古和东北地区现在仍然存活的物种，这让我们对一两万年以前的世界减少了神秘感而增加了亲切感。

新石器文化

距今大约8000年前的裴李岗文化，1977年发现于河南省新郑县，多处遗址分散在河南中部。

在裴李岗遗址，发现了曾有村落的遗迹，南部有窑穴、陶窑，西部和西北部有墓葬，而村民们的居住建筑集中在遗址的中部。有六座半地穴的居址，分圆形和方形两种，房基的直径为2.2米到3.8米，面积不算大。在屋内可以发现炉灶的位置，同时在硬土居住面边缘紧靠处有几个柱洞，均匀地分布着。坡状或台阶状的门道在南壁或西南壁附近。窑穴则有圆形、椭圆形和不规则形三类,少数呈圆形小口袋形状。

裴(péi)李岗文化已经是以农业为主的文化。裴李岗人磨制出带有锯齿的石镰刀、石铲,用这些工具种植粟,收获以后则使用带四个柱形足的石磨盘来加工。他们已经懂得烧窑制造陶器,发现的1号陶窑其结构属于横窑穴,仰韶文化的横窑穴似乎就从此发展而来。从保留下来的陶片看,裴李岗人烧制的陶属于泥质红陶,质地比较疏松,表皮很容易剥落,技术还比较低级。据测定,烧窑时的温度应该在摄氏900度到960度之间。

当一个裴李岗人走完他并不太长的三四十年的人生后,亲属们就把他埋葬到墓地里,安葬时遗体仰身直肢,头向南安置。在氏族墓地发现的114座墓穴都呈长方形浅竖穴,除了一座是两人合葬外,其他的都是单人葬。但死者都有随葬的陶器制品或其他物品,少的1件,多的有14件,贫与富的区别已经显现出来。裴李岗文化是已知的华北地区最早的新石器时代文化,它使我们对那个时期人的一生轨迹有了一种生动的想象。

西安半坡遗址

约6700年前到6000年前间的陕西省西安半坡遗址,是仰韶文化的早期代表。遗址出土了丰富的陶器,形状多姿多彩:直口弧形平底或圆底钵,卷唇斜弧腹或折腹圜底盆,平唇浅腹平底盆,直口尖底瓶,蒜头细颈壶,或鼓腹小平底瓮,等等。这些陶器上绘画着简单朴素而颇有意趣的纹饰,有本色的绳纹、弦纹、线纹、指甲纹、锥刺纹等,也有彩陶上的红底黑彩和红彩的动物纹、植物枝叶纹以及几何图案纹。鱼、羊、鹿、蛙、人的脸,栩栩如生;三角、圆点、折波……耐人寻味。特别是双人鱼面纹,更是优美奇特,已经富有抽象和象征的倾向。

半坡遗址的房屋窑穴等,也都很有特点。半坡的房屋,居住面和墙壁都是用草泥抹成,有一个方形门槛,两侧围起小墙,横在门道和屋室间,屋中有1到6根柱子,屋当中则有一个灶坑。在房子中间,则夹杂分布着窑穴,窑穴的直径一般在1米左右。

山西芮(ruì)城的东庄村,甘肃秦安的大地湾,湖北郧(yún)县的大寺,陕西的北首岭、史家、元君庙、姜寨(一期)等遗址,都与半坡属于同一类型。

女娲

女娲的神话传说，也许反映了母系氏族社会的信仰。《太平御览》引《风俗通义》中说："俗说天地开辟，未有人民，女娲抟（tuán）黄土作人，剧务，力不暇供，乃引绳于泥中，举以为人。女娲祷祠神，祈而为女禖，因置昏姻。"《淮南子·览冥训》中则说："往古之时，四极废，九州裂；天不兼覆，地不周载；火炎焱（yàn）而不灭，水浩洋而不息；猛兽食颛（zhuān）民，鸷（zhì）鸟攫老弱。于是女娲炼五色石以补苍天，断鳌四足以立四极；杀黑龙以济冀州，积芦灰以止淫水。苍天补，四极正，淫水涸，冀州平。"

女娲不仅是人的创造者，婚姻的发明者，还治理了各种自然灾害，真是华夏民族的第一位母亲，人类的大救星。对她的崇拜和神化是否就是在制作彩陶的过程中，在那些制陶工人的口耳相传中越来越丰富起来呢？女娲抟黄土作人，仰韶文化不也是用黄土制作美丽的陶器吗？

大汶口文化

大汶口文化是黄河下游地区的新石器时代文化，因1959年发掘的山东省泰安县大汶口遗址而得名。主要分布在山东省泰山周围地区，延及山东中南部和江苏淮北一带。年代约始自约公元前4300年到公元前2500年前，发展成山东龙山文化。大汶口文化分为三个发展阶段。早期约在公元前4300年到公元前3500年之间，以刘林、王因遗址为代表。中期约在公元前3500年至公元前2800年之间，以大汶口墓地早、中期墓为代表。晚期约在公元前2800年至公元前2500年之间，以大汶口晚期墓为代表。

大汶口文化以农业经济为主，种植适合黄河流域的耐旱作物粟。农业生产工具有石铲、鹿角锄等，木质农具如耒、耜等已经出现。三里河遗址中发现了贮藏的窖穴，表明当时已有较多的剩余粮食。

大汶口文化的饲养业比较发达，饲养猪、狗、牛、羊、鸡等动物。渔猎经济占有一定的比重，骨镞（zú）、角质鱼镖、网坠等遗物表明当时居民还进行狩猎和捕鱼。当时还出现了一种大汶口文化特有的獐牙刃勾状器，鹿角为柄，可用来捕鱼和切割，为多用途复合工具。

大汶口文化的陶器制作工艺在不断发展。早期以红陶为主，形状简单，还有火候不足造成的一器多色的现象。中期盛行灰陶，陶制品的种类明显增加。晚期则以黑皮陶为主，陶胎为棕红色，少量为纯黑陶。轮制技术的广泛使用，使陶器制作获得长足的进展。晚期出现了快轮制陶工艺，发现了新的制陶原料，产生了一种质地坚硬、胎薄而均匀，色泽明快的白色、黄色、粉红色陶器，统称为“白陶”。大汶口文化制陶工艺最高水平的代表为薄胎高柄杯，造型优美，色泽鲜亮，集实用性和观赏性为一体，成为龙山时代蛋壳黑陶的祖先。

制石、制玉、制骨等手工业在大汶口文化中已经比较发达。石质工具多为磨制，并穿孔，出现了管穿法和凿穿法两种穿孔方法。玉质饰品有璜、玦、管等，大敦子遗址中出土了软玉制成的环刃小刀和硬度很高的碧玉铲。

大汶口文化的房屋有圆形半地穴式，屋顶为木质的原始梁架结构，屋顶呈圆锥形。还有方形平地起建式，墙基挖沟槽，沟内填黄土立木柱砌建而成。当时的房屋大多结构简单，面积不大。

大汶口文化的墓葬形成墓群，各墓间排列整齐，头的朝向基本一致。墓葬的集中和疏散排列，反映出氏族成员之间的亲疏关系。形制多为长方形土坑竖穴墓。中晚期后盛行木结构的葬具，有长方形椁，“井”字形木椁和长方形木框上再套一框。男女合葬墓的比重越到后期越大，可能在父权制度确立后的夫妻合葬或妻妾殉葬的情况；还有一种厚葬墓专门为保护氏族利益而死的人使用。随葬品的多寡越到后期越悬殊，而且男人多为生产工具，女人则多为纺轮，说明男女的分工已经明确，女性从事家务劳动，男子从事农业生产。随葬猪下颚骨成为当时的风尚，猪颚骨的多少成为衡量财富占有量的标尺。随葬的獐牙钩形器则为权力和地位的象征。这表明，大汶口文化晚期已经出现了严重的贫富分化，原始氏族社会已经逐渐走向解体。

传说中的中国远古居民

远古时代，在中国领域内，居住着许多不同祖先的氏族和部落。它们彼此间经长时期的相互影响和相互争斗，有些逐渐融合了，有些发展起来。

从传说和神话里，推测远古居民分布的一般情况如下：

居住在东方的人被统称为“夷族”。太皞(hào)是其中一族的著名酋长。太皞姓风，神话里说他人头蛇身(一说龙身)，可能是以蛇(或龙)为图腾的一族。陈(今河南淮阳县)，相传是“太皞之墟”。春秋时期，山东还有任、宿、须句(gōu)、颛臾四个小国，说是太皞的后裔。相传伏羲画八卦。伏羲与太皞向来被当作同一个人的名号，事实上伏羲是指远古开始有畜牧业的一个时代，太皞则可能实有其人。如果八卦确是一种记事符号的话，按照传说，当是出于太皞或太皞族。八卦是“—”(阳性)“--”(阴性)两种线形凑成乾、坤、坎、离、震、艮、巽、兑八个卦形，每一个卦代表当作同一属性的若干事物。如乾为天、父、玉、金，坤为地、母、布、釜，这种记事方法，比结绳进了一步。后来黄帝族发明象形文字，借它作卜筮的符号，失去了原来作为记事符号的意义。

居住在北方、西方的人统称为“狄族”“戎族”。其中“犬戎族”自称祖先为二白犬，当是以犬为图腾。薰鬻族(薰鬻音 xūn yù，即秦汉时匈奴的祖先)是北方强族，相传与黄帝族曾发生过冲突。

居住在南方的人统被称为“蛮族”。其中九黎族最早进入中部地区。九黎当是九个部落的联盟，每个部落又各包含九个兄弟氏族，共八十一个兄弟氏族。蚩(chī)尤是九黎族的首领，兄弟八十一人，即八十一个氏族酋长。神话里说他们全是兽身人言，吃沙石，铜头铁额，耳上生毛硬如剑戟，头有角能触人。这大概是以猛兽为图腾，勇悍善斗的强大部落。九黎族驱逐炎帝族，直到涿鹿(涿鹿或说在河北怀来县或说在涿鹿县)，后来炎帝族联合黄帝族与九黎族在涿鹿大械斗，蚩尤请风伯雨师作大风雨，黄帝也请天女魃(bá)下来相助。这些荒诞的神话，暗示着这一场冲突非常激烈，结果蚩尤斗败被杀。九黎族经长期斗争后，一部分被迫退回南方，一部分留在北方，后来建立黎国，一部分被炎黄族俘获，到西周时还留有“黎民”的名称。

炎帝族居住在中部地区。炎帝姓姜，神话里说他牛头人身，大概是牛图腾的氏族。姜姓是西戎羌族的一支，自西方游牧先入中部，与九黎族发生长期的部落间的冲突。最后被迫逃避到涿鹿，得黄帝族援助，攻杀蚩尤。后来炎黄两族在阪泉(据说阪泉在河北怀来县)发生了三次大冲突，黄帝族统率以熊、罴(pí)、貔(pí)、貅(xiū)、貙(qū)、虎为图腾的各族打败炎帝族，黄帝族势力进入中部地区。

黄帝族原先居住在西北方，据传说，黄帝曾居住在涿鹿地方的山湾里，过着往来不定迁徙无常的游牧生活。后来打败九黎族和炎帝族，逐渐在中部地区定居下来。黄帝姬姓，号轩辕氏，又号有熊氏。古书中有关黄帝的传说特别多，如用玉(坚石)作兵器，造舟车弓矢，染五色衣裳，嫘祖(黄帝正妻)养蚕，仓颉造文字，大挠作干支，伶伦制乐器，虞、夏二代禘(dì)祭黄帝(尊黄帝为始祖)。这些传说多出于战国、秦、汉时学者的附会，但有一点是可以理解的，即古代学者承认黄帝为华族始祖，因而一切文物制度都推原到黄帝。

《国语·晋语》说，黄帝有子二十五人，其中十四人共得十二姓。所谓得姓，大概是子孙繁衍，建立起新的氏族来。《山海经》《大戴礼记》等书记载古帝世系，不论如何分歧难辨，溯源到黄帝却是一致的。历史上唐尧、虞舜以及夏、商、周三代，相传都是黄帝的后裔。

传说中黄帝以后帝尧以前，黄帝族著名的首领，有以下诸人：

少皞　姓姬或说姓嬴，名挚(zhì)，居曲阜(山东曲阜县)，号穷桑帝。黄帝后裔或在中国，或在夷狄，少皞族可能是黄帝族向东发展的一支。与夷族杂居，接受了太皞族的文化，因此称为少皞，成为夷族文化的继承者。春秋时郯国(山东郯城县)自称是少皞的后裔。

颛顼(zhuān xū)　传是黄帝子昌意的后裔(《山海经》《国语·楚语》有此说)，居帝丘(河南濮阳县)，号高阳氏。被黄帝征服的九黎族，到颛顼时，仍奉巫教，杂拜鬼神。颛顼禁绝巫教、逼令顺从黄帝族的教化。当时南方苗族又逐渐向北发展，自颛顼到禹，传说中常见苗族、黎族与黄帝族的不断冲突。

帝喾(kù)　相传是黄帝子玄嚣的后裔，居西亳(河南偃师县)，号高辛氏。传说帝喾有四妻、生四子。姜嫄(yuán)生弃(周祖先)，简狄生契(商祖先)，庆都生尧，常仪生挚。《左传》文公十八年，季文子说，高阳氏有才子八人，号称八恺(kǎi)，高辛氏有才子八人，号称八元。这十六族世世有声名，尧不能举用。舜举用八恺，使主管后土，地平天成；举用八元，使主管教化。八恺指以禹为首的各族，八元指以契为首的各族，契距离帝喾既不只一世，尧、弃、挚年代相近，距离帝喾当然也不只一世。如果弃等四人确是同出帝喾一系，应是同族的后裔，绝不是同父异母兄弟。卜辞中证明商朝认帝喾为高祖，祭礼非常隆重，帝喾可能是实有其人。

《国语·鲁语》说:“有虞氏禘(大祭祀)黄帝而祖颛顼,郊尧而宗舜。夏后禘黄帝而祖颛顼,郊鲧(gǔn)而宗禹。商人禘舜(喾误作舜)而祖契,郊冥而宗汤。周人禘喾而郊稷,祖文王而宗武王。”《礼记·祭法篇》说:“有虞氏禘黄帝而郊喾,祖颛顼而宗尧。夏后氏亦禘黄帝而郊鲧,祖颛顼而宗禹。殷人禘喾而郊冥,祖契而宗汤。周人禘喾而郊稷,祖文王而宗武王。”不论《鲁语》和《祭法篇》所说是否有据,汉以前人相信黄帝、颛顼、帝喾三人为华族祖先,当是事实。

黄帝族与炎帝族,又与夷族、黎族、苗族的一部分逐渐融合,形成了春秋时称为华族、汉以后称为汉族的初步基础。

远古时代就居住在中国南方的苗、黎、瑶等族,都有传说和神话,可是很少见于记载。一般说来,南方各族中最流行的神话是“盘瓠(hù)”。三国时徐整作《三五历纪》,吸收“盘瓠”入汉族神话,“盘瓠”成为开天辟地的盘古氏。

轩辕黄帝

黄帝是继炎帝之后的一位部落联盟领袖,古代典籍中有关黄帝的神话传说多彩多姿。黄帝部落和炎帝部落发生过激烈的战争,特别是阪泉之战,传说黄帝驯服熊、罴、貔(pí)貅(xiū)、虎等猛兽做前驱,把炎帝部族打败,确立了自己的领袖地位。后来又和不服从命令的九黎部族的蚩尤大战于涿鹿,战况更是光怪陆离,十分凶险。蚩尤作大雾,围困住黄帝的军队,黄帝的手下有一个叫风后的发明了指南车,突破了围困。蚩尤又让风伯、雨师兴风作浪,黄帝手下则有一条凶猛的应龙,他的女儿天女旱魃(bá),更能作法,造成大旱,终于克制了蚩尤阵营的风雨。但在战斗结束时,魃却作出了牺牲,再也不能上天,成了孤魂野鬼。铜头铁臂的蚩尤兄弟72人最后都被黄帝杀于冀中之野。

黄　帝

黄帝不仅自己多才多艺,造兵器,做舟车,把衣服染成五色,更重要的是他善于收罗和使用人才，发挥集体的力量。他手下人才济济，如仓颉造文字，大挠做天干地支，伶伦做乐器等，连黄帝的妻子嫘（léi）祖，也发明了养蚕纺织。今存的中医学的经典著作《黄帝内经》，据说也是黄帝和风伯、雷公讨论而成。黄帝成了无可争议的首领之后，他的部族逐渐与炎帝的部族、夷族、黎族等融为一体，成为华族。

我们都是炎黄子孙，炎帝和黄帝是中华民族的共同祖先。

私有制发展

广东省曲江县马坝镇西南石峡，发掘出一处遗址，面积约 3 万平方米距今约 5000 年前。遗址发掘出墓葬 64 座，一般是长方形土坑墓。这些墓坑做工细致，大多数都经过烧烤工序，较大型的墓坑填上还经过夯打。死者不管是成年人或者小孩，都是单人葬，以二次葬比较流行，一次葬则相对少一些。

在二次墓葬中都有两套随葬品，主要是陶器，有鼎、釜、豆、盘、罐、壶等不同形制的器皿，其中盘式鼎和子母口的三足盘更为常见。这些墓葬中还常常随葬一些劳动工具，如有的墓中发现成套的石凿和石锛（bēn）。另外的一些墓葬中则随葬有战斗用的武器，如石镞和长身亚腰斜弧刃的石钺。

形成鲜明对照的是一些小墓葬，里边的随葬品却非常稀少。由此看来，贫富悬殊的阶级分化现象在当时的社会里已经很明显，私有制正在迅速地发展。

尧和舜的传说

从陶寺遗址中考古发掘出来的材料，与古代文献中记载的尧、舜时代的情况，互相印证对照，说明古籍记载大多属实。

尧的父亲是黄帝的曾孙，尧继位时年仅 20 岁，首都在平阳（今山西省临汾市）。因为他曾被封于陶和唐，所以又叫陶唐氏。

《尚书》有《尧典》等篇,叙述尧、舜、禹“禅让”的故事。春秋战国时人,尤其是儒墨两大学派,都推崇取法这三个古帝,因此关于他们的传说,比黄帝以下诸帝更多些,真实性似乎也大些。

据传说,尧是帝喾的儿子,距黄帝五世。舜是颛顼的七世孙,距黄帝九世。禹是颛顼的孙子,距黄帝五世。三人世次,显然有很大的讹误。《竹书纪年》说黄帝至禹三十世,也是无可稽考的一种传说。

传说中,尧号陶唐氏,都平阳(山西临汾县),居地在西方。舜号有虞氏。《孟子·离娄篇》说“舜生于诸冯(píng,今山东诸城市),……卒于鸣条(河南开封附近),东夷之人也”,因此舜居地在东方。禹父鲧居地在崇,崇就是嵩,禹原住阳城(今河南登封市),在河南西部。后都阳翟(dí,河南禹县),也略偏西部。他们先都是部落酋长,后来被推选为部落联盟的大酋长。大酋长有权祭天,巡狩,处罚有罪的酋长,率众攻击敌对的部落。《尧典》说尧死时,“百姓如丧考妣”,善良的酋长,受到这种不因威迫而发出来的社会的敬意是可能的。

《尧典》等篇大概是周朝史官掇拾传闻,组成有系统的记录,其中“禅让”帝位的故事,在传子制度实行已久的周朝,不容有人无端发此奇想,其为远古遗留下来的史实,大致可信。据说,尧在帝位,咨询四岳(姜姓、炎帝族),四岳推举虞舜做继位人。舜受各种试验后,摄位行政。尧死,舜正式即位。舜也照样咨询众人,选出禹来摄行政事。舜死,禹继位。禹在位时,众举皋陶(偃姓、夷族)做继位人。皋陶死,又举皋陶子伯益做继位人。禹死,子启夺伯益位自立。“禅让”制度从此废弃。

氏族制度已经经过了若干万年,神话和传说中出现了黄帝,意味着氏族制度已向解体时期发展了。尧、舜、禹是部落联盟解体前最后的三个大酋长。由于攻黎攻苗的战斗胜利,俘虏逐渐被用到生产部门,成为奴隶。恩格斯指出:在畜群完全转归家庭所有以后,“家庭并不像牲畜那样迅速地繁殖起来,现在需要有更多的人来看管牲畜;为了这个目的,正可以利用被俘虏的敌人”。《尧典》有所谓“群牧”,就是以畜群为私有财产的部落酋长。俘虏首先被他们使用在畜牧业上,是很自然的。部落酋长拥有畜群和奴隶,自然要实行传子制度。部落的传子制度确立以后,部落联盟的“禅让”制度也就不能持久。禹私有财产较多,势力较大,所以启敢于破坏惯例,废弃“禅让”,世袭大酋长的权位。

禹做大酋长时,对苗战争获得大胜利,苗族被压迫退到长江流域。《墨子·兼爱篇》载禹《伐苗誓辞》说:“你们听我讲话。不是我喜欢打仗,是那苗人前来攻掠,我现在率领你们众邦君长,去惩罚他们。”《尚书·立政篇》,周公告诫成王说:“整顿你的军队,踏着禹的遗迹,走遍天下,直到海外(指非同族的居地),没有人不降服。”足见禹的武功,为后世所推崇。不过苗也是大族,退到南方以后,势力还很强盛，占有土地西起洞庭湖，东到鄱阳湖，与北方黄炎族对抗。禹建都阳翟，阻止苗族再北上进入黄河流域。从此黄炎族在中原地区的地位愈益巩固。黄帝以下诸帝，以攻黎攻苗为主要事业，到禹才完成了这个事业。

舜帝

《诗·大雅》说丰水东流（《文王有声》篇）、梁山巨大（《韩奕篇》），都是禹治水的功绩。《尚书·吕刑篇》说禹平水土。春秋时人说，如果没有禹治水，我们这些地方只有鱼，哪里还有人呢！铜器铭文里也说禹是平水土定九州的人。足见禹治洪水是一个很悠久很普遍的神话。禹是古帝中最被崇拜的一人。许多古老民族都说远古曾有一次洪水，是不可抵抗的大天灾。独在黄炎族神话里说是洪水被禹治得“地平天成”了。这种征服自然、人定胜天的伟大精神，是禹治洪水神话的真实意义。考洪水的有无或禹是否治洪水，都是不必要的。战国时人作《禹贡篇》，系统地说明山川土壤物产贡赋，治水神话发展成为一篇珍贵的古代地理记载。孔子说禹“尽力乎沟洫”（《论语·泰伯》），大概禹在原始灌溉工程上尽了力，大有益于农业，因之为后世所歌颂并夸大为治洪水的神人。与禹同时的伯益，《世本》说他是凿井的发明者。有了井，人可以离开河流两旁，到远处进行生产。《世本》又说禹时奚仲造车。有了车，人可以节省很多的劳力。《左传》说禹铸九鼎。《越绝书》载风胡子说，神农时用石做兵器，黄帝时用玉做兵器，禹时用铜做兵器，战国时用铁做兵器。依据这些传说，想见禹是远古生产力大跃进时代的代表人物。

生产力的提高，生产关系也将受到影响而发生变化。城是阶级社会开始的标志，谷物造成的酒也是标志之一。传说中的禹恰恰是开始造城的人（一说鲧作城），旨（甜）酒也在禹时开始出现（仪狄作酒）。如果上述各种传说多少有些真实性的话，可以设想禹时阶级社会已在形成，大酋长世袭制度也就要起而代替“禅让”制度。

黄炎夷三族的联盟，是由一百个（数字不必拘泥）氏族组合而成的。属于一百个氏族的人统称为百姓（后世也称百官、百工）。与黎族苗族冲突，所得俘虏称为民、黎、苗，或称黎民、苗民。甲骨文中还没有发现民字，但《尚书·盘庚篇》有民字。金文民字像一裸体人（露两乳，与母字形相似），足上挂器械的形状。陆次云《峒（dòng）溪纤志》说，苗人捕获汉人当奴隶，给他穿上木靴再加木锁，一辈子不得逃走。民字形体正显示这一种人是衣不蔽体、足上挂器械的,很像陆次云所说的奴隶。金文民字从最初的民字沿袭下来,并非周人所新创。民字义训为瞑、为盲、为冥,都含有恶意。古书称百姓与称黎民、苗民,显有贵贱的区别。舜命契教化百姓,命皋陶用刑法治苗民,命弃播百谷养黎民,实际当是用刑法强迫苗民黎民耕种来养活受教化的百姓。百姓与黎民苗民的区别,意味着奴隶主与奴隶的区别。禹时生产力跃进,攻苗又大胜,使用大量的俘虏到生产方面,自然会加速奴隶主与奴隶两个阶级的形成。

原始公社制度

中华民族的历史也和世界各古旧民族的历史一样,遵循着社会发展的规律,存在过原始公社制度。黄炎夷三族在"禅让"制度崩溃以前,正是实行着这个制度。

什么是原始公社制度?就是原始人类对于生产资料的社会公有制。那时候,生产力非常低微,人们借以生活的工具,仅仅是石器以及后来出现的弓箭。那时候,没有生产资料私有制,没有剥削,没有阶级。

原始公社到了末期,生产资料私有制逐渐形成起来。奴隶最初被使用在畜牧业上,后来也被使用在手工业上。因农业生产工具和技术的改进,最后奴隶才被使用到农业生产方面来。奴隶参加农业生产,是社会生产力进步的标志,原始公社制度也就开始向奴隶制度转变了。

《韩非子·五蠹》等篇说,尧的生活是茅草屋,糙米饭,野菜根不加调味,饮食器是土缶,粗布仅掩身体,冬天披鹿皮,衣履不倒破烂不换。舜比尧进化一些,木制饮食器上涂漆。禹更进化,祭器外面涂漆,里面涂红。《论语·泰伯篇》载孔子说:"禹不讲究饮食却讲究祭祀鬼神,不讲究衣服却讲究礼服礼冠,不讲究房屋却讲究沟洫水利。"尧舜禹时候的生活资料是贫乏的,但也显示出逐步在提高,禹时礼服礼冠的讲究,已含有区别贵贱的意义。

从《尚书·尧典》等篇看来,姜姓部落的酋长,称为四岳,有大酋长继承权,也有很大的议事权。皋陶是夷族的酋长,被选作禹的继承人。皋陶死,子伯益代皋陶做继承人。舜举十六族(颛顼帝喾后裔各八族),扩大联盟的范围。"禅让"时代,大概是以黄帝族为主体,炎帝族夷族为辅助的部落自由联盟。联盟的主要目的是对抗黎族和苗族。相传禹攻三苗,夷族不出兵援助,也许夷族对联盟比炎帝族要疏远些(夏代与东方九夷不断战争,春秋时期淮水流域很多小国,是皋陶后裔,但被称为蛮夷)。黄炎族与夷族在联盟中可能存在着种族歧视,启夺取伯益的地位,经济原因之外,这或许也是一个原因。

依据上面所述材料,生产工具仅仅是石器和弓箭,生活资料仅仅是糙米饭、粗布衣,大酋长由部落公选,没有什么特别权力。这样的社会形态,恰恰就是原始公社制。《礼记·礼运篇》讲禹以前的社会情况说:

"大道之行也,天下为公,选贤与(尊重)能(酋长公选),讲信修睦(和平)。故人不独亲其亲,不独子其子。使老有所终(养老),壮有所用(工作),幼有所长(抚育),鳏(老男无妻)寡(老女无夫)孤(幼儿无父)独(老人无子)废疾(残废)者皆有所养。男有分(职业),女有归(婚姻不失时)。货恶其弃于地也,不必藏于己(生产品共同所有)。力恶其不出于身也,不必为己(各尽所能)。是故谋闭而不兴(不欺诈争利),盗窃乱贼而不作(不掠夺),故外户而不闭(没有私有财产,不用关大门),是谓大同。"

产生在封建社会而又极端拥护封建制度的儒家学派,如果不是依据古代传闻,不可能产生"大同"的思想。原始公社制度的确在中国远古存在过,这也是一个证据。

中国古代史书里,记载国境内外落后诸族的史料,有很多可以作为旁证,说明汉族的祖先也曾过着同样或类似的生活。例如《三国志·魏志·乌丸传》注引《魏书》叙述乌丸(乌桓)的习俗说:"乌丸人选举勇健能战、公平解决争讼的人做大人。部落各有小帅,大人和小帅都是选举,不世袭。数百千落自为一部。大人有呼召,……各部落不敢违犯。……大人以下,各自畜牧治产,不相徭役。……敬鬼神,祭天地日月星辰山川,也用牛羊祭祀有勇名的先世大人。没有正式的法律,他们只相约:违大人命令,死;抢掠不止,死。部落间有仇怨,得自相报复,报复不止,请大人评判,理屈的部落出牛羊赎罪。"黄帝以至尧舜禹时社会和乌桓社会相当类似,因为凡属原始公社制度大体是相同的。黄帝、少皞、颛顼、帝喾、尧、舜、禹,就是有勇名功业的大人。古人祭祀有"神不歆(xīn,受祭)非类,民不祀非族"(《左传》僖公十年),"鬼神非其族类,不歆其祀"(僖公三十一年)的信条,所以上列古帝应是黄帝族的著名大人。

四五十万年前,中国已有原始人居住。虽然远古遗物,迄今发掘所得还不够多,可是旧石器中石器新石器的逐步进化,线索已很分明,再参考古代传说和神话,大体可以说明从蒙昧中期到野蛮末期的全部发展过程。当然,中间还留着许多空隙,必要材料的补充,尚有待于地下遗物的继续发现。

中国境内一向居住着文化系统不同、所奉祖先不同的各族,他们各在所居住的土地上,和自然界作斗争,发展自己的文化。他们相互间经常有冲突,也经常有经济上文化上的相互影响以至于融合或部分融合,这在地下遗物和传说中留存着不少的痕迹。

从传说中看来,居住在南方的统被称为蛮族。居住在东方的统被称为夷族。居住在北方的统被称为狄族。居住在西方的统被称为羌族或戎族。

被称为蛮族的黎族和苗族,先进入中原地区。其次进入中原地区的是羌族中的炎帝族。

黄帝族散布在中国西北部,仰韶文化所在地,当是黄帝族的文化遗址。仰韶文化在当时是较高的文化。

黄炎两族曾经冲突过,后来炎帝族被黎族压迫,向黄帝族求助。黄帝族击败黎族,又击败炎帝族。黄炎两族开始联合和融合,共同对抗强大的苗族。

黄帝族一部分入山东境,与夷族杂居,相互影响。颛顼据濮阳,自东向西发展,他的一支后裔鲧、禹在嵩山成立大部落;帝喾据偃师,自西向东发展,他的一支后裔契在商丘成立大部落。黄帝族在东西方兴盛起来,造成攻击黎族、苗族的有利形势。

尧舜禹时期,存在着以黄帝族为主,以炎帝族夷族为辅的部落大联盟。禹武力最大,压迫苗族退向长江流域,黄炎族占有了中原地区(主要是黄河中游两岸),从这里孕育了后来发展起来的伟大灿烂的华夏文化。

禹时农业进步和军事胜利,部落中财富增加,奴隶成为一种重要的财产,原始公社制度开始解体,向奴隶制度发展了。

从黄帝到禹的社会制度,是原始公社制度。当然,这并不是说,黄帝以前没有原始公社的存在。马克思说过:“虽然希腊人是从神话中引申出他们的氏族的,但是这些氏族比他们自己所造成的神话及其诸神和半神要古老些。”这个原理,同样说明了中国历史上原始公社的存在远比黄帝要古老些。

夏

(公元前21世纪至前16世纪)

【历史解说】

公元前2033年,禹接任了鲧(gǔn)的职位,放弃了鲧"堵"的治水方略,改为以疏导为主的办法治理洪水。这标志着禹的时代开始。因为禹受封于夏,所以他的部落就称为夏。禹建立了伟大的功勋,他不仅治理了为害多年的洪水,而且征讨三苗,南巡东狩,会诸侯,划九州,用铜制作兵器和传国的宝器。这样,禹就为他的儿子启奠定了雄厚的基础。禹死后,启就打破尧和舜的禅让制度,开创了子承父位的世袭王朝制度,这就出现了中国历史上第一个王朝——夏朝。夏朝的政治中心在今河南省偃师、禹州、登封一带,是从陕西、甘肃、河南一带的仰韶文化东移而来。

夏王朝的政治组织制度还比较简单,设有负责观察天体四时的羲氏、和氏,管理政事的牧正、车正、庖正,有专门囚禁犯人的地方"夏台"。羲氏与和氏制订了"夏小正"的历法,把一年分为12个月,就是最原始的夏历。管政事的牧正、车正、庖正负责领导人民制造石器、木器、蚌器等工具并组织生产活动。

在偃师二里头夏王朝遗址中,发掘出不少石镰(lián)刀、石斧头、蚌刀、木耒(lěi)等农具,也有一些小型的青铜制的兵器和工具。陶器则有爵、觚(gū)、鼎(dǐng)、豆、罐等器物。

夏代的农业很发达,考古发现在夏代已经有谷、稻、麦、菽、糜、瓜等多种农产品。历史记载:禹大力发展农业灌溉系统,并且"身执耒锸以为民先",亲自躬耕以为表率。夏实行"五十而贡"的税收制度,各部落都按收入的一定比例向中央政府纳税。夏还制定了环境保护政策,在春季"山林不登斧,以成草木之长""川泽入网罟,以成鱼鳖之长"。后世的井田制度在夏代也已经存在,只是还没有大规模推广而已。

夏王朝一共传了十七世,时间约在公元前21世纪到前16世纪之间,到桀(jié)时,被新起的商王朝所取代。

大禹治水

禹作为一个做出多方面伟大贡献的民族英雄，受到人们的崇拜，因此关于他的神话传说也很多。

禹的出生就很神秘，据说鲧（gǔn）偷窃了天帝的宝物“息壤”以治洪水，天帝发怒，命火神祝融把鲧杀死在羽郊。鲧死了三年尸体都不腐烂，有人用刀剖开他的肚子，里面就出来了禹，而鲧自己则变化成一头黄熊（一说黄龙）隐入山中。

尧舜时代，洪水的危害极其严重。公元前2000年左右，禹继承父业，领导治水。他兢（jīng）兢业业，天天在外面奔波，整整苦干了13年，有三次已经到了自己家门口了，都顾不上回去看上一眼。他这样忘我地勤奋工作，终于取得了治水事业的成功。禹的父亲鲧是因治水失败被杀的，禹分析了父亲失败的原因，改变方法，不再采用修筑堤坝的办法，而改用修渠疏导的办法，因势利导，让滔滔的洪水往东，流向大海，这样就顺应了水的特性，避免了以邻为壑。治水的成功为禹带来了巨大的声誉。

大会诸侯，划定九州

禹治水成功，征讨三苗又获胜，威望权势大增，上了年纪的舜就确定禹继承自己的天子之位。舜死后，禹还是作了一下姿态，要让位给舜的儿子商均，但天下诸侯都拥护禹而不朝拜商均，禹就在今河南省登封市东南部的阳城即位，作了天子。

为了使各部族进一步融合和统一，禹又去今安徽省怀远县境内的涂山南巡，在那里大会天下诸侯，以增强天子的权威。各位诸侯都献上玉和帛，向禹表示臣服。禹看到仍然有些诸侯不是真的心悦诚服，又再次去会稽山召天下诸侯朝会,防风氏族的首领没有按时到达,表现怠慢,禹就把他杀了以杀一儆百。经过这两次大会诸侯,禹的权威就遍及四海了。

有了治水时的实地勘察和行政统一的基础,禹把当时所能掌握的土地划分为 9 个行政区域,就是九州,分别叫冀、豫、雍、扬、兖(yǎn)、徐、梁、青、荆。战国时期的邹衍说中国叫赤县神州,中国分为九州,就是禹所划定的九州。九州的划定,是一个标志,说明中华先民不再是以局限于血缘关系为基础的氏族部落,而是更高级的多部族融合体的华夏民族。

商

（公元前16世纪至前1046年）

【历史解说】

殷商的历史，约从公元前1600年到前1046年，长达五百年左右。如果说夏朝是中华民族文明史的开始，商朝就是中华文明史的继续。

商朝的疆域很难确定，直到最后的君主纣王，商朝还在拓展疆土。一般来说，商朝相对固定的疆土，向北达到山西、河北一带，向东则到达大海，向南延伸到了长江，而向西则进入了陕西。

商朝的政治制度很有特色。商朝虽然也是疆域内许多邦国或首邦的联邦制的国家，但这种联邦，与原始的部落联盟不可同日而语。这种联邦通过一系列的征服性战争而形成，最后建立起了封建制。作为联邦中心的殷人，占有明显的主导地位。商王的权力虽然不及后世的皇帝，也是天下权力的中心。各诸侯邦国，要奉商王之命出征，还要定期向商王朝拜纳贡，甚至还要帮助商王进行农业生产。不过，由于王国地域辽阔，而交通联络手段却相当落后，商王控制各邦国的经济手段也不得力，王权还是受到了各邦国权力的限制。商朝初期，君位的传弟、传侄与传子共存。从二十六帝康丁开始，子承父位的制度才确定下来。王位传承上的混乱，加剧了王朝内部权力的争夺。

商朝前期的经常迁都，说明经济发展水平还很低下，抵御自然灾害的能力相当有限。至中后期定都在殷地之后，经济上才有了长足发展。特别是殷地的自然条件，据研究优于当今，对于农业发展相当有利。由于农业生产颇受重视，就带动了其他方面的进步。比如逐渐产生了一些促进生产力的农业技术：水利工程、畜耕、施肥等；同时，相关农具的发明和制造也进步很快。殷人的农作物主要有小麦、高粱、大米和小米等；从殷人嗜酒的记载来看，酿造业已相当发达。在出土的商代文物中，还有许多纺织品的遗迹，说明殷人在纺织和养殖方面也有很高的成就。

从各处发掘的殷商遗址，特别是殷墟来看，随着生产技能的提高和城市化的初步展开，建筑的规模和水平，特别是与帝王的生活有关的建筑、宫殿、城墙、墓葬等，都达到了相当的高度。而普通民众，却还是住在半穴居的房屋里。总的来说,殷商的建筑水平还处在一个过渡时期。在制造业方面,殷人的最为人知的成就是青铜器的制造。殷人的青铜器有不同的种类,重量大小也有不同。其中最有名的是“司母戊大方鼎”。随着疆域的扩大和生产及战争的需要,殷人的交通手段也有了长足进步。舟车的制造,不仅达到了很高的技术高度,还很讲究装饰效果。在殷人使用的器物中,有新疆的玉石、南海的贝壳和南方的龟甲,这都说明了殷人交通手段的发达程度。

殷人的历法是“阴阳合历”,以闰月调节朔望月和回归年的长度。殷人还使用天干地支的记日方法,而从甲骨文和帝王的名字来看,殷人对天干地支的名称有一种特殊崇拜。在数学方面,殷人已有了记数的文字,也能进行一般的运算,绘制比较复杂的几何图形。在医药方面,巫与医还未分开。遇有疾病,巫医除了进行祝祷之外,也用药物进行治疗,甚至还用上了汤药。殷人还把疾病按身体部位进行了初步的分类,最有名的是对龋齿的记载。

商代的文化成就是多方面的。殷人不仅有高超的制造业的成就,同时在制造器物的过程中也融入了他们的艺术创造才能。从青铜器的纹饰到玉器的雕琢,从大理石雕像到陶器制品,从木器、骨器的造型到乐器的使用,都体现了他们的艺术想象力和鉴赏力。商朝是中国有文字记载的历史的开端。商朝的文字主要是金文和甲骨文。所谓金文,就是铸造在金属器物上的文字。一件器物上的金文一般不多,通常在10字以下,超过20字的则相当罕见。对金文的研究,起于宋代,而到清朝臻于大盛。这门学问,被称为金文学。商代的文化是帝王文化,而这种帝王文化的主要特征就是“鬼文化”。在殷人的心目中,一切都有各自的神,而天帝则是万物的主宰。天帝既安排了种种自然秩序,也决定了种种自然现象。为了向这些神灵祈福,殷人绞尽脑汁,用一切可能的方法祭祀神灵。天帝在人间的代理人是世俗的帝王——人间的神。同时,一般有地位的殷人,也把自己的祖先,特别是有过丰功伟绩的先人加以神化。与此相关的是宗庙的建筑和厚葬的风俗,都反映出殷商民族的强烈鬼神崇拜意识。

成汤灭夏建商

约公元前1600年,汤王用武力推翻夏朝最后一个君主桀王,建立商朝,自己做了商朝的立国之君。

汤时，商仍然是夏的臣属。此时，夏朝的最后一个帝王桀荒淫无道，商却走向了它的巅峰时代。趁着中央政权的腐败和无能，成汤领导下的商族开始向外扩展势力，积极进行着灭夏的准备工作。商汤任用伊尹和仲虺（huī）为右相和左相，共谋伐夏。商汤君臣共同制定了剪灭夏羽翼，逐步削弱其力量，最后取而代之的策略。汤先发兵攻灭葛（今河南宁陵北），接着又大举兴兵，连灭韦、顾和昆吾等夏朝的属国，使夏桀失去了依靠的力量。接着又联合另外的一些同盟部落，发动了灭商的战争。汤起兵后，夏桀率兵迎战，但夏军一触即溃。商汤率军追至鸣条（今山西境内），两军再战，结果夏桀的军队再次大败而逃。后来，夏桀逃到南巢（在今安徽巢湖），汤放桀而归于亳。商汤指挥大军在鸣条之战中消灭了夏朝军队的主力以后，继续追击，很快攻取了夏王朝的心腹地区，彻底灭亡了夏朝。此后三千诸侯大会，汤时为诸侯，被推为天子。三让，诸侯不从，于是汤即天子之位，在亳（今河南濮阳）正式建立了商王朝。

伊尹建功于商初

约公元前 1562 年至前 1533 年，伊尹先后辅佐成汤、外丙、中壬和太甲，建功立业，成为商初位尊权重的名臣。

伊尹原名挚，因其母住伊水之滨，便以伊为姓。伊尹长大后很有抱负。为得到有莘国君的任用，他自愿沦为奴隶，到有莘国君身边当了一名厨子。商汤要娶有莘国君的女儿为妻，伊尹便请求让他以陪嫁奴隶的身份随有莘氏之女嫁到商。因为做得一手好饭菜，有机会游说汤王，汤王发现他很有见地，就免除了他的奴隶身，并任命他为“尹（yǐn）”，即右相，因此称作伊尹，又称阿衡。

伊尹在商汤建功灭夏过程中发挥了重要的作用。商汤建立商朝，成为商王以后，仍由伊尹佐政。他总结海内万邦存亡的经验，制订出君臣之间的关系准则。商汤死后，太子还没有正式继位就死了，伊尹就立太子之弟外丙继位。外丙在位两年就死去了，而继任的外丙之弟仲壬在位也只有四年。在这种情况下，左右国政的伊尹让太子的儿子太甲继位。商朝实权落到身居相位的伊尹手中。太甲在位期间，曾因不施行成汤的仁政，被伊尹流放到外地三年，后太甲悔悟，伊尹才把政权交给了他。至此不再干预政事，至沃丁时死。沃丁以天子礼葬之，并亲自临丧三年，以报其德。伊尹受到后代诸商王的隆重祭祀，可见其地位之高。

纣王的淫乱和暴虐

约公元前1075年至前1046年,殷商的第三十帝,也是商朝最后的一位君主帝辛,就是颇有恶名的暴君纣王。"纣"是谥号。按照古代的谥法,"纣"的意思是"残义损善",这就是后人对纣王的盖棺定论。一般认为,纣王的淫乱和暴虐是前无古人的,并因此而成为后代暴君的代名词。据说,当周武王征讨纣王时,给纣王罗列的罪名有七十多条。其中比较典型的,有对美女妲己的过度宠爱,以及对忠臣的迫害。为了让妲己开心,纣王最残忍的一招是施行所谓的"炮烙"之刑:在金属柱子上抹了油,横放在炭火之上,让有罪之人从柱子上走过。为了规劝和阻止纣王的暴行,有许多忠良惨遭种种迫害,并因此而名垂千古。其中,西昌伯(后来的周文王)被囚禁,九侯被煮成肉汤,鄂侯被晒成了肉干,比干被剖了心,面微子(据说是孔子的先祖)则装疯卖傻,去做了奴隶。这些罪恶加在一起,终于使纣王走上了亡国之路。

武王伐纣,殷商灭亡

公元前1046年,周武王发布讨纣檄(xí)文,率领戎车300乘、虎贲(bēn)(敢死队)3000人,甲士4.5万人,东进伐纣。武王的军队来到孟津,会合了讨纣的各路人马,并争取到庸、蜀、羌、微、卢、彭、濮等方国的军队前来助战。周武王在孟津举行了誓师大会,随后即率众渡黄河北上进攻。

纣王闻讯,慌忙集中商军南下,与周军会战于牧野(今河南汲县)。战前,周武王再次宣布了纣的罪行,誓死灭纣,周军士气大振,而"纣师虽众,皆无战之心"。纣王将临时编成的奴隶兵队放在头阵,奴隶们一接触到周军,即掉转戈头，向商军杀去。周军在倒戈的商军的协助下，直抵朝歌城下。纣王眼看大势已去，便登上鹿台，自焚而死。结束了自己暴虐的一生。而后，周武王率领诸侯们进入朝歌，命人将纣王的尸体抬出，割下头颅挂在大白旗上示众，并于次日举行了隆重的礼仪，宣告天下：“周朝灭掉了商朝，我受天命管理天下。”随后，周武王迅速分兵四处，征讨商朝各地的诸侯，基本上控制了商朝原来的统治地区。纣王的亡国，是内外交困的结果。纣王之前，武丁的四方征战已使殷商的国力大损，而祖甲的政治改革则使殷商内部的统治上层内讧不断。而纣王的个性，又不是那种以慢功见长的人。当他的急功政策受到朝野内外的反对时，不是采取说服的手段，而是不断高压，甚至不惜滥用杀戮，以至于怨声载道，臣民对他离心离德。为了转移国内的一片反对声，纣王又开始了对外征战。特别是在对东方各部落的攻伐中，耗时损财，国力大减。

武　王

商代陶器与原始青瓷

殷商时期，文明的发展进入了青铜器时代。陶器逐步降为一般的日用品，其地位被灿烂精美的青铜器所取代。但作为一个独立的艺术门类，陶器继续向前发展，原始瓷器也出现了。

灰陶是这个时期里制陶工艺的主流，产量占绝大多数。从商代起，器型更为丰富，炊器、食器、饮器、盛器分类极为精细，商代后期，由于奴隶主酗酒作乐，还大量盛行酒器。陶器器型的发展直到春秋时期才告式微。在纹饰上，出现了新兴的饕（tāo）餮（tiè）、夔龙、蝌蚪、蝉蚊和云雷、连环、乳钉等几何纹，明显是受青铜器装饰风格的影响。

商、周时期还创制了一些陶器新品种，有刻纹白陶、印纹硬陶和原始瓷器，为陶到瓷的发展做出了重要贡献，这都归功于高岭土的发现和使用，以及釉的发明。白陶在新石器时代已有出现，但质地粗糙，商代白陶洁白细腻，纹饰精致，层次分明，可与同期的青铜器并驾齐驱。白陶费工大，产量极少；西周以后就不再生产，已成稀世珍品。印纹硬陶和原始瓷器是同一系统的产品，同窑烧制，上了釉的便为原始青瓷。

原始青瓷具有瓷器的基本特征，但又不具备真正瓷器的薄胎半透明性质。它以含铁量低于1.5%的高岭土为原料，坯体施青色石灰釉，经过1200℃左右窑温烧成，胎质较坚硬致密，胎色青中泛白，故名，亦常称为原始瓷。它的吸水率较低，初具瓷器的特质。原始青瓷自从于商代中期出现，其产量就一直呈现上升趋势。它的原料基本上是就地取材的，只有在选择和加工上比较讲究。中国南方的许多地方因为具有丰富的瓷石矿，所以原始青瓷首先在长江下游得到了较大发展。在成形技术上，原始青瓷在商、西周时多用泥条盘筑法，外表通常通过修理，所以很少留有泥条盘筑痕迹。

在原始瓷的产生和发展中，原始瓷釉也形成并不断发展。北方最迟在仰韶文化时，就发明了陶器表面上涂刷白色涂料，即所谓“白衣”“陶衣”的工艺；在南方，湖南澧县新石器时代早期陶器就采用了涂刷红色陶衣的技术。这便是釉的前身。釉实际上是人们经过了选择和配制，所含助熔剂更多的一种涂料。商、周的原始瓷釉叫石灰釉，它的主要优点是熔融温度较低，高温黏度较小，釉面光泽较好，硬度较大，透明度亦较高，坯体刻画的花纹图案、浮雕人物，都可一一清晰透映出来。石灰釉在中国沿用了很长一个时期，对中国古代陶瓷技术的发展做出了重要贡献。

在影响原始青瓷产品质量的诸多工艺因素中，最为重要的有两个，一是原料的选择和加工，二是陶窑构筑、窑内气氛、温度的控制。以易熔黏土为原料时，就只能烧出普通的灰陶、红陶、黑陶来；以瓷石、高岭土为原料时，就可以烧出白陶、印纹硬陶以及原始青瓷器来。白陶、印纹硬陶的发明和发展，陶衣、彩绘、泥釉技术的发明和发展，分别在胎质、釉质上为原始瓷的出现准备了条件；而升焰式窑的不断改进，半倒焰窑和平焰窑的出现，才使原始青瓷变成了现实。

中国是世界上最早发明瓷器的国家。原始瓷的发明和发展，说明当时在陶瓷原料的选择和加工，在窑的构筑和烧成技术上，都达到了一个较高的水平。它的出现是个伟大的起点，预示着东汉时期真正瓷器的产生。

贝币成为货币形式

商和西周(公元前17世纪至前771年)时期,贝币成了流通中的主要货币形式。贝壳成为中国的早期货币,并非偶然。贝壳是古代人们所喜爱的一种装饰品,它们色泽光彩美丽、坚固耐用,很容易成为日常交换的媒介。贝壳产生于海洋,夏商两代主要活动在我国东部近海但又与海岸有一定距离的地区,贝壳的供给量多少适中,既便于普及,又能在一段时间内保持价格的稳定。而且,贝壳比较容易加工成可以分合之物,易于计量。

贝壳最初是作为贵重的装饰品传入北方的,到商代时才真正成为货币形式。这一点,已经得到考古资料的证明。在史前的仰韶文化和二里头夏代文化的遗址中都发现有贝,但数量很少,主要作装饰之用;在商代,用贝作为随葬品的现象已相当普遍,到商代晚期,墓中随葬的贝的数量明显增多,从数百枚到数千枚,最多达到六七千枚。同时在商代金文中也出现有商王将贝赏赐给臣下的记载。这说明贝已不仅仅作为装饰品,而是具有特殊价值的物品了。将单个的贝币用索穿连成串,每5个贝为一系,2个系为一朋,10贝一朋,为一个计量单位。在商代墓葬中,还出现了石贝、铜贝、玉贝、骨贝等仿制品,说明人工铸币也开始使用。从文字学上看,甲骨文中贝字和从贝的字很多,所有从贝的字都含有财富、珍宝、贮藏的意思,这也说明贝已具有普遍的货币作用。

到西周时期,仍然以贝币为主要货币,这一时期天然的海贝数量减少,随着铜器铸造业的发展,铜铸贝币的数量增多。贝币是我国最早的货币形式,中国货币由此衍化,发展到后世的金、银、布帛和纸币,构成了自史前时期至明清两代独具特色的独立货币体系和货币文化。

甲骨文与殷商历史

甲骨文是殷商时代的一种古文字，是用利器锲刻或书写在龟甲(多为腹甲)和兽骨(多为牛胛骨)上的。商代是所谓“鬼文化”的时代，外在的神秘力量笼罩着人们的思想，使得越是有权势的帝王及上层社会人物，越是遇事多疑，喜用占卜，解决国事或家事中的重大难题。

占卜的方法简单而又复杂。

通常是先在甲骨上钻孔，在这种孔洞将透未透之时，对它们进行烧灼。根据烧灼后出现的裂纹(卜兆)，由专业的卜师进行解释，并把所问之事及卜兆的结果刻写在甲骨上，有时还把日后的应验也刻写上去，并用朱墨涂写这些刻字，有时也用朱墨直接写在上面。

这就是我们今天所能看到的绝大多数甲骨文的模样。甲骨文内容主要是占卜，但也有一些记事的。这些记事的内容，主要是帝王的事务，比如祭祀、征伐、田猎等，也就是说，不可能是平民百姓的事情。这说明，文字的起源，主要是来自社会上层的需要。而中国的汉字，发展到甲骨文的时代，已经到了相当的成熟时期。后来的学者曾总结汉字有六大特征，即所谓“六书”：指事、象形、形声、会意、转注和假借，在甲骨文中都有其表现。

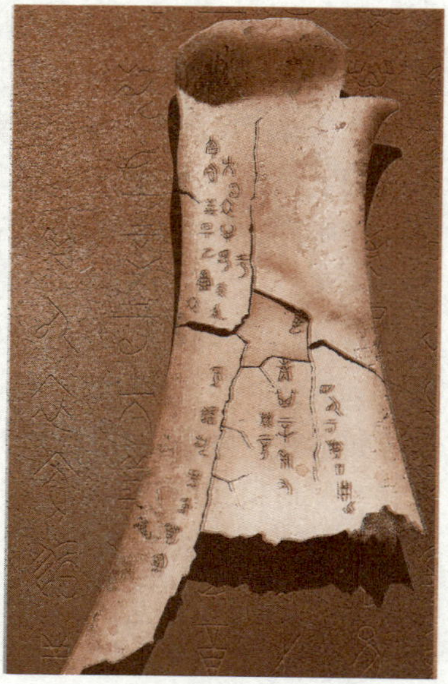

甲骨文

从甲骨文往上推断，中国文字的起源无疑是相当悠远的。所以，甲骨文的发现和研究，其意义也是相当深远的。

在甲骨文被发现和释认之前，殷商的历史虽有西汉学者司马迁《史记·殷本纪》的记载，但由于缺乏实物的证明，人们往往认为殷商的历史记载，传说多于史实。可是，当1917年著名学者王国维以甲骨证史的方法，把释认的卜辞中的甲骨文字与司马迁的记载进行了比较研究之后，证实了《史记·殷本纪》对殷商帝王名姓的记载基本可信。这不仅确认了司马迁的记载,而且确定了中国有可靠文字记载的历史可以达到商朝。后来,又有著名学者董作宾,鉴于甲骨文的散乱不整;对甲骨文进行了断代研究,使这些地下的实物证据更便于作为史料来进行合理的使用。

但是,由于甲骨文字记载的是一些与占卜有关的特殊的事件和场合,事实上它本身并不是殷商的历史记载。而且,甲骨文的形式,也大多是简单的字句,并没有完整的篇章,所以,很大程度上还要依靠后人的推断和想象才能概括出一些历史的遗迹。这样一来,关于甲骨文的历史价值,就得作一番审慎的思考和判断。迄今为止,我们可以确定的是,甲骨文是殷商时代的文字,也是至今发现的中国最早的成系统的文字。从这些文字中,我们可以发现殷商的社会,在社会生活和精神观念诸方面,已经达到了相当成熟的水平。从甲骨文来看,殷商社会是个高度发达的文明国家。然而,要讲说这个国家的细节,还须依靠其他的材料。

西周

（公元前1046年至前771年）

【历史解说】

西周时代是以封建的政治制度而知名的。严格说来，在中国的政治制度史上，只有西周是完整意义上的封建制度。所谓封建，就是国家政权封而建之，通过封王、封地来治理一个国家。封建制度是以宗法制度为基础的。西周的宗法制度很有特色，一般来说，它是由相对而言的大宗和小宗的树形结构组成的。这种树形结构，以血缘关系为基础，最大限度地保证了各个权力阶层嫡长子式的世袭制度。从社会生活的角度来看，各宗的宗主是中心；而从政治生活的角度来看，天子和各国的君主则是中心。封建制度与宗法制度相辅相成，保证了权力的存在和运作。

西周的国家机器也有着比较周密的设计。周天子是国家的至高无上的统治者，天子之下的各级机构和各种官职，都是为天子个人服务的。天子的主要左右手有太师、太傅和太保“三公”。三公之下是负责日常政务的百官。其中比较重要的是司徒、司马、司寇和司空等，负责农业、军事、刑律和文化等。封建宗法制的重要特征是等级制。西周统治者为了维护这种等级制，不得不使用一些强制手段，主要包括军队和法制。为了压服诸侯，并震慑周边民族，周王室有一支庞大的军队，称为“六师”。各诸侯国也按规定拥有小于“王师”的不同数量的武装，在必要时要随周王出征。在王权兴盛的时候，王室的法制是一种主权性很强的仲裁体制。贵族间在发生利益冲突的时候，他们求助的是上级的裁决而不是依靠什么法律条文。在周公所制定的《周礼》中，也主要强调了人的修养和自觉性，这是与当时中央的权威和周天子的威严相配合的。可是，随着这种权威和威严的衰落，在穆王的时代，统治者不得不使用强制的手段，《吕刑》便应运而生。

与殷商相比，西周的经济发展的水平要高出许多。与井田制相一致的集体劳动是农业生产的主要特征之一。周人本身就是以农业起家的，因此，农业发展一直是西周经济的重中之重。农业工具、农作物品种和初步的农业技术相结合，使西周的农业发展强盛一时。同时，以纺织、染织、酿造、烧制和冶炼为主的手工业也得到了长足的进步。而在商业贸易方面，虽然说货币交易还处在萌芽阶段，但以货易货的贸易方式却十分流行。这一切，不仅使西周的经济发展水平远胜前人，而且比周边民族也高出了几筹。而经济的发达，也为社会生活的多样化提供了物质保障。

周文王臣服于殷商

据说，古公之所以喜欢三子季历，主要原因之一是季历的儿子昌非常讨人喜爱。这位昌，就是继季历之位的周文王姬昌。文王的才能是公认的。在他的治理下，周人文治武功都大大地超过了前人。在商纣王的时代，文王（当时被封为西伯）因为苦谏纣王而被囚。文王的下属用美女奇物贿赂纣王，文王才保住了性命。归国之后，文王曾举兵攻商，却因时机不够成熟，从者太少而落败。

商纣王

吸取了讨商失败的教训，文王重申了对商王的从属地位，同时下决心从根本上增强周人的力量。在文王的兴国策略中，有迁都于丰，改革行政管理体制等方面，但最为后人称道的，是他的礼贤下士、敬老慈少之举。孟子说，因为西伯善于养护老者，天下有声望有资历的贤人就都跑到了周国。文王寻访到的最有才能的贤人，是人所周知的姜太公。根据传说，在文王寻访贤人的途中，有一天在渭水南岸看到一位气宇不凡的白发老者在钓鱼，每起一钓，就是一条活蹦乱跳的大鱼。文王在惊讶之余，就与这位老者攀谈起来。而更令文王惊讶的是，这位老者竟然对治国之道颇有精辟的见解。文王大喜过望，就把老者请上车，一同回到都城。老者姓姜名尚，字子牙，因为文王在与他同归时说："吾太公望子久矣。"就号称为太公望，俗名姜太公。在姜太公的辅佐之下，文王开始了对周围小国的攻伐，为周朝的立国奠定了基础。在晚年，西伯昌终于自号为文王，明显是要与商纣王抗衡。只是纣王的颓势还没有到底，而文王的力量还不足推翻商朝，所以，灭商的使命就只能落在武王的肩上了。

周公旦摄政

约公元前1042年,周武王病死,太子诵继位,即周成王。因成王年少,作为首辅的周公旦就担当起了摄政王的职责。

在正统的历史记载中,周公旦是个典型的贤相形象。他不顾皇亲国戚的流言蜚语,辅佐成王治国,并在七年后把权力交还给成王。但是,如同商朝早年的伊尹一样,也有一些典籍认为周公企图利用摄政王的地位,逐步取成王而代之,甚至还说他有过称王的举动。事实上,这种记载也不是空穴来风。在历朝历代的政治较量中,对面前的权力不动心的人真还是没有过。周公之所以最终没有夺得君权,恐怕并不完全是他个人自制的结果。

周穆王征战犬戎部族

继承昭王君位的周穆王,是个好大喜功的君王。但是,由于昭王征战荆楚的失败,使得王朝内部的矛盾开始激化。为了缓解这种矛盾,穆王开始了对外的征伐。

在当时的西北地区,是犬戎部族的地盘。周初以来,虽然地处偏僻,但犬戎部族还是经常向周室进贡。可是,到了穆王的时代,眼看周的力量正在衰败,而犬戎部族的势力却在增长,于是他们就逐渐对周室表现出了不敬。穆王不顾大臣的反对,终于发动了对犬戎的征战。初战时取得了不小的战果,史称得“四白狼、四白鹿”而归,大概是征服了以狼和鹿为图腾的若干部落,并把这些部落迁徙到了太原(甘肃东部)。

宣王复兴周室

公元前827年,周宣王即位后,开始了雄心勃勃的复兴周室的努力。大概经过了周厉公的暴政之后,无论是在朝中还是诸侯中间,都希望有一个稳定的中央政权。

而宣王就顺应着这个时势的要求,发展经济,清明政治,并且十分重视人才的使用。在各诸侯国的配合之下,宣王成功地打击了周边少数民族的侵扰,比如击退了西北的猃狁和西方的西戎,平定了南方的淮夷和徐方,使得各国诸侯都来朝觐,一时间真仿佛是回到了昔日的黄金时代,以至于史家称之为"宣王中兴"。

由于连年用兵,不仅使人民的经济负担加重,同时,战争对人力的消耗也使人们普遍产生了厌战情绪。但是,宣王还照旧进行了一些不太必要的征伐,以至于屡战屡败。

烽火戏诸侯

另外,宣王也高估了自己在诸侯中的威信,居然无理干涉各国的政事,比如让鲁武公的次子做太子,并进行军事干涉,由此而引发的鲁国的内乱,使诸侯对他产生了不信任感。而在朝中,他又杀死了无罪的大臣杜伯,失去了大臣对他的广泛支持。对于普通人,则一面实行"料民"的措施,使他们失去了许多人身自由;一面又不举行"籍田"的仪式,降低了天子在民间的威信。由于宣王急于在短时间内恢复西周自立者的繁荣,反而使西周自此永远失去了真正复兴的可能。

平王与携王两王并立

公元前771年，随着周幽王的身死国灭和新王后褒姒的被掳受辱，新立的太子伯服自然也就失去了合法继承权。这个新的权力真空就给各国诸侯留下了施展权威的余地。报仇杀死幽王的申侯，联合了鲁侯和许文公，在申国拥立原太子宜臼为平王，而原来对周室颇有影响的虢（guó）公则拥立了王子余臣，称为携王。但是，此时的周朝正是多事之秋，这种两王并立的局面，对于周朝本身来说，显然是雪上加霜。

各族间战争与西周的灭亡

西周各族间战争，主要是华夏族（华族亦称诸夏，也合称为华夏）抵抗西戎北狄的侵入，其次是对东夷南蛮的攻伐。

东方地域广大，周公灭奄，太公灭蒲姑，周势力仅到山东境内，淮夷徐夷仍倔强不服。《费誓篇》载伯禽受封到鲁国，淮夷徐夷起兵来攻，伯禽守东郊，不敢开城门。伯禽誓师说“马牛臣妾逃亡，不许藏匿，要归还原主”；又说“不许跳墙偷别人的马牛，诱别人的臣妾”。当时东方国家还保存抢夺奴隶的旧习惯，誓言里严重指出，意在维持鲁军的纪律。伯禽被夷族围困，成王派三军援助，才击退夷兵。穆王时候，徐夷国君强大称王，号为偃王。徐偃王联合九夷伐周，穆王害怕，承认偃王做东方的霸主。穆王教楚伐徐。楚战胜徐，势力扩张，成了南方新兴的强国。宣王屡次伐徐夷淮夷，但偃王子孙仍称王，与周天子对立。

江汉流域是蛮族根据地。昭王征伐南蛮，全军覆没，君臣淹死在汉水里，周天子声威大损。穆王宣王相继南征，不曾得到大战果。汉水流域有些姬姓的诸侯，全是弱国，这给熊绎子孙很好的发展机会。熊绎初封在丹阳（湖北秭归县），土地非常小，不够诸侯的资格，成王大会诸侯，他只配看守祭神的火堆。可是他的子孙,处在群蛮斗争环境中,坐小竹车,穿破烂衣,开辟山林荒地,吞并许多小国,穆王时候,战胜徐偃王,造成独霸南方的形势。夷王时,楚君熊渠更强大,封长子做句亶王、次子做鄂王、小子做越章王。春秋初年,熊通正式称王,统率蛮族,不承认周天子的地位。

西周最紧急的外患是西北方戎狄族的入侵。戎狄族散布地域很广,陕西西部北部,山西河北极大部分都是戎狄族居住地。商周人称他们为戎狄,又称为鬼方、混夷、犬戎、大夷、獯鬻、猃狁(xiǎn yǔn),表示对他们的憎恶(战国以后称胡,又称匈奴)。周都镐京,接近戎狄,汧渭两水中间,是西戎入侵的路线。西周初期曾打一次大仗,俘获鬼方一万三千零八十一人,斩首馘(音国 guó,杀敌人割取左耳)耳的人数,大概也不少。此后戎狄屡次寇周,懿王甚至被逼迁居犬丘(槐里,今陕西兴平市南)。宣王时候,戎狄入侵更加严重,经过多次战争,互有胜败,筑城防御,仅能阻止深入。宣王子幽王,宠爱褒姒,想杀太子宜臼(东周平王),立褒姒的儿子伯服做太子。宜臼的母亲是申侯的女儿,申侯勾结犬戎攻周,杀幽王于骊山下。西周积累的货物宝器,全被犬戎掳去,西周灭亡。平王靠诸侯的援助迁居洛邑,建立东周,王室衰弱,下降为中等国家。

宣王号称中兴贤王,他的功业是征伐外族,获得相当胜利,可是连年用兵耗费很大。他不敢对百工商贾加重剥削,便把费用转移到农夫们肩上。宣王三十九年(公元前 789 年)伐姜戎大败,宣王几乎被擒。他为补充兵力和财物,想出料民(调查户口)的办法。仲山甫谏阻料民,说农夫数目要从各方面间接推知,如果直接查点,一定要起祸乱。宣王不听。这样农夫们负担过重,不愿出力拥护周室。到了幽王时候,政治大坏,剥削更重,西周就被犬戎灭亡了。

孝王封给养马人非子一小块土地,地名秦(甘肃清水县),在戎狄间。宣王封非子曾孙秦冲做大夫。秦攻西戎战死,子孙都专力攻戎,国势渐盛。秦仲孙襄公救幽王有功,平王避戎东迁洛邑,襄公派兵护送。平王封襄公做诸侯,逐渐收复周失地,成为西方强国。

西周从武王灭商到幽王亡国凡十一代十二王,据《竹书纪年》说共二百五十七年。中国历史有确实纪年从公元前 841 年即共和元年开始,共和以前年代都不甚确实。

周国在公刘时候,是一个小部落,有些奴隶给周君服役。太王建立起初具规模的小国,封建制度开始萌芽,周国从此发达起来。

文王施行裕民政治,招致附近各地的庶民,分给小块土地,让他们耕种。领得耕地的人,必须无报酬为公家种地并服各种劳役,这就是裕民政治,周国因此变成西方强国。《尚书·康诰篇》载周公教训康叔说:"文王为什么能开创王业,因为'惟文王之敬忌,乃裕民'。"他解释敬忌说"文王明德慎罚,不敢侮鳏寡"。

如果文王所治的民,是奴隶不是农奴或农民,很难理解敬忌、裕民的意义。

武王克商以后,周公成王封诸侯,规定诸侯对王室贡赋的数目。诸侯对大夫和庶民,也有一定的贡赋。共和行政以后,百工商贾和农夫,在经济上都有些发展,宣王废除助耕公田制,改为征收田租。这种田租就是什一而税的彻法。

西周奴隶依然大量存在,用途是从事工、商、农业劳动,并且供封建主的家内役使。文王定法律确定奴隶所有权,不许互相诱夺,足见奴隶还是构成社会的一个重要部分,不过在庶民总数中,奴隶数量是较小的。奴隶来源是俘虏和罪人及其妻子,还有被掠卖的穷人。

幽王时候很多贵族破产流落,富有的庶民(主要是商人)穿贵族衣服,在朝廷做官。甚至贵族也想经商致富。商人助郑君立新郑国,可见西周商人是有力量的。

非华族的各族时常攻击西周,幽王终于被犬戎杀死。春秋时期强大国家,在西周全是处在外族包围中的小国(只有齐开始是大国);变成贫弱的国家的,原来却多是大国。

春　秋

（公元前770至前476年）

【历史解说】

东周被史家分为春秋和战国两个时期，因为这一时期的政治中心逐渐从周室转移到了诸侯各国。“春秋”之名称，来源于鲁国的史书《春秋》。这部书，以鲁国事务为中心，兼记各国政要，是那个时代最直接和最可靠的历史记载。这部编年体史书的记载，始于鲁隐公元年（公元前722年），终于鲁哀公十四年（公元前481年），于是，史学家就把这段时间称为“春秋”时期。《春秋》记事开始时，东周政权已有了近五十年的历史，但为了记述方便，还是把这几十年归入了春秋时代。

公元前770年，周平王东迁之后，王室的权力大受削弱，但在新的权力中心形成之前，它还是天下集权的象征，所以，郑伯才要和周天子争夺周室的权力。但是，时移事易，在周天子势力下降的同时，诸侯的势力却在上升。权力的下降意味着独尊地位的丧失，以至于发展到诸侯与周室兵戎相见。郑伯打败了周王，成为春秋早期霸主。不过，郑国把天子推到一旁，也使诸侯的力量得到了实质性的发展，以至于郑国最终被削弱，代之以各国力量的不均衡发展。

齐桓称霸

在中原各国大打出手的同时，起先被中原各国称为蛮夷的南方楚国迅速崛起，形成对中原各国的强大威胁。而周边地区经济发展相对滞后的少数民族，也不断侵削中原各国的利益。于是，齐桓公的霸业应运而生。齐桓公打的是“尊王攘夷”的旗号，并且在团结诸侯、共同对付周边民族的威胁方面，起了关键作用。在齐桓公称霸的四十余年里，中原地区相对平静。唯一不足的是，北方的晋国受困于内乱，始终对齐桓公的霸业冷眼旁观。公元前643年，齐桓公死后，宋襄公自不量力，曾有过图霸的野心，但在楚国的沉重打击下，旋即破产。就在楚国准备乘虚而入之时，晋文公却在城濮之战中击败楚国，并联合秦国，再兴霸业。可惜的是，晋文公晚年得位，未及充分享受霸业的荣耀，也没能使春秋中期的和平持续下去。

春秋中期的和平过后,是大混乱的年代。晋、秦和晋、楚之间的战争,断断续续打了近百年。中原地区的中小国家被裹挟其中,吃尽了苦头。在大家都感到筋疲力尽之时,公元前546年的“向戌弭兵”,又为中原地区带来了半个世纪的和平。在中原各大国势均力敌之际,东南地区的吴国和越国发展成了强有力的军事大国。先是吴国向楚国挑战,并在公元前506年一度占领了楚国的都城。十年之后,吴国又击败了越国,并表现出了称霸中原的图谋。其他各大国当然不能坐视吴国的扩张,也在秣马厉兵,准备在随后到来的战国时代一决高下。

春秋时代政治取向的基本特点有二:一是所谓的霸主政治,二是由集权向分权的逐步转化。所谓霸主,通常有春秋“五霸”的说法。其实,从正统意义上讲,由周王封赐的“盟主”,只有齐桓公和晋文公;而从实际成就上讲,只有在齐桓公的鼎盛时代,诸侯对会盟才有相当的主动性。其他如秦穆公、宋襄公、楚庄王、晋悼公、吴王阖闾等,不排除他们均有称霸天下的野心,但是在实际号召力方面,均逊色于齐桓、晋文,称他们为“霸”,充其量也只是因为他们霸气十足而已。

所谓分权,指的是诸侯取代天子的权力,卿大夫又逐渐取代君主的权力,甚至还有卿大夫的家臣夺取了他们主人的权力。军事对抗是权力转移的主要手段,而战争的需要最能促进新旧制度的更替。其中最明显的是土地制度和法律制度的更易,而这两方面的不断改进则提高了劳动者的生产积极性,最终推动了生产力的发展。分权也促进了文化的进步。尽管这是一个“礼崩乐坏”的时代,但周礼的精神却从官方的藩篱中挣脱出来,给了思想家以更广阔的思想驰骋空间。生产力的提高和战争带来的痛苦动摇了神灵的地位,实用主义的思想开始深入人心,并预示着百家争鸣时代的到来。如果没有分权和斗争,就很难想象春秋(以及战国前期和中期)时代各方面的空前繁荣。

周平王迁都

周平王元年(公元前770年),西戎攻入西部的镐京,杀死周幽王,灭亡东周政权,预示了一个新时代的到来。眼看周室在西部已无法立足,于是,在一帮诸侯的策动下，周平王不得不迁都东来，开始了风雨飘零的东周政权。东周是在诸侯的支持下形成的，这就注定它要成为一个傀儡政权。但是，在周平王的时代，各国诸侯的势力都很有限，野心也没有太大，所以，周天子还有一些余威。本来，即使在西周时代，天子的权威也主要是在周室直接控制的地区，即所谓王畿(jī)之内才能有效地发挥，而到了东周，首先是王畿的范围没有以前那么大，再则，周王的经济和军事实力也远不如从前。所以，在诸侯面前，天子只能示弱。比如在对外方面，平王把对周朝最有威胁的西部边疆完全托付给了秦国，而内政则由郑国左右，周天子的权威，逐渐成了一个有名无实的空架子。

平王迁都洛邑，还有土地方约六百里。后来有的赐给立功诸侯，如赐郑国虎牢（河南荥阳县西北）以东，赐晋文公温（河南温县）、原（河南济源县）等十二邑；有的被侵夺，如郑灭东虢（河南郑州西北），晋灭北虢（河南陕县），楚灭申（河南南阳县）、吕（南阳县西）；有的被戎族占据，如扬拒、泉皋、伊雒（音洛 luò）之戎，杂居周国境内，伊川（河南嵩县）有陆浑之戎；有的封给王族与公卿大夫作采邑，如襄王封子带于甘，周、召、毛、毕等旧宗族各有新采邑。天子自有的土田和子民，实在存余无几。

诸侯定期朝聘贡献，是王室的重要收入，东周王室却失去了这个重要收入。按照鲁史《春秋》所记，二百四十二年里，鲁君朝王仅三次，鲁大夫聘周仅四次。鲁是周公的后代，与王室最亲近，朝贡几乎全废，其他诸侯的朝贡自然不会比鲁多一些。

东周天子地小贡少，非常贫弱，但名义上仍保持“天下宗主”的地位，为华夏各国所尊崇。齐晋两霸国纠合诸侯，阻遏蛮族大国楚的北进，都是号召尊王、勤王，才得到诸侯的信从。东周天子在政治上还有一些作用，所以孔子修《春秋》，想尊奉周天子一统诸夏，在东方复兴周道。

东周王国与宋、鲁是当时三个文化中心，王国文化对诸侯更有大影响。因为王室衰微，不能养活众官，有专门知识与技术的王官百工，陆续分散到诸侯国，有些人做官，有些人做师，扩大了文化的传播。鲁昭公二十二年（公元前520年），周景王死，王子朝结合一批丧失职位的旧官、百工，起兵争王位。经四年战争，朝兵败，率召氏、毛氏、尹氏、南宫氏等旧宗族（自然也有百工），带着王室所有典籍，逃奔到楚国。这是东周文化最大的一次迁移。周人和周典籍大量移入楚国，从此楚国代替东周王国，与宋鲁同为文化中心。在这三个中心地区，鲁国孔丘创儒家学派，宋国大夫墨翟创墨家学派，战国时楚国李耳创道家学派。

东周王室衰弱，无力禁止诸侯间的兼并。更由于经济的发展，诸侯对别国土地人民的占有欲也更加强烈，这就发生频繁的兼并战争。战争的结果，先后出现楚、齐、秦、晋、吴、越六个大国。

楚国　苗族被禹战败后，退出黄河流域，据战国时人说，三苗曾在长江中游建立起一个大国。这个大国当是一个大的部落联盟，是许多部落的集合体，其中较大的是荆楚。商高宗武丁曾出兵深入荆楚境，捕获大批俘虏。周文王时，周势力到达汉水流域，一部分苗族归附周国，接受周文化。武王伐纣，有髳（苗）人参加周军作战。成王封文武以来功臣后嗣，熊绎得封子爵，居丹阳（湖北秭归县）。熊绎的祖先，就是归附文王、从武王伐纣的髳人酋长。到熊绎才受周天子的封爵。西周时期，熊绎子孙不断扩大土地，立国号为楚。东周初期，楚愈益强大，鲁桓公八年（公元前 704 年）楚君熊通自号武王。熊通子文王熊赀迁都郢（音影 yǐng，湖北江陵县），有地千里。楚在春秋时先后吞并四十五国，疆土最大。楚国君臣自称是蛮夷，专力攻伐华夏诸侯，五年不出兵，算是莫大的耻辱，死后见不得祖先。因为楚国好战，又经常获得胜利，国境扩大了，居住在国境内的长江流域蛮人、淮河流域夷人以及被征服的华夏诸侯国人，经长时期的文化交流，融合成巫文化中渗入华夏文化的楚国文化。原来局限在黄河流域的华夏文化，通过楚国伸展到吴、越两蛮族国。长江流域的初步开发，楚国曾起着巨大的作用。

齐国　吕尚是炎帝族四岳的后裔。周文王尊吕尚为师，共谋灭商兴周。吕尚的女儿邑姜是武王正妻，生成王和晋国始封者唐叔虞。成王封吕尚为齐侯，赐给他一种特权，得征伐有罪诸侯。西周厉王时，齐献公迁都临淄（山东淄博市临淄区）。齐在春秋时期吞并十国，荀子说齐桓公（公元前 685—前 643 年在位）并国三十五，韩非子说桓公并国三十。齐原是东方大国，经桓公大吞并，成为华夏各国中最富强的国家。桓公依靠大政治家管仲，整顿国政，分全国为二十一乡，其中工商六乡，士十五乡。工商专心本业，免服兵役。士乡即农乡，平时农夫耕田，士“食田”，战时农夫当兵，士当甲士和小军官。士乡五家为一轨，十轨为一里，四里为一连，十连为一乡，五乡为一军。每家出一人，五人为伍，伍有轨长；五十人为小戎，小戎有里有司；二百人为卒，卒有连长；二千人为旅，旅有乡良人；五旅一万人为一军。一国有三军，齐君自率一军，上卿国子高子各率一军。据《齐风·甫田篇》所说，齐襄公（公元前 697—前 686 年在位）时还保存公田制的形式，管仲废除公田制，改为按土地的肥瘠，定赋税的轻重。齐国有山有海，管仲设盐官煮盐，设铁官制农具，又铸钱调剂物价贵贱，数年之间，国富兵强。齐桓公七年（公元前 679 年），齐开始称霸。当时楚国也正强盛，连年出兵攻郑。鲁僖公四年（公元前 656 年），桓公亲率齐、鲁、宋、陈、卫、郑、许、曹八国大军伐楚，进到召陵（河南郾城县）。楚成王使大夫屈完来军前讲和。桓公许和退兵。这是华夏诸侯第一次联合抗楚，虽然不能算是取得了胜利，楚国却暂时不敢北进。

桓公做霸主,曾救邢救卫救北燕,阻止戎狄的侵扰。百余年后,孔子还赞叹齐国的霸业,说:没有管仲,我们大概要披着头发,穿左衽衣,受异族的统治了。管仲、桓公死后,齐国内乱,楚国势力又北进。

鲁襄公六年(公元前567年),齐灭莱(山东黄县东南有莱子城)。莱是东夷族大国,莱亡国后,齐地扩大一倍以上,成为真正的海国,鱼盐之利更盛。

晋国　晋国原是戎狄游牧地区,成王封同母弟叔虞为唐侯,在唐国内"强以戎索"(《左传》定公四年),就是说,按照戎狄生活惯例,分配牧地,不像鲁卫农业地区按周法分配耕地。叔虞子燮父改国号为晋。东周初期,晋献公(公元前676—前651年)建都绛(山西翼城县),开始兼并,灭霍(山西霍县)、耿(山西河津市)、魏(山西芮城县》、虞(山西平陆县)、虢(河南陕县)等国,统一了汾河流域,并且国土跨到黄河南岸,形成一个地险马多的大国。献公消灭国内同姓宗族,连自己的儿子夷吾(惠公)、重耳(文公)也放逐出国。所用卿大夫多是异姓人。献公这一措施,加强了公室的权力,因此形成一个政权比较集中的强国。

鲁僖公二十四年(公元前636年),放逐在外十九年、周游列国、政治经验十分丰富的晋文公(公元前636—前628年在位)回国即位,随从他的文武功臣都得到重用,君臣一心,整顿国政。公元前632年,文公率晋、宋、齐、秦四国联军与楚、陈、蔡三国联军在卫地城濮(河南濮阳县东)大战,击败楚军,晋国从此成为华夏霸主。直到鲁襄公二十七年(公元前546年),晋国常能维持霸业,与楚三次大战,晋战胜两次(公元前557年鄢陵之战,公元前557年湛阪之战),战败一次(公元前597年邲之战)。

公元前546年,晋楚在宋都商丘开和会,平分霸权,晋处劣势。鲁哀公十三年(公元前482年),晋吴在黄池(河南封丘县)会上争霸,晋也并不处优势。此后晋国事实上分成韩赵魏等几个独立国,所谓纠合诸侯、尊王攘夷的霸业实际上不再存在了。

晋国境内戎狄国先后被消灭,凡灭同姓异姓国二十余,与楚同为东周时期最大的国家。齐常助晋,秦常助楚,因此晋楚势力仍大致相等。为要借与国兵力,攻击对方,晋助吴攻楚,楚助越攻吴。吴越两国的兴起,增加了争霸战争,但也扩大了华夏文化的灌溉面,从黄河流域直达长江下游地区。

吴国、越国　周太王长子太伯次子仲雍,让继承权给季历,逃奔到梅里(江苏无锡市东南),有蛮人千余家来归附。太伯仲雍断发文身,相继做蛮人君长,国号吴。吴本是楚的属国,吴君寿梦时,吴渐强大。楚国大夫巫臣亡命到晋国,献联吴攻楚的计谋。鲁成公七年(公元前584年),晋使巫臣带着一队战车到吴国,教吴人射法御法和战车阵法。吴军学会车战,从淮南江北的陆地上,攻击楚国的侧面。吴楚连年打仗,甚至一年打七次仗,楚军疲于奔命。

吴和晋国交流后，文化也迅速提高，寿梦第四子季札，鲁襄公二十九年（公元前544年）历聘鲁、齐、郑、卫、晋等国，表现出高度的华夏文化。季札的儿子在路上死了，孔子带着弟子们去看他行葬礼，说，季札真是懂礼的人啊！

寿梦死后，长子诸樊迁都吴（江苏吴县），数传至阖闾（音合驴 hélǘ），用楚亡臣伍子胥为谋主，大军事家齐人孙武为将军，鲁定公四年（公元前506年）大举攻楚，五战五胜，楚军大溃。吴军攻破楚建都约二百年的郢，楚国子民和文物财宝大量被吴军俘获。这是东周时期第一个大战争，对楚国是空前未有的创伤，但由周入楚的华夏文化，却因这次战争更多更快地传播到长江下游，加速吴国的华夏化。

越都会稽（浙江绍兴），断发文身，文化比吴更落后。楚灵王时（公元前540年—前529年在位），越还是楚的属国。吴得晋助，成为楚国的劲敌。后来楚采同样的方法，让文种和范蠡二人来越国。文种是楚国的宛（河南南阳县）令，范蠡是文种的密友，二人都是楚国著名才士，到越国自然是为的助越攻吴。越君允常得楚助，开始称王，与吴王阖闾作战，结成仇怨，互攻不休。允常死，子勾践立。阖闾起兵攻越，被越军战败，阖闾受伤病死。阖闾子夫差即位，立志报仇，鲁哀公元年（公元前494年）夫差攻越大胜，许越为属国。

吴夫差战胜后，一心要北进争霸，鲁哀公九年（公元前486年）夫差准备攻齐，筑邗城（江苏江都县，《太平寰宇记》称为邗沟城）。邗城下掘深沟，通过射阳湖（江苏宝应县东）至末口（江苏淮安县）入淮，贯通了长江淮河两大流域。公元前485年，吴将军徐承率水师自海上攻齐。公元前484年，大败齐军于艾陵（山东泰安县）。公元前482年，夫差为北上争霸业，掘深沟北连沂水，西接济水。自吴都（邗城）乘舟出发，一路可以入海北上，一路可以逾长江入淮河，又逾淮达泗沂济三水。夫差耗竭民力，经营霸业，因而亡国，但南北水上交通却从此创出新局面。

公元前482年，夫差率大军到黄池会诸侯，与晋国争做盟主，不料越军攻入吴都，越水师自海道入淮，绝吴军归路。夫差恐惧，让晋为盟主，匆忙回国向越求和。鲁哀公二十二年（公元前473年）越灭吴。

越王勾践战胜吴国，北进至徐（山东滕县），大会齐晋等诸侯共尊周天子，号称霸主。勾践知道楚国是不会让越国强盛的，范蠡也知道勾践是不会信任楚人的。范蠡自徐回到越国，就带着财宝珠玉乘舟浮海逃往齐国做大商人。文种自以为有功，不肯逃走，被勾践杀死。墨子说"今天下好战之国，齐、晋、楚、越"（《墨子·非攻篇》），可见越在东周末年仍是强国。战国时，越国衰弱，楚威王大败越兵，夺取浙江以西土地。公元前222年，秦始皇使大将王翦平定江南，越君降秦。秦以越地为会稽郡。

长期的兼并战争，给人民带来了严重的痛苦，但东周社会却因此发生巨大的变化，小国合并成少数大国；很多戎狄蛮夷接受了华夏文化；宗族制度基本上遭受破坏；公田制变为税亩制；士和庶民两个阶层里产生出新的地主，在政治上取得重要地位；“农（低级庶民）与工肆（工商）之人”（《尚贤篇》），以墨子为代表，也要求参与政治。这些变化进一步就成为战国时期的七雄纷争，再进一步就成为秦汉两朝的封建统一。

秦国的崛起

秦国崛起

公元前770年，秦庄公的儿子秦襄公因护送周平王东迁洛邑有功，被平王封为诸侯，并将岐山（今陕西岐山县东北）以西之地赐秦，秦国迅速崛起。

秦是古代嬴姓部族中的一支，祭祀少昊，嬴姓祖先大业，传说是女脩吞玄鸟卵而生，大业之子大费曾辅佐禹治水。商代末年，嬴姓有叫中潏的一支住在西戎之地，其子蜚廉、孙恶来均辅佐商王纣。西周中期，中潏的后代大骆居西犬丘（今甘肃天水西南、礼县东北），生了两个儿子成与非子。成为嫡子，继承大骆，住在西犬丘。非子为周孝王养马有功，被孝王封于“汧渭之会”（汧、渭二水交会处）的秦（一说在今甘肃清水一带，一说在今陕西宝鸡市境内），从此非子这一支就以秦为氏。周厉王时，西戎攻灭西犬丘的大骆之族。周宣王即位，派非子的曾孙秦仲为大夫讨伐西戎，结果秦仲战死。秦仲的儿子秦庄公后来攻破西戎，收复西犬丘后定居这里。这是秦建国的开端。

春秋早期，东周迁出今陕西境内后，秦致力于伐戎，收复周故地。公元前766年，秦襄公伐戎至岐身亡，其子秦文公继位。于公元前762年，秦文公收复沂、渭水交会处的秦故地，又迁都于此。

秦领土是西周的故土，秦在很多方面继承了正统文化。并且在春秋时代文明兴起的浪潮中走在前列。

在军事上，秦积极拓展领地。秦的疆域最初主要在今甘肃东南和陕西西部的渭水流域,后逐渐并灭今陕、甘境内的西戎各部,沿渭水东进,逾黄河和崤函之塞,进攻三晋;逾今陕西商洛地区进攻楚;逾今陕西汉中地区,进入巴蜀。并从巴蜀进攻楚。

郑国的征战

公元前753年,秦开始有史记事,民众亦开始接受教育。公元前746年,秦法律开始有父、母、妻三族之罪。我国现存最早的刻石文字石鼓文,歌咏了秦国君游猎、战争的情况。

从此,秦由僻居于西部一隅之地的小国,一跃而成为与中原诸国匹敌的诸侯。

强弩之末的郑国

郑庄公二十七年(公元前717年),郑庄公去朝见周桓王,受到桓王的冷遇。桓王的态度固然有些不明智,但此时的郑国过分自重,也是事实。从郑庄公击败弟弟段的斗争中,就让人们看出他是位不凡的君主。果然,在郑庄公的统治下,郑国在春秋初期达到了自己的鼎盛时代。但是,因为自恃强力,郑庄公就使自己和自己的国家卷入了不断的矛盾和征战之中。先是跟以卫国为首的宋、陈、蔡、鲁等国不和,并频频参与各国间的明争暗斗,动辄出兵动武,多遭冷眼。与此同时,郑庄公与周王的关系也日益恶化,特别是在周平王在位期间,周王想方设法限制作为卿士的郑庄公的专权,而郑庄公则寸步不让。双方的争斗,从互相交换"人质",以便取得所谓的信任开始,直到兵戎相见。总之,郑庄公在位期间,已经把郑国的国力消耗了不少。而郑庄公在公元前701年死去之后,郑国因为继承人的问题,不断发生内乱,五六年内四易其君;而诸侯各国又参与其事,战事频仍,逐渐使郑国四分五裂,失去往日强有力的自主地位。所以,进入春秋中后期,郑国终于堕落为一个普通的弱小之国了。

管仲辅佐齐桓公

齐桓公元年（公元前685年），齐桓公任用管仲，开始经营其霸业。为了让公子纠继承君位，鲁国出兵攻击齐国，结果吃了个大败仗，鲁庄公还差点送了命。

眼见自己的如意算盘已无法实现，鲁国只好设法与齐国的新政权修好。而在齐国，齐桓公最信任的大臣鲍叔牙对桓公说，如果单说治理齐国，我还能胜任，但君主您如果想做天下的霸主，就非得依靠管仲的才能了。

在鲍叔牙看来，管仲之才能的最可贵之处，是他能够使君主握紧自己的权力的同时，还能调动起民众的力量，达到富国强兵的目的。于是，齐桓公就要求鲁庄公，把公子纠杀死，将管仲和召忽押送回齐国。公子纠被杀之后，召忽以身殉职，自杀而死。

管仲相齐

剩下个管仲，不知是鲍叔牙给他送了信儿，还是他真想活着干一番事业，就壮着胆量去见齐桓公。

二人见面之后，管仲把自己的富国强兵之道一一说出，齐桓公非常叹服，就让他做了自己的相，即辅佐政事的左右手。

管仲的富国强兵之道，总的来说是，首先要发展本国的经济，使人民安居乐业，国家有充足的财政来源；其次则是要加强内政建设，军政合一，以便最有效地集合起全国力量一致对外；另外，管仲还提出了“尊王攘夷”的口号，对天下人进行宣传攻势：尊王可以挟天子以令诸侯，而攘夷则顺应了全天下人的期望。

管仲是先秦时期开法家思想之先河的人物之一。他的法家思想也糅进了一些宽容和惠民的精神。比如说，他一方面主张加强国家对民众的管理，另一方面也比较注意人民的经济利益；一方面主张以法治国，另一方面又坚持了任用贤才的政策，给各种人才创造发挥其才能的天地。在对管仲的评价中，孔子认为管仲是个有上古仁爱之心的政治家。而当孔子弟子怀疑管仲的忠君精神时，孔子则更看重管仲建立的历史功勋，那就是他帮助齐桓公建立起的霸王之业。

齐桓公即位

周绍王十一年(公元前686年),公孙无知杀齐襄公登基。但公孙无知立即遭到国人的强烈反对,被视为弑君篡位的叛臣。公元前685年春天,公孙无知赴葵丘(今山东临淄西),被葵丘大夫雍袭杀身亡。

因齐襄公暴虐而逃奔在外的襄公诸弟,纷纷准备返齐继位。公子纠因其母为鲁女而逃奔在鲁,由管仲、召忽为其辅佐。公子小白逃奔在莒国,由鲍叔为其辅佐。公子小白之母是卫国之女,有宠于齐僖公。

齐桓公即位

公子小白和齐国大夫高溪相友善,公孙无知被雍林人杀死时,齐国显贵高氏和国氏就商量,把公子小白秘密从莒国召回。鲁国听到公孙无知死讯,发兵送公子纠返齐,并派管仲率领部队在莒赴齐的路上阻挡公子小白。管仲引箭射小白,射中其带钩,小白佯装身亡,倒在车中。管仲误以为小白已死,便派人驱车将消息飞报鲁国,公子纠信以为真,便高枕无忧,慢慢赶路,六天后才到齐国。此时,公子小白早已到齐。因有高氏、国氏为内应,所以顺利继承君位,是为齐桓公。管仲与公子纠逃往鲁国。

周王室东迁以后,政治权力迅速转移到诸侯国,宗法制度和神权统治也已崩溃。所谓春秋五霸开始一一登上了历史舞台,政治结构上的这一重要变化,促使各诸侯国发展起各具风格的政治、经济、军事格局和多元化的文化样式,从而为以后战国秦汉文明各方面的演进奠定了基础。齐桓公即位后,建立起齐国的霸权,引起政治、经济、文化上的一系列改革,是中国历史发展的一个重要里程碑。

秦晋韩原之战

秦晋韩原之战

晋惠公之立，得力于秦，但他却恩将仇报。秦穆公的夫人秦穆姬是晋惠公同父异母之姐，晋惠公自秦返晋时，秦穆姬将太子申生之妃贾君嘱托给他，又让他把流亡在外的晋公子都接回晋国。可是，晋惠公返国之后却与贾君同居，又不接纳群公子，秦穆姬很恼怒。晋惠公曾答应给秦的财物、土地和五座城邑，后来也食言不给。晋有饥荒，秦运去粟米；秦有饥荒，晋却拒秦人于境外。

晋惠公的多恶使一向讲信义的秦穆公忍无可忍，决心惩戒他。周襄王七年（公元前645年）秋，秦穆公率军伐晋。出发前，卜徒父占筮（shì），得大吉大利之兆。秦、晋双方交战，晋军三次败北，退到韩地（今山西河津市东南）。晋惠公询问庆郑，如何对付秦军。庆郑认为这是惠公自己酿成的恶果，无法可想。

晋惠公认为庆郑放肆无礼，在占卜选择车右武士时，尽管庆郑吉利，也不任用，而让家仆徒充任，又让步扬驾驭战车。晋惠公用郑国进献的小驷马驾车，这种马外强中干，进退旋转都不尽如人意，庆郑劝他换掉，晋惠公不听劝告。此年九月，韩简侦察敌情后说，秦军人数虽比晋少，但勇于战斗的武士却超过晋一倍。晋惠公派韩简到秦军约战，韩简预料晋军必败，故不愿从命。由此可见晋惠公深背民心。在秦国，由于秦穆公爱戴百姓、信守仁义，故深得民心。百姓闻知秦国将与晋国作战，纷纷踊跃报名参战。

公元前645年9月14日，两军在韩原（今山西河津、稷山间），展开了决战。战争中，秦军一度处于劣势，秦穆公也被围困于晋军之中。这时，曾受恩于穆公的300名歧下野人（他们曾宰食了秦穆公丢失的良马，但秦穆公没有处治他们，而是将他们赦免了）冲锋陷阵，以自己的生命救出了秦穆公。

后来，秦军就发起了反击。在秦军的顽强打击下，晋军节节败退。晋惠公的小驷马陷在烂泥中盘旋不出，向庆郑求救，庆郑深恨惠公不听劝告，违背卜兆，认为这是他咎由自取，根本不愿救他，惠公遂被秦军俘虏。

晋惠公被俘，举国哗然。公元前645年10月，晋大夫瑕吕饴甥代表晋与秦穆公会见，并在王城(今陕西大荔县东)盟誓。秦穆公询问晋人意见是否一致。

瑕吕饴甥说，晋国的小人以失去国君为耻辱，并且哀悼战死的亲属，所以立圉为国君，准备报仇。

晋国君子爱护国君，而又知道他的罪过，所以等待秦国的决定，准备报答秦国的恩惠。因此，晋国内部的意见并不一致。秦穆公又询问晋人估计晋惠公将被如何处置，瑕吕饴甥说，晋国的小人忧愁，认为他不会被赦免；晋国的君子宽慰，认为他一定回来。小人说："我们愧对秦国，秦国岂能让国君回来？"君子说："我们已经知罪，秦国一定会以德报怨，让他回来。"秦穆公说，晋国君子所言正是自己的愿望。王城之盟以后，秦改变了晋惠公的待遇，让他住进宾馆，还送七副牛、羊、猪等食用物品。公元前645年11月，晋惠公返回晋国。

晋惠公返回晋国

经过韩原之战，秦国的国威得到空前彰扬，秦国的国力得到大大加强，秦穆公的地位日益巩固和提高，一个称霸中原的秦国从此迅速崛起。

齐桓公霸业终结

齐桓公四十二年(公元前644年)，生活在淮河流域的少数民族(时人蔑称为淮夷)兴兵威逼东方的一个㚟姓小国鄫国(山东枣庄)。类似的事情，在齐桓公称霸时期经常发生，在齐桓公霸业的鼎盛时代，特别是管仲还在世时，齐国的对策通常是会同诸侯进行征伐。但是，到了霸业的末期，齐国大多是消极地处理之，不是选择军事还击，而是以退让为主。在两年前，齐桓公就率领诸侯把同样受到淮夷侵扰的杞国安置在一个新的地方，以避开夷人的锋芒。这一次，对待鄫国，齐桓公也想同样处理。可没想到，在齐桓公率领各国诸侯帮助鄫国修建城池的时候，征发来的民工不干了。很可能是受有些诸侯的支使，有人在夜半时登高呼叫："齐国国内发生了动乱！"这消息一传开，首先齐国人就坐不稳了。所以，最终的结果是，城池没有竣工，各国就一哄而散了。这种从积极征伐到消极搬迁，再到搬迁受抵制，充分反映出齐桓公作为诸侯霸主的影响力正在迅速衰退。另一方面，据统计，齐桓公在世时，有记载的重要盟会有16次，不太重要的小的会商就更多了。在此类盟会上达成的协议，实际履行中通常都要打一些折扣甚至被一些诸侯所践踏，但是，越到霸业的后期，这种违约的事件就越发增多。这也说明，齐桓公的霸业正在走向衰败。

重耳入主晋国

秦穆公二十四年、晋文公元年（公元前636年），晋国公子重耳终于入主晋国。在前一年，晋惠公死去，重耳终于有了入主晋国的机会。晋惠公虽然算不上有才有德的君主，但由于在他继位之初有秦国的帮助，同时还没有哪个大国想支持重耳，就使惠公有时间巩固权力。惠公死后，继位的太子圉（yǔ）并不是秦国理想的合作者，秦穆公这才决定支持重耳。这一年的春天，秦穆公派大军护送重耳返回晋国。而晋惠公统治下的晋国，内忧外患不断，因而非常欢迎重耳的回归。重耳顺利地入主晋国，成为晋文公，晋国从此步入一个图新的时代。晋文公一方面铲除了晋惠公及其残余势力；一方面安定人心，网罗人才。近二十年追随他流亡的大臣，担心他会卸磨杀驴，晋文公则明确表示了对他们的信任。即使是当年追杀过他的寺人披，一旦表示今后忠实于他，晋文公也做到了不计前嫌，这是专制政治下所谓英明君主的起码素质。不过，也有视功名为畏途的人。比如有名的介之推，也是晋文公流亡时期的忠实追随者，这时却不想邀功，并在母亲的支持下，宁肯以隐士的身份了结余生。

重耳入主晋国

晋文公的霸业

晋文公二年(公元前635年),初登君位的晋文公,开始了他的称霸中原的大业。因为,在国内,晋惠公的无能使作为大国的晋国默默无闻,而新君的继位,立刻激发了晋国人的希望,举国上下空前团结有力。在国外,齐桓公的霸业已经结束,周天子被王子带逼迫到了外地,天下群龙无首,争执骤增,而敌人和楚国则乘机侵扰和图谋中原。这与齐桓公称霸之前相似,中原各国又面临着由谁来完成"尊王攘夷"的使命。此时,从实力来看,秦穆公和晋文公是霸主的主要人选,但秦国的不利条件是距离中原较远。为了抵制秦国的影响力,这一年,晋国抢在秦国之先。解决了王室的政治矛盾。晋文公杀了王子带,让周襄王复国,完成了"尊王"的任务。

晋文公尊王攘夷

楚国对中原的虎视眈眈已经很久了。公元前634年,齐孝公为了当上霸主,挑起了中原各国的征战。楚国乘机介入,率各国攻击齐国及其盟国宋国,宋国眼看支持不住了,只好向晋国求援。而此时的晋国,对军队的编制进行了改革,正想着找个像样的理由进军中原。宋国来求援,正合晋文公之意。晋文公五年(公元前632年),城濮(pú)一战,晋军击败楚军,"攘夷"的任务基本完成。

不过,晋文公的霸业无法与齐桓公相比。首先,与晋国结盟的秦国,关键时候总是撤梯子,唯恐晋国过于强大。其次,齐桓公在位43年,而晋文公只有9年,不容他把霸业推向更高的高度。晋文公又是晚年继位,眼看时日不多,不得不做一些急功近利的事情。比如召使周王并通过周王召集诸侯的做法,既不合乎"尊王"的本意,也表现出他对自己的实力缺乏信心。晋文公政治流亡期间,在曹国曾受到过曹共公的侮辱。为了报复曹共公,晋文公就把曹国的部分土地分给了鲁国,这种不利于诸侯间团结的做法,显然不是作为诸侯首领的霸主应该做的事情。孔子曾说,晋文公不守规法,喜欢耍小聪明,行为不够光明正大,而齐桓公则与之相反。

楚庄王一鸣惊人

楚庄王一鸣惊人

周顷王五年(公元前 614 年)楚穆王死,其子旅继位,是为楚庄王。楚庄王即位的头几年,对国事不闻不问,日夜于宫中饮酒嬉戏,并下令:“有敢谏劝者斩。”但他其实并非庸主,不过是在待机而动。大臣伍举讽喻他说:“楚国的山上有一只大鸟,一连三年不飞不叫,这是一只什么鸟呢?”楚庄王回答说:“三年不飞,一飞冲天;三年不鸣,一鸣惊人。我懂得你的意思了。”其后大臣苏从又谏。庄王眼见有不少人支持他,于是一改过去的做法:罢歌舞,亲政事,任用贤臣伍举、苏从,诛杀奸佞(nìng),选拔良才,国人大悦。周匡王二年(公元前 611 年),楚庄王开始听政。周匡王五年(公元前 608 年),楚庄王亲率大军伐陈、宋,与晋师战于北林(今河南新郑),虏晋大夫解扬,晋师败还。随后,楚庄王灭舒、伐陈、破郑、败晋,成就了霸业。

楚庄王问鼎中原

周匡王五年(公元前 608 年)秋天,楚庄王以陈、宋叛楚附晋为由,率军伐陈、宋。晋国知道消息,亦出兵。晋赵盾率军与宋、陈、卫、曹的军队在悲林(今河南新郑北)会合,准备讨伐郑以救陈、宋。楚救郑。两军在北林(今河南郑州市东南)相遇,双方展开大战。结果,楚军战胜晋军,晋大夫解扬被俘。

周定王元年(公元前 606 年)春,楚庄王率军讨伐陆浑之戎(今河南嵩县及伊川县境),到达雒(luò)水,在周朝境内陈兵示威。周定王派大夫王孙满慰劳楚庄王。楚庄王问起九鼎的大小轻重。王孙满回答说:“鼎的大小轻重在于德而不在于鼎本身。从前，夏朝正是有德的时候，把远方之物画成图像，让九州之长进贡青铜，铸造九鼎，并把图像铸在鼎上。所以，各种东西都具备在上面，便于让百姓认识神物和恶物。因此，百姓进入川泽、山林，就不会碰上魑（chī）魅（mèi）魍（wǎng）魉（liǎng）等鬼怪。夏桀昏乱，鼎就迁到了商，前后600年。商纣王暴虐，鼎又迁到了周。德行如果美善光明，鼎虽然小，也是重的。如果奸邪昏乱，鼎就是很大，也还是轻的。上天赐福给明德的人，都有一定期限。周成王把九鼎定在郏鄏，占卜的结果是传世30代，享国700年。这是上天之命。周朝的德行虽然衰减，但天命并未改变。鼎的轻重，是不能询问的。”楚庄王听了王孙满的一番言语，知道周在诸侯中还有相当影响，所以不敢轻率攻周，于是引兵返归。

楚庄王问鼎中原

鼎是古代国家权力的象征，楚庄王问鼎，有取代周室之意，“问鼎中原”这个成语源于此。

晋楚邲城之战

楚庄王十七年、晋景公三年（公元前597年），晋、楚之军在邲地交战，晋军大败。因为郑国的背叛，楚庄王亲自带兵伐郑。晋国得知这个消息后，由荀林父为主帅，率领晋国的三军赶来救援郑国。可是，当晋国到达黄河北岸时，又传来了郑国已经降服楚国的消息。此时，晋军内部发生意见分歧。以上军主帅士会为首的部分将领主张退兵。他们认为，楚军师出有名，在先后平定陈国的动乱和郑国的背叛等问题上，既符合道义，也没有扰民；而在楚国内部，由孙叔敖主政，一切都很有条理。此时与楚军对垒，显然是不明智的。至于郑国归附楚国，等楚军退走之后，再找郑国算账不晚。可是，以中军副帅先縠（gòu）为首的一些将领，认为出兵到了这种程度再撤走，有损于作为霸主的晋国的颜面。所以，先縠不由分说，先带着自己本部人马渡过了黄河。主帅怕

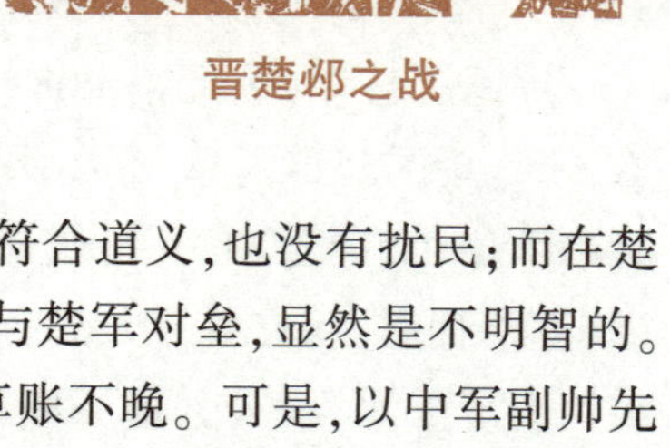

晋楚邲之战

先縠一人过河有闪失，只好也随着渡河。

此时的楚庄王，得知晋军已经渡河，本想退兵。可是，庄王的宠臣伍举坚决主张进兵，因为他看出了晋军之中没有君主的权衡，将领意见和行动都不一致，有可乘之机。于是，楚庄王决定伺机与晋军一战。

交战之前，楚庄王派使者到晋军探虚实，说明楚军只是想平服郑国，并无与晋军决战之意。士会在公开场合的答复比较委婉，而先縠则又在私下里给了楚国使者以强硬的回答。面对晋军内部的分歧，楚庄王决定跟晋国人决战。但为了扩大晋军内部的不和，庄王一面表示要跟晋人讲和，一面又派出小股部队跟晋军挑战。

晋楚大战

而在晋军内部，又有两个公报私仇的将领，说是要去跟楚国人讲和，其实是想挑起两军的战斗。楚军无奈，下令全面向晋军紧逼进攻。晋军主帅荀林父不知所措，命令晋军撤退过河。

晋军士兵抢着船只渡河，结果，已经上了船的士兵用刀猛砍想扒上船的士兵的手，以至于船舱里都是砍下来的手指。晋军于是大败，只有士会率领的上军，由于准备充分，未受损伤。

这是晋、楚两军继城濮之战后的又一次大决战。楚国的胜利，奠定了楚庄王在中原地区的霸业。而晋国的失败说明，如果晋国还想保持霸主地位，就需要有一个强有力的君主来坐镇。

周王室动乱再起

周定王十四年(公元前593年)秋季，周王室动乱再起。毛伯卫和召戴公联合攻击王孙苏，王孙苏逃亡到晋国。冬季，晋国的士会调解王室纠纷。周定王招待士会，士会不懂王室奉行的周礼，归国后决定讲究之，并以此改进晋国之法。这就说明，在春秋时代，周礼虽然失去了硬性的约束力，但还是上层社会公认的行为准则。

晋齐鞍之战

周定王十八年(公元前 589 年)春,卫穆公派孙良夫、石稷、宁相、向禽将等率军入侵齐国。此年四月,卫军和齐军在新筑(今河北魏县南)相遇。石稷想退归,孙良夫认为,军队出征,遇上敌人就回去,如何向国君复命?如果不能打仗,就应当不出兵。现在既然和敌人相遇,那就不如一战。新筑之战中,卫军大败。石稷对孙良夫说,卫国军队战败,您如果不顽强坚持,以顶住敌军,就会全军覆没。假若丧失了军队,还有什么回报君命?他见大家都不回答,便又说,您是卫国之卿,假若损失了您,那就是卫国的羞耻。您带着大家撤退,我在这里殿后。石稷还通告军中,卫国援军的战车已经大批来到,以此鼓舞士气。石稷率领军队力战,齐军攻势被阻止,退守在鞫居(今河南封丘县境)。在新筑大夫仲叔于奚的救援下,孙良夫也得免于难,撤军回卫国。

晋齐鞍之战

新筑之战败后,卫军主将孙良夫没有返卫,径直去晋请求发兵,这时鲁国臧孙许也到晋国请求援助。两人都找到晋国执政大臣郤克,请他帮助。晋景公答应给郤克 700 辆战车前往救援鲁、卫两国。郤克认为这是城濮之战中晋国的兵车数量,当时有先君的明察和先大夫的敏捷,所以得胜,而我和先大夫相比,还不足以做他们的仆人,因此,请允许派 800 辆战车。晋景公答应。晋军由郤克率领中军,士燮(xiè)辅佐上军,书率领下军,韩厥做司马,出发援救鲁、卫。鲁国的臧孙许为向导开路,季文子率领鲁军和晋军会合。这时候,齐军伐鲁、胜卫,正凯旋。晋师追踪而至,在莘(今山东莘县北)地追赶齐军。

周定王十八年(公元前 589 年)六月十六日,援救鲁卫、追赶齐军的晋国军队到达靡笄山(今山东济南千佛山)下。齐顷公派使者向郤克请战说,您带领国君部队光临敝邑,敝国士兵人数很少,请在明天早晨相见。郤克回答说,晋和鲁、卫是兄弟国家,他们告诉我们,大国不分早晚都在敝邑土地上发泄气愤,寡君不忍,所以派下臣前来向大国请求,同时又不让我军长久留在贵国。因此,我们只能前进而不能后退,您的命令我们会照办的。齐顷公则高傲地表示,无论晋是否同意，都必有一战。齐国高固单车挑战，进入晋国军队，拿石头投入，把晋军士兵抓住，然后坐上战车回到齐军，在齐军营地耀武扬威、鼓舞士气。

六月十七日，晋、齐两军在鞍（今山东济南市西）摆开阵势，鞍之战爆发，夏为齐顷公驾车，逢丑父为车右。晋国解张为郤克驾车，郑丘缓为车左。齐顷公轻蔑地说，我姑且消灭这些敌人再吃早饭！齐顷公战车马不披甲，驰向晋军，齐军遂冲杀过去。晋军主将郤克为箭所伤，血流到鞋上，但他却使军中鼓声不断。驾车手解张一边激励郤克，一边左手握缰策马、右手握槌击鼓。战马飞奔向前，全军将士也随着冲锋陷阵。齐军大败，晋军乘胜追击。晋军司马韩厥站在战车中央驾车，与车左、车右一起追赶齐顷公。顷公御者邴（bǐng）夏欲射杀韩厥，顷公以之为君子而不许，于是只杀死了车左和车右。韩厥躬身稳车，顷公乘机逃逸，并与车右逢丑父互换了位置。后齐顷公之战马被绊，车右逢丑父受伤，再度被韩厥追上。逢丑父命齐顷公取水，公得坐上郑周父驾驭的副车逃归，而逢丑父则被韩厥误认为齐君而俘。

追赶齐军的晋国军队，从丘舆（今山东益都县西南）进入齐国，攻打丘舆附近的马陉。齐顷公派执政大臣国佐把齐灭纪所得到的室、玉磬和齐国所侵占鲁、卫两国的土地送给战胜诸国，以求媾（gòu）和。晋人还要求把国母肖同叔子作为人质并使齐国境内田陇全部东向，这样才能媾和。国佐以为这一要求超出常理，据理力争，并说："如果你不同意的话，我们就将收集残余力量决一死战。"在鲁、卫两国的劝谏下，晋人答应了齐的请求。周定王十八年（公元前587年）七月，晋军和齐国国佐在爰娄（今山东临淄西）结盟，齐把汶阳（今山东宁阳县北）之田归还给鲁国。鲁成公为表示感谢，特意赶到柯地（今山东阳谷县境）会见晋军，把车轮和三命的车服赐给晋军的三位高级将领郤克、士燮、栾书，晋军的司马、司空、舆帅、侯正、亚族等一般将领都赐给以一命的车服。

晋齐之战

晋景公之死

晋景公十九年（公元前581年），晋景公杀死赵同和赵括之后，心理压力很大，不断梦见有厉鬼搏杀他，还说是要替孙子报仇，这显然是赵氏祖先的幻影。

景公把梦讲给了巫士桑田,让他释梦。桑田说:"你吃不到新麦子了。"意思是说活不过今年了。没过多久,景公就开始生病,并且病情迅速加重。景公向秦君求医,秦桓公就派出了一位名叫医缓的良医。医缓还没来到,景公又梦见两个小孩子。一个说:"来的人确实是良医,但他害怕伤着我,一定会逃走的。"另一个则说:"你的病在肓之上,膏之下,没办法治了。"医缓到来之后,也诊断说景公的病在肓(huāng)膏之间,针灸和汤药都起不了作用。因为与梦境相合,景公认为医缓确实是良医,就重赏了他。到了这一年六月,景公想吃新麦子,手下人就把刚刚收获的新麦子献了上来。景公马上把巫士桑田叫过来,让他看了新麦子之后就杀了他。可是,就在他要吃新麦子的时候,突然感到肚胀,就去上厕所,结果陷在茅坑里被溺死,新麦子到底没吃上。

晋国的家族之争开始

晋景公十七年(公元前583年),晋国的赵氏家族,自辅佐晋文公的赵衰以来,又经过赵衰的儿子赵盾的努力,成为晋国首屈一指的大家族。到此时,家族中最有地位的是卿士赵同、赵括(赵盾之弟)等。赵家势大,自然受众人的嫉妒,而偏偏在这个时候,赵家又出了一桩丑闻。赵盾(此时已死)的异母弟赵婴,与赵盾之子赵朔(此时也已死)的妻子庄姬通奸,被赵同和赵括流放到了齐国。赵婴虽然行为不检点,但手握重兵,其他家族都很惧怕他。所以,赵婴临行时说,我走之后,赵氏家族一定会受到其他家族的算计。果然,三年之后,先是庄姬为报赵婴被流放之仇,在晋景公面前进谗言,说赵同和赵括要谋反。而不满赵氏家族的其他家族则替庄姬作伪证。于是,在这一年的六月,晋景公就诛灭了赵氏家族,只有赵朔与庄姬所生的赵武,被庄姬藏在景公的宫中,幸免于难。

晋国内乱

子产的外交政策

周灵王二十五年(公元前 547 年)十月,楚康公兴兵伐郑,郑国人准备要抵御。子产则劝阻说,晋、楚两国就要结盟,楚王此时不过是一时冲动。如果我们不让他如愿而归,晋、楚就不能结盟。子产的意思是,晋、楚结盟,从中最为受益的是夹在中间的郑国。所以,子产又说,不要为了逞小人之勇,而损害了国家的长远利益。以此看来,子产堪称那个时代真正具有远见卓识的政治家。

郑国子产"民主"治国

郑简公二十四年(公元前 542 年),子产的治国措施开始在郑国全面展开。在春秋时代,分权是政治主流。这种分权,一方面有上级权力被下级强夺和篡夺的内容;另一方面也有反对集权的意味。各国君主的身败名裂,主政大夫的身灭族亡,除了生活腐化、外国干涉等偶然因素之外,大多是由于夺权而引发的。

子产治国

而之所以有那么多的夺权,就是因为权力太集中于一人或一族的缘故。吴国季札曾告诫子产要以礼治国。那时的礼,相当于现在的法。而以法治国,就比较接近于贵族化的"民主"治国。与其他诸侯国相比,子产的做法已经是相当民主的了。子产的做法是,选择有真才实学的大夫,利用他们的特长,让他们负责起某一方面的工作。

比如说,在外交事务方面,先向了解各国情况的官员询问,拿出草案;然后再找有决断力的官员决定大方向如何;确定了大方向,再让擅长文字的官员落实成文;最后,则交由专职的外交官去执行。有了这样一个民主的过程,做事很少落败。在内政方面，子产把国家的重大决策拿到“乡校”里去讨论。乡校类似于国家的最高学府，其中有许多有见识的，甚至具有批评精神的知识分子，他们可以给国家的大政方针提出有分量的意见，而这正是子产最想得到的。手下有人建议关闭乡校，子产则说，乡校是我治国的老师。我就想通过平时从乡校里听取意见，才能避免由小错铸成大错。显而易见，子产的做法，很有些现代民主的气息。

新式戟出现

戟(jǐ)是一种将戈的勾、啄和矛的直刺功能结合在一起的格斗兵器，由戟头和戟柄组成。戟头在商周时期由青铜铸制，战国末年始有铜铁制品。戟柄为竹木质，长度以车兵所用为最长，骑兵所用稍短，步兵所用最短。

戟在商代还处于萌芽时期，西周时出现把啄头、戈头和矛头联体合铸而成的十字形青铜戟，但其实不佳，所以春秋战国时期又将戈头和矛头分铸，然后用柄联装在一起。这种联装戟在春秋战国大量使用，是“车之五兵”之一。春秋晚期步骑战兴起，联装戟又成为步、骑兵的利器。在长江流域的楚、吴、越等国还出现了在一根三米多长的柄上联装两个或三个戈头的新式戟。称为“多戈戟”，钩割功能良好，是重要的车战兵器。

周王朝二王并立

周景王二十五年(公元前 520 年)九月，处在风雨飘零中的周王室，也陷入了权力争夺之中。周景王早就立王子猛为太子，可后来又喜欢上了庶长子王子朝和朝的老师宾起，并有意让王子朝做接班人。

可是，周大夫刘献公和单穆公等，对王子朝和宾起不满，很想杀死他们。周景王二十五年四月，周景王外出打猎，让公卿大夫都陪着，想乘机杀死刘公和单

晋国勤王

公。没想到，景王突然暴病而亡。刘公和单公马上动手，杀死了宾起。到了六月，就在下葬景王的时候，王子朝率领着一些失去官职的旧官、失了业的百工之人，以及周灵王和周景王的子孙，把刘献公和单公驱逐出外。

不久，刘公和单公又把王子朝逐出王城，王子朝退守京城。刘公和单公派兵攻伐京城失败，单公就向晋国告急，因为晋国是诸侯盟主，有保护王室的义务。七月间，刘公和单公保护着悼王退出王城，王城的百工再次叛乱，王子朝又占据了王城。到了十月，晋国大夫籍谈率领九州之戎人和晋国的一些地方军队赶到。十一月时，悼王死，其母弟继位，为敬王。这年的年末，晋军向王子朝发起进攻。到了第二年正月，形势有所好转。敬王认为自己能解决问题，不想让晋国插足太深，晋军撤回。从四月起，刘公和单公开始进攻王子朝，不想屡战屡败。到六月，王子朝再次攻占王城。自此，周敬王在王城东面狄泉，人称东王；王子朝也在王城称王，人称西王。不过，史家一般以周敬王为正统。周朝二王并立，使周王的地位更加卑弱。

孔　子

孔子，名孔丘，字仲尼，周灵王二十一年（公元前 551 年）生于鲁昌平乡陬邑（今山东曲阜东南），他的祖先是宋国的孔防叔，因逃华氏的逼害，到了鲁国。孔子的父亲叔梁纥和母亲颜氏女祷于尼丘，野合生了孔子。孔子出生时，叔梁纥去世，葬在防山（今山东曲阜东），母亲徵在年轻便守寡，不曾送葬，因而不知道叔梁纥葬在哪里。孔子小时候，玩游戏时常“陈俎（zǔ）豆，设礼容”。孔母死后，孔子将她葬在五父之衢，并寻找父亲葬处。鞔父的母亲告诉了孔子，孔子就把父母合葬在防。周景王十年（公元前 535 年），孔子 17 岁，已非常懂礼。鲁国大夫僖子临死前对他的儿子孟懿子说：“孔丘是圣人的后代，我听说圣人之后虽然现在不出名，有朝一日会飞黄腾达的。如今孔子年纪轻轻已经很懂礼仪，能不发达吗？我死后，你们一定要拜他为师。”孟僖子死后，孟懿子和弟弟南宫敬叔就到孔子处学礼。之后，南宫敬叔向鲁君请求让他和孔子一齐到周询问礼仪。鲁君赐给了他们一车两马。孔子见到老子，老子教导他“良贾深藏若虚，君子盛德，容貌若愚”，还要孔子去掉骄气、多欲、态色和淫志这些无益于身的东西。孔子见老子后，对弟子说：“我今天见到老子，就好像见到乘风云上天的无所约束的龙一样。”

春秋以来，王室衰微，政治无主，传统文化渐已不能支配人心，旧制度崩溃，等级制解体，人身依附关系解除；经济上，齐国工商业，鲁国地主、农民为代表的新生产形式形成，为文明的创造提供了社会基础。师旷的出现，子产在郑国走上政治舞台，老子、孔子的出生，标志着中国春秋时代已从混乱的军事征战走上建设性文明创造。

孔子的出现正可说是时代的象征。他将以同族结合为基础的礼乐转换为较具普遍社会性的礼乐社会制度。进而提出“仁”作为礼乐实现之目标。“仁”一方面是指个人的人格，个人人格没有贫富贵贱之别；另一方面则指人际关系，人际关系以彼此承认对方的人格为要。要实现“仁”，必须靠教育和教养；而礼乐则是实现“仁”的手段，因此要从礼乐的学习与研究着手。以往，礼乐只是贵族教养与学习的课目和贵族外交的手段。孔子反对教育成为贵族的专利品，认为应该将礼乐等教育普及于一般人。因此，孔子以身作则，从事教育工作，所收学生不限阶级，诚可谓“有教无类”，其精神则是可佩的。

后人之所以能对孔子及其弟子的言行有全面的了解，主要依靠的是《论语》这部书。孔子死后，弟子们为表达思念之情，就把孔子生前的言行以文字的形式记载下来，以期传于后世。这是《论语》的最初版本。后来，经过再传弟子的不断编辑整理，使《论语》出现了各种不同版本，比如古论、齐论和鲁论等。到汉代，学者张禹将各种版本归纳为一，即是现在看到的《论语》。“论”有论说之意，“语”即孔子之语。“论语”作为书名是逐渐形成的，而这本书并不是孔子本人所作。其实，孔子给自己立下的规矩是“述而不作”，只传述古来的经典，自己不进行创作。所以，传世的儒家经典，没有一部是孔子所作。一些经典与孔子有关系，只是孔子生前以他们作为传授学问的“教材”比较重视，以至于弟子们传习不已，直至后世。

吴楚之争

吴王阖闾三年、楚昭王四年(公元前512年),吴王阖(hé)闾(lǘ)上台之后,对内致力于改革,民心大附;对外则想消灭头号敌人楚国。阖闾早就接纳了从楚国逃命到吴国的伍员(子胥),而伍子胥成天想的就是回楚国报杀父杀兄之仇。这一年,阖闾向伍子胥交了实底,要全力攻伐楚国,问他有什么良策。伍员说,楚国君臣上下离心离德,正可利用。我们组成三支军队,轮流袭击楚国。楚国派兵应战,我们就退回;楚军一撤兵,我们就再进攻。等楚军疲惫不堪之时,我们三军齐出,一举成功。

吴楚之争

吴王阖闾和楚昭王差不多同时继位,但是,在吴王阖闾任用贤能、加紧准备攻伐楚国的同时,楚国却不断内耗,并给自己制造了众多的敌人。

由于令尹子常的贪得无厌,真心帮助吴国,与楚国为敌的,都是楚国的仇人。于是,在公元前512年,在备受子常欺辱的蔡昭公的请求下,吴国开始全面进攻楚国。楚国的司马戌跟子常约定,双方从水陆两面协同作战。但由于司马戌比子常更得人心,子常就想与司马戌争功,率先渡过汉水,与吴国正面作战。结果,子常三战三败。最后在柏举(今湖北麻城)的决战中,子常彻底失败。吴军随后又五战五胜,攻入郢都。楚昭王仓皇出逃,最后在随国得到了随君的保护。同时,楚国大夫申包胥又到秦国求得援助,吴军这才退兵而去。在吴、楚此次大战之前的几十年间,楚国不是乘着与诸侯的和解而发展自己,而是不断与吴国摩擦,结果几乎亡国。自此以后的许多年里,楚国只能眼望着中原诸侯的征战,而无力从中得利。

吴越春秋

吴越春秋

吴王夫差二年、越王勾践三年(公元前494年),与当年吴、楚争雄时的情形有些相似,吴王夫差和越王勾践也是同时执政的君主。吴、越之间的摩擦也不是一日,双方都在寻找决战的时机。到了这一年的春天,楚国围攻蔡国,报复当年蔡国跟吴国一起攻击楚国。蔡国向吴国求助,吴国和楚国的关系又紧张了起来。越王勾践看到吴、楚之间又要开战,就想乘机进攻吴国。没想到,吴王夫差成天都想着向勾践一报杀父之仇。见越国蠢蠢欲动,就先下了狠手。吴国在夫椒(越地,在太湖之西洞庭山)一战中就大败越国,随后又侵入到越国腹地,尽情扫荡。勾践在5000甲兵保护下,最后退守会稽山,被吴军层层包围。勾践让他的大夫文种贿赂吴国的太宰,想跟吴王讲和。吴王正要答应下来,伍员(子胥)劝谏道:“斩草一定要除根,否则必有大祸,历史上的这种教训太多了。越国跟我们是世仇,国土又邻近。如今放过他,再后悔可就晚了。”可是,此时的吴王夫差,已经不像他父亲那样信任伍员了。他大概觉得跟勾践只是私仇,向北方发展势力才是国策。吴国跟越国讲和之后,伍员长叹道,越国人再有20年的准备,一定会灭亡吴国。而后人据此则演绎出许多传说,其中最动人的,莫过于夫差让勾践做贱仆,而勾践则卧薪尝胆,蓄积力量,终于灭亡了吴国。

吴师破越　勾践卧薪尝胆

周敬王二十四年(公元前496年),吴王阖闾战死。夫差即位,誓要报仇。周敬王二十五年(公元前495年),夫差任命大夫伯嚭为太宰,向他学习战射,要雪耻儒李之战之辱。周敬王二十六年(公元前494年)春,吴王夫差为报父仇而率军攻椒,在夫越(今浙江绍兴北)打败越军,越军退守会稽山(今浙江绍兴东南)。越王勾践率披甲持盾的5000名士兵守卫,同时贿赂吴太宰伯嚭而求和。越国又给夫差进献美女,太宰对夫差说:“只要越国臣服就可以了。”伍员认为不妥,说:“越国与我国世代为仇,现不灭越,以后必然后悔,勾践是贤能之君,又有文种、范蠡等良臣辅助,如果让他们返回越国必有后患。”此时,夫差有志向北方扩土,不纳伍员之言,与越媾和。

卧薪尝胆

勾践与范蠡作为人质留在吴国。卑事夫差,而把治理国事之政交给文种。勾践在吴三年,到周敬王二十九年(公元前491年),吴王夫差赦勾践归国,他处心积虑,立志报仇雪恨。

为了磨砺志气,不忘屈辱,他把苦胆挂在室内,吃饭之时一定要先尝苦胆。睡觉时身下垫着木柴,以使自己警惕,不得居安忘危,丧失报仇雪恨的决心。他亲自与百姓一起共同耕作,让夫人织布裁衣,食不加肉,衣不饰彩,与民同甘共苦。经过长期的艰苦奋斗,“十年生聚,十年教训”,越国终于从失败中重新崛起。

周敬王三十八年(公元前482年)夏,越王勾践乘夫差远出,以大军攻吴,越以精兵4万,近卫亲军6000人分两路伐吴。越大夫畴无余、讴阳率师从南方先抵吴国都,吴王孙弥庸、王子地出击,胜越师,俘获无余及讴阳,越王勾践率大军复至,大败吴师,俘获吴太子友及王孙弥庸等,破吴都。夫差归国派人求和,越王答允。

周元王四年(公元前473年),勾践再次大举攻吴,击败吴军。囚吴王夫差于姑苏山。吴王夫差派公孙雄往见勾践请和,勾践不许,再次进兵吴,勾践请夫差居甬东。与三百家丁为其服役以终享天年,夫差谢曰:“吾老矣,不能事君王!”遂自杀,此后,周元王封勾践为伯,即诸侯之长,勾践遂称霸于诸侯。

齐国陈恒夺权

周敬王三十九年(公元前481年)四月,陈桓夺取齐国大权。在齐国,陈氏家族的首领是陈恒(田成子),他的父亲就是陈乞(田僖子)。陈乞时把齐简公扶上台,而此时的齐简公,宠信大夫阚止。简公让阚(kàn)止主政,陈恒深感不安。双方都想吃掉对方,结果在武装冲突中陈恒取胜。阚止被杀,齐简公被陈氏囚禁。

六月,齐简公因不服从陈恒被杀。陈恒立简公之弟骜,为平公。听到陈恒杀简公的消息后,孔子主张鲁国出兵干预,鲁国君臣都不同意。

老子与《老子》

与孔子差不多同时代的另一位大思想家是老子。在世界范围内,公元前6世纪前后都是产生大思想家的年代。不过,与孔子不同,老子的言行颇具传奇色彩。他的生平无人知晓,只有几百年后的司马迁在《史记》中含糊其辞地说,他是周王室的图书管理员,知识渊博,通达世理。本想有一番政治作为,眼看天下混乱,只好隐身书海。司马迁还说,年轻时的孔子,曾经到成周(洛阳)向老子请教有关礼的问题,颇受老子的教训。除了这件辉煌的事迹之外,老子最知名的作为是晚年到西方去隐居,并在最后时刻把《老子》81章留在人世。因为他是这样一个来去自由的智者,以至于司马迁连他的姓氏都说不准。因为有《老子》这本书,后人就把他称作老子,或老聃(dān),或老莱子。

不管《老子》的作者是谁,这本书却充满了智慧,千百年来谁也捉摸不透。它对现实政治有毫不留情的批判,同时又指出了改革的途径,说明它的作者有着远大的政治追求。不过,它的政治措施不是增加什么,而是减少什么,以至于回到人类的原始状态,以结束你争我夺的混乱局面。为实现这个乌托邦,它主张“无为而无不为”,通过什么也不要,实现什么都到手。为了以无得有,它又提出了许多玄妙的获取手段,比如以静制动,先予后取等;而要学会这些手段,一定得达到某种玄妙的思想境界。所以,它什么都说,但什么都不说透,令人多方回味。再通过战国庄子的强化,到了汉代,就成为中国道教的第一经典,而传说中的老子本人,也被拥立为道教的始祖。

战　国

（公元前475年至前221年）

【历史解说】

“战国”的名称，源于《战国策》。这部书是西汉学者刘向根据《国策》而编定的。确切地说，这并不是一部史书，因为它是以对这一时期的事件的记叙和演绎为主，并没有《春秋》那样的时间观念，更缺乏一致性和准确性。因此，这一时期到底始于何时，史家有种种不同说法。有根据《春秋》记事结束而开始的（公元前479年），也有根据“三家分晋”（公元前453年）或被封为诸侯而开始（公元前403年）的。而战国时期的结束则比较明显，那就是秦始皇对中国的重新统一（公元前221年）。

东周兼并战争继续发展，以三家分晋为标志，进入战争剧烈的战国时期。形式上是七个大领主争城夺地，实际是一个已经成为阶级的新兴地主阶级以及与它血肉相连的大商贾和说客游士推动大领主们为建立地主政权而展开剧战。一百八十二年长期战争，基本上是地主政权的秦对领主地主混合政权的山东六国猛烈进攻，结果秦国胜利，出现了统一全国的封建地主皇朝——秦朝。

战国纷争

周威烈王二十三年（公元前403年），晋国韩赵魏三家世卿立为诸侯，战国时期开始了。在东周时期政治上还发生一些天下大宗和共主作用的封建领主王朝——东周，到战国时期，完全失去了作用，它只是作为一个小国存在着（公元前249年秦灭周国），不再是代表一个历史时期的王朝。

战国是七个独立的强国，各尽自己最大的力量相互间进行攻击或防御的战争。战胜国扩地，战败国削地，疆域常有变动。七国位置，西方秦国，东方齐国，南方楚国，北方燕国，中部韩赵魏三国，赵在北，韩近西，魏居中，韩魏最接近秦国，先受秦攻击。

秦国

秦在东周时期是个文化落后的国家。公元前361年，秦孝公立，下令求贤。卫国人法家公孙鞅(仕秦有功，封于商，号商鞅)应募入秦，得孝公信任，变旧法创立新法。秦从此成为七国中第一强国。早在战国初年，李悝(kuī)在魏，吴起在楚，曾行新法，但为旧势力所阻。秦旧势力较小，因之商鞅变法得到成功。商鞅也就成为这一历史时期的代表人物。

公元前359年，商鞅第一次变法，要点如下：

(一)组织民户重编户籍，五家为伍，十家为什。什伍内各家互相纠察，一家作奸犯科，别家必须告发，如不告发，连同受重罚。这是残酷的统治法，但在贵族领主役使下的大量农夫因此得直接作为国君的民户，是有进步意义的。

(二)加强劳动力。户主如有两个儿子，儿子到一定的年龄，必须分家各自独立谋生，否则加倍出赋税。父子兄弟各立门户，可以加强生产中的主动性，防止一家人相互依赖，劳逸不均。分家之后，各自照顾自己；儿子借给父亲耕具，就觉得是个很大的恩惠；婆母不经儿媳的许可，使用簸箕扫帚，立即受到儿媳的责备；婆母儿媳间一不融洽，就会争吵起来。这种制度，对家族制度的父权起着限制作用。

(三)奖励军功。立军功的人，各按功劳大小受爵赏；私斗的人，各按犯罪轻重受刑罚。商鞅制定秦爵，分二十级，第一至第八为民爵，第九以上为官爵，农民立功得爵(战阵上斩敌人首一级，赐爵一级)，受各种优待，有机会成为中小地主。

(四)崇本(耕织)抑末(商贾手工业)，奖励耕织。生产粟帛多，超过一般人产量的得免徭役。工商和游手贫民，连同妻子没入官府做奴婢。战国时东方各国所谓工商食官的手工业奴隶商业奴隶，虽然还被贵族领主所占有，但自由民身份的工商也已普遍存在和活跃。商鞅抑末政策，意在防止商贾高利贷者兼并土地。使秦民专力从耕织与战争中求富贵。同时，国君独占工商业，也可以增强国家的富力。文学游说之士，属于末一类，不许入秦。秦国富强而文化不及东方各国，这也是一个原因。法家一般也代表商贾(地主常兼作商贾)的利益，商鞅抑末是在秦国的特殊措施。

(五)变领主为地主无军功的宗室(贵族领主)，一概废除他们的名位，按军功从新规定尊卑爵秩等级，各依等级占有田宅臣妾(奴隶)。这是变法中最重要的一个措施，许多无军功的贵族领主因此失去了特权，变为民户中的富户。有军功的宗室，最高爵不过封侯(第十九级关内侯，第二十级彻侯)。侯仅收食邑内租税，不直接管理民事，也失去了原有的特权。领主制度的秦国从此变为地主制度的秦国。

这个巨大的改革,必然引起贵族领主的反抗。以秦太子为首,反抗者多至千数。商鞅说“法令不行,由于贵戚犯法,要行法先从太子开始”。因为太子是嗣君不便施刑,把太子的师傅公子虔(qián)、公孙贾两个大贵族施了黥刑(面上刻黑字),第二天新法完全通行了。秦国行新法十年,秦民大悦,路不拾遗,山无盗贼,家给(不穷乏)人足,民勇于公战,怯于私斗,乡(农村)邑(城市)大治,秦成为第一大强国。

公元前350年秦建都咸阳,筑冀阙,在阙上公布法令。商鞅又实行第二次变法,使秦国更进一步地地主政权化。

(一)归并各小都、乡邑,聚(村落)为大县。全国凡四十一县(《史记·六国表》和《商君列传》作三十一县),每县置一县令,掌管全县政事,消除领主政治的残余影响。

(二)开辟阡陌封疆(田间分疆界的土堆),承认各人新辟土地的所有权,按各人所占土地面积定赋税。阡是田间南北车路,陌是东西车路。战国时战争用步骑兵,兵车极少用,田间无须留宽广的车路。东方各国阡陌早已逐渐开辟为田地,商鞅开秦国阡陌,用意正相同,说井田废于商鞅,是腐儒的谬说。

(三)划一斗、桶(斛),权、衡,丈、尺。全国货物交易,有统一的度量衡制度。

(四)禁止父子兄弟同室居住,革除残留的戎狄旧俗。

秦国地广人稀,邻近国三晋土狭民众,商鞅知道“民所欲者田宅也”〔《商君书·徕(lài)民篇》〕,悬赏招徕邻国农民到秦国种地,给田宅,免兵役,使专力耕织。秦民服兵役,轮番出战,常有余力。秦国足食足兵,有战必胜。

商鞅两次变法,破坏了领主的宗族制度,也限制了地主的家族制度,使秦国成为当时先进的富强无比的统一国家。消灭政治落后的山东六国,推行秦制建立封建大帝国的基础从此萌芽了。秦孝公死后,太子秦惠王即位,车裂商鞅,杀商鞅一家人,但商鞅新法,除了秦庄襄王用大商人吕不韦为相,停止对商贾和游士的排斥,其余大都相沿不变。

秦国孝公、商鞅在咸阳创地主政权,与周国文武周公在丰镐创领主政权,对历史同样是伟大的贡献。

公元前387年,秦伐蜀,取南郑。公元前316年,秦惠王使司马错灭蜀国(都城在四川成都市),徙秦民一万家到蜀地,后又灭巴国(都城在四川重庆市)。秦对当地居民似乎是保持着良好关系,如昭襄王与巴人盟誓说“秦犯夷输黄龙一只,夷犯秦输清酒一钟”(《华阳国志·巴志》)。意思是说秦罚重,夷罚轻,秦决不犯夷。秦得巴蜀广大土地和居民的助力,确如司马错说“取其地足以广国,得其财足以富民缮(补充)兵”(《战国策·秦策》)。

秦国疆域，北有上郡（陕西北部），南有巴蜀，东有黄河与函谷关（河南灵宝市）。地势险固，宜于守御又宜于出击，被称为天府雄国。

韩国

韩东邻魏国，西当秦函谷关大路，两面受敌，连年被兵。公元前375年，韩哀侯灭郑，自平阳（山西临汾县）迁都到郑都新郑（河南新郑市）。后来又迁都阳翟。韩昭侯用法家申不害为相，行苛刻政治，国力暂时加强。申不害死，韩又被侵伐。韩国疆土北自成皋（河南荥阳县西北）过黄河到上党（治设山西长治县），南有陉山（在河南郾城县），东临洧水（源出河南密县，至新郑东南流入颍水）。山地多，平原少，物产贫乏，人口稀疏，七国中最为弱小。

魏国

前四二四年，魏文侯即位。魏文侯学儒术，著书六篇，《汉书·艺文志》列在儒家。他尊敬田子方、段干木，重用西门豹、李悝（即李克，子夏弟子）、乐羊及大军事家吴起，在诸侯中最有声望。秦孝公变法以前，魏是一个最强的国家。魏国疆土：南有鸿沟（即汴河），与楚为邻；东有淮颍与宋齐为邻；函谷关内黄河西岸，自郑（陕西华县）西北过渭河，沿洛水（北洛河）东岸到上郡，筑长城与秦为邻（公元前328年，魏河西地全部入秦）；北有卷（河南新乡阳原一带）、酸枣（河南延津县），与赵为邻。魏地平原肥沃，人口稠密，无险可守，四面受敌。魏惠王因畏秦兵，公元前340年，自安邑（山西安邑县）迁都大梁（河南开封市），与韩为近邻。

赵国

建都邯郸（河北邯郸县）。西有黄河，南有漳河，与魏为界；东有清河（河北清河县西境），与齐为界；北有易水，与燕为界；又西北傍阴山筑长城，与匈奴、楼烦、林胡为界。赵武灵王胡服骑射，向北开拓疆土，巩固了北方边界。

燕国

建都蓟（北京市），又有下都（河北易县）。燕君是西周初召公奭后裔，东周时期燕国弱小，常为山戎所攻掠，燕昭王招募贤士，得乐毅，出兵破齐，燕成北方强国。燕疆域东北有辽东与朝鲜为邻，北筑长城与东胡、林胡、楼烦为界，西有云中、九原，与赵为邻，南境筑长城与齐为界。燕离秦远，受战祸较缓，有余力开拓辽河流域，奠定了古代中国东北方的疆域。

齐国

建都临淄（山东临淄县）。在西周东周，齐都是大国。公元前386年，世卿田和代姜姓为国君，齐更强盛。疆土南有泰山，与楚鲁宋（公元前286年齐灭宋）为邻；北有渤海，隔海与燕为邻；西有清河，与赵为邻；东濒大海。齐国富兵强，与秦远隔，不受秦兵威胁。齐宣王召集天下文士几千人，给予优厚的待遇，让他们自由他讲学议论。这些人聚居在都城稷门(西门)外,当时号称稷下先生。宣王以后,养士风气继续保存,各种学派,大体汇集在齐国,临淄成为战国时期的文化城。稷下先生不同于贵族卿相门下的食客,对文化确有可贵的贡献。

楚国

楚自西周以来,吞并小国最多。战国时期,楚农业落后,兵力不强,但常开拓国土。公元前234年,楚威王取越国浙江以西土地。楚威王又遣将军庄蹻(qiāo)率兵入滇(云南),以滇池(云南昆明市)为中心,扩地数千里。(公元前280年秦夺楚黔中郡,庄蹻归路阻绝,在滇建国,自称滇王。)楚国地大,北至中原,与韩、魏、宋、齐为邻;西有黔中(治设湖南沅陵县)、巫郡(治设四川巫山县),与巴及秦为邻;南有苍梧(湖南南部九疑山),与百粤为邻;东至海滨。在广大国境内,有苗族华族和许多其他小族,居民相互间交流文化,产生以巫文化融合华夏文化为基本的楚文化。各族也就在同一文化中大体融合了。楚国八百余年扩张经营,为秦汉创立伟大封建帝国准备了重要条件,七国中秦楚应是对历史贡献最大的两个国家。楚旧都郢,后迁都鄀(ruò,湖北宜城市),又迁都陈,前241年迁都寿春(安徽寿县)。

战国楚军

七国土地楚最大,秦赵次之,齐魏燕又次之,韩最小。人口楚魏最多。楚兵一百万,按五人出一兵约计,当有人口五百万。魏兵七十万,当有人口三四百万。秦兵六十万,赵兵四五十万,秦赵两国当共有人口五六百万。齐全国七十余城,前二七九年,田单守即墨城,得壮士五千人,即墨全境合老弱妇女当有四五万人。如每城连乡村平均有一万户,每户平均五人,全国当有人口三四百万。韩兵三十万,燕与韩相似,两国当共有人口三百万,七国人口总数约计当在二千万左右。二千年前中国已有同族同文化如此庞大的人口,秦汉建立统一大帝国,这也是一个重要的条件。

严格说来,战国与春秋时代并没有本质区别。这两个时代的划分,根据的多半是一些形式上的东西。诸侯的争霸,在战国时代照常进行只是某些旧势力退出了历史舞台,而新势力开始扮演主要角色。首先,越国在灭吴国之后,自身也精疲力竭,渐渐销声匿迹了。其次,在春秋时代尚能掀起一定波澜的中小国家,比如鲁、卫、宋、郑等,也失去了发言权,只能苟且偷生。其次,齐国的田氏,虽然取代了姜氏,但是,他的掌权始于春秋末期,到了战国初期,他已经无力进行政治改革,终现败象。在逐渐消失的旧势力当中,最引人注目的是被韩、赵、魏三家瓜分的晋国。而新势力的代表,则是三家中的魏国。魏国在战国初年的一时强盛，主要得力于魏文侯主持下的政治改革。这场改革，不仅振兴了魏国，也使其他国家看到了国富民强的曙光。随后进行改革的赵国和韩国虽然不及魏国，但也曾经扮演过强国的角色。楚国自春秋末年被吴国击破之后，一直没有缓过气来，而更可惜的是，吴起在楚国的改革又胎死腹中。所以，在整个战国期间，楚国再也没有出现在强国之列。

真正的新生力量是偏居西部，忍辱负重的秦国。在战国初中期，由于强大的魏国只能向西部拓展，秦国几乎被压得喘不过气来。有幸的是，就在魏国开始走下坡路的时候，秦国相继出现了几位英明有为的君主。先有秦献公的稳扎稳打，接着是秦孝公的发愤图强，使进入中期的战国时代终于形成东西方力量的暂时平衡。然而，这一平衡马上就被秦国打破，而秦国的力量来源，就是在商鞅主持下的长达20年的全面改革。在秦国进行彻底改革的同时，山东六国却在不停地厮杀，结果是，精明的齐威王，击败了自以为是的魏惠王，使韩、赵、魏三国由攻变守，成为齐、秦之间讨价还价的砝码。面对秦国的军事威胁，山东六国各打自己的小算盘，在连横与合纵之间徘徊不定，终使秦国乘机不断向东蚕食，势不可挡。而唯一能与秦国抗衡的齐国，则因为自高自大，被默不作声的燕国击破。这样一来，进入战国末期，秦国形成一枝独秀之势，统一天下只是个时间问题了。

战乱不休

春秋时代是分权的时代。各国都急于在已有的地盘上站稳脚跟，没有人会想到统一天下的事情。可到了战国时代，分权已走到了尽头，集权的任务便提到了各国的议事日程之上。但是，集权的难度远胜于分权。任何一个诸侯国，要想拥有统一的实力，一定得先在自己身上做文章，而这篇文章的核心就是政治改革。在春秋末期，新、旧政治制度之间就展开了斗争，斗争的焦点，是如何对待世袭贵族的特权和地位。新制度反对贵族的世袭权力，主张不拘一格地根据实际功绩选拔政治人才，这明显更适应新形势。当然，铲除世卿世禄的运动是不彻底的，它的一个大尾巴就是君主的世袭制。不过，改革总比不改革强，较彻底的改革总比半途而废的改革强。秦国的政治改革在打击世袭贵族之势方面最为彻底，它便统一了中国。

各国的军事实力是以经济实力为后盾的，而战国时期的经济发展，在战争的促动下，也获得了长足的进步。这一时期的经济发展有两大支柱：一是铁器的广泛使用，使大面积开垦荒地和深耕细作成为可能；二是国家通过没收贵族田产和鼓励垦荒，获得了大量公田，使无地的贫民成为最有劳动积极性的自耕农。另外,兴修水利也促进了农业的发展,而这方面依然是秦国走在了各国的前头。著名的都江堰和郑国渠等大型水利工程,对于秦国的经济发展,作出了不可缺少的贡献。与此同时,战争也促进了工商业的发展。特别是与战争直接相关的铸造业和建筑业都取得了空前的成就。商业的发展则集中在山东六国。特别是制盐业和制铁业,成为商业活动中的龙头老大。不过,在当时的以自耕农为主的社会里,农业比商业更能决定一个国家的生死命运。农业只能兴盛一个国家,而商业则容易滋生腐化。秦国是重农轻商的代表,这使它能够一门心思地发展生产,加强军备。

战国初期的天下形势

早在吴、越征战时期,楚国在受到吴国的沉重打击之后未能一下子得到恢复,而北方的大国晋和齐,则被内部的政治倾轧所困扰。在晋国,韩、赵、魏、知、范、中行等六大家族最有势力,但范和中行氏被击垮,余下四家,知氏最强。公元前 453 年,韩、赵、魏三家不堪知氏的贪求,联合消灭了知氏。三家势力大盛,晋公室已经没有说话的余地了。到了公元前 403 年,周威烈王承认三家为诸侯,晋国宣告灭亡。随后,在公元前 386 年,齐国的田氏终于正式把姜姓的齐公赶下台,建立了新的齐国。与此同时,最北方的燕国逐渐强大起来,而楚国也在秦国的扶持下恢复了元气。至此,天下的政治格局终于形成了秦、齐、楚、燕、韩、赵、魏七国争雄的局面,其余中原诸国,只有苟延残喘,等待灭亡了。

范蠡和文种

越王勾践的成功,颇得益于范蠡(lí)和文种的谋划和出力。范蠡是楚国宛(今河南南阳)人,文种则是楚国郢人。来自楚国的这两位贤才,一武一文,追随越王二十余年,是越王成就霸业的左膀右臂。勾践灭吴之后,封范蠡为上将军。

文种划策

而此时的范蠡，已经觉察到了越王只是那种能够共患难而不能与人分享荣耀的君主。于是，就辞掉了职位，乘船从海上到了齐国。到了齐国之后，他给文种写信说："明智的猎人，在射尽飞鸟之后，就要把自己的良弓藏起来；把兔子打完之后，就要把猎狗吃掉。"意思是说，像勾践这样的君主得势之后，一定会诛杀功臣，以免除后患。文种也明白了范蠡的意思，自此之后称病不上朝。但勾践还是不放心，终于听信谗言，逼迫文种自杀了事。而此时的范蠡，据说又在齐国做了相国，但不久之后再次辞职，大概他又觉察到齐国掌权的田氏也不是容人之辈。于是，范蠡就退居在齐国的陶（山东定陶），以经商而致富，资财累积巨万，人称陶朱公。

楚国势力复盛

楚惠王四十四年（公元前445年），通过一系列军事扩张活动，楚国继两年前灭亡蔡国之后，又灭亡了杞国，把自己的势力扩展到了江淮以北地区，显示出昔日强国的气势。

楚国势力复盛

楚国自春秋早期以来，一直处在上升过程中。到春秋中期齐桓公、晋文公称霸的时代，楚国的力量达到高峰，成为中原诸侯最大的威胁。可是，到了春秋晚期，被吴王阖闾击败之后，楚国一直处在吴国的强大压力之下，几无喘息之机；再加上随后国内的白公胜之乱，自顾不暇，在中原几乎听不到它的声音。后来，吴越争雄，楚国才得以重整旗鼓。楚惠王继位后，楚国的势力渐呈上升趋势。经过40年的努力，楚国联合秦国，又争回了往日的强国地位。此时的越国，越王勾践死去多年，国势已现衰退之象。而就是在越王在位的时代，越国有效控制的也只是江、淮之间的地盘。抓住这个时机，楚国举兵东进，将领土扩展到了泗水一带，实现了对江、淮以北地区的控制。就这样，在战国前期，楚国终于成为诸雄之一。

鲁三桓攻鲁哀公

鲁三桓攻鲁哀公

鲁国公卿孟孙、叔孙、季孙都是鲁桓公的后代,称为“三桓”。鲁文公死后,三桓势力日益强盛。鲁僖公时,季氏执掌国柄,后孟孙氏、叔孙氏又相继执政。至鲁襄公时,三桓作三军,各拥一军,鲁国公室实际上被瓜分,鲁昭公甚至一度被三桓逐出鲁国。昭公子鲁哀公为巩固自己的统治地位,力图与诸侯加强联系。当时,越王勾践灭吴称霸,国势强盛,鲁哀公竭尽全力与之修好。

周定王元年(公元前468年),勾践派舌庸聘鲁,鲁哀公率三桓与之盟于平阳(今山东邹县),并屈从于吴国的要求。三桓为中原大国鲁称臣于蛮夷越而深感耻辱,对鲁哀公怨恨有加,而鲁哀公得越之助则公开排挤三桓。此年四月,季康子死,哀公吊丧之礼有减,露出轻视三桓之意。鲁哀公欲借越之力除掉三桓,直接威胁到三桓的存亡,三桓遂决意与鲁哀公一争高下。此年八月,鲁哀公往赴公孙有陉氏之家,三桓以武力进攻哀公,获胜。鲁哀公从鲁出亡,先逃到卫国,又从卫国逃邹,再从邹避难于越。

周定王二年(公元前467年),鲁哀公被鲁人迎回,不久即死去。其子宁继位,是为鲁悼公。悼公之时,三桓势力更加强大,鲁君如小侯,地位低于三桓之家。

三家分晋

经过春秋时期长期的争霸战争,许多小的诸侯国被大国并吞了。有的国家内部发生了变革,大权渐渐落在几个大夫手里。这些大夫原来也是奴隶主贵族,后来他们采用了封建的剥削方式,转变为地主阶级。有的为了扩大自己的势力,还用减轻赋税的办法,来笼络人心,这样,他们的势力就越来越大了。

周代各诸侯国通常都将公室子孙分封为大夫,各家大夫都有封地,以血缘关系作为公室的屏卫。而晋国骊姬之乱时,晋献公却逐杀诸公子,从此晋国不再立公子、公孙为贵族,史称"晋无公族"。到晋成公时以"宦卿之适子而为之田,以为公族",赵盾又将各家异姓大夫代为公族,晋公室的力量由此衰微,对于作乱的异姓卿大夫没有可靠的制约力量。

晋文公、晋襄公时,狐、赵、先、郤、胥等氏颇有权势,以后又有韩、魏、栾、范、荀氏等强大宗族。春秋中期以后,十余家卿大夫控制了晋国政局。经过激烈兼并,到春秋晚期只剩下赵、魏、韩、范、智、中行氏六家,称为"六卿"。到了春秋末期,国君的权力也衰落了,实权由六家大夫把持。他们各有各的地盘和武装,互相攻打。后来有两家被打散了,还剩下智家、赵家、韩家、魏家。这四家中,又以智家的势力最大。

晋平公十四年(公元前544年),吴国的延陵季子出使晋,同晋国的赵文子、韩宣子、魏献子相见晤谈后,神奇地预言:"晋国之政,卒归此三家矣。"

其实此时晋国执政者有六卿,韩、赵、魏之外,尚有范、中行、智氏三家。公室卑弱,六卿强大,政在私门。但是,韩、赵、魏三家的优势还不明显。

然而正是这样的形势,导致私门与公室的斗争,以及六卿之间相互争夺兼并的斗争愈演愈烈。晋出公十七年(公元前458年),智氏与赵、韩、魏灭范、中行二氏而共分其地;公元前456年,四卿又驱逐晋出公而立晋哀公。晋国的政局至哀公之立而进入一个新时期。

这个时期的特征是四卿并立,智伯最强,晋国的国政由他一人专擅。晋哀公即位,即是出于智伯的主张,因为他与哀公之父友善,利用私人的关系可以影响和操纵哀公从而控制晋国的大局。达到这个目的以后,智伯又设法把范、中行二家的领地全部攫为己有,从实力上进一步巩固了政治地位。

智伯名瑶,是智宣子之子。当初智宣子要确定智瑶为继承人,族人智果劝他不如立智宵。智宵同是宣子之子。智果认为智瑶各方面优点很多,仪表魁伟,武勇善射,多才多艺,能说会道,性格刚毅果决,能挑剔的地方不多,可就是有个致命的缺点,道德品质不好。也就是说,智瑶是那种有才无德之人。智果料定由智瑶这种人来掌握智氏家族的命运,必然会荡家覆宗,毁灭整个家族。智宣子没有听从智果的劝告,还是确定以智瑶为继承人。智果毅然与智氏家族断绝关系,在晋国太史处立案,自立一宗,称辅氏。

智伯继位后,确实大有作为,内政方面灭范、中行二氏,驱逐晋出公,拥立晋哀公,独擅国政;外事方面一次兴兵伐齐,两次率军讨郑,战功赫赫,威震诸侯。

然而在他取得如此成就之时,自身“贪而愎”的弱点逐渐暴露出来。贪包括贪得无厌,好大喜功,骄奢淫逸;愎包括刚愎自用,不纳谏言,独断专行。大权独揽之后,使得他骄横跋扈,不可一世。

智伯在蓝台与韩康子、魏桓子宴饮,竟在酒宴上戏弄韩康子,并且侮辱韩康子的家臣段规。智国进谏,说这样做恐怕会招来祸患。智伯大言不惭地说:“难将由我,我不为为难,谁敢兴之!”似乎韩、魏诸家的命运已被他掌握在手中,谁对他也是无可奈何。智国举出晋国历史上郤氏、赵氏、栾氏、范氏、中行氏等家族遭难的例子,都是因为仇家伺机而动所致。如不谨慎从事而经常结怨于人,那大祸临头的日子就不远了。并说:“今主一宴而耻人之君相,又弗备,曰:‘不敢兴难’,无乃不可乎?夫谁不可喜,谁不可惧?蚋蜂虿,皆能害人,况君相乎?”蚊子、蚂蚁、黄蜂、蝎子这一类昆虫都能害人,与强宗巨卿的主君和家相结怨,能不提防吗?智伯把这样的规谏当作耳旁风,依然我行我素。

智伯结怨最早、最深的还是赵氏,具体地说,是赵氏家族的主君赵襄子。早在赵襄子继位之前,已与智伯积怨甚深。

关于智伯与赵襄子结怨一事,史籍中有两种不同的记载。《左传》结尾处记载鲁悼公四年(公元前463年),智伯率军伐郑,其时赵襄子尚为赵氏太子,随军出征,在攻入郑都城门之际,智伯命赵襄子先入城,襄子请智伯先入,智伯当时就口出恶言,说:“恶而无勇,何以为子?”智伯认为襄子缺乏勇气,不敢入城,况且相貌又长得那样丑恶,怎么还能做太子!由此赵襄子十分忌恨智伯。《史记·赵世家》记载,晋出公十一年(公元前464年),智伯伐郑,赵襄子为将领,智伯酒醉之后,给赵襄子灌酒,还殴击襄子。赵氏的家臣纷纷要求以死相拼,襄子劝阻了大家,并说正是因为自己能够忍辱,才被父亲立为太子。他内心里对智伯的怨恨自是不言而喻。然而返国后,智伯居然还给襄子之父赵简子做工作,要他废除襄子,另立太子。简子不听。

这两处记载虽然有差异,但都是智伯侮辱赵襄子。特别值得注意的是,两处都有智伯对襄子为太子的不满,企图动摇他的地位。《史记》中所载,智伯竟是要干预赵氏的家政,这就更引起襄子的愤恨。赵襄子的太子地位可谓来之不易。襄子名毋恤,因其母为赵简子侍婢,又是狄人,本来没有资格继承赵氏的基业。然而他的见识与才干逐渐被简子认识,受到宠爱。一次,简子对几个儿子说,他把宝符藏在常山(今河北曲阳西北)上,谁先得到有赏。诸子回来俱无所得,只有毋恤说他已得到。他说,从常山居高临下攻击代国,可以吞并代国,这就是宝。简子认为此子果有雄图大略,确实可以作为继承人,继续发展赵氏的势力。于是废太子伯鲁,立毋恤为太子。智伯企图阻挠毋恤掌权,自然是想尽早除去一个强有力的对手,从而遏制赵氏。这对于雄心勃勃的赵毋恤来说,能不恨之入骨吗？智伯四下结怨，却不自省，而且贪心进一步膨胀，公然伸手向韩氏索要土地。韩康子意欲拒绝，段规劝谏道："不可。夫知（智）伯之为人也，好利而鸷愎（愎），来请地不与，必加兵于韩矣。君其与之。与之彼狃，又将请地于他国，他国不听，必乡（向）之以兵；然则韩可以免于患难，而待事之变。"段规分析智伯的性格，认为他在索要之后必然藏着武力强夺的一手，这是他阴鸷、刚愎的本性决定的；另外，他这个人贪得无厌，决不会只向韩氏一家索要土地，韩家给他一点甜头，他必定还要到处伸手，等到别人拒绝，动起刀兵，那时就有机可乘了。韩康子觉得这办法可行，先受一点损失，但可以避免同智氏交兵，又能挑起事端，从中渔利，因此决定送给智伯一个万家之邑，派出使者奉上。

智伯一计得逞，满心喜悦，随即又向魏氏索要土地。魏桓子的本意当然也不愿意，谋臣任章问为什么不愿意，桓子说，无缘无故地索要土地，无法答允。任章说："无故索地，天下必惧；君予之地，知（智）伯必骄。骄而轻敌，邻国惧而相亲。以相亲之兵，待轻敌之国，知（智）氏之命不长矣！"任章从总体形势上分析，智伯索地得逞，会狂傲，狂傲必然轻敌；被索者会自然而然地联合为一个阵营，共同对抗智伯。以联合阵营的强大实力来对付一个轻敌狂傲的敌人，胜负的结局显而易见。他还讲了"将欲败之，必姑辅之；将欲取之，必姑与之"的辩证思路，劝魏桓子不必为爱惜领地而单独与智氏对抗，一定要等形势变化到对智伯不利时再说。魏桓子听从了任章的劝告，也送给智伯一个万家之邑。

智伯瑶又向赵襄子要土地，赵襄子可不答应，说："土地是上代留下来的产业，说什么也不送人。"

智伯瑶气得火冒三丈，马上命令韩、魏两家一起发兵攻打赵家。

公元前455年，智伯瑶自己率领中军，韩家的军队担任右路，魏家的军队担任左路，三队人马直奔赵家。

赵襄子见形势于己不利，决定退守以避敌锋芒。但是，退到哪里去呢？臣下建议，长子（今山西长子）城垣厚实，修整完好，距离不远，可以据守。襄子说："民罢（疲）力以完之，又毙死以守之，其谁与我？"他认为当地人民修缮城池已经疲惫不堪，如果在那里死守，恐怕民心不稳。又有人建议退到邯郸（今河北邯郸市），那里仓库充实。襄子说："浚民之膏泽以实之，又因而杀之，其谁与我？"仓库充实是因为搜刮民脂民膏，当地人民被剥夺压榨已苦不堪言，再让人家浴血守城，怎么会与自己同心协力？他最后决定："其晋阳（今太原市南晋源镇一带）乎！先主之所属（嘱）也，尹铎之所宽也，民必和矣。"

晋阳是赵氏经营多年的根据地，以前邯郸叛乱时，范、中行氏支持叛者，赵简子就曾退保晋阳。襄子所说"尹铎之所宽"，指的是赵氏对晋阳地区有特殊的优惠政策。当初赵简子派尹铎治理晋阳，尹铎就专门请示过，在晋阳是为赵氏输送财赋呢,还是建立稳固的根据地?简子明确肯定是后者。因而尹铎减少了上交赋税的户数,大大减少了实际上的征收税额,民众得到实惠。襄子所谓"先主之所属",是先主赵简子特别嘱咐过襄子:"晋国有难,而无以尹铎为少,无以晋阳为远,必以为归。"晋阳就是为了防备不测而经营的,名义上收取的财富虽少,却是最为可靠的固守壁垒。所以襄子认为只有晋阳的民心可用,撤退到了晋阳。

襄子巡视晋阳一周,见城池坚固,府库充实,仓廪丰盈,只是缺乏御敌所用的箭矢。张孟谈告诉他,早年董安于修建晋阳时,深谋远虑,建筑宫室墙垣的材料都可以用来造箭杆,铜铸的柱础可以用来造箭镞。于是一切齐备,严阵以待三家来犯。

没有多少日子,智伯瑶率领的三家人马已经把晋阳城团团围住。赵襄子吩咐将士们坚决守城,不许交战。逢到三家兵士攻城的时候,城头上的箭好像飞蝗似的落下来,使三家人马没法前进一步。

晋阳城凭着弓箭死守了两年多。三家兵马始终没有能把它攻下来。

有一天,智伯瑶到城外察看地形,看到晋阳城东北的那条晋水,忽然想出了一个主意:晋水绕过晋阳城往下游流去,要是把晋水引到西南边来,晋阳城不就淹了吗?他就吩咐兵士在晋水旁边另外挖一条河,一直通到晋阳,又在上游筑起坝,拦住上游的水。

这时候正赶上雨季,水坝上的水满了。智伯瑶命令兵士在水坝上挖开了个豁口。这样,大水就直冲晋阳,灌到城里去了。

城里的房子被淹了,老百姓不得不跑到房顶上去避难,灶头也被淹没在水里,人们不得不把锅挂起来做饭。可是,晋阳城的老百姓恨透了智伯瑶,宁可淹死,也不肯投降。

智伯瑶约韩康子、魏桓子一起去察看水势。他指着晋阳城得意地对他们两人说:"你们看,晋阳不是就快完了吗?早先我还以为晋水像城墙一样能拦住敌人,现在才知道大水也能灭掉一个国家呢。"

韩康子和魏桓子表面上顺从地答应,心里暗暗吃惊。原来魏家的封邑安邑(今山西夏县西北)、韩家的封邑平阳(今山西临汾县西南)旁边各有一条河道。智伯瑶的话正好提醒了他们,晋水既能淹晋阳,说不定哪一天安邑和平阳也会遭到晋阳同样的命运呢。魏桓子用胳膊肘暗捅韩康子,康子踩了一下桓子的足背,二人心领神会,已包藏着反戈一击的杀机。智伯对韩、魏二家的动静毫不在意,满以为大功垂成,韩、魏二氏不足为虑。倒是他的臣属中有个叫郄疵的人注意到一些端倪,提醒说:"韩、魏之君必反矣。"智伯不解,郄疵给他解释说,原来已经和两家约好,攻灭赵氏,三分其地。现在晋阳城马上要被攻克,两家之君不但面无喜色，反而有忧虑之态。如果他们真有这种顾虑，那是一定要反的。智伯不但不信郄疵之言，并且将他的话转告了魏桓子和韩康子，可能也包含着试探之意。韩、魏二君当然矢口否认，还说这是谗臣替赵氏游说，离间三家的关系；真是那样的话，韩、魏两家放着就要到手的赵氏土地而不顾，却去冒风险同智氏作战，岂不是很愚蠢？智伯相信了韩、魏二君的狡辩。二君出门，郄疵进门，对智伯说他说的那些话怎么能告诉韩、魏二君呢？智伯反问郄疵怎么会得知，郄疵说从那两个人的神态上就可以看出来。智伯始终不相信韩、魏两家会反，郄疵自己想到个脱身避祸之计，请求到齐国出使去了。

晋阳被大水淹了之后，城里的情况越来越困难了。赵襄子非常着急，对他的门客张孟谈说："民心固然没变，可是要是水势再涨起来，全城也就保不住了。"

张孟谈说："我看韩家和魏家把土地割让给智伯瑶，是不会心甘情愿的，我想办法找他们两家说说去。"

张孟谈潜出城外，会见二君，说："臣闻唇亡则齿寒。今知（智）伯帅二国之君伐赵，赵将亡矣，亡则二君为之次矣。"他的说辞一针见血，直指二君的隐忧，赵氏灭亡，紧接着就轮到韩、魏二家了。二君对这一点深有同感，只是担心事机不密，先遭智伯的毒手。张孟谈说："谋出二君之口，人臣之耳，人莫之知也。"只要不泄漏出去，就不会出问题。于是三人约好日期，共谋智氏。

第二天夜里，过了三更，智伯瑶正在自己的营里睡觉，猛然间听见一片喊杀的声音。他连忙从卧榻上爬起来，发现衣裳和被子全湿了，再定睛一看，兵营里全是水。他开始还以为大概是堤坝决口，大水灌到自己营里来了，赶紧叫兵士们去抢修。但是不一会儿，水势越来越大，把兵营全淹了。智伯瑶正在惊慌不定，一霎时，四面八方响起了战鼓。赵、韩、魏三家的士兵驾着小船、木筏一齐冲杀过来。智家的兵士，被砍死的和淹死在水里的不计其数。智伯瑶全军覆没，他自己也被三家的人马逮住杀了。

赵、韩、魏三家灭了智家，不但把智伯瑶侵占两家的土地收了回来，连智家的土地也由三家平分。智氏合族仅有一门因改为辅氏而得以保全。后来，赵、韩、魏三家又把晋国留下的其他土地也瓜分了，公室只保留了绛（当为今山西侯马市之新绛）与曲沃（今山西闻喜东北）二邑。

公元前 403 年，韩、赵、魏三家打发使者上洛邑去见周威烈王，要求周天子把他们三家封为诸侯。周威烈王想，不承认也没有用，不如做个顺水人情，就把三家正式封为诸侯。打那以后，韩（都城在今河南禹县，后迁至今河南新郑）、赵（都城在今山西太原东南，后迁至今河北邯郸）、魏（都城在今山西夏县西北，后迁至今河南开封）都成为中原大国，加上秦、齐、楚、燕四个大国，历史上称为"战国七雄"。

晋国赵氏的内部争权

晋幽公九年(公元前425年),晋国赵氏的家族首领赵襄子死去,赵氏家族内部随即掀起一场权力争杀。

晋国赵氏的内部争权

赵襄子虽然其貌不扬,却是开创赵氏政权的重要人物。他在位33年,参与过知、赵、韩、魏消灭中行氏和范氏的斗争,并与魏、韩一道,最终消灭了知氏的势力,使韩、赵、魏三家形成分晋之势。赵襄子曾娶妻于戎人部落中的空同氏,生有五个孩子。但是,襄子觉得当初应该是兄长伯鲁作赵氏首领而不是自己,就坚持要让伯鲁的儿子代成君继承自己的职位。可是,代成君死在襄子之先,襄子又让代成君的儿子浣做了太子。赵襄子这一年死后,太子浣继位,为献侯。可是,襄子的弟弟赵嘉也很有势力,乘着献侯年幼,就驱逐了献侯,自立为家族首领,称桓子。一年之后,桓子死去。赵氏族人认为桓子之立并不是襄子之意,就共同杀死了桓子的儿子,又把献侯迎接回来做了首领。至此,赵氏家族内部的这场继承权之争才告一段落。

魏文侯以儒术称强

魏文侯四十三年(公元前403年),魏文侯(斯)被周王册命为诸侯。在战国前期,最先进行政治改革并且达到国富民强的是魏国,而这一成就,与魏文侯的治国之道是分不开的。

魏文侯在公元前446年继位,随即就开始了政治改革。与魏文侯的改革联系最紧密的一个名字,是孔子的弟子子夏。子夏是孔子晚年弟子,在孔门之中

魏文侯以儒术称强

以通晓周朝的文物典章而著称。孔子去世后，子夏在鲁国受到同门弟子的排挤，回到魏国。此时，魏文侯还没有继位。但是，因为受到子夏的学问和名声的吸引，文侯马上就请子夏作了自己的老师，这样，就使子夏有机会向年轻的文侯灌输孔子儒学的治国之道。据说子夏很长寿，魏文侯继位后，子夏还在世二十余年，得以对文侯的治国方略施加影响。同时，子夏的许多弟子，如田子方、段干木、李悝（kūi）、吴起等，或者为文侯的座上客，或者担任国家的重臣，对魏国的强盛做出了很大贡献。

儒学对文侯的影响，主要表现在任用贤才方面。在孔子看来，国家的大治，并不在于君主对国家事务样样精通，而在于信任有才能的大臣。

君主制定大政方针，具体事务则放手由大臣去处理。在魏文侯的时代，魏国确实是人才济济。文有李悝、翟璜、魏成子（文侯之弟），武有乐羊、吴起。据记载，翟璜是识别和推荐人才的高手，李悝、乐羊、吴起，都是翟璜推荐给文侯的。魏文侯不仅任用了这些贤才，还不懈地支持他们的工作。文侯这种政治作风，在专制时代的君主中是不常见的。魏文侯还热心参与子夏之儒的学术活动，这对于儒学的传播和发展都有相当的促进作用。

李悝的政治改革

公元前 455 年至前 395 年，魏国李悝在世。李悝是魏国人，子夏弟子。魏文侯在位时，他的政治改革的精神主要是由李悝具体实施的。

李悝是贫苦出生，对于民间的疾苦和国家政治对民生的影响，深有了解。在战国争雄的时代，对于富国强民的最大阻碍，是西周以来实行的世卿世禄的政治世袭制度。这个制度，不仅空耗民财，而且不利于国家最大可能地选择人才。

于是，在政治上，李悝实行了“食有劳而禄有功”和“夺淫民之禄以来四方之士”的政策，以实际的功劳决定官职的任用，这就从根本上铲除了旧时代的政治沉渣，使国家活力大增。在经济上，李悝推行的是“尽地力”和“平籴法”。所谓尽地力，就是通过改进耕作方法，增加农田的产量；所谓平籴，就是为了避免“谷贱伤农，谷贵伤民”，每逢丰年，政府就大量购进余粮，有了荒年，政府就将余粮平价售出，以此来平衡粮价，鼓励农民多种粮。

李悝的政治改革

李悝改革运动的最大成就是在法律方面。在李悝之前，郑国的子产、晋国的赵鞅，都公开过国家刑法。李悝在总结前人成就的基础上，写下了《法经》六篇。这六篇是“盗”法、“贼”法、“网”法、“捕”法、“杂律”和“具律”。前两篇是定罪，中两篇是量刑，后两篇是针对特殊情况制定的相应对策。李悝的《法经》给秦汉以后的历代法律确定了基本框架。特别是在秦国，后来由商鞅制定的《秦律》，更是对《法经》的直接继承和改进。

由李悝策划的魏国的全面改革，不仅使魏国达到了富国强民的目的，也为接下来的各国的改革作了良好的开端。

吴起在楚国的变法

楚悼公二十年至二十一年（公元前382—前381年），前两年来到楚国的吴起，在这期间主持楚国的变法，并因此而身亡。以吴起好胜的性格，常年担任魏国的西河郡守必定不能合其心意。眼看得不到魏武侯的重用提拔，吴起就在公元前384年前后南行，到达楚国。在位的楚悼王，很想效仿周围的国家，通过改革走上富国强民之路。所以，在公元前382年，就把吴起从宛（河南南阳）地郡守升迁为令尹，主持楚国的政治改革。

与同时代魏国李悝和赵国公仲连的改革相比，吴起的改革更彻底；手段也更激烈，其核心是严厉打击世袭贵族的特权和势力。他削减大臣的权力和俸禄，去掉一些不实用的官职，减少对贵族封赐；已经受封的贵族，三代之后，就要交回受封的土地，以此减轻农民的负担，便于发展生产。而节约下来的开支，又可以增加军费，巩固国防。他把集中在城市里的贵族，疏散到荒远之地；同时，对贵族施行连坐之法。吴起还统一国家的意识形态，禁止各种异端邪说。这些措施，是比较明显的法家模式。在正统法家看来，国家只有两种人是有用的，即

吴起在楚国的变法

士兵和农民。循着这个路子走下去，首当其冲的必然是世袭贵族。不过，当时有楚悼王的全力支持，贵族们的反对还只能停留在口头上。不幸的是，变法仅一年，还没有取得像样的成效，楚悼王就死了。利益受到侵害的贵族们随即发动政变，攻击吴起。吴起被贵族们围攻致死之后，又受了车裂之刑。

吴起变法的失败，一般认为主要是由于支持他的楚悼王过早死去。不过，更深层的原因，恐怕还是因为他的变法过于激进。有人也强调了吴起性格中“刻暴少恩”的一面，以至于在改革中采取了太多的铁腕手法。关于吴起的政治思想，传世的有《吴子》一书，但明显不是他本人所著，而是后人托吴起之名而写。

吴起论治国之道

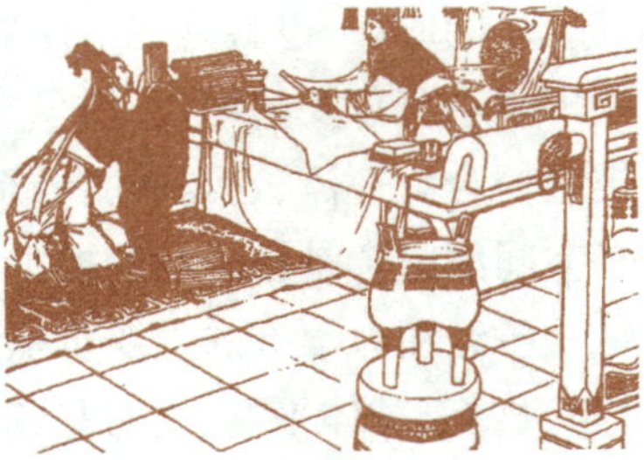

吴起论治国之道

吴起任西河郡守之后不久，魏文侯去世，太子击出继为魏武侯。与战国时期一般的诸侯国君不同，魏武侯早在继位之前就是一位立有赫赫战功的杰出将领。

周安王七年（公元前395年），魏武侯曾和吴起泛舟沿河而下，魏武侯对吴起说：“美哉乎！山河之固，此魏国之宝也！”吴起没有随声附和，而是认真地指出魏国应当宝贵的在于德，而不在于山河的险固。古时候三苗氏所居之处，左洞庭、右彭蠡，形势虽险阻，但由于不修德义而被禹灭掉，由于相似的原因，夏桀被汤灭掉，殷纣被武王灭掉，由此观之，国之宝贵，在德不要险。假若君主不修德，那么同舟之人也可尽为敌国。对于吴起的宏论，魏武侯连连称善，表示信服。吴起的治军之术与治国之术联系在一起，表现了他作为战略家的眼光。

墨子创建墨家学派

墨翟，鲁国人，生活于孔子之后，孟子之前，曾为宋国大夫，相传墨翟早年曾受过儒家教育，后来却抛弃儒学，创立了墨家学派。《墨子》一书，一共有53篇，大部分内容是墨翟的弟子或再传弟子记述墨翟言行的集录。

墨子的社会理论经是兼爱，用“兼相爱，交相得”的原则作为拯救天下的药方。同时，“节用”是墨翟学派的经济理论的核心，他反对穷奢极欲、挥霍浪费，“节葬”“非乐”就是由此而提出的。

相传公输般为楚制作攻的器具将要攻宋，墨翟闻讯就从齐国行十日十夜至郢都见楚王和公输般，宣传“兼爱”“非攻”的道理，让楚不要攻宋，并和公输般比试攻防的器具效能，使公输般甘拜下风。墨翟还派300弟子赴宋帮助坚守。

墨子的哲学是浅薄和陈腐的，但他的哲学是实用的，他宣扬天意的目的，说穿了为了证明他就是天意的代言人。

墨家学派的伟大贡献在于其科技上的观点。墨子力学的展开方式是墨子三表法的应用，也就是在对事物的本、原、用中展开对象。运动（动、行）在他的物理学中有重要的地位，墨子实际上在运动中考察时间和空间，从而在运动中把它们合为一体，这与希腊乃至西方的时空分离是不相同的，因此可以说，时间和空间的组合是在运动变换中完成的，用时空作为运动的用，这就是给变换。

墨经在力学上的主要贡献是在分析上，以发悬物（若发长均匀、则力分散平均）、杠杆、球体平衡、垒石平衡就都具有这一特点。

墨子的光学是墨经中的一部分，在墨经中其他物理学科占分量极少的情况下就显得极为突出。

墨子创建墨家学派

虽然表面上它包含了很像是几何光学的东西，却不是现代意义上的几何光学。墨子几何光学的核心是影，它是在影的构成和变化的说明中包含了几何学光学的东西。

因此，墨子几何光学是其变换范式的一个应用，这个范式是三表法中“用”的升华，即在用对象中,在使他物作用于对象使之变换中展开对象的性质。

墨经中包含小孔成像(小孔使影在大小、正反上的变化),有投影、反射以及平面、凸面、凹面镜对影的改变。这些物体都是围绕影的,是它们使影的结构发生变换。

因此墨子几何光学不包括光、光线性质的讨论,因此也缺少反射角、折射角的研究。它的核心是组合(影)在事物作用下的变换结构。

但是这八条在古代几何光学史上也是很辉煌的了,不但在后代中国没有可以与之相比的,在当时也是先进的。

《墨子》特别是其中的墨经含有很多科技内容。几何就是其中一种。墨经彻底否定了中国人擅长代数不懂几何的说法,墨子几何在很多基本几何观念上表明了当时几何的抽象水平。

墨经中的逻辑学内容十分丰富,它关于达、类、私三大种属和专名概念的分别以及谓(命、举、加)的逻辑语法是异常重要的,这已经构成概念逻辑的基本结构。

这一结构的核心是四同(重同,二概念的外延同。体同,一方包容另一方。类同,外延相交。合同,二者组成另一概念的外延),这就构成了概念的基本结构,《大取》分为十同是繁琐化。它把概念的结构叫谓,是在实名词间进行的,二者相并组成判断(叫"合"),二者相作用使之变动叫"为",合有三种,为有六种(存、亡、易、荡、治、化)。它关于判断的三种类型是易于理解的,而关的理论则不那么容易了,这实际上才是战国文明的特殊性所在。四同的概念说超出了希腊文明,而"为"则是对这个概念结构的操作变换("合"才是希腊式判断)。

它对于蕴涵("故")的形式("体")的两个件("端")的充分必然的双向关系是明确提出了的,对于同一律("彼,彼此于彼;此,此止于此"),不矛盾律("不两可")、量词("尽"与"或"),偷换论题,说谎者悖论("'以言为尽悖'悖"),表明墨经逻辑知识不但丰富,而且与希腊文明相比大大超前。

墨子的逻辑在概念结构及其变换上达到了一个奇妙的境界,可惜我们已不能复原,在此之后,中国逻辑学上没有人再达到墨经的水平。

从整个墨经来看,它们指的应该是《大取》的"以故生,以理长,以类行",生对存亡,理对易荡,行对治化,是根据本(故)、原(类)、用(理)来展开概念构成辩论,相比之下,类推、援比、假设等议论和推论方式则是零散的了。

儒墨之争

墨子尽管放弃了钻研儒学，并对儒学大行批判，但他的思想却自觉不自觉地深受儒家思想的影响。在一些方面，墨子接受了儒家的思想，比如“尚贤”和“兼爱”之论，但更多的方面是故意与儒学唱对台戏，以至于走到了滑稽可笑的地步。儒家倡导礼乐，墨子就主张“非乐”，并且认为，只要是不能带来任何实际利益的娱乐活动，都是多余的。

儒墨之争

儒家注重孝道和丧葬，墨子就主张“节葬”，但同时又认为鬼神是实际的存在，应该加以侍奉。儒家看重“天命”，墨子就主张“非命”，但同时又认为自然现象与人间君主的作为息息相关。墨子反对儒家的等级制，但同时又认为在下位者应该无条件地服从在上位者。

为了与儒家的势力相抗衡，墨子甚至不惜歪曲儒家的思想，并不遗余力地诋毁孔子本人和他的弟子的个人形象和名声。由墨家挑起的儒、墨之争，说明思想界百家争鸣的局面已经展开。

总的来说，墨子本人确实是关心世人命运的实干家。但他的思想却没有达到当时思想界的最高层，并且缺少哲学家的风范。他断言，当诸侯们互相喜欢的时候，天下就不会再有战争了。这种非常幼稚的话，确实不应该出自哲学家之口。他之所以认定命运是不存在的，只是因为没有人曾经听到或见到过命运是什么样子。这种论证显然也是缺乏说服力的，因为墨学有种种致命的不足，到战国后期就销声匿迹了。

韩国灭亡郑国

赵敬侯十二年、郑康公二十一年(公元前 375 年),新兴的韩国灭亡了历史悠久的郑国。郑国是西周时分封最晚的一个诸侯国。公元前 806 年,周宣王把他的弟弟友分封到了郑地,一直到春秋初年郑庄公在位时,郑国才开始在诸侯中有了发言权。不过,郑国的霸主梦没做多长时间,就在齐国和楚国的夹攻之下走了下坡路。从春秋中期开始,郑国便成为大国踢来踢去的皮球。它的好日子不是欺凌他国,而是少受他国的欺凌。到了战国初期,随着韩、赵、魏这样的新兴强国的崛起,郑国的日子就更不好过了。其中的韩国与郑国的疆土接壤最多,也对郑国最为虎视眈眈。公元前 423 年,韩武子攻郑,杀死了郑幽公。后来不断侵入郑国,攻城略地。不过,因为魏国也想吞并郑国,就一直抑制韩国对郑国的攻伐,充当郑国的保护神。而郑国又想扮演它在春秋时的角色,力求在韩、赵之间保持平衡。不幸的是,时代不同了。春秋时代讲究的是做霸主,而不是统一天下。中小国家只要听从霸主的号令,就可生存。而战国中期以后,中小国家随时都会遭受灭顶之灾。这一年,趁着魏国与楚国在榆关(今河南中牟)大战的空隙,韩国便一举灭了郑国。灭郑国之后,为了便于控制这个地区,韩国把都城迁到了原郑国的首都郑(今河南新郑)。韩国还把国号也改为郑,以安抚被亡国的人民。

韩国灭亡郑国

魏国公子争夺君位

魏武侯二十六年(公元前 370 年),魏武侯死去,他的两个儿子,公子罃和公仲缓就展开了太子之位的争夺。公子罃有武侯宠臣王错的支持,拥重兵占据上党，控制了魏国的一半疆土，另外一半大概是由公仲缓掌握着。趁着魏国的内乱，韩国和赵国组成联军，打算一起来削弱魏国。在浊泽（今山西永济），韩、赵联军大败公子罃的军队并把公子罃包围在了上党。可就在这时，韩、赵两国发生了意义分歧。赵成侯主张把公子罃除掉之后，让公仲缓继位，魏国给韩、赵两国割让一些土地就行了。可韩懿侯却主张，杀死公子罃和贪图土地，一定会被人议论；不如把魏国一分为二，公子罃和公仲缓各自为君，使魏国像宋国和卫国那样弱小。这样一来，韩、赵既得到了好名声，魏国对他们的威胁也不存在了。韩、赵两位国君争执不下，以至不欢而散，终使公子罃得以继位。

魏国公子争夺君位

魏开运河

魏惠王十年（公元前361年），魏国开凿鸿沟（运河），沟通黄河与圃（pǔ）田（古大湖泊名，今河南中牟西），此鸿沟是现今鸿沟最早的一段，魏国导引黄河水入圃田，又筑沟渠引圃田水灌溉农田。鸿沟在战国时陆续被开凿成功，形成济、汝、淮、黄的交通水利网，是中原地区最早的大规模水利工程。鸿沟修成后，经秦、汉、魏、晋、南北朝，一直是黄淮间主要水运交通线路之一。它在今河南省荥阳北引黄河水，东经中牟北，开封北折而向南，经尉氏东、太康西、淮阳，再分两支：南入颍水，东入沙水，两者皆水淮河。中途在开封东分水入汳水（古汴水）。又南，向东分水入睢水、岁（涣）水，皆可通淮。再南，向东分水入涡水，直通淮河，形成黄淮间的水运交通网。

商鞅入秦

商鞅入秦

商鞅本名卫鞅，是卫国的庶公子，少好刑名之学，后在魏相公叔座门下为中庶子（家臣），公叔座赏识商鞅的才能，亲自向魏惠王推荐商鞅，说鞅年虽少，有奇才，愿王举国而听之。魏惠王不以为然，商鞅终不见用。孝公元年，商鞅听说孝公下令求贤，于是怀揣李悝的《法经》西入秦国。商鞅先通过秦国大臣景监见秦孝公。第一次见孝公，商鞅向孝公说“帝道”，孝公提不起兴趣，边听边打瞌睡。五天之后，商鞅再次面见孝公，对孝公说“王道”，孝公还是不感兴趣。商鞅第三次见孝公，说以“霸道”，孝公听后有所感悟，商鞅由此而知孝公兴趣所在，于是继续畅言“霸道”，孝公不知不觉间离席趋前靠近商鞅，商鞅畅谈“霸道”数日，孝公竟毫无倦意，认为商鞅的强国之术完全可行，于是启用商鞅，积极酝酿在秦国变法革新。

周王室被一分为三

周显王二年（公元前367年），周室再次被分裂。当年周考王在位时，把弟弟揭封在王城，称西周桓公。桓公死后，其子威公继位。这一年，威公死，少子公子根与太子朝争夺继承权，韩国和赵国出面支持公子根，让公子根在巩（今河南巩义市）建立政权，并要求周显王封之为东周惠公。东周惠公名义上是尊奉周显王的，但实际上，此时的周显王了无权势，是依靠东周惠公而存身的，因为东周惠公的背后是韩、赵二国。而西周公的政权，就由太子朝继承下来。这样，小小的周王室，竟然被一分为三。看起来，周王这块招牌，此时还有一些作用。

商鞅第一次变法

商鞅第一次变法

秦孝公六年(公元前356年),商鞅开始了他的第一次变法。所谓变法,就是改变秦国已有法律,一个国家要改变自己的法律,绝不是一件寻常的事情,首先是老百姓能否对新的法律树立起信心。为了取信于民,商鞅也采取了一个类似于当年吴起在楚国的做法。他在新法公布之前,先在国都的南门口立下一根3丈长的木头,并下令说,谁能把它扛到北门口,赏10金。因为完成这件事情太容易了,以至于人们开始时不敢相信,没有人敢去试一试。商鞅见状,又把赏金提高到50金。终于有人站出来完成了这件事情,果然得到了50金。在树立起信用之后,商鞅便公布了他的新法。新法主要有以下内容:①在秦献公"户籍相伍"的基础上,5家为"伍",10家为"什"并实行严格的连坐法,使民众更牢固地接受国家的控制;②家中有两个成年男子,必须分居,以便于娶妻生子,增加人口;③奖励军功,以军功授爵位,严惩私斗,把国家的力量都集中在对外作战之上;④鼓励耕织,禁止经商;⑤烧毁"诗""书"等无益于民生的书籍。这些变法措施,虽然也对贵族不利,但与吴起的变法相比,却并不十分过激。

围魏救赵的桂陵之战

魏惠王十七年、齐威王四年(公元前353年),魏军在桂陵(河南长垣)遭到了齐军的夹击,大败。

公元前354年,魏国为了救援被赵国攻击的卫国,率领宋国和卫国军队攻击赵国，并包围了赵国的都城邯郸。眼看邯郸要被攻陷，赵国就向齐国求救，齐国由田忌为大将，出兵救赵。指挥魏军的是魏国大将庞涓，而担任齐军军师的，是庞涓的同窗孙膑。

桂陵之战

为了解救对邯郸的包围，田忌采用了孙膑的计谋，没有直接攻击在邯郸的魏军，而是进逼魏国的都城大梁，并让已经倒戈的宋国和卫国的军队，配合另一部分齐军攻击魏国的襄陵（今河南睢县），形成对大梁的夹攻之势。其实，齐军的本意并不是攻取大梁，而是迫使攻伐赵国的魏军退兵，并伺机进行打击。果然，在十月份攻陷邯郸之后，魏军只好回救大梁。结果，魏军到了桂陵（今河南长垣）时，遭到了齐军的夹击。魏军大败，庞涓被擒。这就是军事史上有名的围魏救赵的桂陵之战。

《尚书》编成

中国古代的一部历史文献汇编《尚书》编成于战国时期，《尚书》又称《虞书》《夏书》《商书》《周书》，战国时总称为《书》，汉人改称《尚书》，“尚”的意义是上古，“书”的意义是书写在竹帛上的历史记载，“尚书”意即“上古”的史书。

《尚书》所录，据称为虞、夏、商、周各代典、谟（mó）、训、诰、誓、命等文献，其中主要记载商、周两代统治者的一些讲话记录，少数篇目为春秋战国人根据往古材料编成。

关于《尚书》编订年代，以前有说为孔子所编，近代学者多以为《尚书》编订于战国时期。秦始皇焚书后，《尚书》多残缺。汉初，《尚书》存29篇，为秦博士伏生所传，用汉时隶书抄写，称为《今文尚书》。西汉前期，鲁恭王拆毁孔子故宅，发现另一部《尚书》，是用先秦六国时字体书写，称为《古文尚书》，它比《今文尚书》多16篇。

《尚书》中涉及的虞、夏及商代部分文献是据传闻写成的，不尽可靠。但多数为殷商、西周时期作品，具有重要的文献价值。体例上，“典”是重要史实或专题史实的记载；“谟”是记君臣谋略的；“训”是臣开导君主的话；“诰”是勉励的文告;“誓”是君主训诫士众的誓词;“命”是君主的命令。其他还有一些以人名、以事、以内容为标题。《尚书》内容丰富,在中国史学、文学、政治学上占有重要地位。如《盘庚》篇记载了商朝中期盘庚迁殷这一重大事件,反映出迁殷的原因、迁殷前后的社会思想状况和商王盘庚迁殷的决心及其对贵族们的反复告诫。

《牧誓》篇记载了殷周政权更替之际周武王讨伐殷纣王的经过和气势,写出殷纣王的暴虐无道和周师的灭殷信念。而《尚书》中的殷商、西周人的记载,又是中国史学上最早的历史典册。与这种典册相关,中国历史上出现了最早的史职、史官。《尚书》中的殷商、西周人作品正是这种典册制度和史官职掌相结合的产物。《尚书》中的一些作品还是中国史学的萌芽。如《召诰》反复讲到夏商兴废的历史,指出:“我不可不监(鉴)于有夏,亦不可不监(鉴)于有殷。”《无逸》讲殷商统治者的勤与逸跟“享国”时间长短的关系。这些都是有意识地总结朝代兴衰的历史经验及其对现实的鉴戒作用,对后代史学影响深远。

自汉以后,《尚书》一直被视为中国封建社会的政治哲学经典,既是帝王的教科书,又是贵族子弟及士大夫必遵的“大经大法”,在历史上有着重要的影响。

战国铜塑

战国时代的青铜工艺在造像上有了突飞猛进,使中国雕塑艺术迅速发展。战国时期,由于青铜工艺的分铸、焊接等技术的进步,失蜡法的应用和错金、银、铜与镶嵌技术的风行,使铜塑有条件追求华美奇巧,出现了许多生动、充满活力的艺术作品。人物铜塑,主要是用以连接承受器物的人形器座,突破呆板,表现出人物活动的瞬间表情。湖北曾侯乙墓的6个钟铜人是战国人物铜塑的代表作,其武士装束表现得肃穆、刚毅、有力。战国时动物铜塑也达到很高的艺术水平,其代表作有陕西兴平出土的犀尊、涟水出土的卧鹿、河北中山国墓出土的虎噬鹿器座等。犀尊躯体结构准确,充分表现出巨大体量的动物在静止时的内涵力量。卧鹿据考证是青铜镜架,镜悬于鹿角上。但其造型的完整性完全可以作为独立的雕塑作品看,它很好地表现了在静卧中仍然保持警觉的鹿的神态。虎噬鹿器表现一头猛虎衔住小鹿向前奔驰,有力地表现了兽类在激烈搏斗中迸发出的冲击力量。这些作品反映了作者对于客观对象的敏锐观察与高超的表现技巧。

战国制衡器

春秋中晚期至战国，中国度量衡体系逐渐完善，出现了大量铜制量器。在衡器方面，《墨子经说》已提到衡、权，说明衡器可能在春秋时代已有出现。楚国制造了小型衡器——木衡铜环权，用来称黄金货币，是现存中国衡制最早的代表，完整的一套环权共10枚，大体以倍数递增，分别为1铢、2铢、6铢、12铢、1两、2两、3两、8两、1斤，1铢重0.69克，1两15.5克，1斤251.3克，10枚相加约500克，为楚制2斤。战国时的铜衡杆，正中有拱肩提纽和穿线孔，一面显出贯通上下的十等分刻线，全长相当于战国的1尺，每等分为1寸，形式既不同于天平衡杆，也有异于秤杆，是介于天平与杆秤之间的一种衡器，现暂称为不等臂天平。它可以把被称物与权放在提纽两边不同位置的刻线上，即把衡杆的某一臂加长，这样，用同一个砝码就可以称出大于它一倍或几倍的重量。这是杆秤的雏形。

商鞅的第二次变法

商鞅的第二次变法

秦孝公十二年（公元前350年），商鞅开始了他的第二次变法。商鞅分步骤地进行变法，汲取了吴起等人的激进变法的教训，而且，这种细水长流的策略，对于像秦国这样的文明程度相对落后的国家也是非常适合的。

第一次变法后的近十年间，秦国的内政外交都发生了显著变化，特别是在对邻国的战争中，已经由被动变为主动。商鞅本人也由左庶长升迁为大良造，集秦国大权于一身。为使第一次变法延续下去，彻底改变秦国的面貌，商鞅决定再次颁布新法令，这就是他的第二次变法。

此次变法的主要内容是：①把都城迁往咸阳（今陕西咸阳），并按照鲁、卫等国的样子建造宫廷，还在宫门入口处修建冀阙（quē），类似于现在的告示牌，悬示国家的教令，让人臣经过此处时，必思其过失；②整顿基层组织，全面推行郡县制，先后设置41县；③学习诸侯各国，全面废除井田制，鼓励开发荒地，允许土地自由买卖；④根据新标准统一全国的度量衡；⑤革除戎狄的陋习，禁止成婚的父子兄弟同室而居，提高民众的文明素质。

齐魏马陵之战

马陵之战

齐威王十五年、魏惠王二十八年（公元前342年），齐、魏两国在马陵会战，魏国大败。两年前，韩国和赵国抵制了魏惠王称王天下的“逢泽之会”。魏惠王怀恨在心，并在这一年兴兵攻打这两个国家。魏国的首要目标是韩国，并在梁、赫（均在河南临汝）大败韩军。韩国向齐国求救，齐国大将军田忌主张马上出兵。军师孙膑则认为，韩国是该救，但要选中时机。现在韩、魏之争还未见分晓，齐国马上出兵，等于是代替韩国跟魏国交战。齐军一旦受损，韩国日后其势大于齐国，这显然对齐国不利。所以，应该在韩、魏两国都筋疲力尽之时出击，齐国既有把握获胜，韩、魏两国也会两败俱伤。

于是，齐国先做出发兵之势，这使得韩国觉得有了依靠，就全力攻魏，结果五战五败。眼看韩国就要支持不住之时，齐国的大军才开始出动。此时的魏国，大败韩国之后，颇想一鼓作气，再击败齐国，就派出太子申和庞涓率3万大军迎击。齐军按照孙膑的计谋，采取所谓“减灶诱敌”之法，在不断后撤的同时，每天减少驻扎地的军灶数目，在3天内从10万灶减少到2万灶。庞涓误认为齐军在大量逃亡，从而放心大胆地以少数主力部队突进追击。结果，齐国在马陵（今山东范县）以重兵设下埋伏，全歼魏国主力。太子申被俘，庞涓自杀而亡。

齐国通过桂陵和马陵两次战役的胜利，事实上已取代魏国，成为中原地区的第一强国。

《孙膑兵法》与兵家思想

孙 子

齐国军师孙膑，齐国阿（今山东阳谷）人，据说是春秋军事家孙武的后人。孙膑是战国时代最杰出的军事家，他曾著有《孙膑兵法》，也称《齐武子》，共89篇，但此书久已失传，人们一直只知其名，未睹其貌。可是，在1972年山东临沂银雀山出土的一座汉代墓中，这本书却重新现世。经过整理，共得竹简440片，11000多字。

这本书与《孙子兵法》不同，不仅研究了作战的指导思想和具体的战略战术，还记述了若干历史事件，比如孙膑与庞涓斗法的桂陵之战。在这本书中，孙膑根据当时的形势，首先强调了战争对一个国家的重要性，继而指出，一个国家军力的强弱，在于民心的归向。战争的胜负，取决于种种内在外在条件，比如政治形势、自然条件、民心向背、临战策略等。平时要注意训练士兵，赏罚分明，战时则注意使自己处在有利形势之下，运用“权、谋、欺、诈”等手段，灵活实施各种战法和阵法，以实现“必攻不守”的战略主导思想。《孙膑兵法》是当时兵家的主要著作之一。所谓兵家，就不仅是讲说开兵见仗的具体方略，还要申述有关的军事思想，特别是战争与国家和社会的关系等一般的战争理论问题。

长城与战国政治

赵肃侯十七年(公元前 333 年),赵国为防备魏国和齐国,修筑长城。在此之前,魏国于公元前 358 年和公元前 352 年两度修筑长城,韩国则于公元前 355 年、齐国在公元前 350 年也曾修筑了自己的长城以防范邻国的军事威胁。长城的实质,从外表上看,是将城邑的围墙扩展到了国境线上;而从内在方面看,则是在防御外敌的同时,也把自己局限在了有限的范围之中。

在春秋时代,齐、鲁之间具有界碑性质的界墙,并不时修建实物长城。战国时代,修长城成为各国的时尚,甚至连中山国这样的小国也不例外。这说明,在春秋时代,尽管天下也是战事不断,但争来争去,特别是对大国来说,主要争夺的是名分和地位。可到了战国时,争天下便成为主旋律。然而,争天下应该是向外发展,而不是故步自封。修建长城,看上去是巩固了自己的防御能力,其实,真正反映的是自信心的丧失。一个国家的强弱并不在于长城的坚固与否,而在民众的归心与否。如果能使全国之人合力对外,如果能使国家具有真正的实力,这种内在的长城肯定会胜过外在的长城。事实上,最不在意修长城的秦国,最终灭亡了拼命修长城的山东六国;而统一天下后的秦国一旦修筑了长城,灭亡的日子也就不远了。

张仪相秦初见成效

秦惠文王十年(公元前 328 年)秦国效仿中原国家,设置相国之职,并由张仪担任此职,开始推行"连横"战略。

张仪的连横之术,核心就是外交和军事手段并用,在秦国与山东六国的关系中,联合某些国家,攻击另一些国家。具体来说,就是联合强国,攻击弱国,以实现各个击破的目的。

他上任之后，在军事上，派出公子桑攻击魏国，夺取蒲阳；还亲自出兵，占领魏国陕地；摆出一副咄咄逼人的样子，最终迫使魏国把公子繇送到秦国作了人质；在外交上，则先后归还了所占领的魏国的一些城邑，并亲自到魏国，说服魏王应该对秦国有礼，终于骗得魏国把上郡十五县（包括少梁）割让给了秦国。公元前322年，张仪与齐国和楚国大臣在啮桑（今江苏沛县）会见，说服这两个大国与秦国联合。此后，为了彻底贯彻远交近攻的战略，张仪辞去秦国的相国，亲自到魏国，为秦国的利益奔波。正好赶上魏相国惠施因合纵政策不见成效而被免职，张仪便说服魏王，又做了魏国的相国。可是，身为魏国之相，张仪却一边替秦国说服魏国，一面为秦国作高级间谍。如果魏国能老老实实地侍奉秦国当然最好，如果不能，张仪就向秦国报信，让秦国出兵攻击魏国。看起来，为了教训山东六国，张仪确实是不择手段的。

陈轸代齐国说退楚军

齐威王三十四年、楚怀王六年（公元前323年），楚国的柱国（最高武官）昭阳率兵击败韩国军队，用乘胜之兵又来攻击齐国，齐威王对此深感忧虑。就在这时，出使齐国的秦国大臣陈轸则向齐威王保证说："让我去说服楚国人，保证让他们撤兵。"见到昭阳之后，陈轸说，此次你奉命攻伐韩国，破军杀将，已经完成了预定的目标，获得了最大的成功，再有什么收获也不会对你有进一步的好处。可现在你又移兵攻齐，如果成功，也不会因此而加官晋级；可如果失败了，此前取得的所有功绩就会被一笔勾销。所以，你现在攻击齐国的举动，正好比是画蛇添足。不如撤兵回国，有个圆满的结局为好。昭阳一听，点头称是，马上撤军而去。

屈原任楚左徒

屈原，名平，出身于楚王族的远支。他博闻强识，通晓国家盛衰兴亡之道，擅长外交辞令。楚怀王即位之初，想要改革朝政，振兴楚国，便在公元前 324 年(周显王四十五年)擢用屈原为左徒，深予宠信，让他主持起草制定新的法令。左徒之职，位高势重，在朝和国王讨论国家大事，制定法令；对外则接待宾客，办理对诸侯国的事务。屈原主张通过制定新法令来改革楚国政治，选拔贤能担任官吏，联合齐国抵抗秦国。屈原起初很受怀王信任重用，怀王让他"造为宪令"。在外交上，屈原坚决主张联合齐国、抗击秦国的策略，怀王曾派他出使齐国。但屈原的改革触犯了贵族利益，遭到佞臣们的中伤打击。怀王也因庸懦昏聩、听信谗言而疏远屈原。

张仪相魏

张仪相魏

周显王四十六年(公元前 323 年)，魏国谋划联合各国共同抗秦，张仪与齐、楚大臣在啮(niè)桑(今江苏沛县西南)相会，商议联合齐、楚破坏魏国合纵计划之策，但未能阻止魏与韩、赵、燕、中山等国结盟。次年，张仪自啮桑返秦，被免去相职，遂来到魏。张仪向魏惠王进献联合秦、韩以伐齐、楚之策。为魏惠王采纳，并任用他为相，又让太子与韩国太子同去秦国朝见秦惠文王。张仪要魏与秦、韩联合，是想让魏依附于秦而令别国效仿，以推行其连横政策。但魏惠王没有听从。秦惠文王遂率兵伐魏，攻占其曲沃、平周。

张仪坚决主张与秦联合，由秦国攻打韩国之川郡，魏国攻打韩国南阳，然后灭掉韩国,瓜分其土地,魏惠王对他极为信任。魏将公孙衍认为,张仪之策对自己不利,所以派人去韩国游说公叔痤,将张仪联合秦、魏攻韩的计划告诉公叔痤,说魏惠王信任张仪,无非是想得到韩地,与其使韩国在秦魏的夹攻下丧土亡国,不如主动向魏表示归顺,并归功于公孙衍,从而使魏惠王信任公孙衍而不用张仪,秦魏联合攻韩的阴谋就一定会破产。公叔痤认为他的主意对韩国有利,便劝说韩宣惠王派人向魏表示归顺,并归功于公孙衍。魏惠王果然因此更加信任公孙衍,疏远张仪。由于张仪在魏国实行与秦连横的策略,对其他各国构成威胁,齐、楚、燕、赵、韩五国遂支持公孙衍的合纵策略。在五国的支持下,魏惠王改任公孙衍为相国,将张仪逐回秦。

战国纵横家活跃于政治舞台,他们以言辞和策术游说,由于政治原因,他们连为一体,成为战国时期的一种特有的政治活动家。

义渠国大败秦军

秦惠文王更元七年(公元前 318 年),义渠国趁五国攻秦之机,大败秦军。

义渠国是戎人的一支。秦国在春秋秦穆王的时代称霸西戎,但要想彻底解除戎人威胁,在当时几乎是不可能的。进入战国时代,秦国集中精力对付山东各国,义渠人乘机发展起来,不断侵扰秦国。公孙衍掌握魏国政务之后,曾经告诉来访的义渠国国君说,如果中原各国不进攻秦国,秦国就会去攻击你们;如果中原各国攻伐秦国,秦国就会给你们送去厚礼。这一年,在五国攻秦之际,秦国大臣陈轸对秦王说,为使我们全力对付山东各国就一定要用重礼安抚好义渠人,以免后院起火。机智过人的陈轸万没有想到,义渠国君在收到秦国的"文绣千匹,好女百人"之后,马上想起了公孙衍的嘱咐。于是,义渠人兴兵攻秦,在李伯之地大败秦军。

燕王让王位于相国

燕王哙五年(公元前316年),燕王哙把王位让给了相国子之。

燕王哙即位后,任用相国子之。燕王年老昏聩,子之乘势独揽大权,渐生取燕王而代之的野心。这一年,他派出说客说服燕王说:“人们之所以称颂帝尧,是因为他曾把天下让给过大臣许由。但许由没有接受,致使尧既有了让天下之美名,天下还没有丧失。如果现在大王能把天下让给子之,子之也不接受,这样,大王不就能与尧齐名了吗?”帝尧让天下于许由,是上古的传说。或许有过这种事,也不过是帝尧想考验许由的忠心而已。

燕王哙并不明白尧让天下之时,许由并不具有子之的实力,果真动了效仿帝尧的念头,把国家大事都委托给子之处理。当然,也可能是子之权重,威逼燕王下台,燕王无奈,只好借帝尧让天下的名义,交出政权。不论什么原因,燕王的权力开始丧失。而没过多久,子之又派人动员燕王说,大王不要像帝禹那样,名义把天下让给了大臣益,实际上还是想让儿子启夺权。

意思是说,要让国,就要彻底一些。于是,燕王又把国家300石俸禄以上官员的印信都收回,由子之重新颁发。至此,燕王真的成了无为的君主,告老不理政事,国家大权完全落在了子之手中。而子之则恣意专权,把燕国带入了无边的混乱之中。

儒法之争

春秋以来,奴隶主贵族维护其统治的周礼逐渐失去了原有的威力,旧有的典章制度随之而衰落。因而出现了一批改革家如管仲、子产等,他们颁布法令与刑书,改革田赋制度,成为战国时期法家思想的先驱。

法家的创始人李悝任魏相时,废除了官爵世袭制,按照“食有劳而禄有功”

商鞅之死

的原则选拔官吏，与儒家的“贤其贤而亲其亲”的重德观有了差异。他还收集诸国法律，完成《法经》6篇。与李悝同时的吴起在楚国进行政治改革，破除世卿世禄制，强迫旧贵族去边疆垦荒。虽然使楚国强大起来，却为贵族所不容，其改革措施甚至被当面斥为阴谋诡计，最终为贵族杀害。商鞅在秦国实行两次变法，其主要内容是开阡陌封疆，废除井田制，承认土地私有，奖励农战，有军功可授爵位；实行郡县制，主张严刑重罚以杜绝犯罪。但他排斥道德教化，轻视儒家的礼乐，反对效法古代的治世之道。他的变革也使秦国富强起来，但却因得罪贵族而终遭杀害。而申不害、慎到分别强调重“术”和“势”，反对因循守旧。

到战国末期，韩非集法家思想之大成，将“法”“术”“势”三者糅合为一，主张“以法为教”，厉行赏罚，奖励耕战。在理论上直接地批判儒学的治国方法。韩非继承荀子人性恶的思想，认为要治理好国家，必须依靠严刑峻法，而不能凭借仁义道德之教，认为“威势可以定暴”，“德厚却不能定乱”。儒家不顾社会的具体情况，言必道尧舜，韩非认为这“非愚即巫”。在他看来，治国之道随着时代不同、情况不同应有所变革。在“争于气力”的时代，只有实施法制，统一于法才能制服民心，稳定社会，强国富民。韩非甚至将儒家称为“五蠹”之一，说他们“以文乱法”，罪当禁绝。韩非把“法治”与儒家的“德法”对立起来，主张“不贵义而贵法”，“不务德而务法”。认为人们各以“计算之心相待”，根本不会有什么“恩爱”之心，嘲笑仁义道德不合时势，揭露了它的虚伪性。

法家对儒家在理论上和实践上的批判，顺应了当时由奴隶制社会向封建社会过渡的大势，对社会的发展起了积极的推动作用。但是法家“刻薄寡恩”，过分压制的政策，显示出其残暴、酷苛、不合人情，也因此决定它不能一直居于显学地位。秦亡后，其法治思想被汉儒吸收到儒学体系中，主张德刑并用，成为地主阶级维护统治的有力工具。

张仪诳楚

秦惠文王更元十二年、楚怀王十六年(公元前313年),张仪出使楚国,诱骗楚怀王与齐绝交,开始了又一轮的连横攻势。

秦王想进攻齐国,又担心与齐国有合纵之约的楚国援助齐国,就派出张仪到楚国,离间楚、齐关系。张仪对楚王说,如果大王能与齐国断交,我就把商地的600里土地献给大王。楚王贪图秦国的土地,答应了张仪的要求。大臣都向楚王表示祝贺,只有陈轸表示哀悼。陈轸是有名的外交家,本是楚国人,曾在秦国任职,此时又回到楚国。楚怀王对陈轸的态度很不满,说道,我不用出兵就得到了六百里土地,你为什么还向我哀悼呢?陈轸解释说,秦国之所以看重楚国,是因为齐、楚之间有盟约。如果我们与齐国绝交,齐国和秦国都会攻击我们。以我之计,不如表面上与齐国绝交,再派人跟着张仪,等实际得到土地之后,再与齐国真的断交。楚王根本不听,还把楚国的相国之印交给了张仪,并先跟齐国绝交,再派人跟着张仪到秦国索要土地。张仪回到秦国后,假装从车上摔下来受了伤,三个月不上朝,楚国当然也办不了转让土地的手续。楚王还以为秦国怀疑他的诚意,又派出勇士,当面辱骂齐王。齐王大怒,反而与秦国交好。此时,张仪才开始上朝,并对楚国的使者说,为什么不去接受土地呢?从某地到某地,有六里之广呢!

张仪诳楚

楚国使者回报楚怀王,楚王大怒,准备兴兵攻打秦国。陈轸又建议说,与其攻打秦国,还不如用个好地方贿赂他,以便同时发兵攻打齐国。这样,丢失在秦国的土地,还能从齐国那里捞回来。楚王还是不听,不想在丹阳被秦军击败,以屈匄为首的七十多员战将被俘,士卒8万多人丧生,还丢失了汉中的600里土地。楚王还是不服,又将国内之兵全部派出,想报复秦国,结果在蓝田又吃了败仗。韩国和魏国也乘机袭击楚国,使楚国不得不又割让两城,跟秦国讲和。

燕昭王求贤燕国复兴

燕昭王元年(公元前 311 年),燕王哙被齐人所杀,公子职继位,为昭王。

燕国子之专权之际,内政大乱。太子平不服燕王让国,兴兵攻伐子之,反被子之所杀。燕国陷入空前的内乱之中,死者数万人。齐国乘机攻燕,杀死燕王哙和相国子之。齐国本想灭亡燕国,但燕国人四处抵抗,齐国最终退兵而去。正在赵国的燕国公子职在赵国人的保护下回国继位。

昭王即位后,为报复齐国的侵害,发愤图强。他慰问死难者,与百姓同甘共苦,同时开始招贤纳士。他请求大臣郭隗(kuí)推荐人才,郭隗则说,如果大王有诚意,就先从我这里开始吧。如果你任用了我郭隗,那些比我还有本事的人,一定会从千里之外赶来。于是,燕昭王就开始优待郭隗,还把他认作自己的老师。燕王诚意纳贤的消息传出之后,贤能之士踊跃而来,先后有从赵国赶来的大将乐毅,从齐国跑来的谋士邹衍,以及来自赵国的剧辛等人。从此以后,燕国开始复苏,并逐步走上富强之路。

秦国攻克宜阳

秦武王三年、韩襄王四年(公元前 308 年),秦王令甘茂率兵攻伐韩国的险要重镇宜阳(今河南宜阳),并在次年攻克。

在秦国统一天下的步骤中,有非常重要的一步就是控制早已名存实亡的周天子。而要到达洛阳,最大的阻碍是韩国。于是,在这一年,秦国在震慑住楚国之后,派出甘茂,联合魏军攻打韩国。甘茂领兵出征后不久,又回兵劝说秦王不要去攻打韩国。秦王询问原因,甘茂就给秦王讲了个历史故事。据说,孔子弟子曾参,是鲁国有名的贤人。有一日,一个与曾参姓名相同的人杀了人,就有人告诉曾母,说曾参杀了人。起初,曾母并不相信;可是,当又有两人来报告时,曾

秦国攻克宜阳

母就不得不信了。就此，甘茂对秦王说，我的名声比不上曾参，大王对我的信任也比不上曾母对他的儿子，而怀疑我的人肯定不止三个。我带兵远征，大王一定会被怀疑我的人说动。所以我说，还是不去出征的好。秦武王听罢，决定跟甘茂盟誓。有了秦王的如此保证，甘茂才去攻打宜阳，结果五个月也没有攻下。秦王又给派出大批援兵，甘茂这才攻克宜阳，并渡过黄河，夺取了韩国的武遂（在山西垣曲），还在那里修筑了城池。韩国见势不妙，只得派出使者跟秦国讲和。

齐、魏、韩三国联军攻楚

楚怀王二十八年（公元前 301 年），齐、魏、韩三国联军攻击楚国，在垂沙（今河南泌阳）大败楚军。

三国联军攻楚，起因于楚怀王背弃合纵之约，与秦国亲善。联军的统帅是齐国的匡章、魏国的公孙喜、韩国的暴鸢，楚国则以唐昧率军抗拒。双方在泌水两岸对垒，相持六个月，不分胜负。后来，联军经过侦察，发现楚国重兵把守的地方，正是浅水之处，于是派出精锐之师，乘夜从浅水处渡河，偷袭楚军。联军在泌水岸边的垂沙大败楚军，杀死了楚军主帅唐昧，韩、魏两国还占领了楚国宛（今河南南阳）、叶（今河南叶县）以北的地区。此役之后，楚国不得不向齐国表示屈服，并派出太子横到齐国做人质，向齐国求和。秦国看到楚国又倒向了齐国，自己又无力挽回，也派出使者，表示要与齐国修好。垂沙之役虽然暂时瓦解了秦、楚联盟，但在对付秦国的东进方面，山东六国依然各打各的算盘。

秦国诱捕楚怀王

秦国诱捕楚怀王

秦昭王八年、楚怀王三十年(公元前299年)秦国诱捕楚怀王,迫使楚国更立新君。

公元前299年,秦国先发兵攻楚,夺取八城。随后,秦王又写信给楚怀王,请他到武关(陕西商南)来结盟。楚王想去,害怕上当;不去吧,又怕秦王发怒。大臣屈原劝谏怀王不要前往,认为秦国是虎狼之国,有吞并诸侯之心,言语最不可信。可是,怀王的儿子子兰却劝说怀王动身。怀王是最没有主意的人,最终还是决定去会见秦王。不出屈原所料,去了之后,怀王就被秦国人拘押。秦王要求割让巫(今湖北清江中、上游和四川东部)、黔中(今湖南西部和贵州东北部),怀王不答应,就被扣留在了咸阳。

楚国人见怀王被扣,就想拥立新君,使秦国免打怀王的主意。可此时太子横在齐国作人质,众大夫打算让正在国内的怀王的其他儿子继位,比如不怀好意的子兰。屈原则说,有太子而立庶子,对国家安定不利。于是,就派人给齐国送去假消息,说怀王死了,让太子回国奔丧。齐国不知内情,放归太子横,这就是楚顷襄王。而楚怀王则一直被秦国扣留,直至三年后死去。

屈原与《离骚》

楚怀王三十年(公元前299年)前后,屈原写下了著名的长诗《离骚》。

屈原名平,曾任楚怀王的左徒,博闻强识,能言善辩,也是搞外交的好手。在对外关系方面,屈原赞成合纵,反对连横,与上官大夫靳尚意见不合,而靳尚正是张仪连横策略的个人受益者。靳(jìn)尚受宠于怀王,就不时在怀王面前说屈原的坏话，致使屈原日渐受到疏远。屈原的政治抱负不能实现，于是退而写成《离骚》。“离骚”就是忧愁之意，意在表达个人内心的忧愁和愤懑，但因其语言精湛，抒情得当，终于成为千古传颂的名作。屈原处在楚文化的气氛之中，作诗不同于以《诗经》为主导形式的中原文学传统。所以，他的《离骚》虽然题材不算新颖，但其形式却有独到之处，以至于根据《离骚》的写作形式和叙事方式，逐渐形成了一种新的文学体裁，人称“骚”体。

屈原作《九歌》

《九歌》本是远古的乐曲名。屈原的《九歌》是在楚地祀（sì）神歌舞的基础上创作而成的。它包括《东皇太一》《东君》《云中君》《湘君》《湘夫人》《大司命》《少司命》《河伯》《山鬼》《国殇》《礼魂》共11篇作品。《礼魂》是送神曲，《国殇》祭奠为国捐躯的将士，其余9篇，各祭一位天神地祇。《九歌》带有浓厚的宗教情调，普遍采用由男女巫觋扮作神祇和迎神者，互相唱和的形式，如同生动的歌舞剧。其中有隆重热烈的迎神场面，有对神的礼赞和歌颂，更多的是写男女神祇之间的爱慕和思念，实际是笼罩着宗教面纱的人间恋歌。《九歌》的语言优美隽永，风格清丽绵邈，深婉曲折。诗中善于表现主人公深邃复杂，缠绵细腻的感情。如《山鬼》中写女主人公精心装扮，伫立于山巅，等候恋人，时而自信，时而怨恼，时而猜测，时而狐疑，时而感伤。诗中把她那种起伏不定，倏忽变化的思绪表现得淋漓尽致，充满了哀怨忧伤的情调。《九歌》中还常常用环境描写来烘托感情，创造情景交融的境界。如《湘夫人》中描写湘君等候湘夫人的情景。萧飒的秋景，衬托着湘夫人的绰约身姿，勾起湘君的无限惆怅。诗的一开头，就把读者带进了优美而凄婉的意境。另外，《国殇》一诗是对阵亡将士的祭悼，写出了激烈的战斗场面和将士们视死如归的战斗意志，风格也豪迈悲壮，是历来传诵的名篇。

屈原谏楚王

《天问》作于屈原被逐之后，相传他走进楚国先王之庙和公卿祠堂，见到壁上所画的天地山川、神灵鬼怪及古代圣贤的故事，于是提笔发问，以抒忧泄愤。

诗中共提出一百七十多个问题，涉及很多神话传说和历史故事，表现了屈原的怀疑批判精神和深沉的忧国情绪。它是研究中国古代神话的珍贵资料。

楚辞是屈原在楚地民歌基础上改造而成的一种新诗体，其名称最早见于汉初，人们用它来称指屈原、宋玉等人的作品以及汉代作家的模仿之作。屈原是楚辞的伟大奠基者，他的作品在中国诗歌史上占有重要地位。20世纪50年代，他曾被推举为世界文化名人。

三国联军攻破函谷关

秦昭王十一年（公元前296年），齐、韩、魏三国联军，经过三年攻打，终于拿下秦国的函谷关，迫使秦国归地求和。

齐国和秦国的关系，曾因为孟尝君入秦为相，大有改善之势。但是，因为秦王中途改变主意，继而囚禁和追杀孟尝君，两国关系又陷入紧张之中。孟尝君归国为相之后，决定要报复秦国，于是联合魏、韩两国，其实是以齐国为主，攻打秦国与东方各国的门户要地函谷关（今河南灵宝）。这场攻坚战一直持续了三年，到第三年才算有了结果。而在这期间，其他国家都作观望姿态，包括与秦国关系密切的赵国，也没有出兵相助的举动。所以，在这个时期，各国都希望他国的力量被消耗。

函谷关被攻破后，联军威逼咸阳。秦国马上向三国求和，并归还以前占领的韩国的河内和武遂，以及魏国的河外和封陵。三国的目的都已实现，就退兵而去。估计他们也惧怕秦国几分，不敢逼迫太甚。

秦、齐称帝未成

秦昭王十九年、齐闵王十三年（公元前288年），秦国在宜阳（今河南宜阳）自称西帝，并尊齐王为东帝，继续推行其连横战略。

秦王率先称帝之后，派出魏冉到齐国，鼓动齐王也称帝，以便联合进攻赵国。不用说，秦国的称帝，是有其他用意的。当时，主张合纵的纵横家苏秦来到齐国，跟齐闵王说，齐国也不要惹秦国，可以把帝号接收下来，但却不要对外宣称。所谓帝号，天下只能有一个。秦王已经称帝，齐王的帝号就没有什么价值了。当时，天下诸侯都称王，“王”号已经不足显示尊贵了。“帝”号来自古代所谓上帝或天帝的说法，显然高出王号一等。但是，称帝者容易受全天下人的嫉妒和痛恨，所以，苏秦进而建议齐王，就让秦国独自承受全天下的压力，而齐国应该去讨伐“桀宋”，以赢得天下人的尊重。一旦夺取宋国，楚、魏、赵、卫就都惧怕齐国了。齐王听从了苏秦的建议，实际上等于没有接受秦国封给的帝号。在齐国担任相国之职的秦国人吕礼，回到秦国，报告了齐国的打算。秦国看到此计已经落空，也就取消了帝号，恢复称王。

秦国合纵攻齐

秦昭王二十二年（公元前 285 年），为了削弱齐国的势力，秦国联合各国，“合纵”攻齐。

齐国灭亡宋国之后，正如苏秦所言，声威大震。乘着这股气势，齐国首先攻击楚国，迫使楚国割让淮北之地；齐国又向西侵入三晋，打算兼并东周王和西周王，达到号令天下的目的。至于像鲁、卫这样的小国，对齐国都是以臣相见。然而，齐国的这种气势，只是些表面文章。精明的秦国人，却很好地利用了齐国的盲目自大，在诸侯间散布齐国灭亡各国的舆论。于是，各国纷纷与秦国联盟，准备应付齐国的进攻。于是，颇具讽刺意味的是，一向主张连横的秦国，现在也搞起了合纵，要联合各国攻击齐。在公元前 285 年，秦王在宛（今河南南阳）地与楚顷襄王会见，在中阳（今山西中阳）与赵惠文王会谈，商量如何打击齐国。为了表示秦国的带头作用，秦国先派出蒙武率兵攻齐，夺取了齐国的九城。其实，秦国式的合纵，不过是转移各国的目标，故意把各国对秦国的恐惧，转移到齐国那里。这样，当秦国侵削齐国的力量时，其他各国自然不会援手。

燕国大破齐国

燕昭王二十八年(公元前284年),燕国上将军乐毅,率领五国联军,大破齐国。

在秦国为齐国的自大而暗中叫好之时,燕国的欢喜不亚于齐国。在燕昭王继位的二十多年中,为了报复齐国,燕国进行了卓有成效的准备。在上一年,燕王就与上将军乐毅商量攻击齐国,可乐毅却主张,齐国地大人多,单独一个国家不容易一下子攻破他。最好是联合魏、赵等国,一举获胜。于是,燕昭王就派出乐毅游说各国。面对齐国的骄暴,各国积极响应乐毅的主张。到了这一年,以燕军为主,乐毅为总指挥,联合了秦、韩、赵、魏,共五国之师开始全面向齐国进攻。第一战,联军在济水的西岸击败了齐国的触子;第二战,在秦周(今山东临淄)打败了齐将达子。随后,乐毅将诸侯之师分兵几路,攻占齐国各地,自己则亲率燕军直捣齐国都城临淄。攻克临淄之后,乐毅把齐国的国宝,都运回了燕国。齐闵王出逃到卫国,接着又到了莒地。没有参加联军的楚国,此时派出淖(nào)齿救援齐闵王。齐王就任命淖齿为相国,试图进行反击。可是,当淖齿发现不是联军的对手时,就杀了齐闵王,要求跟燕国瓜分齐国。为了长久占领齐国,乐毅严格约束部下,禁止骚扰百姓,还去除暴令,减轻赋税,争取民众的支持。同时,又四处分兵,控制了齐国的七十多座城邑,并且都改成郡县,以便于管理。

燕国大破齐国

这场破齐大战,不仅使燕国一雪灭国的耻辱,参与联军的各国也都得到了好处。秦国夺得了以前宋国的陶(今山东定陶)地,魏国则夺取了其余的宋国之地,赵国占领了济西,楚国则要回了淮北,就连鲁国,也乘势得到了徐州。曾经强大无比的齐国,刹那间一败涂地。

庄子作《逍遥游》

战国中晚期,宋国著名哲学家庄子写成以《逍遥游》为主的一系列哲学著作,构成道家的重要理论,也成为道教的主要经典,对中国哲学、美学、文学和中国文化产生了深远的影响。

庄子名周(公元前369—前286年),宋国蒙(今河南商丘)人,他出身穷苦,靠打草鞋为生,一度在蒙做过漆园小吏,以后便终身不仕。庄子生性孤傲,曾拒绝楚威王的厚币相聘,一生过着贫困的隐居生活。

庄子学识渊博,才华横溢,常以寓言的形式表达哲学思想。他吸收老子《道德经》的思想,并进一步发挥,形成了自己的思想体系。在先秦百家争鸣的学术氛围中,庄子哲学占有重要的地位,他因此与老子并称道家宗师。《逍遥游》充分体现了庄子哲学的内在禀赋和独特气质。而《逍遥游》的超然姿态又与万物齐一的观念以及忘却自我、与道合一的精神修炼紧密相关。所以《逍遥游》《齐物论》与《大宗师》三篇自成一体,构成庄子哲学的基本架构。《齐物论》以相对主义的认识方式齐是非、齐彼此、齐物我;《逍遥游》主张各任自性的生存方式;《大宗师》以论道和修道为主要内容,说明达到逍遥游的修炼方法。

逍遥游是庄子哲学思想的中心,《逍遥游》一文以鲲鹏和蜩(tiáo)鸠(jiū)为例,说明凡物各有自然之性,只要顺应自性,任性而生,就可以逍遥自在,怡然自得。鲲鹏不必因为自己大则傲视蜩鸠,蜩鸠也不必因为自己小而羡慕鲲鹏,两者虽有大、小之差,但都可任性逍遥。这个寓言阐释了求道应该从自性中寻找,道既是无形无相、自本自根、先天地生的绝对本体,同时道又普遍存在于万物中,万物顺应自性存在,各有其本性,各有其生存方式,所以物与物之间又存在高低、贵贱的分别,从道的角度审视,万物齐一。《逍遥游》的生存方式与《齐物论》的哲学观点在这里统一起来。

不过,鲲鹏和蜩鸠这些动物虽然能任性逍遥,但还要依赖外界条件,只能达到有待逍遥,这不是逍遥游的最高境界。庄子所追求的是绝对无待的精神自由,乘天地之浩气遨游无限宇宙。庄子肯定人通过自身修炼可以达到自由无待的境界,而且指出通过这种境界的修持方法,叫“心斋”或“坐忘”。意思是说,心、神专一,超越具体思维活动,保持身心虚寂进而忘却自身的存在,与道合一,这时人的心神就可以不受外界条件限制，自由自在地遨游于道我合一的无穷境域。

庄子描写的逍遥游，在许多人看来只是一种虚幻的仙境。事实上，庄子的“心斋”或“坐忘”不能理解为认识方法，由“心斋”或“坐忘”所达到的境界是一种审美体验，它丰富了中国美学。庄子的逍遥创造出的审美境界影响了中国艺术的发展，《逍遥游》体现的那种逍遥无待的道家风范为历代文人学者喜爱，成为中国艺术精神的一大特色。汪洋恣肆的文风使《逍遥游》成为中国文学史上的佳作，影响深远。

庄子及其后来的著作集成《庄子》，对后世形成多方面的影响。在宗教方面，它成为道教的一部经典，唐天宝元年诏号《庄子》为《南华真经》。哲学方面，《庄子》与《周易》《老子》在魏晋时期并称“三玄”。玄学代表人物向秀、郭象发挥《庄子》的思想，作《庄子注》。在文学史上，《庄子》也占有重要地位。此外，历代思想家都有借注释《庄子》发挥自己的思想。

老庄并称为道家宗师，但其实他们不同的地方远多于相同的地方。庄子的本体论是其艺术哲学的一个模式翻版。

庄子以音乐和乐人作为他的主要思想（甚至孔子、颜渊在他的书中也如此），他的虚静恬淡的仙人之乡是一种旋律虚化所构成的世界（与理念世界迥然不同），是与言不同的意，而达到它的方式就是游，是主体的一种超越活动。心斋是忘我，是对主体客体同时超越，进入一个“道”和“和”的世界。

与这个世界相似的是老子的道，因而庄子才成为道家（但其实二者是不同的，道更多的具有唯理性质，它的能生性更有逻辑意义），他把老子的道作为一个对象，但赋予道的是驱驰、变动，也就是游的性质，这就与老子拉开了距离。

庄子大量使用比喻手段（河水、大鹏、仙人、梦蝶），这是他的气质，用来表现游的特质（因而他并没有对它本身作有意义的独立刻画），他达到这个境界与他的艺术气质有关，因而后代人无论如何模仿都达不到他的水平，因为他的关键不在所达到的世界而在于达到这个世界的方法，这才是庄子的魅力所在。

秦赵渑池之会

秦昭王二十八年、赵惠文王二十年（公元前 279 年），秦王约定赵王在渑（miǎn）池（今河南渑池）会见，表现了两国又一次外交对抗。

廉　颇

秦王没有得到和氏璧，耿耿于怀。这一年，又约请赵王到秦国的河外之地渑池与会，商谈两国和好之事。虽说“会无好会”，但赵王还是不得不去，随行的是蔺相如，而大将廉颇则在边境处与赵王商定，如果 30 天后还不能返回，就让太子继承王位，以断绝秦国的奢望。在宴会之上，秦王请赵王弹琴之后，秦国史官马上记载道：“某年月日，秦王令赵王弹琴。”表示赵王在秦王之下。蔺相如见状，也请秦王击缶。秦王不肯，蔺相如就对秦王说：“我要在五步之内，把我的血溅在大王身上。”意思是要与秦王同归于尽。秦王的侍卫来制止，相如大吼一声，把武士斥退，秦王只好应付着敲了一下缶。相如也赶快招呼赵国的史官记下：“某年月日，秦王为赵王击缶。”秦国群臣又要求赵国献出 15 城为秦王祝寿，相如则请秦国用都城咸阳为赵王祝寿。在酒席宴上，秦国终究未占到任何便宜。同时又看到赵国也做好了武力对抗的准备，只好话复前言，与赵国修好。

蔺相如完璧归赵

赵惠文王十六年（公元前 283 年），赵国的蔺相如“完璧归赵”。

楚国有块宝玉，名叫和氏璧。这块宝玉的来历颇为不凡。据说，楚国人卞和，得到一块玉璞，即未经加工的玉石。为了让楚王赏识它，卞和差点儿丢了性命。为此，这块玉石就以卞和的名字命名了。这一年，秦王得知和氏璧正在赵王的手中，就说想用 15 座城跟赵王来交换。赵王的宝物，反而给赵国引来了麻烦。所以，只有在有能力拥有它的人手中，宝物才能算是宝。

赵王本不想把和氏璧交给秦王，但又怕秦国强取；真的给了吧，又怕秦国抵赖，不给那 15 座城。就在左右为难之际，宦官令缪（miào）贤的门客蔺相如，挺身而出，情愿出使秦国，表示或者要回城池，或者把和氏璧完整无缺地带回来。可秦王在廷堂上接到和氏璧之后，只顾让人传看，根本不提交换城池的事。于是，蔺相如上前一步说：“玉石上有个瑕疵，请让我指给大王看。”秦王把玉石交给蔺相如之后，蔺相如马上高举玉石，对准了石柱子。同时，面现怒色，对秦王说:"或者给城,或者还玉。如果大王一定要逼我,我就与玉石同归于尽。"秦王马上道歉,表示还是要用城池换玉石。针对秦王的缓兵之计,蔺相如也如法炮制,拖延时间。他一面要求秦王斋戒之后再接受玉石,一面命令随从怀揣和氏璧偷跑回国。到了交上和氏璧的日子,蔺相如只身面对秦王,表示听从发落。而面对这种有胆有识的贤人,秦王也不忍加害,于是,蔺相如在秦王的礼遇之下回到了赵国,赵王马上任命他为上大夫。

屈原沉江身亡

楚顷襄王二十一年(公元前278年),楚国屈原愤而投江自尽。

在楚怀王的时代,身为左徒的屈原,很想有一番政治作为,特别是想在外交上使楚国走出徘徊在秦、齐之间的困境。可是,上大夫靳尚和令尹子兰,与楚王的宠姬郑袖相勾结,为了讨好秦国,取得个人利益,不断攻击屈原,使屈原惨遭流放。到楚顷襄王时,屈原因为直言批评朝政,又被流放到江南,在沅水和湘水之间流亡。这一年,秦军攻破郢都,屈原对腐败透顶的楚国政治终于失去了最后的信心。他实在不愿意看到国家的破亡和人民将要遭受的无尽痛苦,便自沉汨罗江(湘江支流)而亡,结束了自己怀才不遇的一生。

秦国围攻大梁

秦昭王二十二年、魏安僖王二年(公元前275年),秦国魏冉围攻魏国都城大梁。

在齐国的势力垮台之后,秦国加紧了蚕食山东六国的进程。在白起攻击楚国的同时,丞相魏冉在这一年开始围攻魏国的都城大梁。魏国向韩国求救,韩国派出将军暴鸢解围。结果,暴鸢败走,损兵四万。魏国只好割地与秦国讲和。可是,不久之后,魏冉又卷土重来,在打败魏将芒卯之后,再次包围了大梁。魏国的武力支持不住,就派出大夫须贾去游说魏冉。须贾对魏冉说:“我听说,魏国全国各地的兵力都来支援大梁,总共不下30万。用30万人把守一座城池,我看让谁也攻不下来。如果你现在攻不下大梁,你的部队必然疲惫不堪。如果魏国乘机反攻,你的封地陶邑也难以保全。这样,与其前功尽弃,还不如不要冒险包围大梁。”魏冉转念一想,现在确实没有力量拿下大梁,便退兵而去。

华阳之战

华阳之战

秦昭王三十四年(公元前273年),赵国和魏国进攻韩国的华阳(今河南新郑),秦国趁机获取实利。

在秦国不断东进的同时,山东六国的内耗也在加码。秦国攻破楚国郢之后,把首攻目标定在三晋,而三晋之间的火并也在热火朝天地进行着。这一年,赵、魏联合进攻韩国的华阳,韩国向秦国告急,秦国不救,坐视三晋的搏杀。眼看危急万分,韩国的相国只好央求大臣陈筮,请他带病去见秦国丞相魏冉。魏冉问陈筮,是不是事情太紧急了,才派你来?陈筮则说,感到紧急的不应该是韩国,而是秦国。为什么呢?陈筮解释说,韩国实在没有办法之时,就会与赵、魏联合,共同对付秦国。秦国这才出兵救韩。秦国的大将白起在华阳城下打败魏军,斩首15万,并乘胜夺取了卷(今河南原阳)等地;接着,又击败赵将贾偃,把2万赵军淹死在黄河之中。秦国的大军又往前进,围攻魏国都城大梁,以期消灭魏国,以斩断山东六国搞合纵战略的腰部。幸好有燕国和赵国及时赶来救援,魏国又割让土地给秦国,秦国才退兵而去。

范雎的远交近攻之策

秦昭王三十七年(公元前 270 年),范雎逃到秦国,提出了远交近攻的战略。

范雎,字叔,魏国人,本是魏国中大夫须贾的家臣。这一年,范雎随须贾出使齐国。齐王听说范雎是个贤才,就私下里赠给他一些钱财,表示拉拢之意。须贾就此怀疑范雎暗地里为齐国服务,回国后就告诉了相国魏齐。魏齐大怒,把范雎打了个半死之后,又命人把他扔在厕所里淹死。范雎利诱看守,得以活命,最终由出使魏国的秦国使者把他带到了秦国。秦昭王大概也知道他的名声,就在离宫召见了他。范雎向秦国献策说,秦国应该采取"远交近攻"的策略,一寸一尺地蚕食六国的土地。所谓远交近攻,就是安抚远处的齐国,攻取近处的韩国和魏国。具体来说,韩国和魏国处在天下的要冲,秦国要想称霸,应该首先与这两个国家亲好。秦国与韩、魏亲近之后,楚国和赵国就会感受到威胁,不得不与秦国亲好;剩下了孤零零的齐国,最后也要跟秦国交好。这时候,秦国再对韩国和魏国下手,就容易多了。此范雎的远交近攻,实际上就是当初连横政策的继续,但执行起来却更加具体可行。就这样,秦王首肯了范雎的策略,并任命他为客卿,参与谋划国事。后来,范雎又担任了秦国的丞相,使秦国统一天下的进程进入了一个新的阶段。

触龙说赵太后

赵孝成王元年(公元前 265 年),赵国左师触龙说服赵国太后,让少子长安君到齐国做人质,挽救了危亡中的赵国。

这一年,赵孝成王刚即位,由太后执政。秦国趁赵国内政不定,派兵急攻赵国,连取三城。赵国向齐国求救,齐国则要求一定要让太后的少子长安君来做人质,才可发兵。太后不肯,群臣强谏,太后还是不听。此时,左师触龙面见太后，告诉她说，如果父母真的爱护子女，就应该让他们为国立功。否则，嘴上说爱他们，实际上却是害了他们。太后听罢，幡（fān）然大悟，终于同意长安君到齐国去做人质。这才化解了赵国的一场危机。

秦赵长平之战

秦昭王四十七年、赵孝成王六年（公元前260年），魏国在长平战败，40多万士兵被秦军活埋。

秦赵长平之战

因为赵国接收秦国的上党郡而引发的秦、赵长平之战，到这一年已经进入第三年。秦国不断在长平周围诱扰赵国主帅廉颇，廉颇却不为所动，坚守不出，等待秦军的疲惫。而在赵国内部，由于几乎把全部兵力都压在了长平，赵王很希望能与秦国一决胜负，因而不断指责廉颇。秦国丞相范雎得知这一消息后，就使用了秦国惯用的反间计。他派人到赵国，用金钱打通关节，向赵王吹风说，秦国最怕的是赵奢的儿子赵括，而廉颇最好对付不过，不久就要投降了。赵王信以为真，就用赵括接替了廉颇。

赵括少年时就学习兵法，说起兵法来头头是道，连他的父亲，智勇双全的赵奢也说不过他。但他只会纸上谈兵，实战经验全无。到任之后，赵括一改廉颇的战略，贸然出击，主动与秦军交手。而秦国的主帅白起，久经沙场，立刻就引诱赵括上了钩。白起佯装败走，赵括便率领大军追击。当追到秦国的壁垒跟前时，白起的伏兵杀出，把赵军冲断为两截。赵军进退两难，只好就地筑起壁垒，等待援军。秦昭王闻讯，亲自征发援军，并阻断了赵军的粮道。赵军断粮46天，赵括本人也在拼死突围中战死，赵军四十多万人就都投降了秦军。白起怕留下后患，除了让其中的240个年少者回到赵国外，将余下的赵军全部坑杀。长平之战，赵军先后损失士卒45万，致使国力大衰，只有坐待灭亡了。

赵败秦于阏与

阏与(今山西和顺)本属韩国,后归赵国。周赧王三十二至三十三年,秦昭王攻占赵国离石等三城。赵派公子部入秦为人质,请求用焦等三城换回所失三城,秦昭王允诺了。但后来赵惠文王认为离石等三城,邻近秦国,即便换回,也难长守,因此不愿再换。秦昭王大怒,于是在周赧王四十六年,派中更(秦爵十三级)卫人胡阳率军伐赵,赵过韩国上党郡,进围赵国的险要之邑阏与。赵惠文王召请名将廉颇、乐乘商议救援之策。廉颇、乐乘都认为阏与距赵都邯郸遥远,地势险狭,难以救援。赵王又召问赵奢,赵奢回答说:“道远而险狭,犹如二鼠争斗于洞穴中,将勇者胜。”赵王于是命赵奢为将,率军驰援。

赵败秦于阏与

面对敌强我弱之势,赵奢率军行离邯郸 30 里,严令坚壁驻屯。当时秦军驻扎在赵国武安(今属河北)以西,“鼓噪勒兵”,武安危在旦夕。赵奢排除干扰,不为所动,坚壁达 28 日之久。等到秦军懈怠,赵军突然卷甲急行军,两天一夜赶至阏与。赵奢采纳军士许历的建议,离阏与五里结成坚固的阵势,以避秦军锐气。随后发兵万人抢占北山,居高临下攻击秦军。秦军大败,弃甲而逃。赵奢大破秦军,解除了阏与之围。赵惠文王因此赐封赵奢为马服君,提升许历为国尉。赵奢因此与廉颇、蔺相如爵位相当。

秦国大将白起自杀

秦昭王五十一年(公元前 257 年),秦国大将白起自杀,结束了他残暴的一生。

白起是秦昭王时代的大将，对于秦国在与六国的军事对抗中取得优势，贡献良多，以至于在这一时期，秦国在军事上几乎离不开他。不过，白起的军功，是与他对无辜士兵的滥杀无度联系在一起的。根据记载，他下令杀死的投降士兵不下百万。

与许多人一样，随着功劳的增多和地位的升高，受到的攻击也会增多。首先想对他有所压制的是丞相范雎。在长平之战后，由于范雎的怂恿，秦王制止了白起对赵国都城邯郸的继续攻击。白起由此对范雎甚至秦王耿耿于怀。当秦王再次想进攻邯郸时，白起称病不行，还对秦王的决策持怀疑态度。

这一年，攻打邯郸失利之后，白起从内心感到高兴。他也许想让秦王和范雎明白，秦国要打仗，非来求我不可。可是，历史上有能力的专制君主，最不欢迎的就是这一套。于是，秦昭王强行命令白起带兵出征，白起自称病重不能行。

范雎明知白起不听他的，也来请求他出征，白起还是不听。在范雎的鼓动下，秦王撤销了白起的一切官爵，并把他流放到阴密（今甘肃灵台）。当白起走到杜邮（今陕西咸阳）时，秦王再次接受范雎的意见，认为白起对秦王的决定不能接受，恐怕以后会起事端，就赐剑让他自裁。就这样，一生嗜杀的白起，终于自己了结了生命。

赵人"毛遂自荐"

赵孝成王八年（公元前258年），门客毛遂自荐跟随平原君出使楚国。

毛遂自荐

这一年，秦国继上年攻打邯郸失败之后，再次派出重兵围攻邯郸，邯郸危在旦夕。赵王让平原君到楚国搬救兵，平原君从门下食客中选拔随行人员，挑来挑去，还差一人。有赵国人毛遂自荐于平原君之前，平原君说："贤士处世，就如同装在口袋里的锥子，锥尖会自然戳出。先生你在我门下已有三年，从未听说有过什么过人之举，这说明你没什么能耐。"毛遂马上应答说："如果你早把我放在口袋之内而不是扔在口袋外面，我早就脱颖而出了。"

所谓脱颖而出，是说不仅是锥尖，连锥把子都会冲出口袋之外。果然，在平原君难以说服楚王的时候，毛遂按剑上前，质问楚王说，合纵抗秦的利与害，三言两语就能说清，为什么你们说了半天也没有个结果？楚王怒斥毛遂，毛遂则历数近年来楚国所受秦国的欺辱，告诉楚王，合纵抗秦，对楚国同样有利。同时，毛遂又勇敢地以武力挟持楚王，楚王只好答应合纵抗秦，并最终派出春申君黄歇率师救赵。

魏国信陵君“窃符救赵”

魏安僖王二十年（公元前257年），信陵君用计窃得符节，调动魏军，解除了秦军对赵国邯郸的围攻。

窃符救赵

毛遂用武力求来的楚国救兵，终究心意不诚，未能解除秦军对邯郸的围攻。此时的邯郸，已被围困三年，开始用人骨生火，易子而食了。平原君的夫人是信陵君的姐姐，不断写信给信陵君，要求魏国出兵相救。在信陵君的请求下，魏王派将军晋鄙率10万大军救邯郸。秦王得知后，马上派人威胁魏王，如果魏国胆敢援助赵国，秦军攻下邯郸之后，就要讨伐魏国。魏王胆怯，命令晋鄙在邺地（今河北磁县）观望待命。信陵君屡次请求魏王不得，就向担任首都大梁城看城门人的隐士侯生请教。采用侯生的计谋，信陵君恳请魏王的宠姬从魏王卧室中偷出了调动军队的符节。信陵君持符节来邺地调动军队，将军晋鄙不想服从。由侯生推荐随行的大力士朱亥，用重锤击杀晋鄙。信陵君挑选精兵8万，在邯郸城下击败秦军，终于解救了赵国。不过，信陵君也因此而不敢再回魏国，留居在了赵国。

秦国李冰兴修水利

秦昭王五十六年(公元前 251 年)前后,秦国人李冰在蜀郡兴修水利,取得了不朽的成就。

秦国的巴蜀境内水利资源丰富,但在当时,江水、河水给人们的生产和生活带来的祸害有时竟远远地超过了它所能带来的便利。蜀国郡守李冰带领民众治理当地水患,取得了历史性的卓越成就。李冰最有名的治水功绩是修筑四川灌县境内的"都江堰",利用分水工程把岷江之水分为内江和外江两部分,在汛期有效地抵御洪水的同时,又充足地灌溉了成都平原的 800 亩良田。这项工程,至今还发挥着它的不可替代的作用。李冰还主持过蜀郡的青衣江、汶井江等水利工程,也都取得了很大成功,为当地的农业发展做出了积极贡献。

大商人吕不韦的奇货

秦昭王五十一年(公元前 257 年),秦国公子异人被吕不韦所抻用,异人进入政界。

奇货可居

秦昭王的太子是安国君,安国君有庶子异人,此时在赵国作人质。秦国不断攻打赵国,致使异人处境艰难。正好有阳翟(今河南禹县)大商人吕不韦在邯郸做生意,马上意识到异人为"奇货可居",即可以坐而待沽的珍奇物品。通过帮助异人,可以得到巨大的政治回报。吕不韦对异人说,我能设法说服安国君立你为嫡子;异人则马上表示,如若然,我继位之后,会把一半秦国分给你。于是,吕不韦带重金来到秦国,通过安国君爱姬华阳夫人的姐姐,说服没有孩子的华阳夫人,收异人为嫡子。华阳夫人是楚国人。这一年，吕不韦帮助异人从赵国逃归，异人穿着楚国样式的衣服去见华阳夫人，夫人非常高兴，还把异人列名为“子楚”。另外还有传说，说异人看上了吕不韦的小妾夏姬，吕不韦就马上将已经怀孕的夏姬送给了异人。而夏姬所生之子，就是后来的秦始皇，应该说是吕不韦的后代。

秦国灭亡东周

秦庄襄王元年(公元前 249 年)，秦国灭亡东周政权。

东周君走西周君的老路，不自量力，试图联合诸侯抗秦。秦国吕不韦率兵伐之，把东周君迁到秦国居住。至此，西周和东周，代表 800 多年周朝政权的最后两块招牌都被强秦击碎，周王室彻底完结了。此时的周室，早已名存实亡，而各国诸侯也正处在自身难保之中，所以，对于西周和东周政权的相继灭亡，基本上不太在意。而周朝之所以灭亡，与此前灭亡的中小国家一样，总的来说也是自己作孽的结果。

吕不韦与《吕氏春秋》

吕不韦与《吕氏春秋》

秦王政八年(公元前 239 年)，吕不韦主编的《吕氏春秋》书成。它虽然是表达了“杂家”的思想，却记载了“百家争鸣”的丰硕成果。吕不韦是商人出身，但他的雄心却不止于商界。他在秦国得到一人之下、万人之上的政治地位之后，还想在思想史上占有一席之地。在战国时代，有权有势者中间盛行所谓“养士”的风气，其中最有代表性的是战国四公子。据说，吕不韦门下也有食客几千人，并且颇有不少文学之士，也就是百家争鸣中各家各派的学者。尽管其中的一流人物很少,但也可以在很大程度上表现当时的各种思想取向。吕不韦亲自担任主编,让各家学者围绕着他所确定的结构和主题,撰写各自的学术思想,并命名为《吕氏春秋》。吕不韦所确定的结构,是八览、六论和十二纪,所确定的主题是所谓的"兼儒墨,合名法",成为"杂家"思想。其实,所谓杂家并不是杂乱无章的意思。《吕氏春秋》的主导思想很明确,就是以杂家之名,把百家思想统一起来,为秦国的统一天下做舆论宣传。所以,尽管后来吕不韦本人服罪自杀,他主编的这本书却没有被定为禁书。

李斯谏逐客令

秦王政十年(公元前237年),李斯上书秦王,劝谏他不要无原则地驱逐客居秦国的外国人。

李斯是楚国上蔡(今河南上蔡)人,荀子的学生。学成之后,李斯曾在楚国做了一阵子下级官吏,但他意识到他的前途绝非是在行将灭亡的楚国。于是,他辞别老师,束装西行,来到了蒸蒸日上的秦国。到了秦国,李斯先投到吕不韦门下。在吕不韦的推荐下,李斯做了郎官(国王的侍从官)。后来,秦王任命李斯为长吏,并听从李斯的建议,派人携重金游说各国。对于各国的当政者,能收买的就去贿赂;不能收买的就由刺客解决掉。这项计划获得收效之后,秦王就任命李斯为客卿。后来,韩国派水工郑国到秦国,企图以兴修水利削弱秦国。这个计划败露之后,王室宗亲就建议秦王,驱逐所有客居秦国做官的其他国人。

这一年,秦王开始下令执行逐客之令,李斯自然也在被逐之列。于是,李斯上书秦王,指出逐客的结果,只能使本来有用于秦国的人才为他国所用,最终受害的还是秦国。其实,在那个时代,天下一家,所谓爱国的概念本不存在。各种人士,首先考虑的是自身的前途。他们的大目标是统一天下,而由哪国完成统一,并不是问题的关键。所以,李斯的意见被秦王政接受,逐客令也就解除了。李斯劝谏逐客令,显示出士人对秦国政治的拥护,这才是秦国最终统一天下的真正依靠。

《黄帝内经》

《黄帝内经》简称《内经》，是我国全面阐述中医学的名著，据今人研究，约出现于战国末期。《内经》包括《素问》和《灵枢》两大部分，各81篇，主要论述人体解剖、生理、脉学、病理、病因、疾病症状、诊断、治疗、预防及养生等方面的内容。书中体现的整体观、物质观念、运动变化和预防医学思想等，具有朴素的唯物主义倾向和辩证观点。不仅在医学上，也在古代思想史上占有重要地位。《素问》主要从阴阳五行观念来解释生理及病理现象，它将人的五脏六腑等生理器官视为依循阴阳五行构建的一个整体，认为这个整体被破坏了，就会发生疾病。这实际上是从人体的自然物质观念来阐明人体内部脏器的相互关系和矛盾运动。《灵枢》则主要阐明针刺和针灸的疗法，它对经络、穴位、针灸理论、针刺用具、针刺方法、针灸的适应症、注意点和禁忌等等，均有详细的阐述。其中按针的不同使用已有九种分类，称为"九针"。反映出我国的针灸离法已有两千多年的历史。《灵枢》中还有尸体解剖的记载，变为食管的长度与大、小肠长度的比例是1∶35.5，这与20世纪初德国解剖学家斯巴特何辞所著《人体解剖学》中的测量比例1∶37几乎相等。这表明我国两千多年前的人体解剖学，即已达到相当高的水平。

在纪元以前的年代里，人类社会形成了三个理论化的医学体系，即中国医学、印度医学、希腊医学。远古中国医学以《黄帝内经》为代表，是当时理论性最强、系统化程度最完整的医学体系。它强调"天人合一"和人体自身统一性的整体论治观念，它以东方自然辩证哲学为文化基础而形成阴阳五行学说，它独具风格的"取象比类"的思维方式和经络学说，均成为中国医学最鲜明的标志。

老子与庄周

《道德经》五千言，确是战国时期的著作。据《史记·老子列传》所说，《道德经》的著者是楚国苦县(河南鹿邑县)厉乡曲仁里人李耳。李耳的儿子名宗。

宗为魏将,封于段干。公元前 273 年,宗被秦白起击败,魏使宗献南阳求和。《史记》与《战国策·魏策》均有记载。宗(《魏策》作段干崇)是战国后期人,事无可疑,那么,李耳的年代也可以推知。宗儿子名注。注儿子名宫。宫玄孙名假。假在汉文帝时做官。假儿子名解,为胶西王卬(公元前 154 年卬死)的太傅,就在齐地住家。司马谈、司马迁父子崇尚黄老,《史记》在《老子列传》记李耳世系,在《乐毅列传》后记道家传授,体例略同《孔子世家》与《仲尼弟子列传》。《史记》叙述李耳乡里世系及师弟传授,如此明确,必有根据,决非虚构。据《礼记·曾子问篇》,孔子师事老聃,是老聃确有其人。战国诸子创学说,多依托古人,道家书依托尤多。《汉书·艺文志》道家:《老子邻氏经传》四篇。班固自注:"姓李名耳,邻氏传其学。"班固生在东汉初年,不曾怀疑《老子》非李耳所作。道家书有《伊尹》(商汤相)五十一篇,《太公》(周文王师)二百三十七篇,《辛甲》(周太史)二十九篇,《鬻子》(周文王师)二十二篇,《管子》(齐桓公相)八十六篇,《黄帝四经》四篇,《力牧》(黄帝相)二十二篇。这些书都依托古代帝王师相,李耳所作依托孔子师老聃,是不足为奇的。《黄帝四经》非黄帝作而世称为黄帝,《老子》上下篇非老聃作而世称为老聃,事同一例。说《老子》上下篇一定是老聃所作,未免拘泥,说《老子》上下篇一定是关尹(《汉书·艺文志》道家有《关尹子》九篇)环渊(《汉书·艺文志》道家有《蜎子》(蜎音 yuān)十三篇)之流所作,未免穿凿。庄子说孔子到东周,见道家思想的老聃问礼,接受老聃的教训。庄子也说杨朱见老聃。按杨朱生在墨子后,孟子前,决无见老子之理,庄子说显然不可信。《庄子》书本来十分之九是寓言,信寓言为真事,未免过于天真。《史记·老子列传》列举若干荒诞不可通的说法以后,用"谁也不知道对不对"一句话把那些不可通的说法都否定了。司马迁最后断定说老子(李耳)是个隐君子,不是东周史官;他的儿子名宗,是魏国的将军;李耳学说的宗旨是"无为自化,清静自正",不是教孔子笃守古礼的那个老聃。著《老子》上下篇的人,应根据《史记·老子列传》与班固《汉书·艺文志》肯定是李耳。孟子批评当时各学派,没有提到老子,这说明李耳学说流行在孟子后。荀子开始评论老子,说他只看到屈的好处,没有看到伸的好处。韩非子作《解老》《喻老》两篇,发扬老子学说。足见老子学说的传播在战国后半期。

老子是有极大智慧的古代哲学家。他观察了自然方面天地以至万物变化的情状,他观察了社会方面历史的、政治的、人事的成与败,存与亡,祸与福,古与今相互间的关系与因果,他发现并了解事物的矛盾性比任何一个古代哲学家更广泛更深刻。他把这种矛盾性称为道与德。道是从一切具体事物中抽象出来的自然法则或规律。《老子》书中多用"一"代表道。"一"里面有正反两面对立着。有对立,才有变动,老子称为"反者道之动"。反面开始是柔弱的,但是它可以转化到强大方面去,取得正面的地位。老子称为“弱者道之用”,“柔弱胜刚强”。正反两面在一定条件下互相转化,老子称为“祸兮福之所倚,福兮祸之所伏”,“正复为奇,善复为妖”。德是宇宙间一切具体存在着的事物所含有的特性。德不能脱离具体事物而独立存在,德所寓的事物称为得。韩非子说“德者内也,得者外也”,王弼注《道德经》(即《老子》)说“德者得也”。从各个的德综合为一般的道,从一般的道表现为各个的德,有道便有德,反之,没有德也就没有道。韩非子称为“道有积(积众德成道)而德有功(实在的事功),德者道之功(道不离德)”(《解老篇》)。庄子说道在万事万物的里面,郭象注《庄子》说“道不逃于物”。老子以这些朴素的辩证法,讲论“人君南面之术”(统治术)与一个人(统治阶级的人)如何立身处世的方法,全部学说贯穿着道、德这个根本思想。

老子看到了矛盾的某些重要法则,特别是正反两面互相转化的法则,成为老子学说的精髓。因为战国时期,贵族领主正在没落中,已没落的企图恢复失去了的特权,未没落的企图巩固将失去的地位,思想上带着消极、保守的色彩,老子学说正是这些没落领主思想的反映。老子学说的精神,不是要发展矛盾,解决矛盾,向前推进,而是要阻止发展,保持原状以至向后倒退。老子在政治上人事上应用他所了解的法则,大体有四类:一类是“抱(守)一”。所谓“抱一”,就是一方面“无为”“好静”“无事”“无欲”,缓和另一方面的反对,使事物常常保持原来的情状,不让矛盾发展起来。老子以为治民做事,就好像“啬”。(农夫)种田,只许田上有一种禾,不许有别种草。国君能在危机未起前去危机,乱事未起前除乱事,国家可以长久。做事情始终如一(“慎终如始”),可以免于败坏。一类是“取”。其方法是“将欲歙(音 xì,缩小)之(对方),必固(定要)张(扩大)之;将欲弱之,必固强之;将欲废之,必固兴之;将欲夺之,必固与之”。自方处于柔弱地位,使对方处于刚强地位,刚强已极,就要转化到它的对面,归于失败。这个道理叫做“柔弱胜刚强”“强梁者不得其死”。一类是“守”。既然正反两面要易位,已在正面的人,如何能常得而无丧(失),常利而无害呢?韩非子在《解老篇》里解释祸福的关系说,“人有祸害,心里恐惧,心恐惧则行为端正,行为端正则思虑周到,思虑周到则明白事理。行为端正则无祸害,无祸害则尽天年;明白事理则必成功。尽天年则长寿,必成功则富贵。长寿富贵叫做福,而福本于有祸,所以说,祸兮福之所倚。……人有福自然是富贵,富贵自然衣食美,衣食美自然骄心生,骄心生自然行为淫邪,举动违理。行为淫邪自然要短命,举动违理自然无成功。短命无成功叫做祸,而祸本生于有福,所以说,福兮祸之所伏。”这里说明正反易位是有一定的条件的,要常保正面,不转到反面,必须“知止、知足”,必须“去甚、去奢、去泰”,必须“知其雄,守其雌……;知其白,守其黑……;知其荣,守其辱……”正面不完全脱离反面,正面就会保持常态。例如王公大人自称孤、寡、不谷(不善),表示贵不弃贱,高不弃下,因为“贵以贱为本,高以下为基”,贵、高脱离贱、下,贵、高也就不能存在。刘向《别录》论道家“秉要执节(关键),清虚无为,及其治身接物,务崇不竞(柔弱)”;《汉书·艺文志》班固论道家说,“秉要执本(道、德),清虚以自守,卑弱以自持,此人君南面之术也,合于尧之克让(能谦逊退让)。”这都是说,老子善于守高贵地位,是统治阶级最有用的学说。一类是“无”。老子阐发无的妙用,是老子学说独到的见解。老子以为“有无相生”,“有生于无”,例如房屋,当门窗处无墙壁,这个无对房屋正是有用。老子把无当作最高的理想。他说,学道应天天进益,行道应天天减损,减损又减损,一直到无为。无为才能无不为。想取天下,一定要无为,如果有为,就不能取天下。战国时期社会动荡剧烈,人民迫切希望安静休息,老子所说无为、清虚、静止,正是当时取天下的一个方法。无为政治在一定时期是有效的,西汉前期便是明证。

老子应用无的学说在阶级矛盾上,对统治阶级主张无为。他说,民为什么饥饿,因为统治者食税太多;民为什么难治,因为统治者喜欢有为。又说,朝廷很奢华,民间一定田荒食虚,所以“损有余(统治者)而补不足(民)”是合乎天道的政治。对被统治阶级主张愚民。他说“古之善为道者,非以明民,将以愚之(民);民之难治,以其智多”。要“虚其(民)心(无知),实其腹(有饭吃),弱其志(无欲),强其骨(能劳动),常使民无知无欲”。事实上愚民是困难的,因此他想倒退到小国寡(少)民的远古时代去。那里用不着各种器械,不要舟车,不要甲兵,不要文字,结绳就行了。这一国望得见那一国,这一国听得到那一国的鸡狗声,国与国间居民自给自足,一辈子不相往来。老子想分解正在走向统一的社会为定型的和分离的无数小点,人们被拘禁在小点里,永远过着极低水平的生活,彼此孤立,没有接触的机会,社会进步所不可缺少的愿望和努力,老子都看作有害。这种反动思想,正是没落领主的思想,他们不敢向前看,只好回头看那辽远的后面,幻想在那些小点里过着“甘其食,美其服,安其居,乐其俗”的美满生活。

道家学说比儒家更保守。儒家复古,只复到西周,道家却想复到“结绳而用之”,“邻国相望,鸡犬之声相闻,民至老死不相往来”的远古。社会向前发展,在地主阶级的儒家看来,只要加以节制,不使变动太快,离旧礼制太远,就可以了;在没落领主的道家看来,则是不可容忍的罪恶。《庄子·天地篇》载一段故事,说子贡在路上看见一个种菜老人,抱瓮入井,汲水灌园,用力多,见功少。子贡劝他使用桔槔,老人愤怒道“谁不晓得那个东西,我不能无耻到用桔槔的地步”。这当然是寓言,但正表现道家的极端的保守思想。

老子小国寡民的政治思想是反历史的,就其深刻地观察了当时社会各方面的矛盾，发现了若干辩证法的规律来说，却是极其珍贵的。老子生在战国时期，对辩证法已有如此程度的认识，虽然古代的辩证法必然是不完备的、自发的、朴素的，但在马克思主义的唯物辩证法传入中国以前，古代哲学家中老子确是杰出的无与伦比的伟大哲学家。

老子的唯物论是把天地万物的运行生灭，看作遵循自然规律，并无人格化的神存在。人对自然只能任（顺从）和法（效法），不能违背它。他说"天地不仁（无情），以万物为刍狗"，所以"圣人不仁，以百姓为刍狗"。刍（草）、狗（兽）、人都是天地间自然生长的物，兽食草，人食狗，都合乎自然规律，天地并不干预兽食草，人食狗，所以圣人也不干预百姓的各谋其生活，所谓"圣人无常心（成见），以百姓心为心"，与"以百姓为刍狗"，用意相同，归根还是无为，任自然的意思。后来法家引申这种思想为极端的专制主义，就是君主制订法令，臣民绝对服从，像服从自然规律一样。

儒道两家是封建统治阶级不可偏废的两个重要学说。儒家是一条明流，它拥护贵贱尊卑的等级制度，使统治者安富尊荣；道家是一条暗流，它阐明驾驭臣民的法术，使统治者加强权力。秦汉以后历朝君主，凡善于表面用儒，里面用道，所谓杂用王霸之道的国常兴盛，不善用的国常衰亡。儒经和道经也为历朝士人所必读，成为学术思想的主要源泉。因此，孔子与老子两大学派，一显一隐，灌溉着封建社会政治、文化的各个方面。

庄周，宋国蒙（河南商丘市东北）人。《史记》说他与梁惠王齐宣王同时，也就是与孟子同时，恐不可信。庄周当是宋王偃（公元前328–前286年）时人，与李耳同时或稍后，因为庄子思想显然源出老子，《史记》已有定论。庄子所说人事极大部分是荒诞无稽的寓言（《庄子·寓言篇》所谓"寓言十九"）。所谓与惠施辩论，楚威王聘请为国相等事，都属假设，并非实有。《庄子》三十三篇，其中内篇七篇是庄子自作，外篇杂篇共二十六篇，多出道家依托，不全合庄子本意。论庄子应以内篇为主。

宋王偃狂妄，逐宋君剔成，自立为王。他是战国时著名暴君。攻击齐、楚、魏，与三大国为敌。挂起一个盛血的皮囊，把它射破流血，叫作射天。酗酒淫妇人，群臣劝谏，就被他射死。各国都说宋国出了桀纣，不可不诛。齐魏楚三国出兵杀王偃，灭宋国。庄子宋国人，目睹王偃作乱，正像狸子黄鼬子东跳西跃，不顾高低，一朝被捉，无地逃命。战国末叶，争城夺地，机诈无穷，辩士说客，议论纷纭，庄子都看作狸子黄鼬子跳东跳西，蚊子牛虻子飞来飞去，不算作一回事。老子主张无为，目的在于有为、无不为，主张任自然，目的在于效法自然规律来治国、驭众、固位、保身。庄子以"物（人）不胜天"（《庄子·大宗师》）为中心思想，说无可奈何的叫作命，不可违离的叫作天。他把无为说成无是非，无成败，无梦醒，无生死，无空间（“天地并”）、时间（“无古今”），一切归于无；把任自然说成弃绝人世，学做混沌，不视不听不食不呼吸，回到无人类的世界里去。庄子所作内篇七篇，把战国社会的消极面集中表现出来，他那种极端厌世悲观的思想和纵肆无边际的辩说，似乎要引导人们走到毁灭的路上去。郭象《庄子序》说“读了他的书，自己好像经过昆仑山，入太虚境，游惚恍庭的样子了”。荀子评庄子只见天不见人，是的，庄子完全失去了人对自然斗争的自信心。

庄子思想源出老子，流派却不同，所以两汉时黄老并称，不称老庄。魏晋时期以庄配老，并称老庄，与佛经同为腐朽的统治阶级所崇尚。

荀子与韩非

孔子提倡仁义、礼乐，墨子反对礼乐，提倡兼爱。杨朱反对兼爱，提倡为我。孟子反对杨墨，提倡仁义。老子庄子反对仁义、礼乐，提倡无为、任自然。荀子反对孟、墨、老、庄，提倡礼义。荀子弟子韩非，博采荀、老、名、法各家要旨，集成韩非的刑（形）名法术之学。孔子仁义学说至孟子得到充分的发挥，孟学结合阴阳五行家成一大学派。孔子礼乐学说至荀子得到适时的修正，通过韩非结合黄老名法成一大学派。荀子在儒家中是和孟子有同等地位的大师，在诸子百家中也和孟子一样，善于评论异家，表彰儒学，是孟子以后最大的儒者。韩非传荀学，脱出儒家范围，自成专家，完成了极端专制主义的政治理论，为战国时期最后的也是最合时的大思想家。

荀子名况，赵国人。齐宣王招天下著名学士来齐国，居稷下，食大夫禄，号称列大夫，著书议论，不治政事。齐湣王时，稷下学士更盛，多至数万人，齐湣王晚年，荀子到稷下游学。当时齐将败亡，列大夫离齐散去，荀子南游楚国。齐襄王时，稷下士又盛，荀子回到齐国在列大夫中“最为老师”，被尊称为卿。荀子遭谗，离齐至楚，春申君以荀子为兰陵（山东枣庄东南）令。荀子又遭谗，离楚至赵，在赵孝成王前议兵。离赵至秦，见秦昭王与秦相范雎。离秦归赵，又至楚为兰陵令。前238年，春申君死，荀子失官家居，著书数万言，死后葬兰陵。《史记·荀卿列传》说荀子“年五十，始来游学于齐”。齐湣王晚年到春申君死时，约五十年，如《史记》所说，荀子年当在一百岁左右，似不可信。应劭《风俗通》改年五十为年十五。荀子见齐国将亡，说齐相行王道，十五六岁童子谈论王道，游齐游楚,也未必可信。荀子确实年龄无法证明,自公元前286年(齐灭宋年)至前238年是荀子活动时期,则近事实。

孔子所传授的礼,内容是等级制度及由此产生的法令和刑罚。外表是朝聘丧葬、揖让周旋等繁缛的仪式。乐配礼仪居附属地位。儒家礼乐,经墨家道家的攻击,又不合时君世主的好尚,战国时古仪古乐崩坏略尽,礼义却因荀子的修正和发挥,更接近法家学说,符合地主阶级政治上的需要。秦朝建立大一统制度,基本上采用了荀子的礼义学说。

《左传》昭公二十五年载郑大夫子大叔说,"人是靠礼生活的,人不论直性或曲性,都得按照礼来矫正自己的性格,合礼才得称为成人。"荀子从这个传统观点出发,创造出一套礼义学说。

荀子对自然界的看法,与孔子孟子有极大的区别,与老子却有些接近。荀子以为天有常道,地有常法,按照自然规律在运行变化,并无鬼神、命运、妖怪操纵着天地万物。吉凶祸福在于人为,不在天地。尊敬天地,希望多生财物,不如加强生产,积蓄财物,由人自己来控制。赞美天地的威德,不如利用物性,由人自己来制裁。等待好时候的到来,不如自己按时勤作,不失机会。依赖天地生长财物,不如依赖自己的智能,使生长得更多。想望万物来供人使用,不如自己治理万物,各得其用,不使失丧。心愿天地多生些有用的物,不如治理已有的物使成为有用。弃人为而望天赐,是反万物之情(理)的妄想,即使劳心苦思,决不能得到益处。君子尽力做自己的事,不希望天有什么赐予,所以一天天有进步;小人放弃自己的努力,希望天有什么帮助,所以一天天在后退,君子小人的悬殊,就在于一个靠自己,一个靠天地。人对自然界,不是要顺从敬畏,恰恰相反,要发挥人力,向自然界作斗争,使天地万物为人所控制、所利用。这种人胜天的思想,正是战国时期生产力显著发展的反映(《荀子·富国篇》说,人力可以增加生产,不愁衣食缺乏)。从孔子的畏天命到老庄的任自然,各学派中只有荀子能正确地说明人对自然界的关系,《天论篇》应是诸子书中最有积极意义的也是唯物论思想最显著的一篇重要著作。

荀子认为人胜天地万物的原因在于合群,群所以能合的原因,在于合理分配生产物。分配合理自然大家协和,协和自然一致,一致自然多力,多力自然坚强,坚强自然胜物。反之,分配不合理就要争夺,争夺就要纷乱,纷乱就要分离,分离就要衰弱,衰弱就不能胜物。人胜物的关键既在于合理分配生产物,那么,贵贱有等级,长幼有差别,贵者长者分多,贱者幼者分少,自然是不容置辩的真理了。荀子把这个所谓真理叫作礼,也叫作礼义。制礼的是圣人,行礼的是王公士大夫,所以天子至尊至贵,应得最高的享受,握最大的权力。自天子至士按礼分禄,是合理的。众庶百姓不知礼,必用刑法来制服,使出力生产,供养长上,也是合理的。荀子把封建等级制度看作与人类同时并存的永恒真理,把制礼行礼的国君士大夫看作养活众庶百姓的人,说礼的定义就是养(《礼论篇》说"礼者养也")。孟子说"治于人者食人,治人者食于人",还算是治人者因分工而得食,荀子则说成治人者养人,事实完全颠倒了。他的封建专制主义学说,就在这个治人者养人的观点上建立起来。

荀子以为人生而有欲,有欲必争夺,这就是性恶论的根据。性恶论形式上是说凡人之性皆恶,实际却分王公士大夫与庶人(民)为两大类。士以上属知礼类。照荀子的说法,人性原来是恶的,因为学礼与为礼而知礼义,恶变为善了,这种行为善的人,可用礼乐来对待。众庶百姓属不知礼类,因为他们不学礼不为礼,所以始终是性恶的。这种行为不善的人,必用刑罚来制服。荀子又分人为圣人、中庸、元恶三种。圣人能自动矫正本性,制作礼义;中庸能受教化知礼义;元恶不受教化不知礼义。王公士大夫的子孙,如果不学礼义,应归入庶人类;庶人的子孙,如果学礼义,应归入卿相士大夫类。不学礼义便是性恶,庶人显然不能学礼义,所以性恶的是庶人。孟子用统治阶级的礼义来证明人性善,荀子用统治阶级的礼义来证明人性恶。性善论性恶论归根只是说,合于统治阶级利益的就是善,不合的就是恶。

对善人用礼乐,对不善人用刑法。礼乐刑法历代有变化,孟子法先王,虞夏商周都是先王,无法得到适合当今的礼乐刑法。荀子改为法后王,理由是天地过了长久的日子,眼前的却是今天,先王行了各种的治道,合时的却是后王。荀子斥责俗儒,说他们粗略地取法先王,扰乱当世的法制,议论谈说,实际上无异于墨子。这大概是指孟子一派的儒者,因为他们标榜法先王,无异于墨子的法先王。荀子所赞美的大儒是法后王,重礼义,轻诗书,划一制度,辅佐当今后王统一天下,这大概是说荀子自己的志愿。孟子法先王,是想行周公孔子的所谓王道,荀子法后王,是要实行战国末年已经成熟了的中央集权制度。孔孟政治学说经荀子修正,不再是迂阔难行的儒学了。

荀子人胜天地万物说,是有进步意义的,由此造出专制主义的学说,在当时也是适合政治需要的。可是荀子否认命运,不敬天地,不信鬼神,不法先王,轻视仁义,人本性恶诸说,对统治阶级并不合用。因为统治阶级要利用命运、天地、鬼神来巩固自己的地位,要利用先王、仁义、性善来文饰自己的政治,赤裸裸地用刑法来实行专制主义,是和王霸杂用的统治术不合的。所以在形式上合用的还是孔孟传统儒学,而荀子在儒学中地位不得不落后于孟子。后世孔子庙中没有荀子的位置,虽然专制主义是他倡导的。

荀子是儒家传经大师,秦汉儒生所传《诗》《礼》《易》《春秋》诸经说,多出荀子,因之在儒家传经事业上荀子远高于孟子。

韩非继承荀子的哲学与政治学,推进一步便失去儒家面貌,成为刑(形)名法术之学。

韩非是韩国贵族,与李斯同在荀子门下为大弟子。李斯自以为不及韩非。韩国衰弱昏乱,韩非屡谏韩王任用贤人,富国强兵,韩王不能用。《韩非子·问田篇》载堂谿公劝韩非不要得罪昏君权臣,遭受祸害。韩非回答说“我不怕昏君权臣,宁愿遭死亡的祸害,一定要替众庶百姓谋利益”。韩非所说为众庶谋利,实际是代表新兴地主阶级的政治思想,坚决反对残余领主的腐朽政治。韩非著书十余万言,传到秦国,正合秦国政治的需要,秦始皇赞叹不已,说“我得见此人,和他在一起,死也安心了”。秦攻韩求韩非,公元前233年,韩非入秦。李斯怕韩非得信任,进谗言杀害韩非。

韩非子是战国末总结诸子学说的大思想家,他吸收荀子的儒家学说、老子的道家学说以及东周以来郑国传统的法家名家学说,构成韩非的刑名法术之学。荀子依据儒家“礼不下庶人,刑不上大夫”(《礼记·曲礼》)的旧说,主张人君对士以上用礼义,对庶民用刑罚。韩非子废弃礼义,主张人君对臣民一概用刑。韩非思想的基础是更加扩大的性恶论。韩非推崇老子,全书多引《道德经》语,但老子宗旨在柔弱无为,韩非却主张刚强有为。《解老》《喻老》两篇,阐发道德本意,语甚详备,但其中无一语说及无为柔弱,可见韩非仅取老子的法术,并不取老子的宗旨。法家(包括名家)有法、术、势三派。李悝、商鞅一派专主用法。李悝著《法经》六篇,为律家之祖。商鞅定秦法,国富兵强。他们所主张的法是君主制订法令,全国臣民无不遵守,有功必赏,有罪必罚。君主一人所说出的话是最高贵的话,说出来就成为令,所要做的事是最适当的事,定出来就成为法。一国里面,不许有两个人定法出令。申不害、尹文一派专主用术。术是君主驾驭臣下的方法,形名是术的一种。所谓形名,就是“循名以责实”,要臣下名(言)实(行)相符。尹文说,有形的(实在的事情)一定有名(名义、言论),有名的却未必一定有形。有了事实,不一定被言论到,但事实仍是事实;有了言论,是否真合事实,不可不根据言论去检查事实。所以君主必须根据臣下所言,检查臣下所行。慎到一派专主用势。势是凭借权位,有重权高位便能治天下,用不着要等待贤智。韩非综合三派学说,以为君主当乘势执术,臣下当守法奉令,不可偏废。

集一切权力于君主一人,是韩非学说的本旨。但君主一人决不能有这种无限的智力,照韩非说:国君一人力不敌众人,智不胜万事,与其靠自己不如靠一国。用一国的眼睛看,看得最清楚,用一国的耳朵听,听得最明白。所以下君用尽自己的智能,中君能用欢人的力,上君能用众人的智。用众人的方法是“听其言必责(检查)其用(实用),观其行必求其功(效果)”(《韩非子·六反》)。

韩非思想是荀子思想进一步的发挥，以此为基础，采取老子的术，商鞅的法，申不害、尹文的术（形名），慎到的势，造成完整的极端专制主义的政治理论。当春秋后期农民地主两个新阶级开始产生的时候，与领主对比，势力自然是微弱者。孔子主张复兴周道来求政治上的统一，正反映了那些微弱阶级的政治要求。战国前期，两个新阶级力量增加了，孟子主张行仁政、保民而王，说明地主阶级向领主要求统一，还不能离开农民阶级的援助。战国后期，地主阶级更加强大，公然和农民阶级对立，它的代表人荀子主张用专制主义来求统一。到了韩非学说的出现，说明中央集权制度已经达到完全成熟的时期，地主阶级成为主要的统治阶级，同时农民阶级也成为主要的对抗阶级。

散文与诗赋

黄炎族掌文化的人叫作史，苗黎族掌文化的人叫作巫。黄炎族与一部分苗黎族混合成华族，巫史两种文化并存，互相影响也互相斗争。传说：颛顼曾禁巫教。《墨子·非乐》说，商汤禁巫风，贵族犯禁罚丝二緵，庶民加倍；想见巫史间一向存在着斗争。史重人事，长于征实；巫事鬼神，富于想象。商朝人信鬼，巫风盛行，祭祀特多，歌舞降鬼神，应有许多诗篇，惜全部亡佚。史官所记，除大量甲骨文字记载当时大事，现存《商书·盘庚》《高宗肜日》《西伯戡黎》《微子》等篇，是大体上保持原来辞句的商史遗文，尤可宝贵。依据这些文篇来看，可以推知商朝已有相当成熟了的散文，也可以推知有相当成熟了的诗歌，与西周初年的诗文应有同样的水平。

周朝重史不重巫，史官掌记事也兼作诗歌（诗三百篇不少是史官所作）。史官世代专业，儒家所传经书，其原始部分大都是两周史官旧藏的典册。经书文辞分散文与诗歌两类。散文分质言文言两体。质言如《周书·大诰》《康诰》《酒诰》等篇，直录周公口语，辞句质朴，不加文饰。凡朝廷诰誓、钟鼎铭文多属质言体。文言如《周书·洪范》《顾命》以及《仪礼》十七篇，都是史官精心制作，条理细密，文字明白。孔子说，“质胜文则野，文胜质则史。”（《论语·雍也》）凡史官所自作，多属文言体。鲁史左丘明采集诸侯国史记，作《左氏春秋传》，创文言体散文的极致。诗歌基本上四字成句，叫做四言诗。体裁分风雅颂三类。《周颂》是配合宗庙祭祀时所奏音乐的诗篇，辞句最朴素。西周贵族美（赞美）、刺(讽刺)王政,用西方古音乐歌唱的诗篇叫做雅诗。东周时宋国作《商颂》,鲁国作《鲁颂》,从章句形式看来,可能是用雅诗同类的音乐。《国风》是用各国地方音乐歌唱的诗篇,多采取民间歌谣,贵族所作也不像雅诗那样严肃。风诗吟咏情性,文学价值特高,最为流行。战国初魏文侯听古乐想睡觉,听郑卫之音不知倦,因为郑卫音乐繁音急促("烦手踯躅"),是一种悦耳的音乐,和它相配合的诗篇,也是一种悦心的文学。

两周散文与诗歌,经孔子删订成为儒家专门的经学。传经师儒,或阐发经义,或讲明训诂,与文学完全绝缘。文学的主流诗歌被尊为经,失去了活力,儒生只能背诵古诗三百篇,不能创作新诗一篇。孔子以后,学术由贵族转移到士阶层,诸子并起,各述所闻,散文因诸子著书而发展起来。首先是墨子,用质言体著书,引用古语,多译成当时庶民口语。墨家以外,诸子都用文言体著书。战国时孟子、庄子,《战国策》所载诸策士口说,都是议论风发,文质并胜。荀子、韩非子说理精密,不重文采。诸家文风不同,却都是优秀的散文作者。

诸子著书,重在谈论政治,阐明哲理,但其中包含寓言、故事、神话、隐语,往往隽永有味,类似文学。诸子中专有小说一家,采取街谈巷语,反映民间风俗,最有文学意义,儒家说它道听途说,小能小善,对大道有碍。战国小说因不被重视,全部亡佚。或说:《燕丹子》是战国小说的仅存者,确否未可知。

诗歌与音乐互为影响,不可分离,民间永远在创造新音乐新诗歌,新的流行了,旧的自然衰落。公羊家说,周时国家养活贫穷无子的老年男女(男年六十以上,女年五十以上),到乡间采取新诗歌。从乡送到邑,邑送到国,国君送给天子。天子有掌音律的大乐官叫做太师。太师选择新诗歌若干篇,修正章句和音乐,给天子演奏后,流传到四方。《诗经》十五国风中很多诗篇是这样得来的。最晚的风诗是陈灵公时诗,此后不再有新篇。当时正是周天子愈益衰弱,兼并战争愈益激烈,公田制改变为税亩制的时候,这个养老人采诗制度势必废弃,民间新诗歌新音乐不能通过乐官的修正、士大夫的记诵,传到后世来。儒家反对新声,以为郑声淫,郑卫宋齐是乱世之音,桑间濮上(卫)是亡国之音。墨家非乐,以为"亏夺民衣食之财"(《墨子·非乐》),道家以为"五音令人耳聋"(《老子》),儒家守旧,墨道二家反对音乐。儒墨道三大学派都是新乐新诗的障碍,但民间创造并不因此停止。孟子记录孺子《沧浪之水歌》,想见东周后期至战国,四言诗正向五言诗发展。

东周时列国朝聘,宾主多赋诗言志。赋是一种声调,与歌不同,与诵相似,所谓"不歌而诵谓之赋",就是不用音乐,随口朗诵几句古诗,表达自己的意旨。东周列国间有时用廋辞(廋音 sōu,谜语)来测验对方君臣的智力,战国时有所谓隐书,记载各种谜语,不读隐书,就会答不上廋辞。荀子用赋的声调写廋辞,作《礼》《智》《云》《蚕》《箴》(针)五赋,形式缺乏变化,含义也只是些儒家常谈,虽是新体裁,却少新意义。荀子又仿民间舂米歌调作《成相辞》,每章四句或五句,音节短促,所讲又都是儒家训条,和五赋同样,有新体,少新意。

北方学士无一人从事韵文文学,荀子独作赋与《成相辞》,应是受楚国屈原的影响。《成相辞》作于春申君死后,五赋大概也是荀子晚年所作。儒家老师仿赋诗声调作赋,用北方音韵,说儒家教义,因而看不出受《楚辞》影响的形迹来。

新体文学的创造在南方楚国,屈原是最大的创造人。

屈原是《三百篇》后推动文学到更高境界,使文学内容更加丰富的伟大诗人。楚国传统文化是巫官文化,民间盛行巫风,祭祀鬼神必用巫歌,《九歌》就是巫师祭神的歌曲。又巫师行术,唱禁咒辞,句尾用"些"字。民间歌唱,句尾带兮(音同侯字)字。屈原作《离骚》《九歌》,弟子宋玉作《招魂》,都是用楚国方音,修改民间流行的曲调,变成新创造。《吕氏春秋·侈乐》说"楚之衰也,作为巫音",可知楚辞是巫官文化的最高表现。其特点在于想象力非常丰富,为史官文化的《诗》三百篇所不能及。战国时期北方史官文化、南方巫官文化都达到成熟期,屈原创楚辞作为媒介,在文学上使两种文化合流,到西汉时期,楚辞成为全国性的文学,辞赋文学灿烂地发展起来。

屈原是楚国贵族,被楚怀王放逐出朝廷,又被楚顷襄王(公元前298-前263年)流放到江南。屈原遭两个昏君以及佞臣的迫害,忧愁烦乱,作《离骚》。他热爱楚国,他同情楚国人民,《离骚》充分表现出他的天才创造力和高尚的政治理想以及本人的志洁行芳。《离骚》的产生,标志着中国古代文学向前大进了一步。屈原所作,据传说还有《九歌》《天问》《九章》等篇。最后作《怀沙赋》,投汨罗水自杀。屈原、宋玉、唐勒、景差所作,纯用楚国方音,自有声调,称为"楚辞",与赋异体。汉人用赋的声调读楚辞《离骚》《怀沙》等篇也就被称为赋,统称为辞赋。汉武帝时,淮南王刘安作《离骚传》,以为《离骚》义兼风、雅,可与日月争光。东汉初班固作《离骚序》,以为《离骚》多说虚无之事,不合经义。以《离骚》为首的楚辞,与《诗》三百篇起源不同,据儒家经义来评论楚辞,是儒家的迂见,楚辞的真价值并不在于符合儒家的经义,恰恰相反,正在于不受儒家经义的拘束。

战国文化的一般状况

古来文化积累至战国，经诸子百家著书立说，做成类似总结性的记录。儒墨道三大学派主要是论述社会方面的知识，三大学派以外，诸子百家中还记载不少关于自然的社会的知识，这些知识，或有书流传，或仅存书名，或偶见征引，虽然残缺不全，一般文化状况大体可以推见。

天文历算学 观测天象，敬授民时，从来是国家大政，天子和国君设史官专掌天文历算（《周礼》有冯相氏、保章氏）。战国时诸子中也有专家，阴阳五行家就是谈天的一个学派。辩士惠施能说天所以不坠，地所以不陷，风雨雷霆所以发生的缘故，大概也是这一门学问的专家。惠施想证明地形是圆的，提出"南方无穷而有穷"，"我知天下之中央，燕之北、越之南是也"（《庄子·天下篇》）两个辩题。第一题是假设一个人向南方一直走去（无穷），到了极南的一点，再走便成了向北（有穷）。第二题是假设两个人走不同方向，向北转南，向南转北，两人相遇的地方便是地的中央。汉朝浑天家说天的形状像鸟蛋，天包地外像蛋白包蛋黄，地圆如弹丸。惠施所说，可能就是浑天家的起源。战国时天文历算家讲天体，流行着比天圆地方说前进一步的盖天论。盖天论以为天像一个圆盆盖在上面，地像一个圆盘覆在下面，天离地八万里，天以斗极为中央，中央比四旁高六万里，斗极下的地是地的中央，比人所居的地也高六万里。惠施两个辩题，正是反对天地都是一个半圆体，和中央固定在斗极所在的盖天论。西周时期，用二十八宿观测太阳的运行，求得朔日所在。至战国中期，楚人（《史记·天官书》齐人作）甘德、魏人石申测定黄道附近约一百二十个恒星的位置与这些恒星距北极的度数，用来观测木、火、土、金、水五个行星的运行。甘、石二人开始发现五星出伏的规律，他们测定恒星的记录，是世界最古的恒星表。

地理学西周到战国，中国（西周初中国是指黄河北商国，《禹贡》所谓冀州）的疆域继续在扩大，凡华夏文化到达的地方，都称为中国或海内，中国以外土地叫做四裔或海外，华族以外各族叫做诸夷。因中国疆域扩大，积累起丰富的地理知识，因与各族有经济、文化的接触，积累起关于地理、民俗、特产、神话等各种传闻。例如墨子《节葬》篇说，越国东有溉（kǎi）沐国，生下长子，杀了吃掉；父死，弃母不养，说她是鬼妻，不可在家里住。楚国南有炎人国，父母死，刮去皮肉,单葬骨骼,算是孝子。秦国西有仪渠国,父母死,火烧遗体,称为登天。荀子也说,氐羌不愁被俘当奴隶,却愁死后不得火葬。这些大概是可信的传闻,又如《山海经·海外经》有贯胸、三首、三身、一臂等国,自然是荒诞无稽的传闻。战国时地理学家依据地理知识和各种传闻所著的书,大体分两类。一类是比较确实的地志,《山海经》的《山经》《周礼》的《职方氏》《尚书》的《禹贡》与《职方氏》、九州合图《尚书·禹贡》与《周礼·职方氏》有关九州的记载,充分表明战国时期地理观念的广阔,并反映这一时期的大一统思想。因而,根据这种记载,制成简图,是很值得的。不过,两者所记却不尽一致:《职方氏》有幽,并而无徐、梁。本图诸州方位,以《禹贡》为本,图上带有括号的各州,系表示《职方氏》所异于《禹贡》各州的大致方位。《禹贡》属这一类。《禹贡》所记最为确实。一类是真伪混杂,伪多于真的传闻,《穆天子传》(假托周穆王西游事)、《逸周书》的《王会解》(假托周成王受四方诸族的贡品)、《山海经》的《海外经》《大荒经》属这一类。《穆天子传》《逸周书》西晋初才发现,其中不免有晋人附益处,但并非全出伪造。从《穆天子传》可以想见华族与西方诸族的接触较多,从《王会解》可以想见华族与四方诸族的物产交换。《山海经》记载许多怪物异事,一部分是巫书的残余,一部分是华族与诸族自古相传的神话和祖先故事。照这些记载说来,北狄犬戎出黄帝族,苗民出颛族,摇(瑶)民出帝舜族,氐羌出伯夷父(颛顼师)族,巴人出太皞族。本来华族是黄炎族与诸族的融合族,诸族中也融合着黄炎族,因之各族传说中的祖先也成为各族的共同祖先。

医学　医学从巫术开始。刘向《说苑》说上古有人名叫苗父,向北诵十字咒,轻重病立即平复。这个苗父就是苗黎族的巫师。巫治病主要是用祈祷禁咒术,但也逐渐用些酒、草等药物。《山海经·大荒经》有灵山,说巫咸、巫彭等十巫,往来灵山采百药。咸彭是商朝名巫,大概他们开始兼用草药。东周时医与巫分业,医专用药治病。鲁国上卿季康子曾送孔子一服药,孔子说,我不懂药性,不敢尝试。《孟子·滕文公篇》引《尚书》说,"如果吃了药,病人不昏闷,病不会好。"可见医生用药,病人服药,都带有冒险性。因之国君饮药,要臣先尝;父母饮药,要子先尝,免得病人遭危险。许悼公患疟疾,长子许止没有先尝药,许悼公被药毒死了,许止哭泣一年也死了。《礼记·曲礼》说"医不三世,不服其药",《左传》定公十三年载齐大夫高疆说"三折肱知为良医",这都是说经验的重要。战国初李悝计算一个普通农民家庭的用费,其中包括疾病费,这是宗族制度破坏后,民间也有了医生,从此治病经验愈益增多了。战国时医学就在这个基础上发展起来。

战国著名医生有号称扁鹊(相传黄帝时有扁鹊)的齐国秦越人。扁鹊是一个民间医生,他发明脉理,能望色、听声、写(观)形,知病轻重。他周游各国大都市行医；到赵都邯郸，俗重妇人，就做带下医（妇科）；到周都洛阳，俗尊老人，就做耳目病医；到秦都咸阳，俗爱小儿，就做小儿医。秦国大医官李醯（xí）自知技术不如，使人刺杀扁鹊。《史记》为良医立传，扁鹊居首，是有理由的。扁鹊明确反对巫术，说病有六种不可治，“信巫不信医”，就是不可治的一种。扁鹊著《难经》，用人体解剖来阐明脉理和病理，完全脱离了鬼神迷信的影响。巫医分业以后，扁鹊是总结医学经验的第一人，又是切脉治病的创始人。

战国医学家托名黄帝，作《内经》十八卷，现存《素问》《灵枢》，就是《内经》的残余。《素问》谈病理，《灵枢》又名《鍼（针）经》，治病用针艾。《灵枢·经水篇》说“其（病人）死可解剖而视之”。战国医学家知道从解剖求病理，确是找到了发展医学的道路，不过当时的解剖术很粗疏，要说明病理，不得不采取阴阳五行说。

《周礼·天官》家宰属官有医师（大医生）、食医（掌调饮食）、疾医（内科）、疡医（疡音阳 yáng 外科），又有兽医，这是官医的分类。《汉书·艺文志》分方技为四类：有医经类，总论医理；有经方类，包括内科、妇科、小儿科、狂颠病科所用药方及食物宜忌；有房中类，说是调节情欲以求寿考；有神仙类，包括步引（体操）、按摩、芝菌（不死药）、黄冶（炼丹砂为黄金）等长生法。上述方技四类，前二类属医学，后二类多是方士欺人的邪术，《汉志》总称为方技，从巫术分出的医学，又被方士邪术混淆了。

农学　战国诸子中有农家，总结农业经验。《吕氏春秋》的《上农》《任地》《辨土》《审时》四篇，当即农家学说的一部分。《汉书·艺文志》有论耕种、积蓄、养蚕、种树、养鱼鳖、藏果实、看土壤、相六畜等书，这些书可能含有迷信成分，但也记载着不少农业生产的知识。

制器技术。《周礼》所记器物不下数百种，这都是实际存在的器物，并非儒生伪造。《周礼·冬官》（工官）亡佚，今存《考工记》，还保存战国时器物制作法的一部分。《考工记》说“发明器物的人叫做圣人”；《世本》有《作篇》，记古来各器物的发明人。大抵战国以前，统治者还重视发明，以为百工之事都是圣人所创造。儒家道家主张一切守旧。《荀子·王制篇》说“械用则凡非旧器者举毁”，要把不合古制的器物一概毁坏，使国君好古不用新器械。老子甚至想毁舟车，说“民多利器，国家滋昏（愈弱）；人多技巧，奇物（邪事）滋起”。认为器械的改进，对统治者有害。儒道思想盛行，严重地障碍了手工业的顺利发展。

战国时战争剧烈，儒道思想不能阻止武器制造上的进步，连弩和铁剑比弓箭铜刀大进一步。连弩和铁剑的使用，是战国手工业的重大成就。

军事学　兵法是战争指挥者高度智慧的表现。军事学家总结战争经验，著成兵法书，在文化上也是一种重要的贡献。东周时期，北方齐国、南方楚国都是积累起丰富的军事知识的国家，特别是齐国，军事学专家尤多。孙武著兵法十三篇，最为杰出。战国时齐孙膑著兵书，主张用骑兵。春秋齐景公时，大夫穰苴（rǎng jū）作《司马法》。战国时齐威王使大夫论述古兵法，成《司马穰苴兵法》一百五十五篇。齐楚两国外，各国都有兵家，卫人吴起最著名。汉初张良、韩信整理兵书，共得一百八十二家，其中战国兵家占绝大多数。战国时诸子百家活跃，兵家是最活跃的一家。

艺术　殷墟甲骨上所刻文字和殷周钟鼎上各种花纹，是殷周两朝传流至今的绘画与雕刻。战国时艺术有新的进展，制作器物，多极精美，如水陆攻战纹铜鉴，可以推见战国艺术的一般。其他偶见于文字记载的，如楚国宗庙祠堂，有大壁画，图绘天地山川神灵怪物以及古圣贤的神话与故事，读《楚辞·天问》篇想见大壁画内容的丰富。《韩非子·外储说》左上载，一个画家为周国君在竹片上作画，三年才画成，看不出画的是什么。清晨放在窗口，望见竹片上有龙蛇禽兽车马人物各种形状。《喻老》篇又说，一个宋国人用象牙雕刻楮叶，三年才刻成，放在真楮叶里，分不出真假来。韩非子所说如是事实，则战国艺术已达到相当高的水准。相传舜禹时已有漆器，战国时漆器成为高级艺术品，近年来从长沙楚墓中发现漆器多件。器物上彩绘色泽竟似新制。又楚墓中发现料器，制作甚为精美。这些，不仅表现了手工业技术的成就，更重要的是表现了艺术上的成就。

恩格斯曾指出，封建战争在各国集权国家形成过程中乃是一种必然的合法的阶段。东周和战国的长期战争正是这样的一个过程。

从东周时期开始的大小宗族兼并战争，战国时期发展到了剧烈阶段。在这个阶段里，秦国首先建立起代表新兴地主阶级利益的政权。秦在当时是先进的国家，政治、经济、军事都占有优势，但比较上落后的山东六国，也有强大的反抗力量。战国将近二百年的长期战争，本质是地主政权代替领主政权的战争，是家族制度代替宗族制度的战争，是中央集权的统一国家代替诸侯割据称雄的战争，秦国取得战争的最后胜利，是历史发展的一个伟大成就。

在这个阶段上，束缚在宗族里的农奴得到解脱，成为广大的农民阶级。由于农民阶级的出现，生产力前所未有地提高了。以农业生产为基础，工商业也跟着发展起来。

墨子说“民有三患：饥者不得食，寒者不得衣，劳者不得息，三者民之巨患也”（《墨子·非乐》）。战国时战争规模比东周大无数倍，一次战争斩首数万以至数十万，三巨患以外又加战死一巨患，战国时人民的苦难是非常严重的。但是这种苦难，也有它一定的代价，那就是从战争中取得了中国的统一，从养士中发展了灿烂的文化。

称为诸子百家的士，对文化有巨大的贡献。儒家法家积极提倡大一统思想，是进步性较多的学派。墨家虽称显学，但它是一种既不合于统治阶级的需要，又无益于劳动群众的学派。道家哲学高出诸子，但含有较多的反动思想。其他诸家各有所短也各有所长。总起来成为多面性的战国文化。

屈原创造楚辞，丰富了华夏文化。巫史两种文化的合流，不仅在文学上开出新境界，在华夏文化的扩展上，意义更为重大。

秦

（公元前221年至前206年）

【历史解说】

秦朝是中国历史上最显赫一时的王朝，也是最短命的帝国，从兴迄灭，前后不过15年。秦始皇统一六国，正式称帝在位也只有12年。暴政加腐败，偌大的一个帝国，竟被陈胜、吴广一拳击垮。不过，帝国的短命，并不能减损他在中国历史进程中的地位和作用。从秦国开始，中国历史发生了不可更易的转向，其中最重要的，是集权政治的牢不可破。

秦朝速生速灭，原因大约有以下几项。其一是“轻罪重罚”的苛刑暴政。秦律的主干，完成于商鞅变法时代，而商鞅之法的特点，据韩非子所言，就是“轻罪重罚”，力图把大罪消灭在萌芽状态。但是，刚从成年累月的战争中挣脱出来的人们，很难一下子成为奉公守法的良民。所以，秦律的暴虐，马上就暴露出来，并且愈演愈烈，一发不可收拾，以至于上演了“焚书坑儒”这样的千古惨剧。其二是日甚一日的政治腐败。在秦始皇的时代，由于他个人的威势，朝政还比较整肃。但是，在他死后，赵高利用二世的无能和腐化，轻易地专擅朝政，致使君臣上下相欺。同时，大臣之间也开始钩心斗角，并最终演化成相互残杀。其三是过分沉重的经济负担，统一并没有给本已赤贫的人们以休养生息的机会。称帝的第二年，秦始皇就开始四方巡游，给人民加上了额外的摊派。而随后的北伐匈奴，南征百越，共动用80万大军，军费支出浩大，最终还得转嫁到老百姓头上。至于修筑长城、修建阿房宫和骊山陵墓，即使在今天看来，这也是耗资巨大的工程。赋税加徭役，耗费了普通人全年的大半收入和精力。最后还有秦始皇个人的责任。秦始皇的好大喜功和权力欲，是南征北伐的主要原因，更是建宫修墓的直接导因。为了长生不死，他又大兴迷信，耗费巨大，最终把一个烂摊子留给了才能和威势远不如他的秦二世，结果导致了王朝的覆灭。

秦国统一中国

秦始皇二十六年(公元前221年),秦国灭亡齐国,最终完成了统一中国的事业。从此,中国由一个诸侯割据称雄的封建国家转变为一个专制主义的中央集权的封建国家。

秦国统一中国

公元前246年,年仅13岁的嬴政继位为秦王。相国吕不韦掌权。公元前238年,22岁的嬴政举行了加冕典礼,开始亲临朝政。他首先镇压了缪毒的叛乱,次年,免除吕不韦的相国之职,令其迁蜀,后迫使其自杀。秦王嬴政掌握了国内的大权以后,就开始实施他的吞并六国,统一天下的雄伟战略。公元前230年,嬴政派内史腾率兵攻打韩国,俘虏韩安王,灭亡了韩国。公元前225年灭魏。公元前224年,嬴政派60万秦军伐楚,次年灭楚。公元前222年灭燕、赵。五国相继被灭,只剩下一个孤零零的齐国。他的相国后胜,长期受贿于秦,既不备战,更不援助其他五国抗秦。齐王建昏庸,听信于相国。公元前221年,秦军一到,齐王拱手请降,被秦人放逐到共(今河南辉县)的柏树林中,活活饿死。齐国就这样灭亡了,统一的秦王朝开始了。

秦国统一中国,其历史贡献是巨大的。首先,它结束了春秋以来天下混战的局面。战争对社会和人性的摧残是难以言表的,而战争的结束,至少在观念上可以给世人一种稍事喘息的感觉。其次,它继周朝之后,使中国又一次成为一个统一的国家,使大一统的观念更加深入人心。其三,它也加速了各民族之间的融合与团结,使中华民族这一大家庭更加牢固。其四,为了维护统一,秦朝建立了许多新的政治和经济制度,这些制度,大多为汉朝所继承,并进而影响到以后的历朝历代。

秦统一的原因

秦灭山东六国，建立中央集权的一统大帝国，在中国历史上是一个划时代的伟大事件。毛泽东同志在《中国革命和中国共产党》里指出，“如果说，秦以前的一个时代是诸侯割据称雄的封建国家，那么，自秦始皇统一中国以后，就建立了专制主义的中央集权的封建国家；同时，在某种程度上仍旧保留着封建割据的状态。”这样简要深刻的语句，把周秦以下三千年封建国家的本质完全刻画出来了。由于宗族制度的崩溃，被残酷地束缚着的农奴从大小宗族中得到解脱，成为比较自由一些的广大农民阶级，这个阶级受尽战争的痛苦，是反对割据，要求统一的。由于家族制度的兴起，地主比起领主来，数量大大增加了，力量却大大分散了。地主阶级的豪强，在某种程度是实行割据的，但不遇特殊的时机，要像领主那样割据称雄，也是困难的。地主阶级面对着这个巨大的农民阶级，既不能恢复宗族制度分而治之，那么，建立起一个专制主义的中央集权的统治机构，是完全合于需要了。农民阶级要求统一，地主阶级在一般情况下，也要求统一，再加上当时社会已经存在着许多有利于统一的因素，这就只剩下一个谁来统一的问题。秦拥有各种优势，代表地主阶级向领主残余势力进攻，客观上相当地符合于农民阶级的要求，主观上则是满足了地主阶级的愿望，秦帝国就在这种情势下出现了。

秦国僻在西方，文化落在东方诸侯国的后面，但也在逐步前进。秦献公元年(公元前 384 年)开始废用人殉葬制；七年(公元前 378 年)，开始有市；十年(公元前 375 年)，开始有户籍。秦孝公时，商鞅变法，制订许多法令，建立起新兴地主阶级的政权。秦惠文王二年(公元前 336 年)开始用钱。落后的秦国，入战国后，一变而成先进的国家。

正因为秦国的腐化势力比较薄弱，所以新的制度得以实施。荀子曾到过秦国，在《疆国篇》里夸奖秦国民俗的朴素，官吏的忠实，大官的守法，朝廷的清静，认为是最好的政治。秦国军制，荀子也认为比别国好。《议兵篇》说，齐国讲求勇力技击，斩敌首一级，赏金一锱(zī，一两二十四铢，六铢为一锱)，这种军队只能“事小敌”，遇上大敌就离散崩溃了，这是“亡国之兵”。魏国的武卒，是按照严格的标准选拔来的。被挑选上的人可以免户赋徭役，这样一来，军队辗转增加,“地虽大,其税必寡”,这是“危国之兵”。秦国以军功升进,不管他是什么人,打胜仗的有赏,打败仗的有罚,所以人人奋勇,求得军功。齐国的技击,不能碰上魏国的武卒,魏国的武卒,不能碰上秦国的锐士,一碰上,就像以卵击石了。足见秦在政治上、军事上都占有优势。

公元前246年,即秦始皇即位的时候,秦地有巴、蜀、汉中、宛、郢、上郡、河东(山西西南部)、太原、上党等郡。函谷关外有荥阳及周国旧地。单就疆土形势来说,秦对山东占有优势。

关中地本肥沃,郑国渠造成后,溉田四万余顷,农产更加丰富。秦昭王时,蜀郡太守李冰造都江堰,开辟稻田,大兴水利,蜀地沃野千里,无水旱灾,富饶无比。秦拥有两个大农业区,再加上巴、蜀出铜铁木材,西北戎狄地区出牛马,资源丰足,能够支持连年不断的战争。《史记·货殖列传》说“关中土地约占天下三分之一,人口不过十分之三,财富却占十分之六”。这种估计,未必确实,但经济力量,秦确占优势。

秦自商鞅变法以来,奖励力耕力战,造成与山东诸国不同的民俗。秦始皇以前,秦国夺得重要都邑,往往驱出原来居民或令秦民迁往杂居。如公元前325年,取陕,放还陕民给魏国。公元前286年,魏献安邑,秦出其居民,募秦民并赦免罪人迁徙安邑。公元前282年,取赵二城,公元前279年,取楚鄢、邓,都赦免罪人迁居新地。公元前273年,立南阳郡,释免奴隶去居住。这大概是防止山东腐化生活传染秦民的缘故。同时,山东游士也反对秦国习俗,如鲁仲连愿跳东海寻死,不愿做秦民。秦始皇时,改变了这种办法,秦民与非秦民的差别,虽然还是存在,不过没有以前那样严格了。大抵秦国民俗,比山东朴素勇武,这也是秦的一种优势。

商鞅代表地主阶级的利益,建立单纯的地主政权。不过,地主阶级没有结合士与大商贾,力量还不能说是完整。秦始皇改变旧习惯,尊崇大畜牧主乌氏倮(luǒ),位比封君(地位和侯爵一样),优待大丹砂商寡妇清,“礼抗万乘”(国王用客礼相待)。又用大商贾吕不韦为秦相国。吕不韦养学士、食客三千人。这样,山东游士和大商贾,不再反对秦的统一战争了。秦国地主政权的加强和影响的扩大,又是一种优势。

秦比山东六国有上述多种优势,但在全中国范围内,如果还没有统一的条件,秦统一仍是不可能的。当时形势,却已具备了促成全国统一的下列条件:

水陆交通。陆路用车,西周时期以宗周为中心,通达四方各国。东周时又有海上内河两种水上交通,战国时更为发达。特别是内河交通,照《禹贡》所说,贡道(商路)以黄河为干路,联络各水,全国九州都可通达。《史记·河渠书》所说内河交通,自荥阳引黄河水南流为鸿沟,与济、汝、淮、泗四水相会,中原地区宋、郑、陈、蔡、曹、卫等地水上都可以交通。楚地西部有汉水；东部有邗沟，贯通江淮二大水，北上联济沂二水。吴越地区有三江（松江、钱塘江、浦阳江）五湖（太湖），掘渠相通，外可通海，内可通邗沟。齐地淄水济水相通。巨大人工沟通了大小各水，成一南北各地水路交通网，大有助于全国的统一。

商业。战国时商业发达，居泽地的人得用木材，居山地的人得吃鱼盐，各地居民，因货物交换，经济生活上相互联系相互依赖，不可割离了。《礼记·月令》仲秋月，"开放关市，招徕商贾，以有易无，各得所需。四方来集，远乡都到，自然财物充足，国用民用，不感缺乏，百事顺利。"这是商业有相当重要地位的说明。因为各国间需要通商，闭关不相往来成为不可能。

水利灌溉。山东各国，各造堤防，天旱争夺水利，天涝放水到邻国。例如东周国想种稻，西周国不放水（公元前367年周分为东西两国）；赵魏两国地高，齐国地势卑下，黄河不决齐堤，便要泛滥赵魏。壅水和放水，给地主、农民以生死的威胁，统一的管理成为两大阶级的共同要求。

障碍水陆交通的有各国所设的关津和长城、巨堑。障碍商业流通的有苛税，如客人过关，关吏要关税并勒索贿赂，骑白马过关，照例要多纳税。《孟子·尽心篇》说"古代设关为了禁暴，今世设关为了行暴"。障碍水利灌溉的有以邻国为壑的各国堤防。这都是人为的障碍，只有全国统一才能消除或减少由于割据所发生的灾害。

以上所说诸原因以外，还有下列看来是抽象的，但是有巨大作用的两个原因：

劳动人民要求统一。春秋时期大小一百多国，像莒、邾等小国，也要准备兵车一千乘。小国对大国缴纳的贡赋徭役，以及列国间的战争损害，国内君主贵族的奢侈浪费，全压在劳动人民的肩上，那时候小国人民，负担是极其严重的。但如晋齐等大国，土地人口比莒邾大几十倍，兵车不过四五千乘，从这一点说，大国人民的负担，要比小国轻得多。战国时期，秦赵等大国，兵力六十万，战争中用全兵力的次数极少，可以说人民负担又比春秋时期大国要轻些。所以人民的经验是：做小国的人民不如做大国的人民，做大国的人民不如做全中国统一的人民。邹鲁两小国打仗，邹国官员战死三十三人，兵卒一个也没有死亡。邹鲁人民不愿意打仗，七国人民当然也不愿意打仗，谁能统一中国，人民就希望从他那里得到和平。《孟子·公孙丑》说"人民遭受虐政的苦难，再没有比现时更厉害的了。饥人见食物就要吃，渴人见水就要喝，……那个国王能行仁政，人民喜欢他，好比倒挂的人得到了解救"。秦国政治在七国中比较好一些，因此人民把希望寄托在秦国，荀子曾代表这个希望断定秦国将实现统一全中国的伟大任务。

共同文化要求统一。西周以来,虽说华族居住中原,非华族的各种族居住在华族的四周,但事实上,中原地区也是各族杂居,与华族对敌,势力不小。东周后期,华族生产力进步,文化程度提高,因此逐渐地把居住在中原地区和四周边沿地区的各族融合起来。苗族的楚国统一南方,文化向上发展,与华族的区别消失了。东夷各族,长期接触华族文化,陆续并入齐鲁楚各国。秦在西方,受戎狄影响,被东方诸侯看作戎狄,战国初年秦国文化上升,成为华夏文化国。北方和东北方各族对赵燕等国,经过战争和文化交流,一部分并入华族,大部分退到长城以外。战国时期,北起秦、赵、燕三国长城,南至旧吴、越海滨,大体上只存在着一个华夏文化,也就是居住在广大境域内二千万左右的人口,文化是共同的,心理状态是共同的。孟荀大儒主张行仁政,使天下"定于一"。明确地代表了这种共同心理。

秦国拥有多种优势,在全中国范围内又具备着多种统一的条件,配合起来,这就是秦为什么能够结束八百年诸侯割据称雄的局面,建立起专制主义的中央集权的封建国家的原因。

秦王嬴政始称皇帝

秦始皇二十六年(公元前 221 年),秦王嬴政始称"皇帝",开天下独尊之先河。

秦王消灭六国诸侯的时候,仅三十八岁,年轻气盛,自以为建立了前无古人的业绩,就下令群臣,商议新的帝号。丞相王绾、御史大夫冯劫、廷尉李斯等以为,秦王的政德,甚至超过了传说中黄金时代的三皇五帝,就给秦王上尊号为"秦皇"。然而,秦王仍不满意,单取一个"皇"字,同时又采用上古"帝"位号,号曰"皇帝"。自此,"皇帝"就代替"王"而成为最高统治者的称谓。而秦嬴政也就成了中国历史上的第一位皇帝。秦王还废除了谥法,不许给死去的皇帝定谥号,而自称为"始皇帝",以便于后继者计数,即二世(代)、三世以至于万世,传之无穷。为显示皇帝的威严和与众不同,从秦代开始规定了一套制度,如皇帝的大印称"玺",命称"制",令称"诏",皇帝则自称"朕",而一般民众再也不许使用"玺"和"朕"二字。此外,还规定了一套服饰制度。

秦朝推行封建官僚制度

秦朝推行封建官僚制度

秦始皇二十六年(公元前221年),秦王朝开始在全国推行封建官僚制度,以适应新形势,加强中央集权。

秦王朝的中央政权是原秦国的中央政权的延续和扩大,但官职的名称和权力有许多变化。最高统治者是皇帝,中央最重要的官职是"三公",即丞相(统管全国政务)、御史大夫(辅助丞相、主管监察和执法)和太尉(负责军事)。为使皇帝大权不致旁落,"三公"各掌其权,互不统属,最后的决断权归皇帝一人。在"三公"之下,有所谓"九卿",而实际之数并不止九个:奉常(掌宗庙礼仪)、郎中令(负责皇帝的保卫和传达)、卫尉(掌管皇宫的警卫部队)、太仆(掌皇室车马)、廷尉(负责司法,是全国的最高法官)、典客(主管秦王朝统治下的少数民族)、宗正(掌皇族亲属事务)、治粟内史(掌谷货)、少府(主管税务)、中尉(负责京师保卫)、主爵中尉(掌列侯)。此外,还设有博士以备咨询顾问,设前后左右将军负责征伐。

秦王朝推行的封建官僚制度,历中国封建社会两千年之久而没有大的改变,是历史的一大进步。它不仅改变了世袭制,而且取消了"食邑""食封"制,并规定了各级官吏的俸禄。

秦始皇统一法律

秦始皇二十六年(公元前221年),秦始皇为了维护封建秩序,令大臣在秦国原有法律的基础上,加以修订、扩充,吸取其他各国的有关条文,制订了一套严密的刑法制度,发布于全国。

秦的主要法律形式有律、令、法律答问、式、廷行事等多种。秦代完整的法律条文今已佚失。但人们从考古发掘中能够部分地窥见其内容。1976 年,湖北云梦县睡虎地出土秦代竹简一千余支,墓主死于秦统一六国后的第五年,据此可知竹简上书写的法律是在全国通行的。这些秦律主要有三部分:一是《田律》《工律》《徭律》《军爵律》《置吏律》《除吏律》《效》等各种单行条例近三十种。二是案例与疑案问答,其中有六十多条是关于治“盗”的。三是有关判决程序的规定与说明。由此可见,秦律集中反映了地主阶级的意志,它对巩固和统一专制主义中央集权国家起了积极的作用。秦律所确认的法律形式,对后世封建法制的发展具有深远的影响。

秦始皇统一简化文字

秦始皇二十六年(公元前 221 年),秦始皇下令统一和简化文字,对中国文化、政治、经济的发展,起了重大作用。他的文字改革,是古体文字向今体文字转变的先行。

中国的文字,从新石器时代的彩陶刻画文字的萌芽,经过商代的甲骨文和西周的金文(钟鼎文)成长到春秋、战国时期,已经历了一个漫长的演变和发展过程。但由于长期的割据混乱,各地“言语异声,文字异形”,同一个字往往有几种写法。秦统一以后,文字的混乱和分歧,对于政策法令的推行和经济、文化的传播发展,都是一个很大的障碍。于是,本年,秦始皇接受丞相李斯“书同文字”的建议,命令全国禁用各诸侯国留下的古文字,而一律以秦篆小篆为统一书体。秦篆是从大篆中演化而来的。与大篆(zhuàn)相比,小篆有固定的偏旁符号,有固定的部首位置和确定的笔画数量。而且,小篆的形体更为整齐和定型化,线条笔画均匀,更便于读写。在身体力行推行小篆的同时,秦始皇还倡导了另一种书体——“隶书”。隶书是由篆书中演化而来的,它改篆书的曲笔为直笔,结构平稳,书写方便,很受民间喜好。秦始皇令人加以整理后向全国推广。以致在秦朝,除一些重要的诏书使用正规的秦篆以外,一般的公文都用隶书体来书写。

秦王朝大力发展农业生产

秦始皇二十九年(公元前 219 年),秦始皇陆续采取措施,大力发展农业生产。他的措施包括:①推行奖励农垦的政策。如在本年、公元前 212 年和公元前 211 年,秦始皇用免除徭役等方法,先后把几十万人迁到边疆和劳动力不足的地区去开垦荒地,从事农业生产。②把以前的"重农抑末"政策改为"上农除末",对投机商人进行残酷打击。③以法律形式承认土地私有制。公元前 216 年下令"使黔首自食田"。命令占有土地的人向政府自报占有土地的份额,按亩纳税。这时秦王朝在全国范围内推行土地私有制的法令。这个法令的推行,使土地私有制法典化,亦有助于封建经济的进一步发展。

阿房宫和骊山皇陵

秦始皇三十五年(公元前 212 年),秦始皇下令修建阿房宫,并继续营造骊山墓。秦始皇认为咸阳的王宫太小,与自己的权威不相称,就下令在渭水南岸的上林苑(在陕西西安)修建朝宫。先建造的是前殿阿房宫,东西宽 500 步,南北长 50 丈,殿堂上可坐万人。宫前树立 12 个铜人,各重 24 万斤。宫门用磁石做成,以防止私带兵器入宫者。新王宫没有全部建成,秦始皇就死去了,而阿房宫后来也被项羽焚毁。

阿房宫

与此同时,为秦始皇营造的骊山陵墓也在加紧施工。据记载,墓高 50 多丈,占地 5 里多。墓基极深,用铜液灌注。墓中再现地上的宫殿和摆设,还用水银仿造了百川大海。用人鱼膏为烛,以期长明不灭。还有与真人大小相仿的陶俑,在墓中守护着这位不可一世的帝王。这说明,秦始皇还向往着在地下继续他在人间的权威。但是,对这种继续毕竟信心不足,所以,在墓中又设置了种种机关,以期阻止盗墓者。可以想象,如此浩大的工程,对于战争结束不久的天下百姓,会是多么沉重的负担。

空前绝后的秦皇陵兵马俑

秦王朝虽然很短暂,但秦始皇却选择了使它长留人世的方法。除了难以移易的长城之外,还有在 1974 年被发现的秦皇陵兵马俑。陶制的兵马俑,本是秦始皇想带到另一个世界去的卫士。没想到,在两千多年之后,与后人先见面的是这些卫士,而不是他们的主人。经考古工作者勘察,目前的秦俑坑共有四个,除四号坑看上去是由于中途停工而未置一物外,其余的三个坑中,共有陶俑、陶马等器物七千余件,大小与真人真马相似,令人叹为观止。由陶俑和陶马组成的军阵,规模宏大,气势磅礴,体现了秦朝的军事实力。陶俑和陶马的塑造,不仅表现了当时的士兵的穿着和武备的真实情况,而且也颇具艺术表现力。陶俑的相貌不同,表情各异,反映出艺术家对生活的深刻体验和高超的艺术水准。此外,在秦陵西侧还发现了铜质的车马,同样是仿真铸造,技艺精湛,堪称稀世珍品。秦皇陵出土的兵马俑,被誉为世界第八大奇迹,可谓空前绝后的杰作。但是,真正空前绝后的,恐怕还是秦始皇对权力的留恋,以及为此而不惜民力所做的一切。

秦始皇焚书坑儒

秦始皇三十四年(公元前 213 年),秦始皇下令焚毁百家诗书,以禁锢人们的思想。

秦始皇焚书坑儒

始皇在咸阳宫大宴群臣，仆射周青臣乘机颂扬始皇的万世功德，而博士淳于越则继前丞相王绾之后，再次建议始皇遵从古道，封分子弟，以对付万一出现的功臣篡权。丞相李斯反驳说，不注重现实问题，却去倡导学习古人，定会使人心浮动，议论朝政，无事生非。李斯建议，除秦国以外的列国史书，都应焚毁；除博士官之外，私藏百家之书、私议百家学说者，都应该受到严惩。只有医药、卜筮、种树等实用性的、与政治无关的书可以保存。想学习法律的人，只能以吏为师，在实践中掌握。秦朝设置博士官，本意是要统一国家意识形态。这些博士官并不见得都遵从儒家学说，但王绾和淳于越的主张，确是儒生中保守人士的看法，而李斯的观点，却是正宗的法家思想。始皇是法家思想的一贯执行者，很自然地就接受了李斯的建议。经过这场大规模的焚书运动，民间所藏，其实就是六国贵族之家所有的百家书籍，几乎荡然无存；而仅存于秦朝官方的，则在后来项羽的大火中化为灰烬。显然，这对于中国传统文化的摧残程度，是难以估量的。

秦始皇三十五年（公元前 212 年），方士侯生和卢生等人为秦始皇求仙药不得，就设法寻找客观原因逃避罪责。他们先说有恶鬼作怪，令始皇不定其行踪；后又讥议始皇贪婪权势，刚愎自用，不用博士而专用狱吏，声称不值得为他寻求仙药，并最终相约逃亡。始皇大怒，迁怒于博士，下令御史立案查办。以李斯为首的官吏，巴不得找个机会对喜欢议论时政的儒生进行报复。儒生们在压力之下又不得不相互举报揭发以逃避责任，结果，受牵连的四百六十多人，都被坑杀于咸阳。那时所说的儒生，泛指知识分子，包括方士，所以，被活埋的并不都是儒家学者。

秦始皇下令统一货币

秦始皇三十七年（公元前 210 年），秦始皇下令迅速废除原来秦以外通行的六国货币，在全国范围内统一货币。这一行动被司马迁的《史记》称作“始皇三十七年，复行钱”。此举为经济大发展开辟了道路，在经济史上，是一个不可忽视的开创。秦始皇的货币制度改革,内容包括:①统一货币及换算制率。规定黄金为上币,以镒为单位,每镒重二十四两。以铜半两钱为下币,一万铜钱折合一镒黄金。并规定:珠玉、龟、贝、银、锡之类,作为装饰品和宝藏,不得当作货币流通。②统一货币铸造。规定货币的铸造权归国家所有,私人不得铸币,违者定罪,并严加制裁。地方政府铸币,必须按国家规定的标准版设计铸造,并印上铸造地方的名称。

陈胜、吴广大泽乡起义

陈胜、吴广大泽乡起义

秦二世元年(公元前 209 年),陈胜、吴广在大泽乡发难,掀起了推翻秦朝的风暴。这一年的七月,被征发戍守渔阳(今北京密云)的 900 名楚地的赤贫农户,行至蕲(qí)县大泽乡(今安徽宿县)时遭大雨受阻,预计不能按时到达。

依照秦朝法律,误期者一律当斩。陈胜与吴广私下商议,同样是死,还不如鱼死网破,暴动夺权。于是,他们在鱼腹中放置丹书,上写“大楚兴,陈胜王”,以证明天命降临;随后,他俩又伺机杀死两名押送将尉,号召人们暴动。陈胜的口号是:“王侯将相,宁有种乎?”意思是说,王侯将相并不是天生的,而是争取来的。与其因为误期或戍边而送命,还不如与当权者拼死一搏。他们以公子扶苏和楚国名将项燕的名义,拉起了暴动的队伍,号称大楚。陈胜自立为将军,吴广为都尉,先攻下大泽乡,然后攻克蕲县。

到占领了陈县(今河南淮阳)之时,暴动的队伍已经拥有战车六七百辆、骑兵千余人、步兵数万人。魏国名士张耳、陈余逃亡在陈,建议陈胜立六国后人为王,共同对付秦朝。而陈胜则是一颇有野心之人,便自立为王,国号“张楚”,即张大楚国之意。陈胜、吴广的暴动,犹如扔在干柴堆上的一把火。在秦朝苛法暴政压迫之下的贫苦民众,秦始皇称之为黔首的,纷纷揭竿而起,杀死地方官员,响应陈胜。

刘邦、项羽起兵反秦

秦二世元年(公元前209年)九月,在四方起兵,八方称王的时候,刘邦和项羽分别起事反秦。刘邦(公元前256—前195年),字季,沛县(今江苏沛县)人,父太公,母刘媪,妻吕雉(吕后)。本是当地的一个无赖,喜与各色人等结交,后来做了泗水亭长。在为县里押送犯人到骊山做苦工的途中,见犯人不时逃亡,自己难逃责任,就顺势把犯人全部释放,自己也逃匿于山泽之间。陈胜暴动之后,在沛县之吏萧何和曹参的支持下,杀死沛令,收兵二千余人,起兵响应陈胜,号称沛公。

刘 邦

下项(今江苏宿迁)人项梁和项羽叔侄二人,本是楚国名将项燕之后,因杀人,避仇到吴中(今江苏苏州)。项羽天生神力,才气过人。年少时曾念书和学习剑术,都没有成功,就转而钻研兵法,决心要学得敌过万人之术。秦始皇巡游至会稽,叔侄二人同去观看。项羽指着始皇说,我一定要取代这个人。为响应陈胜,项梁派项羽杀死会稽郡守,率吴中精兵八千,占领会稽所属各县。此时,项羽年仅24岁。

巨鹿之战

秦二世三年(公元前207年),项羽在巨鹿之战中大破秦军主力。

公元前208年,秦将章邯击溃项梁率领的楚军主力,以为楚地之兵不足为忧,就转而攻打赵地。秦军攻破邯郸,把赵王歇围困在巨鹿(今河北平乡)。楚怀王任命项梁的副手宋义为上将军,项羽为次将,范增为末将,率各路兵马救援赵王。宋义率军到达安阳(今山东曹县)时,驻扎46日不进兵。项羽主张渡过黄河,与赵军内外夹击,攻破秦军。宋义则想让秦、赵先斗,楚军坐收渔翁之利,并宣布不服从命令者斩首。此时已至十一月,天寒大雨,士卒冻饥难忍。项羽一怒之下,伪称楚王之命,杀死宋义。楚王随即以项羽为上将军,率军北进。

十二月时,项羽先派出英布和蒲将军率两万人先渡河,截断秦军粮道。然后,项羽亲率全军,渡过黄河。过河之后,项羽下令把所有渡船凿沉,把炊具和帐篷等也都烧掉,士兵每人只能携带三天的干粮,表示要与秦军决一死战。结果,与秦军交战之时,楚军喊声震天,无不以一当十。双方大战九场,楚军大破秦军。秦将王离被擒,苏角被杀,涉间自杀,主帅章邯败逃。

当楚军与秦军决战的时候,赵军以及救赵的齐、燕之军,都被双方拼杀的场面所震惊,竟不敢参战,只能作壁上观。待项羽终于率军击破秦军之后,各路诸侯到项羽营中祝贺。他们进入辕门之时,没有人胆敢抬头看一眼站在门旁的项羽。自此以后,项羽的勇猛传遍天下,无人不服,最终做了诸侯的上将军。

秦二世被逼自杀

秦二世三年(公元前207年),秦二世在赵高的逼迫下自杀。

在这一年,章邯降楚之后,秦王朝的灭亡就在眼前。到八月时,刘邦攻克武关。赵高怕二世问罪,称病不朝。而私下里又与他的女婿咸阳令阎乐、弟弟郎中令赵成谋划,要杀死二世。于是,由赵成做内应,阎乐以搜捕盗贼为名,率兵进入二世居住的望夷宫。杀死卫令、郎、宦官等数十人,并用箭射二世的帏幄。二世大怒,高呼左右,但无人应答。死前,他曾向阎乐央求,能否见赵高一面,说说为什么,被阎乐拒绝;二世又请求,情愿放弃帝位,做个郡王或万户侯,也被拒绝;最后,二世只要求和妻子做个黔(qián)首(平民),还是被拒绝了。阎乐说:“我受丞相之命杀你,你的话虽多我却不敢回报。”随即驱兵攻向二世,二世无奈,只得自杀。

子婴降刘邦秦朝覆亡

子婴降刘邦秦朝覆亡

汉王刘邦元年(公元前206年)十月,刘邦军至灞上(今陕西西安市东),形成兵临咸阳的局面。秦王子婴用白马素车,封好皇帝的印玺符节,在咸阳东南轵道(今西安东北)旁向刘邦投降。短命的秦王朝结束了自己的统治,宣告覆亡。

在秦军围攻巨鹿时,楚怀王与项羽、刘邦约定,谁先入关中灭秦,谁为"关中王"。在项羽救巨鹿时,刘邦奉命西击秦。刘邦的军队开始人数不多,但刘邦利用了当时秦军主力被牵制在河北的有利形势,在进军途中不断收集散于各地的义军,发展壮大自己的势力,又对秦军避实击虚。经过一年的迂回进军,于公元前207年八月,攻入武关。打开了进军关中的门户。刘邦攻下武关时,章邯已在巨鹿投降。关东地区的反秦斗争,烈焰如火如荼。它表示着秦王朝的统治末日即将来临。

而这时,秦统治集团的内部矛盾却进一步表面化了。子婴上台后,秦王朝面临顷刻瓦解的厄运。子婴积极调动兵马,在山尧关(今陕西蓝田东南)设防,企图阻止刘邦军向咸阳逼近。刘邦用张良计,设疑兵,威胁秦军,又以重宝引诱守将投降,乘其不备,大破秦军,攻克扼守咸阳的要塞——山尧关。接着乘胜在蓝田一战中又使秦军一败涂地。待到刘邦军至灞上,继承王位刚刚46天的子婴只好投降。秦帝国宣告灭亡。

西 汉

（公元前206年至公元25年）

【历史解说】

汉代刘氏的政权，分为西汉和东汉两大部分，中间夹着灭亡西汉的新莽朝。西汉与东汉之分，除了时间上的不同之外，主要是西汉建都于西部的长安，东汉建都于东部的洛阳。

西汉与东汉相比较，西汉的地位在历史上重于东汉。

这是因为，在西汉的二百余年间，在中国持续了近二千年的专制政治制度得以确立，而我们的民族得以称为汉族，也与西汉政权对天下政治形势的基本确定有关。

西汉号称“马上得天下”。在各专制王朝的历史中，马上得天下的朝代相对来讲能维持更长久的政治安定。这是因为，在长期的王朝征战中，创业的一代君臣更能体会天下的来之不易，更能了解民情和民意。

在西汉，政治的繁荣和安定也主要集中在前四五代帝王的在位时期。汉高祖在位时，由于与异姓封王的矛盾不断加剧，战争一直未能彻底停息。

到汉文帝和景帝在位时，随着异姓王和同姓王的相继去除，国家才逐渐走向了安定和繁荣，以至于出现了所谓的“文景之治”。

景帝之后的汉武帝，是汉朝最有作为的君主，但由于其一生与匈奴作战，并由此引发了朝廷内部执不同意见的政治派别的争斗，终使西汉政权由极盛转向衰败。

后来虽然有“宣帝中兴”的努力，但毕竟元气大伤，无法恢复到武帝之前的盛势。

从昭帝、宣帝时代出现的外戚专权的风气，最终发展为王氏独掌朝政，并在王莽当政时，将刘氏政权灭亡，西汉随之宣告结束。

西汉时期，实行郡国并行制。

到武帝时，封国和王侯被彻底铲除，才实现了彻底的郡县制。在郡县制下，中央政府完全实现了对地方政权的控制，但在武帝末年，由于武帝本人喜欢独揽大权，丞相的权力大受限制。

武帝将朝分为内朝和外朝，内朝由皇帝控制，负责制定政策；外朝的丞相，只能奉内朝之旨行事。这种制度，看上去皇帝的权力增大了，但实际上却更容易被架空。失去了丞相的制衡作用，外戚得以乘机掌权。

西汉是个重农业的朝代。与前几朝相比，由于社会安定的时间比较长，使得农业得到了长足的发展。无论是在农业工具、生产方法，还是在农业生产的范围和实际收获等方面，都有明显的发展。在工业方面，取得首要地位是冶铁业和制盐业的发展，其次是纺织业和酿造业的进步。

与工业发展相呼应的，是商业的空前繁荣。由于商业利益颇为可观，国家对商人和商业的重视，与秦以前相比，大为改观，大商人做官已经不算鲜见。

工商业促进了科学的进步，西汉最有名的科技成果，当属纸的发明和造纸术的改进。最终，工商业的发展，不仅支持了国家经济，还丰富了人民的生活。

西汉政权的一大特色，是对文化事业的扶持和重视。在文景时代，汉代就开始设立经学博士，并以此为从仕的途径之一。

在逐级任用官吏的同时，汉代一直重视举荐贤良方正之士，这也为取仕拓宽了范围。随着对经学的提倡，出现了灾异之学和谶(chèn)纬之学，同时，汉代的文学也得到了高度的发展，先后出现了有名的汉赋和乐府诗。这些都使汉代在我国文化史上占有举足轻重的地位。

刘邦灭亡秦朝

汉王元年(公元前206年)10月，刘邦至灞上(今陕西西安)，兵临咸阳城下。秦王子婴投降，秦朝正式灭亡。

刘邦兵进咸阳，诸将争抢财物，唯独萧何收集秦丞相府图籍文书，得以了解全天下的形势。刘邦与众人商议，自知不可能在此久居，还军灞上。

11月，刘邦与地方父老“约法三章”：杀人偿命，伤人及盗窃为犯罪。除此之外的秦朝苛刻之法全部废弃。

刘邦东还安定“三秦”

汉王元年(公元前 206 年)8 月,刘邦采用韩信的计策,明修栈道,暗度陈仓,击败章邯。到咸阳时,司马欣、董翳降汉。项羽准备发兵攻汉,张良告诉项羽,汉王只想占领关中,不敢再向东进,并透露出齐王和陈余等攻赵灭楚的计划。项羽中计,丢下关中,回兵攻齐。

项羽称霸,分封诸侯

汉王元年(公元前 206 年),项羽自封西楚霸王,并分封诸侯。

韩　信

在最强劲的对手刘邦表示服从之后,项羽自认为已经天下无敌。于是,他一方面把楚怀王赶下台,同时自封为西楚霸王,定都彭城(今江苏徐州)。

接着,他又以霸主的身份,分封了十八位诸侯王。项羽本不想分封刘邦,但因为有当年楚怀王的约定,就封刘邦为汉王,管辖边远的巴、蜀、汉三郡,虽然只是关中的一部分,但说起来也算是关中之王。然后,项羽又把关中的其余部分封给雍王章邯、塞王司马欣、翟王董翳,对汉地形成包围之势,以阻止刘邦进入关中。

其他的,还有河南王瑕丘申阳、殷王司马印、常山王张耳、九江王英布、衡阳王吴芮、临江王共敖、燕王臧荼、齐王田都、济北王田安。最后,改封魏王魏豹为西魏王、赵王赵歇为代王、燕王韩广为辽东王、齐王田市为胶东王,韩王成仍为韩王。

刘邦称帝

汉高祖五年(公元前202年)正月,诸侯都上书,请尊汉王刘邦为皇帝。二月,刘邦假意推让之后,在汜水(今山东曹县)即皇帝之位。

企图恢复周朝封建制的六国旧贵族的势力,随着项羽的败亡而全面崩溃,以刘邦为代表的中下层地方的势力,最终取得了全面胜利。这一年,刘邦假意推辞之后,终于在各路新诸侯的拥戴下,登上了皇帝位。刘邦得天下,绝非偶然。他与群臣在洛阳南宫聚宴,道出了自己的法宝。他说:"运筹帷(wéi)幄(wò)之中,决胜千里之外,我不如张良;管理国家,供应军需,我不如萧何;率领千万将士,百战百胜,我不如韩信。但是,这三个杰出人才,我能任用他们,就得了天下;项羽仅有一个范增,却不能任用,最终败在我手下。"项羽的部将季布及其同母弟丁公,在楚汉之争中都曾追杀过刘邦。刘邦称帝之后,季布得到赦免,还做了郎中,丁公却被斩杀。原因是,在当初,季布忠于项羽,对刘邦毫不留情,而丁公却曾放过刘邦一马。显然,刘邦的用人之道和对忠臣的理解,完全是法家式的,与张良等人的想法如出一辙。

汉高祖刘邦

刘邦称帝之后,马上采取了一些收买民心的政策。江山基本稳定之后,刘邦开始裁减兵员,以使更多的劳力进行农业生产。刘邦的政策是,退伍还家的人,拥有原来的财产;有七等爵位以上的官员,食一邑;以下的则免去徭役及户赋。刘邦又下令减轻田租,十五税一,即农夫把自己收成的十五分之一上缴国家。这就减轻了普通人的负担。刘邦又确定了新币制,稳定国家的金融秩序。

汉朝的郡、国并行制

汉高祖十二年(公元前195年),燕王卢绾的造反被扑灭,汉初的异姓王彻底失势。

刘邦得国之后,与群臣总结了历史教训。结论是,周朝的灭亡,在于只有封国而没有郡县;秦朝的亡国,则在于只有郡县而没有封国。于是,汉朝采取了封国与郡县的并行之制。凡受封的王国,其相国一律由中央政府任命和派遣,而在王国之内也实行郡县制;王国之外的地区,同样是郡县制,直属中央管理。

淮阴侯

不过,刘邦最初的封王,也有些无奈的因素在其中。因为所封的,都是有过军功的异姓之王,目的是安抚这些功臣。后来,部分原因是在儒生们的动员之下,使刘邦逐渐觉得,说到底,异姓王还是有些靠不住,而那些没有得到封分而在朝中做官的功臣,出于嫉妒或报复心理,也不断地说这些异姓王的坏话,致使刘邦对这些封王多有猜疑,最终迫使他们不得不公开造反。这种造反,应该说是在刘邦的意料之中,正便于各个击破。

吕雉弄权

被消灭的封王,先后有燕王臧荼、楚王韩信、赵王敖、淮南王英布、梁王彭越及后来续封的燕王卢绾等,最后只剩下了没有什么势力的长沙王吴芮。而取代了这些异姓王的,是刘氏的同姓王。不幸的是,这些同姓王同样靠不住。所以,直到汉武帝的时代,在完全消灭了同姓王之后,封建立国制度的残余才被彻底铲除。

惠帝在位时,吕后虽然颇有权威,以至于杀死了戚夫人和赵王如意,但因为先后有萧何、曹参和陈平等做相国，惠帝又是高祖的太子，她始终未能全面控制朝廷。到这一年惠帝死时，萧何、曹参，以及樊哙等重臣均已不在世，吕后的势力无人能敌。吕后首先掌握住兵权，让他的两个侄子——吕台和吕产，担任宫廷禁军和京城卫队的首领，并先后指定了两个小孩子做皇帝，把皇权牢牢地掌握在自己手中。

惠帝无子，在吕后主使之下，皇后佯装有孕，取后宫美人所生之子，并将此美人杀死。惠帝死，吕后立此子为少帝，实际上是吕后临朝摄政。吕后虽然没有公开称帝，但汉朝实际上并没有皇帝，吕后行使的是皇帝的权力。后来，少帝知道自己的身世以及亲生母被杀，便口出怨言。吕后患之，终将少帝幽杀在宫中，立恒山王刘义为帝，实际上还是吕后手中的傀儡。

吕后虽然不得正式称帝，但由于曾跟随高祖出生入死，加上她的坚韧阴险的性格，得以在牢固控制权力的同时，也将汉初的政治走向，推上了一个新的高度。吕后利用她帮助高祖打天下及诛杀异姓王和功臣的政治经验，在执政的近十年时间内，推出了一些相当得力的政策。比如与匈奴再次和亲，奖励孝悌和力田者，废除挟书令、三族罪和妖言令，以及改变秦朝的士卒戍边的政策，改无限期为一年期等等，都颇具开明政治家的风范。

西汉政治概况

公元前 202 年，汉高帝刘邦战胜项籍，受诸侯王推戴，做了皇帝，国号汉，都长安(陕西西安市西北)，习惯上称为前汉或西汉。

汉高帝被推戴做皇帝的时候，汉朝廷直接统治的领土仅十五郡，其余土地都封给诸侯王，几乎恢复了战国时期的割据局面。这种做法在当时是必要的，不这样做，不能换得这些人助攻项籍，不能换得这些人对汉皇帝名义的承认，也就不能换得统一与和平。

有非凡的政治才能的汉高帝，在位七年，做着一件大事，那就是为与民休息准备各种条件。为了与民休息，汉高帝做出下列诸措施：

建立制度——萧何定律令，韩信定军法，张苍定历法及度量衡程式，叔孙通定礼仪，汉朝制度很快建立起来，秦制度基本上变成汉制度。萧何做相国，提倡俭朴，处理政事，完全按照律令。民间歌颂他说，“萧何为法，较(明)若画一”。

秦项大乱以后，人民饱受战祸，穷苦已极，得在一定的律令下生活，自然感到宁静，人人自安，难动摇了。

召集官僚——汉高帝征召天下“贤士大夫”到京师，分派大小官职，给予田宅。士人有官做，既充实了官僚机构，也免得失意谋乱。当时皇帝还配备不起四匹纯一色的马来驾车，有些将相大臣坐牛车，这种简陋的生活，使一班得官得田宅的士人，满意于自己的所得，不敢像秦官吏那样贪虐。官吏少作一些恶，有利于人民的休息。

压抑商贾——秦时徭役繁兴，商贾乘被征发人困急，重利盘剥，夺取田宅子女。被征发人前有服役死亡的危苦，后有商贾索债的压迫，陈胜振臂一呼，天下响应，这是汉高帝亲自看到的。战争期间，商贾操纵物价，任意踊腾（上涨），米一石贵至五千钱或一万钱，马一匹贵至一百金，人相食，饿死无数。商贾祸不比战祸轻多少，这又是汉高帝亲自看到的。他即帝位以后，令商贾不得着丝织衣服，不得携带兵器自卫，不得乘车骑马，不得做官吏，商贾买饥民子女为奴婢，无偿释免，算赋比常人加倍。这种含有报复性的法令，使富商大贾受到惩罚。叛将陈豨军中，将官都是旧商贾，足见有些商贾破产，铤而走险。商贾受罚，有利于人民的休息。

对匈奴和亲——秦汉间匈奴冒顿（mò dú）单（chán）于强盛，侵入汉朝边地，最近处离汉都长安仅七百里。公元前200年，汉高帝亲将大军三十二万人到平城（山西大同县东），准备击匈奴。冒顿率骑兵四十万人围困平城七日，汉兵不战退回。自此匈奴更加强盛，经常入寇，破坏汉边境。汉无力反击，只好用和亲策，求暂时的安宁。和亲就是对匈奴忍辱退让，但在当时却有利于人民的休息。

与上述诸措施同时，汉高帝又致力于战争的善后措施，获得了社会各阶层的满意。

功臣——从汉高帝起兵的功臣如曹参、周勃等人，没有一个是猛将，也没有一个敢于显出大野心。汉高帝封这些文武功臣一百四十三人为侯，大侯食一万户，小侯食五六百户。侯国民事由朝廷派官吏管理，侯不得干预。侯是大地主不是领主，西汉前期，他们是朝廷的有力支持者。

从军吏卒——按功劳大小，从军久暂，规定各种待遇：第七级爵公大夫以上食邑，第六级爵官大夫以下有加赐爵一级、世世复（世世免徭役）、复终身、复十二年、复六年、免户赋等优待，又有向地方官吏领取田宅及应用器物的权利。食邑的吏卒显然转化为地主，免役的吏卒得到田宅，也有可能转化为地主。

普通民众——劝告流亡民众归还故乡，领取原有田宅。定田租（征收实物菽与粟）每年十五税一。庶民生育子女，免徭役两年。战争中土地大量荒废，农民在轻税下，可以按人力多少开辟荒地。

奴婢——陈胜起义军中有吕臣率领的苍头军。秦时呼奴隶为苍头，苍头军显然是奴隶起义军。陈胜败后，吕臣归附项梁，做楚国司徒，这说明苍头军是一支有力的军队。苍头军教训了奴隶主，汉高帝即位，便下令：凡庶民因饥饿穷困卖身为奴婢者一律释免，恢复庶民身份。汉惠帝三年（公元前192年）征发王国侯国徒隶二万人筑长安城。徒是罪人，隶是奴隶，想见释放奴隶后，奴隶数量确已减少。

医治战争创伤，归根只是减轻一些租税与徭役。农民起义，付出大量生命财物，才取得统治阶级的这些让步，代价是很高的。但是，不付出这个代价，农民便活不下去。只有用高价换得了这些让步，社会生产才能缓慢地恢复并发展起来。

在封建社会里，领主割据势力常是大乱的一个发动者。特别是汉初，割据势力比中央集权的力量大。汉高帝把割据势力削弱了，这是他政治上的大成功。

消灭异姓王——汉高帝垓下战胜，主要依靠韩信、彭越、英布三个猛将的会师。项籍死后，当时据地称王的人有楚王韩信、梁王彭越、淮南王英布、韩王信（韩国贵族）、长沙王吴芮（ruì）、赵王张敖、燕王臧荼、闽越王无诸（越王勾践后裔）、南粤王赵佗。这些异姓王除了吴芮、无诸、赵佗三人在本国内起着保境安民的作用，其余都是统一的障碍。汉高帝采用各种方式，数年间把障碍各个消灭。楚王韩信被废后叫冤说："狡兔死，走狗烹；高鸟尽，良弓藏；敌国破，谋臣亡。天下已定，我固当烹"。韩信这一类野心家自以为有大功。应当割地称王，但从人民要求统一的观点看来，不消灭这些割据者，即使希望战祸暂停也是不可能的。汉高帝杀功臣，客观上符合人民的利益，因为人民迫切需要休息。

分封同姓王——新起的汉朝廷，实力不能通达到全国，有必要分封诸王。汉高帝一面消灭异姓王，一面陆续封儿子刘肥为齐王、刘长为淮南王、刘建为燕王、刘如意为赵王、刘恢为梁王、刘恒为代王、刘友为淮阳王，又封弟刘交为楚王，侄刘濞为吴王。这些王国的重要官吏是汉朝廷派遣去的，法令也是汉朝廷制定的，诸王多是幼童，在封地内权力远不如异姓王那样大，汉朝廷因此有时间来充实自己的统治力，到一定时期消灭这些半割据的同姓王国。

迁徙豪强——秦始皇迁徙山东豪富到关中，企图铲除领主残余势力。秦项战乱中，证明山东豪富仍拥有强大的实力。汉高帝迁徙六国国王后裔、豪杰名家及齐国田氏、楚国昭氏、屈氏、景氏、怀氏五大族共十余万人入关，给予好田宅，使在关中建立新家业。山东旧豪强被迁徙，新豪强还没有兴起的空隙间，人民获得休息的机会。

汉高帝在位七年,规定与民休息的政治方针,给盛大的汉朝奠定了基础。

在汉高帝奠定的基础上,西汉一朝发展与衰落可分为前、中、后三个时期。

前期(公元前 194 年汉惠帝元年至前 141 年汉景帝后三年,凡五十四年)汉惠帝用曹参为相国。曹参师事道家大师盖(gě)公,一切遵守萧何所定法令,实行清静无为与民休息的政治。西汉前期黄老刑名之学在政治上居指导地位,秦项大乱以后,这种政治思想确是适合全社会的需要,特别是农民,更感到统治者清静无为的必要。

战国时期,到处是万户大邑。经秦朝残酷的剥削与八年战争的破坏,再加大饥荒,人相食,汉初万户大邑存留不过二三千户,人口可惊的减耗了。汉惠帝两次筑长安城,征发附近六百里内男女夫役,每次都只有十四万五六千人。京师附近人口如此稀疏,其他地方可以推想。汉景帝时中原地区户口一般增加一倍至三、四倍,大体上恢复战国时人口。吴是南方大国,有县五十三。公元前 154 年,吴王刘濞反叛,征发全国六十二岁以下,十四岁以上男子,仅得二十余万人,平均一县约四千人,足见较远地区仍是荒凉景象。从人口恢复的迟缓看来,人民要求休息将是何等的迫切。

汉惠帝奖励人口增殖与土地开垦,令民女十五岁至三十岁不出嫁,分五等罚钱。又免力田人徭役终身。汉文帝是著名节俭的皇帝。他亲耕籍田,提倡农耕,免收天下农田租税凡十二年。汉景帝即位,收民田半租。汉高帝定租率,十五税一,半租是三十税一,这确是极轻的租税。西汉在文、景两个皇帝统治下,前后三十九年,终于获致了超过战国时期的经济繁荣。

三十税一制,鼓励了农民的生产积极性,战后广大荒地逐渐被开垦出来,流亡户也逐渐回到故乡来。拥有小块耕地的农民,占农民户口中的绝大多数,这是西汉前期社会繁荣的真实基础。

三十税一制也鼓励了商贾、地主兼并农民的积极性。商贾地主使用操纵物价,放高利贷等方法,夺取农民的田宅,夺取农民的子女和农民本身做奴隶。随着兼并的逐渐盛行,各地方都出现豪强势力。《史记·货殖传》所说的“素封”与所谓大富霸一郡,中富霸一县,下富霸一乡一里,就是割据性的大小豪强。西汉后期直到南北朝,豪强常是影响政治的一个严重力量。西汉前期开始成为两汉定制的三十税一制应是造成豪强势力的一个主要原因。

西汉前期对匈奴和亲,避免大战争,再加田租轻微,徭役较少,农民得到五六十年的休养生息,社会经济繁荣了。但享受繁荣之果的人,不是农民而是以皇帝为首的地主和商贾。汉景帝末年,地方官府的仓里装满了粮食,库里装满了铜钱。朝廷所藏的钱,积累到好几百万万,钱串子烂了,散钱无法计算。朝廷所藏的粮食,新旧堆积,一直堆到露天地上,让它腐烂。朝廷有六个大马苑,养马三十万匹。民间富人家家养马，骑母马出门自觉惭愧。管里门的小卒得吃好饭肥肉。吏任职久长，往往做一辈子。有些官很少调动，世代做下去，官号竟成了姓氏。如管仓的官姓了仓，管庚的官姓了庚。上层统治者自宗室、封君、公卿、大夫以至一般官吏，奢侈安乐，不受法令限制；下层统治者民间豪强，不借官位，专凭暴力，在地方上武断乡曲，兼并土地。实行清静无为政治的结果，使整个统治阶级过着极其饶富的生活。

半割据的诸王国，经五六十年休息，统治者也很富强了。吴王刘濞采铜铸钱，与汉皇帝有同样富力。公元前 154 年，吴、胶西、楚、赵、济南、淄川、胶东七国国王联兵反叛，汉大将周亚夫击败七国叛军，灭诸国。此后，朝廷制定更严格的制度，皇子受封为王，只是征收租税，不管政事，王国与侯国无异。七国的灭亡，结束了四周以来合法的诸侯割据制度，加强了西汉朝廷中央集权的力量，汉朝确是统一了。经济繁荣与全国统一，使统治者改变政治方针，自与民休息的前期转入用尽民力的中期。

中期（公元前 140 年汉武帝建元元年至前 49 年汉宣帝黄龙元年，凡九十二年）汉武帝凭借前期所积累的财富与汉景帝所完成的全国统一，再加上本人雄才大略的特性与在位五十四年的长久时间，对外用兵，扩张疆土，对内兴作，多所创建（主要是水利），把道家思想的无为政治，改变为以儒家学说为装饰的多欲政治。通过汉武帝，农民付出"海内虚耗，人口减半"的代价，造成军事、文化的极盛时期。西汉一朝各方面的代表人物如大经学家大政论家董仲舒，大史学家司马迁，大文学家司马相如，大军事家卫青、霍去病，大天文学家唐都、落下闳，大农学家赵过，大探险家张骞，以及民间诗人所创作经大音乐家李延年协律的乐府歌诗，集中出现在汉武帝时期。这是历史上非常灿烂的一个时期，汉武帝就是这个灿烂时期的总代表。

西汉前期，农民与地主间的阶级矛盾，一般说，还没有发展到激化的程度，地主与商贾间矛盾也是和缓的。主要原因是在于对外不用兵。汉武帝对外连年大用兵，战争使国内各种矛盾都激化起来。

受战争影响最深重的自然是农民。汉武帝为取得大量财物，对农民进行残酷的剥削。田三十亩按一百亩征收租税，口钱二十改为二十三，七岁起算改为三岁起算（汉制，民年七岁至十四岁每人每年纳口钱二十），贫民生子多杀死。农民穷困破产，富人乘机大掠夺。董仲舒说：富人拥有大片田地，穷人连放个锥尖的地方也没有。富人霸占山林川泽，独享利益，放纵淫侈，一个邑里就有皇帝，一个里里就有公侯，小民怎能不困穷。这种邑皇帝、里公侯大小豪强是朝廷助长的，但也不利于朝廷。豪强势力的过度扩大，引起了朝廷与豪强间严重的冲突。

董仲舒所说的富人，其中一部分是无市籍的地主，特别是地主中的豪强。他们尽量集中土地，役使贫民，掠夺奴隶，损害了朝廷的收入和权力。汉武帝为加强统治，分全国为十三部（州），每部派一刺史，按照六条查问郡县。第一条就是"强宗豪右，田宅逾制（超过制度），以强凌弱，以众暴寡"。看来好像是惩罚豪强，保护贫弱，实际效力却极有限。汉武帝又允许非常刚强所谓"酷吏"的郡守，杀戮某些豪强及其徒党，借以抑制豪强的过度横行。酷吏之一的宁成，革官回家，发誓说，做官不到二千石，经商不到黄金一千斤，不能算作人。他租（强占）得水田一千多顷，雇（奴役）得贫民数千家，不多几年，积钱数千万。人都怕他，说，宁愿碰见母老虎，不要碰见宁成发怒。这说明除去一些例外，酷吏就是做官的豪强，豪强就是不做官的酷吏，归根都是吃农民的母老虎。

董仲舒所说的富人，其中一部分是有市籍（商贾）的地主，特别是商贾中的豪强。商贾剥削农民，最普遍的形式是放高利贷。还有垄断农民必需品的铸钱商和盐铁商，这些大商贾积钱往往多至黄金一万斤。商贾不仅剥削农民，有时也剥削地主，如囤积贵族或官府的需用品，使贵族或官府不得不低头，满足商贾的要求。在市上是商贾，到乡间便成地主。这和放高利贷的无市籍地主，行为上并无区别，不过地主没有市籍，可以做官吏，商贾有市籍，不得做官吏，实际上他们都是地主也都是商贾。因为商贾豪强长于经营，积累财产比地主豪强更多，对朝廷的损害，也比地主豪强为大。汉武帝用没收财产的办法，沉重地打击了商贾，使中等以上商贾多数破产。商贾从农民夺得大量奴隶、田宅和钱财，一转手便成了朝廷的收入。

汉武帝自元光二年（公元前133年）至征和四年（公元前89年），进行长期的对外战争，巨大军费都由农民负担。农民在朝廷与富人双重剥削下，在全国范围内，普遍进行小规模的武装反抗，但还没有发展到大规模的武装起义，主要原因之一，就是汉武帝打击了一部分地主豪强和大部分商贾豪强，这些都是农民所痛恨的，阶级矛盾因而发生一定的弛缓状态。汉武帝在临死前三年，表示对战争的忏悔，下诏说，今天的要务在于力农。封丞相田千秋为富民侯，用赵过为搜粟都尉，推行改善的农具和技术。这样，渴望休息的广大农民，开始稳定下来，汉朝统治也就转危为安。

汉昭帝复行无为政治，与民休息，流亡农民逐渐回到故乡来。汉宣帝通达黄老刑名之学，整顿吏治，考核实效，农业又呈兴盛气象。甘露二年（公元前52年），匈奴呼韩邪（yé）单于称臣降服，对外战争停止，西汉极盛时期达到了顶点，由此转入衰亡时期。

后期（公元前48年汉元帝初元元年至公元8年孺子婴初始元年，凡五十六年）经汉昭帝汉宣帝三十八年的与民休息和牛犁耕作法的继续推广，农业生产恢复并提高了,同时豪强势力也恢复并提高了。汉元帝时,中央权力开始衰弱,外戚、宗室、公主、王、侯、大官僚等政治上有权力的人,盛行兼并,成为新得势的上层豪强,原来的地主豪强商贾豪强,政治上势力较弱,成为下层豪强。上下层豪强在兼并土地掠夺奴隶时,存在着矛盾,在破坏中央集权时,则是起着一致的作用。上层豪强的代表外戚王莽,用欺骗农民,打击下层豪强的方法,企图解决当时紧张已极的阶级矛盾,当然,王莽是不可能解决矛盾的。

西汉政治有三个时期的变化,与政治相适应的学术思想也有三个变化。前期行黄老刑名之学,符合与民休息的社会需要。中期独尊儒学,罢黜百家。所谓儒学,就是儒学为主、刑名学为辅的董仲舒《春秋公羊》学。《公羊》学的盛行,说明多欲政治代替了前期的无为政治。后期行纯儒学。所谓纯儒学,就是依据孔子所传在周天子统治下承认封建割据合法存在的原始儒家思想,其中以提倡宽柔温厚的《诗》学为最盛行。这正是中央集权衰弱豪强割据势力兴起的反映。汉宣帝教训汉元帝说:我们汉家的制度,一向杂用霸(刑名)王(儒)道,怎能学西周政治用纯儒学呢!乱我汉家制度的一定是你了。

纯儒学政治使上下层豪强得到兼并的便利,连汉宣帝设立的常平仓,也因儒生说是朝廷不要与民争利,被汉元帝取消了。儒生所谓民就是属于下层豪强的商贾和地主。朝廷不要与下层豪强争剥削农民的权利,就是纯儒学的政治主张。

鲍宣给汉哀帝上书说,当今农民有七种损丧:水灾旱灾,一损丧;朝廷横征暴敛,二损丧;官吏假公济私,贪得无厌,三损丧;豪强大姓,兼并不止,四损丧;徭役繁多,农桑失时,五损丧;主管乡里的人鸣起鼓来,农民不分男女,都得抛弃作业,赶到路上去搜捕盗贼,六损丧;盗贼掠夺农民财物,七损丧。单是七种损丧还好,更有七条死路:官吏任意打死人,一死路;刑罚苛刻,二死路;冤狱陷害无罪人,三死路;盗贼横行,四死路;报怨寻仇,互相杀害,五死路;饥饿无救,六死路;时疫流行,七死路。农民有七种损丧,又有七条死路,归根都是公、卿、守(郡守)、相(王国相)贪残成风的缘故。鲍宣这些话,丝毫也不能阻止上下层豪强的肆意兼并。土地高度集中与奴隶无限增加,不得解决,西汉灭亡就无可避免。怎样求得解决呢?汉哀帝用求天求鬼神的方法。汉成帝时方士甘忠可造《天官历包元太平经》十二卷,说是天帝使真人赤精子下来教给他的。大意是汉家该改元变号,重新受一次天命。汉哀帝信从甘忠可的妖术,改建平二年(公元前5年)为太初元年,改帝号为陈圣刘太平皇帝。恢复前代一切已废的神祠凡七百余所,一年祭神三万七千次。这个方法失败了,王莽使用一部分豪强打击其他部分豪强的方法又失败了。最后农民大起义推倒了王莽的统治,才获得一些微小的改善。

几个重要的制度

中国成为统一的封建国家,自秦朝开始,到西汉才巩固起来。

要巩固国家的统一,必须在构成封建国家的地主农民两大阶级间,在统治阶级内部各阶层间,求得一定限度的妥协,否则统一是不可能的。西汉取得秦朝失败的经验,创立了几个重要的制度,这些制度都有利于统一,因之汉朝的统治相对地巩固了。

"抚我则后,虐我则仇",这是农民对统治者的态度。所谓抚,就是还能容忍的剥削;所谓虐,就是不可容忍的剥削。统治者注意这个限度,便有可能取得农民的妥协。

以皇帝为首的统治阶级,其中包括贵族、文武官吏、地主、大商贾四种人,归根只是一个地主阶级。这四种人都含有割据性,只有在皇帝和他的朝廷坚强有力的时候,他们才拥护统一,成为中央集权的支持者。如果皇帝和他的朝廷力量衰弱了,他们便为扩大自己的利益,加紧割据活动,一直到统一被破坏。作为统治阶级首领的皇帝,一方面要满足他们的要求,换取对朝廷的支持,一方面又要限制他们的过度活动,减轻对朝廷的损害。皇帝与这四种人在相互关系上,也就是在剥削农民的权利上,要规定出有效的制度来,以求得统治阶级内部的妥协,是一件困难的事,西汉朝廷到极盛时期才规定了这种制度:

一、分封诸王

汉高帝消灭完全割据的异姓王,代之以半割据的同姓王。这些同姓王国官制与汉朝廷无异,朝廷只派遣太傅、丞相两个大官,其余官吏由国王自己任用。当时国王多是幼童,国内军政用人大权,实际掌握在丞相手中。汉文帝时,国王都长大了,开始驱逐汉官,图谋叛变。汉景帝消灭七个叛国,改定王国制度,国王权力全部被削去。公元前 127 年,汉武帝行推恩法,允许国王分城邑给自己的子弟,从此大王国分成许多小王国和侯国。汉武帝又设刺史官,按六条考察政事,第一条考察豪强,其余五条考察郡守。六条外还有不成文的一条,就是考察国王,有罪状便奏闻。不法的国王因此受到惩罚。汉景帝以后,皇子可以封国称王,但不可能拥兵割据。这个分土不治民的制度,大有利于国家统一的巩固。

二、朝廷铸钱

战国时币制紊乱,至秦始皇时确定为黄金与铜钱两等。汉改秦制,黄金以一斤(约合今半斤)为单位(一斤也称为一金),铜钱直到汉武帝时才确定用五铢钱。在五铢钱确定以前,铜钱轻重不一,私铸钱盛行,钱法很乱。汉高帝废秦两钱,行榆荚钱,重三铢(一两二十四铢,一铢约合今二分),令民间(豪强)自铸。自惠帝二年(公元前 193 年)至汉武帝元鼎四年(公元前 113 年)间,钱法变了九次,也就是在铸钱问题上,朝廷和豪强作了九次斗争,到第九次朝廷才取得胜利。豪强役使贫民,开采铜、锡矿,用铅、铁杂入铜内,铸劣钱牟大利。《汉书·食货志》说:汉武帝时,盗铸金(伪造黄金)、钱人,罪当死者数十万;豪强率众互相斗杀,不可计数;自首免罪的人多至百余万;不敢自首的人比自首的人还要多。这个记载说明:盗铸金钱的豪强,聚数百万人对抗朝廷,是一个破坏中央集权的巨大势力。公元前 113 年,汉武帝销废各种铜钱,专令水衡都尉在京师铸五铢钱,通行天下。此后朝廷每年用十万人采铜铸钱,至西汉末共铸二百八十万万钱。五铢钱轻重合宜,自汉至隋七百余年,基本上行用不废。朝廷铸钱权的确立,有利于国家统一的巩固。

三、盐铁官营

冶铁、煮盐与铸钱三大利,朝廷收归官营以前,都被豪强大姓所专擅。一家豪强,奴役贫民往往多至千余人。战国以来,著名大商贾,多营盐铁业,在地方上都是第一等大豪强。秦时有铁官,也可能有盐官。秦朝集中一切权利,山东豪富被迁徙入关,原来的盐铁业当是由铁官盐官经营。汉高帝向豪强让步,三大利都允许民间私营,最大的盐铁商积财多至万金。如大盐商东郭咸阳、大铁商孔仅,家产也各有千金。汉武帝采用各种敛钱法,却不能从盐铁商那里取得一些财物。公元前 119 年,汉武帝擢用桑弘羊、东郭咸阳、孔仅三个大商贾做理财官,向商贾夺取盐铁业。这是艰难的斗争,汉武帝用刑罚并没收器物来禁止私铸铁器和煮盐,又招歇业盐铁商做盐铁官,换取盐铁商的合作。出铁的郡国设铁官,全国有铁官四十四处(一说,五十处)。产盐地方设盐官,全国有盐官三十二处(一说,三十六处)。从此盐铁官营成为定制,朝廷增加了巨大的收入,有利于国家统一的巩固。

汉武帝确立钱、盐、铁三业官营制度,大大削弱了豪强割据势力,虽然他们还是兼并土地,敲剥农民,向割据称雄、破坏统一的方向发展,但趋势毕竟是比较缓慢了。

四、赋税

战国末年,七国人口约二千万左右,至西汉末,平帝元始二年即公元2年,据《汉书·地理志》记载,有民户一千二百二十三万三千零六十二,人口五千九百五十九万四千九百七十八,定垦田数八百二十七万五百三十六顷。这些数字当然不一定准确,但二百余年来,户口垦田数在上升则是事实。占人口绝大多数的农民需要和平,需要赋税轻徭役少。西汉除了汉武帝时用兵,农民流亡户口大耗损,其余年月,一般是比较和平的,行施三十税一制,田租是轻的,因此农民乐于开辟荒地,拥有一些自己的田宅,过着自给自足的生活,但是赋钱与徭役是重的,因此农民创造出来的财富,通过合法和非法的形式流注到统治阶级方面去。

农民在扩大全国垦田的面积,同时又在失去自己的一份田宅,甚至失去自己的身体和妻子。这个农民方面失去、统治阶级方面获得的过程是由缓到快、由少到多、由不显著到显著的。失与得的关键,在于被当作调节器的朝廷,能不能起着调节的作用。西汉后期,朝廷失去了这种作用。

朝廷规定的赋钱和徭役,主要有下列几种:

口赋:民年七岁到十四岁,不分男女,每人每年出口赋钱二十。汉武帝改为三岁起出口赋,二十钱改为二十三钱。汉元帝时改三岁起为七岁起。

算赋:民年十五岁以上,不分男女,每人每年出算赋一百二十钱,叫做一算。商贾与奴婢,每人算赋加倍。

更赋:更是力役的一种。男子二十三岁至五十六岁,都得服役。每人每年在本郡或本县服役一个月,称为更卒或卒更。每人按一定次序轮流到京师服役一年,称为正卒。雇贫民代本人服役,每月出钱二千,称为践更。每人每年戍边三日,称为徭戍,不能去的人出钱三百,称为过更。照晁(cháo)错说,农夫五口之家至少要有两人服役。照董仲舒说,农民每年平均要服役三个月。这是何等严重的负担。

户赋:每户每年出户赋二百钱。

献费:每人每年给皇帝六十三钱,称为献费。

农民要缴纳赋钱,必须出卖自己的生产物,首先就受到商贾的剥削。汉文帝时晁错说：农夫遇到水旱灾荒或急征暴敛，只好把家里的东西半价卖出去（值一千卖五百），没有东西，只好借加倍利息的债（借一千还二千），最后只好出卖田宅妻子来还债。晁错以为这就是商人所以兼并农人，农人所以破产流亡的缘故。晁错建议：令富人（无市籍的地主）输粟入官，朝廷赏给爵位，有罪可以免罪。他说，这样一来，富人有爵，农民有钱，粟有出路。汉文帝听从晁错的话，定卖爵、除（免）罪等法令。富人剥削农民的粟米器物，不像商贾能在市上卖出去，朝廷用爵位和免罪权利来收买粟米，出路就宽广了，从此富人凭借政治势力，可以放手掠夺。商贾钱多，富人势力大，原来在剥削上处劣势的富人，现在和商贾有了同等的机会。晁错替富人分商贾兼并的利益，形式上却是替农民叫苦。

农民不论从商贾或从富人处得到钱，最后总得送给官府。地主有钱，缴纳租赋本不嫌重，朝廷还要给他们多种免赋免役的特权。自汉惠帝时起，优待地主的法令，略举如下：

优待官吏：六百石（中级官）以上官，全家人免一切徭役，只有军赋（更赋）不免。

优待皇帝同姓：凡诸刘全家人免一切徭役。西汉末，诸刘凡十余万人。

优待有爵人：第九级爵五大夫以上，本人终身免役。买五大夫爵，价值粟四千石。

优待武功爵：汉武帝卖武功爵，规定用金钱，不得用粟。第七级武功爵千夫相当于五大夫，本人终身免役。

优待下级官吏：凡下级官吏，本人终身免役。

优待士人：凡士人入太学读书，本人终身免役。

朝廷要得到统治阶级中人的支持，必须让他们分享剥削的权利，同时又要防止兼并的过度迅速。朝廷堵住了铸钱、冶铁、煮盐三条兼并的捷径，兼并者只好走比较缓慢的一条长路。因为在这条路上农民进行抵抗，即使穷困到“衣牛马之衣，食犬彘之食”，还为着保存一小块耕地而坚持斗争。皇帝制定法令，帮助地主商贾向农民进攻，有时也限制或打击他们，给农民一个暂时喘息的机会。这样做，可以延缓分裂局面的到来，有利于国家统一的维持。

五、尊儒立官学

汉高帝用太牢祭孔子，承认儒学在学术上的正统地位。但西汉前朔，指导政治的学说是黄老刑名之学，其次是阴阳五行之学，儒学博士不为朝廷所重视。著名儒生如贾谊杂阴阳五行学，晁错杂刑名学，讲纯儒学的大儒只能做博士官。汉景帝的母亲窦太后好读老子书，《诗》博士辕固当面斥老子书是奴仆书，窦太后发怒说，哪里来的罪徒书！儒家骂道家是奴仆，道家骂儒家是罪徒，儒道两大学派冲突，对政治统一是有害的。汉武帝完成了学术统一的巨大任务，把道、名、法、阴阳五行各家统一在儒家里面。

汉武帝采用策问（考试）的方法，凡对策公开讲黄老刑名纵横的人一概罢黜不取，独取董仲舒、公孙弘等儒生，都给好官做。董仲舒、公孙弘讲《春秋公羊》学，董仲舒是西汉今文经学中最大的儒者，公孙弘后来做丞相封侯。从此诸子百家被黜，儒学独尊，特别是《春秋公羊》学成为最通显的儒学。

西汉前期，士人的仕途大抵有三条：一条是郎官，家有中等财产（财产十万钱以上，汉景帝改为四万），自备车马服装生活费，可以到京师做郎官，等候朝廷的使用。一条是在本郡做小官吏，不限财产。一条是大官府指名征召。汉武帝采董仲舒、公孙弘的建议，京师立学校，又令郡县推举孝廉、茂才，供朝廷选用。儒学与仕途结合起来，要做官非学儒不可，士人都变成儒生了。

京师的学校（太学），五经博士当教官，有正式学生五十人，叫做博士弟子。全国各郡保荐学生到博士处受业，待遇同博士弟子一样，名额不定。两种学生都是一年考一次，考上、中两等的给官做，考下等的黜令退学。又选通经学的小官吏做地方官府的卒史，职务是用经义装饰政事。从皇帝丞相一直到地方官，都会讲经学，政治思想统一了。汉昭帝增博士弟子名额为一百人。汉宣帝增为二百人。汉元帝增为一千人。又在郡国设五经卒史，地方上开始也有学校（汉景帝时文翁已在蜀郡立地方学校）。汉成帝时大学博士弟子曾增至三千人。自从汉武帝立官学，两汉学术上只有儒家派别间的争辩，不再有儒与非儒不同学派的斗争。这是封建国家统一以后自然产生的结果。这个结果不利于学术思想的发展，但也有助于国家统一的巩固。

贵族、官僚、地主、商贾是朝廷的支持者，同时又是破坏者。分土不治民的制度确立后，贵族不能称兵割据了。铸钱、冶铁、煮盐三大利收归官营后，豪强兼并的速度延缓了。赋税制度重赋役，给地主商贾以兼并的便利，轻田租，也让农民保持一些抵抗的力量。官学制度规定中庸主义的儒学作为官吏的思想标准，同时以儒学为基础，吸收其他有利于统治者的各种学说，使儒学经常适合于统治阶级的需要。西汉创立了这些重要的制度，不仅为两汉所遵守，西汉以后整个封建时代的各皇朝，也只能修改补充，不能废除另创。扩展疆域的汉武帝在创立制度上也充分表现了他的雄才大略，只有他才能压服豪强，收回三大利。

农业与农民

西汉农业，大体上前期恢复，中期发达，后期因豪强无限止的兼并，农业在发达的基础上呈现衰落现象。三个时期里，数量逐渐增加的一部分农民总是在失去自己的田宅，有些转业为小工商，有些陷身为奴隶，这种情形中期已经严重，到后期更趋严重。

中期农业发达的原因，主要由于汉武帝大兴水利和推广较进步的农具与技术。

汉武帝发动巨大的民力，进行着兴修水利与对匈奴作战两大事业。水利促进农业，农业支持战争，汉武帝取得战争的胜利，是与水利上的成就相配合的。

水利工程是发展农业的一个重要基础，自传说中的大禹以下，治水常是大的政治措施，但巨大规模的治水，却自汉武帝开始。

汉武帝采用郑当时的建议，令水工徐伯测量地形，发卒数万人开漕渠，自昆明湖（陕西西安市长安区西南）到黄河，长三百余里，节省漕运时间一半，并灌溉渠下民田万余顷。汉武帝又发卒万人开掘渠道，自微县（陕西澄城县）引洛水至商颜山下。洛水岸常崩坏，开渠不成，水工却发明了开井渠法，在地下开水渠，凿井深数十丈，井井相连，自商颜山西引水到山东，长十余里。称为龙首渠。公元前 111 年，采用倪宽的建议，在郑国渠旁开六条小渠，灌溉高地，称为六渠或辅渠。公元前 109 年，汉武帝发卒数万人塞瓠子口（河南濮阳县），亲自到河上，令随从官员自将军以下与卒同负薪。二十余年黄河大决口，终于堵塞了。这是和水斗争最大的一次胜利。自此以后，更大兴水利，奖励朔方、西河、张掖、酒泉、敦煌、北地等郡开渠溉田，如敦煌郡鱼泽障（堡）尉官崔不意，教民力田得谷，汉武帝特改鱼泽障为效谷县（甘肃瓜州县西）。这都是边郡，武威、张掖、酒泉、敦煌又是新郡，兴修农田水利，大有利于边防的巩固。其他如关中有灵轵（zhǐ）渠、成国渠、白渠，溉田数千顷至万余顷；汝南、九江郡引淮水；东海滨引钜定泽水；泰山下引位水；开掘渠道，各溉田万余顷。至于各地小渠及蓄积山谷水成陂池，不可胜数。普通旱田，每亩约收一石（合今二市斗），水田约收四石（合今八市斗），汉武帝大规模治水，对中国北部广大地区的农业生产，具有重大的进步作用。

汉武帝晚年推行赵过的新田器和耕作技术,农业开始发生大变革。

赵过创代田法,又创制新田器,耕耘下种都有巧便处。所谓新田器就是耦犁和耧车。有了这些新田器,实行代田法,便用力少而得谷多。代田比缦田显然是一个大进步。

代田:用耒、臿(chā)发土后,即在土上撒播谷种,不分行列,称为缦田。缦田是原始的耕作法,地力用尽,必须休息(上田一年,中田二年,下田三年,称为莱田),或杂种五谷(黍稷麻麦豆),调剂地力。这种耕作法,阻碍着农业生产的发展。赵过代田法,突破了这种障碍。代田法是一亩(直测,横一步,纵二百四十步;方测,横十五步,纵十六步)中每步分三甽,每甽宽一尺深一尺。一步宽六尺,三甽每年换位一次,能常保地力。甽中发出的土置甽旁,称为垅。谷种播甽中,苗逐渐长大,耨草时拨垅土培苗根,到盛暑垅甽都平,根深不畏风旱。

耦犁:自春秋时期起,可信已有牛耕,但极少使用。赵过改善旧法,创制耦犁,推广牛耕。法用二牛挽二犁,二人各扶一犁,一人牵引二牛,共二牛三人。

耧车:耧车是下种器,一人一牛,挽耧下种。

人力犁:用赵过的田器和代田法,比缦田每亩一年多收一石或二石。一般农民无力养牛,有人教赵过作人力犁。人力多一天能耕三十亩,人力少也能耕十三亩(一亩约合今半亩)。

汉武帝提倡新田器和新耕作法,令大农官选取有技巧的手工业奴隶制造新田器,又令全国郡守派遣所属县令、三老、力田(地方小农官)、乡里老农,到京师学习新田器使用法及耕种养苗法。提倡的结果,边城戍卒及河东、弘农、关中诸地豪富家实行代田法,其他地区仍用耒、臿等田器。赵过以前,《淮南子》说,农夫一人用耒耕种,不能过十亩,一岁收谷,不能过四十石。赵过以后,汉昭帝时桓宽《盐铁论》说,内地郡县人口稠密,缺少牛马,用耒耕田,百姓贫苦而衣食不足。这说明推行代田法,主要在关中等地区,能行代田法的又不是贫苦农民而是地方豪富。但赵过创新法的功绩无疑是重大的,因为农业开始走上新的阶段,旧耕作法势必逐渐被舍弃。

西汉三十税一制,便利了豪强兼并。汉武帝兴修水利,提倡新田器和代田法,更增强了豪强兼并的力量,加速了农民阶级的分化。到西汉后期,土地高度集中与奴隶大量被使用,造成豪强在政治上不可抑制的势力。

农民要逃免破产的灾难,只能在耕作技术上求生存。汉成帝时,氾胜之总结农业经验,作《农书》十八篇,对节候、辨土、施肥、选种、下种、御旱等农事,各有叙述(北魏贾思勰《齐民要术》引氾胜之书)。特别是区种法,为氾胜之书的新创。区种法分上农区、中农区、下农区三种。上农区是发土方、深各六寸为一区,每区相隔九寸,一亩得三千七百区。壮男长女一天可作一千区。每区下好粪一升,粟种二十粒,一亩用粟种二升。

中农区发土方七寸,深六寸,每区相隔二尺。下农区发土方九寸,深六寸,每区相隔三尺。用区种法的田称为区田。区田法可用在山陵、坡阪、城上、宅旁零星小块土地和浇薄、未垦的土地上,农具、粟种、肥料也比较省便,遇旱灾可挑水灌溉,费力虽多,收获却颇可靠。一家有田十亩,便不愁饿死了。区种法适合于最穷苦的小农经营,对豪强兼并多少起些延缓破产的作用。

汉成帝时已有温室,种冬生葱韭菜蔬,这当然也是农民的一种创造。

农民在开辟耕地,在改进耕作法,在增加农业生产,西汉末年,垦田多至八百万顷,这是农民勤苦劳动的成就。西汉社会繁荣的基础,主要是农民造成的。

晁错叙述汉文帝时农民的生活状况说:农夫一家平均五口人,其中应服徭役的壮男至少有二人,一年里有几个月不能在自己田地上劳动。一家人合力种田不能超过一百亩,收获不能超过一百石。春耕、夏耘、秋获、冬藏、采伐薪柴、给官府服徭役,一年到头,不得一天休息;另外还要有些耗费,如送往迎来、吊死丧、问疾病、养育孤儿幼童,实在是勤苦已极。一遇到水旱灾荒,急征暴赋,那就只好贱卖农产品和借贷钱物,忍受商贾的盘剥,最后只好出卖田宅子孙来还债。晁错所说,正是当时农民一般的普遍的生活状况。他们过着这样勤苦的生活,在继续增长的剥削下,一部分农民失去田宅,破产逃亡。《盐铁论》叙述农民破产逃亡的过程说:贫苦农民不堪赋税徭役的压迫,大抵逃到豪强家里供役使。官吏不敢得罪豪强,赋税徭役加到还没有逃亡的中小人家,小家被迫逃亡,中家变成小家,最后也只好逃亡。逃亡者多数变成下列各种身份的人。

佃农:董仲舒说,贫民耕豪富家田,按收获量缴纳一半作田租("见税什五")。

雇农:贫民受雇耕主人的田地,称为佣耕或田客。客与奴地位极相近,《史记》《汉书》多是奴客并称。东汉崔寔《政论》说,如果没有奴,可以用客,客庸(雇价)每月一千钱,西汉客庸可能也是一千钱。

田僮:是耕田的奴隶。汉武帝曾没收商人的大量田地与田僮,足见一般地主(包括商人)都愿意使用奴隶。佃农要分谷物一半,田客要月钱一千,两汉奴价普通是一万五千钱,耕作技术最高的奴隶,买价不过二万钱,用奴比用客便宜得太多。因此凡是地主都希望农民破产变奴隶。不过这种愿望与地主首领的皇帝(尽管皇帝本身兼做大奴隶主)在赋税徭役的收入上有利害的冲突。皇帝从农民可以取得各种收入,从私家奴隶却仅取得加倍的口算。私家奴隶愈多,皇帝损失愈大,因此政论家和政治家有限田限奴隶的议论和措施。西汉地主确实使用巨大数量的奴隶,但这并不能改变下列一个事实,即奴隶只是破产农民中的一部分,构成西汉社会的主要阶级,不是奴隶而是与地主对立的,占人口绝大多数的小私有生产者——勤苦农民。

破产农民的另一部分,即是所谓"背本趋末""离乡轻(弃)家"的小工商和佣工。汉景帝时丞相周亚夫的儿子买葬具,雇了佣工搬运回家,却不给工钱,被佣工告发。佣工出卖劳力,比小工商更是一无所有。

官营手工业

一、营利类

煮盐业——汉武帝从豪强手中收回煮盐业,全国设立盐官。盐官多设在滨海地区。内地如河东郡安邑县出产池盐,蜀郡临邛县出产井盐,巨鹿郡堂阳县出产碱制盐,也各设盐官。盐官雇贫民,发给煮盐盆,按盆数给工价,称为牢盆。煮盐贫民从豪强奴役下转而受盐官雇佣,生活可能好一些,但官盐价比私盐贵(私盐与粟米同价),许多贫民买不起盐,只好淡食。

冶铁业——汉武帝收回冶铁业,在全国重要产铁地设铁官,冶铸农器与兵刃。不出铁的郡设小铁官,销毁旧铁改铸新器物。北京清河镇附近曾发现汉铁官遗址,其中出土的铁器有锄、铲等农具,刀、剑、戟等兵器,也有镜、剪等日常用具。这种制铁处当是铁官所设,散布在适当地方,以便出卖产品,省运输的劳费。冶铁设备有炉(熔铁炉)、橐(tuó,风箱,称为排橐,用人力。东汉杜诗改用水力鼓动排橐,称为水排)、埵(duǒ,吹火筒)、坊(土型范)。在铁官里劳动的人有徒,有卒,有工匠。徒是被罚做苦工的罪人(韩信谋反,诈赦各官府徒、奴使当兵,可见徒与奴不同),卒是定期服徭役的民人,工匠中一部分是有技术的奴隶,指导徒卒制造器物。徒卒被役使像奴隶一样,工作效率自然不能符合铁官所定的规程。铁官要补足产量,无限制地征发徭役来助工,只求做出铁器来,不顾铁器是否合用。铁官又要增加收入,强迫农民出高价购买不中用的铁器,有些贫民只好用木器耕田,用手拔草,感到很大的不便。

《盐铁论》说铁官鼓铸铁器,大抵按照规定的式样,多制大器,不合民用。所谓多制大器,就是多造铁犁,少造耒臿。这将迫使农民放弃耒臿,改用铁犁,虽然贫苦农民大感不便,或因而沦为奴客,但铁犁却逐渐消灭落后的耒臿。战国时期,楚韩等国的“巧冶”应用炼钢术制造某些兵器,但直到汉文帝时,兵器主要仍是铜制。汉武帝设铁官后,推广炼钢术,全国铁官都能炼钢造兵器,其中蜀郡铁官所制蜀刀最著名。近年辉县和长沙发掘西汉墓葬,证明自汉武帝时起,长铁剑及铁刀代替了铜兵器。炼钢成为普通的技术,正是官营冶铁的效果。

铸钱业:汉武帝废各种杂钱,专铸五铢钱,统一全国货币。朝廷铸钱,使用大量卒、徒、奴,因此能获利。豪强非有极好技术,不能私铸。

二、自用类

朝廷拥有不少手工业,制成品专供皇室及军事使用。管理这种手工业的官府,最重要的是管理皇帝私人财产的少府。少府属官有考工,掌制造弓、弩、刀、甲等兵器。制成后刀甲等兵器藏在武库(属京师守卫官执金吾),弩是精巧的兵器,藏在少府另一属官若卢。若卢长官兼管特种狱(诏狱),有权检查武库和审判犯罪的将相大臣。弩藏在若卢,说明弩比钢刀更重要。少府属官又有尚方,掌制造御用刀剑及上等器物。又有东园匠,掌制造皇帝坟墓内殉葬器物。其他如东织室、西织室、左司空、右司空等都属少府。凡少府各官所用人工,主要是徒和奴。少府以外,皇帝又在著名手工业地区设工官。齐国自春秋以来,织工技巧最著名,丝织麻织品通行各国间,号称“冠带衣履天下”。汉皇室在齐郡临淄设服官三所,称为三服官。起初丝织物每年不过十箱。汉元帝时,三服官扩充到各有织工数千人,每年费钱数万万,专制冰纨(wán)、方空縠(hú)、吹絮纶等精细丝织物。蜀郡、广汉郡金银工漆工最著名,汉皇室在蜀、广汉设工官制造漆器、金银釦(kòu,镶嵌)器。漆器多是饮食用器。《盐铁论》说,文杯(漆器)一具比铜杯贵十倍。又说,制成一个文杯,要经百人手,制成一张屏风,要费万人功,意思是说分工极精细,当然每年费钱一定也不少。少府考工、东西织室每年各费钱五千万,远不及齐三服官,这是因为少府各官主要用徒、奴,三服官主要用民间技术工匠和女工。又陈留郡襄邑县(河南睢县)出好刺绣,汉皇室在襄邑设服官,专造衮龙文绣等礼服。临淄、襄邑两地织工,都在钻研技术,企图发明织花机,代替手工刺绣。汉成帝绥和二年(公元前7年),诏书说“齐三服官,织绮绣难成”,是临淄织工在试制织花机。公元59年,东汉明帝率公卿大臣祭天地,各着五色新衣裳。皇帝的衣裳刺绣,公卿大臣的衣裳织成,都是襄邑服官的贡物。襄邑织工发明织花机,不知在何年,至少东汉初这种织物已为公卿大臣所服用;虽然织物精美比手工刺绣还差些,这个发明却极可宝贵。《西京杂记》说,织花机的发明者是陈宝光家,陈宝光妻传授织法。《西京杂记》是伪书,所说不知是否有据。

少府所属各官的制成品,如果不是皇帝赏给臣下,臣下不得私自使用。皇室独占大手工业,一切器物,都自制自用。民间出大量资财,却不能取得制造器物的利益,皇室手工业实际是民间手工业发展道路上的障碍物。

朝廷别一大工官:将作少府(后改名将作大匠),专管土木建筑工程。秦筑长城,造阿房宫及骊山大墓,建筑技术已达高峰。汉高帝时,秦军匠阳城延为将作少府,在首都长安造著名壮丽的长乐宫、未央宫(未央宫周围二十八里)。公元前215年,秦始皇毁天下城郭,公元前201年,汉高帝恢复城郭,所有县邑都筑起城来。阳城延掌管大规模土木建筑,是一个杰出的建筑工程师。

官营手工业至汉宣帝时,工匠制造器械,技巧方面有高度的发展。汉元帝、汉成帝时,手工业很少能追上这个标准。

三、私营手工业

汉武帝官营煮盐、冶铁、铸钱三业以前,民间豪强分享三业的大利,其中冶铁商获利最大。蜀郡汶山下出产大芋,临邛卓王孙家利用廉价食物,招贫民开铁矿,冶铸铁器,在滇蜀两地交易成巨富。卓家有僮(奴隶)一千人(《汉书》作八百人)。卓王孙曾分僮一百人钱一百万给女婿司马相如,司马相如买田宅也成为富人。西汉至南北朝,工商业和农业,特别是工商业,不论官营或私营,奴隶劳动常以相当大的数量被使用,虽然不应举卓王孙等人为例证,指西汉社会是奴隶制度社会,但西汉至南北朝,确因奴隶制度残余的存在,严重地障碍了生产力的发展。这和隋唐两宋奴隶制度残余更进一步的削弱,因而生产力又得前进一步相比较,显然具有不同的特征。在这个特征上,划分了中期封建社会的前后两个时期。

临邛别一巨富程郑,家里有僮数百人,鼓铸铁器,与滇蜀"椎髻之民"(所谓"西南夷")交易,财产和卓家相似。卓程两家原先都是山东冶铁商,秦始皇时迁徙到蜀郡,带来了先进的冶铁技术,从此蜀郡成为冶铁炼钢最著名的地区。同时"西南夷"获得较好的铁制工具,也有可能提高自己的生产力。"西南夷"生活穷苦,自秦灭巴蜀时起,向来被卖为奴隶,奴隶主卓、程两家的大量家僮,主要来源就是被卖的"西南夷"人。

宛(河南南阳市)孔氏、曹(山东菏泽市)邴氏都是大冶铁商,邴氏财产值钱一万万。

以冶铁为首的三大业,自汉武帝收归官营以后,私营全部衰落。剩下的民间手工业,一般是规模较小的"作"和称谓"女红"(工)的家庭手工业。《汉书·货殖传》说:通邑大都,一家商人每年卖酒一千瓮,卖醋、酱一千缸,或有船一千丈(船用丈计数),有轺车(马车)一百乘,有牛车一千辆,有漆器一千件,有铜器一千钧(一钧三十斤),有帛、絮、细布一千钧,有染色帛一千匹,有白厚布、皮革一千石(一石一百二十斤),有狐貂皮一千张,有羔羊皮一千石,都算是大富商。制造这些商品的人,当然是很大数量的男女手工业者。当时有这样的谚语:"从贫求富,农不如工,工不如商"。农与工所生产的物品,通过商变成商品,商依附农工取大利。西汉商业比战国有更多的发展,这也就是农业与手工业比战国有更多的发展。

民间手工业特别兴盛的地区,朝廷特设工官。据《汉书·地理志》所载,下列八郡有工官。①河内郡怀县(河南武陟县西南);②河南郡荥阳县(河南荥阳市);③颍川郡阳翟县(河南禹县);④南阳郡宛县;⑤济南郡东平陵县(山东历城县东);⑥泰山郡奉高县(山东泰安县东北);⑦广汉郡雒县(四川广汉市);⑧蜀郡成都县(四川成都市)。这些工官与产木地设木官,产橘地设橘官同为收税官,不同于专制宫廷用品的服官和工官。全国民间手工业发达地区,当然不只是上列八郡,但八郡特设收税官,足见生产品不仅供本地消费,主要还是运销他地。

四、官营商业

官营商业规模巨大,以京师为中心,建立起全国范围的商业网。各地货物借政治力量得以大量流通,政治力量也因货物流通而愈益加强,汉武帝这一措施,对进一步增加全国经济的联系性,起着重大的作用。

大司农是掌全国财政的大官,属官中有掌运输的均输官(郡国也各设均输官)和调剂物价贵贱的平准官。郡国每年向朝廷贡献本地产物,人工来回,费用往往超过贡物的原价,贡物也往往采用劣等货充数。汉武帝创均输法,令郡国缴纳贡物、钱及运输费。平准官熟悉各地物价贵贱,通过均输官,令郡国均输官在价低地方买进货物,运到京师,转运到价贵地方出卖。运输时所用工具如车和其他器具,都由工官制造,运输时所用人工,名义上付出僦费(僦音 jiù,雇佣工钱),实际是征发民卒,作为农民服徭役的一种。官营商业因有各种便利,每年获得巨大赢利。汉武帝曾一次出游,耗费帛一百余万匹,钱好几万万,就是从商业赢利中支出的一部分。

朝廷设平准官,说是要平抑天下的物价,不让富商大贾牟大利。其实地方均输官收买货物,不是直接从农民、手工业者买来。商贾积储当地货物,高价卖给均输官,私营商业并不因官营商业而受阻碍。

五、私营商业

在丰富的农产品和精美的手工业产品的基础上，西汉私营商业有很大的发展。这首先由于政治统一，国内商贾往来，不征关税，实现了战国政论家“关讥(检查)而不征”的理想。《史记·货殖列传》说：汉兴，海内一统，关梁开放，山泽弛禁(盐铁业私营)，因此富商大贾，周流天下，交易有无，各得所求。汉元帝时贡禹说：商贾求利，东西南北，各用智巧，好衣美食，一岁获二分利息。《盐铁论》说，汉武帝征服百越，“民间厌橘柚”。北方富贵人(所谓“民间”)吃厌了橘柚，想见有很多特产物借商人转运到各地。西汉国内通商，货物顺畅地流通，起着刺激农工业发展的作用。

六、对外贸易

西汉国内不设关禁，商业通行无阻，对国外贸易、法律上却有严格的限制。西汉国外贸易也分官营与私营两类。

西汉设置一个外交兼商务的大官，称为大鸿胪(秦时名典客)。来到中国的外国人归大鸿胪管理。大鸿胪属官有行人(出使外国)、译官、别火(掌刑狱)及郡邸(各郡会馆)。长安藁街有“蛮夷邸”，居住外国使者和商人，当然也是大鸿胪所掌管的一种邸。

外国人住在京师“蛮夷邸”，同在边境关市上一样，中国商人不得卖禁品给他们。公元前121年，匈奴浑邪王率众降汉，应该算是汉朝人了，他们在长安市购买货物，汉武帝因商人违犯法律，诛杀商人五百余人。这说明西汉对外贸易，限制极严，外族商人到内地也不能买到禁品。

对外贸易有陆海两路。陆路贸易在边境关市上进行。朝廷指定官员用黄金及丝织品与匈奴交换马、骡、驴、驼、兽皮、毛织物，与西羌交换璧玉、珊瑚、琉璃，与南蛮交换珠玑、犀象、翡翠。《盐铁论》说：中国出一端(二丈)素帛，得匈奴值几万钱的货物，外国物产内流，中国利不外溢，是富国的良策。私商货物经官府允准，给予符传(凭证)，也得与外国人贸易。不在禁例的多种手工业制品，大抵经私商手传到外国去。

海路贸易的都会主要是番禺。航海商船却从合浦郡徐闻县(广东徐闻县)出发。海外贸易由少府专营，少府属官之一黄门，设有译长，派出译使携带黄金及各种丝织物，率应募商民入海，购求大珠、璧流离、奇石、异物。《汉书·地理志》记当时海上商路说:船行可五月有都元国,又船行可四月有邑卢末国,又船行可二十余日有谌离国,步行可十余日有夫甘都卢国。自夫甘都卢国船行可二月余有黄支国。黄支国南有已程不国。汉译使到此才回航。别一海路自黄支船行可八月到皮宗,又船行可八月到日南郡象林县。据考证家说,黄支国即建志补罗,在印度南部。如果所说不误,中国因有精美丰富的手工业产品,不仅在陆上开辟出丝路,自东方达到远西的大秦(罗马),就在海上也显示出远航大洋的毅力和雄姿。东周时期,齐国已是"海王之国",西汉以至明朝,经常保持着这个光荣传统并继续发扬着这个光荣传统。

官营海外贸易,从汉武帝扩展疆域以后才开始,私营海外贸易则是一向在发展。蜀郡是手工业品、农产品饶富的产地。蜀私商对外贸易,一路走滇边到乘象国,再转入印度;一路经夜郎通到南越;一路顺长江经灵渠直达岭南。《盐铁论》称中国运蜀郡的货物到南海交换珠玑犀象等珍品。南粤有蜀枸酱,大夏(西方史料称为巴克达里亚,在阿姆河南)从印度买得蜀布、邛竹杖,想见蜀地私商与海外诸国贸易独多。东汉初年,西域交通阻塞,不能畅通,大秦已有中国钢铁,可能在西汉时,蜀商人从水路私运出海,开始了这种贸易。《汉书·艺文志》天文类有《海中星占验》十二卷,《海中五星经杂事》二十二卷,《海中五星顺逆》二十八卷,《海中二十八宿国分》二十八卷,《海中二十八宿臣分》二十八卷,《海中日月彗虹杂占》十八卷。航海必需观测天象,西汉海中占验书多至一百三十六卷,说明航海已成专门学问,也说明海路商业与陆路商业同样发达。

西汉对外贸易,特别是对匈奴和西域的贸易,包含着防止侵略的意义。法律用死刑禁止兵器、铁器、铜钱输出边境,商人也不敢偷卖这些禁品给匈奴和西域。铁制兵器在当时是中国特产,汉元帝时冯奉世比较汉羌兵力说:按兵法,出兵击敌,兵数加倍,力量才能相当。不过羌人刀不坚利,四万汉兵一个月便可击败三万羌兵。汉成帝时陈汤比较汉胡兵力说:胡人兵刃朴钝,弓弩不利,五个胡兵抵得一个汉兵,近来颇得汉人铸铁法,还是三个胡兵抵一个汉兵。铁制兵器出境,有害边防,铜钱出境将被改制为兵器,严禁都是必要的。一般铁器严禁出境,对匈奴西域是防止改铸兵器,对西南农业部落是促使接受汉朝的统治。《盐铁论》称铁器是农夫的"死生"(生命)。吕后时禁南越关市出售铁器,南越王赵佗被迫三次谢罪。许多非汉族的农业部落,请求内附,自愿改为汉郡县,铁器贸易当是一个重要的原因。

七、工商业者

西汉工商业发达,从事工商业的人,数量很巨大。官营手工业大抵用下列几种人进行生产。技术工用奴隶("工巧奴")。这是周秦以来传统的旧惯例,西汉以迄南北朝,相当凝固地保持着。《盐铁论》说:官府给工巧奴衣食,却不怎么考核他们的工作效率。工巧奴私自经营产业,积财多至一百金。这种奴隶因有技术,待遇远比普通奴隶高。粗工用徒、卒和普通奴隶。徒卒也是官给衣食,事实上罪人和徭役,官只能给予少量的衣食,让他们不死在工作期限内。煮盐运输用佣工。工作时官给一些工钱,工毕便停给。服官所在地,纺织用女工,大概也给些工钱。少府所属东西织室是用女奴和宫女。私营大手工业用奴隶和佣工。佣工待遇不会比奴隶好多少,当他们被剥削到不能自保时,陆续变成奴隶,同时失业农民不断补充进来,佣工总比奴隶多。官营商业买卖货物用小吏,运输用徒卒或佣工。私营商业用奴和佣工。在官营私营工商业里劳动,即使不是奴隶,总不免被当作奴隶来剥削,这是工商业不能进一步发展的一个原因。大手工业大商业以外,全国散布着大量的小手工业小商业。汉文帝时,贾谊、晁错都主张驱游食之民(小工商)归农,认为背本趋末的人太多了。由于一部分农民被迫转业小工商,小工商数量一直在增加。到西汉后期,照贡禹的说法,农民出了谷租,又出稿税,乡吏额外勒索,更是无法供应,因此几乎过半数的农民放弃了本业,即使赐给他们田地,还是贱价卖掉,宁愿去做小工商。在大工商业压迫下,小工商又不免破产,那就只好做盗贼。贡禹说过半数农民破产失业,未免有夸大处,下列事实却被他说明了,那就是官吏、豪强对农民进行无限制的剥削和压迫,一部分农民抵抗不了这一种灾难,放弃土地,改做佃客小工商,尤其不幸的一部分人,被迫陷落到奴隶群里去。到最后,不得不爆发以农民为主体,有奴隶小工商参加的起义。

地主、大工商业主、高利贷商人、奴隶主

在西周宗族制度下,自天子诸侯以至卿大夫各级领主,都占有土地和工商业。从事劳动的人,土地上主要是农奴,工商业里主要是奴隶。领主的收入大部分是向农奴征收地租并放高利贷,别一部分是夺取工商奴隶的全部剩余劳动。因此,凡是领主都兼有奴隶主的身份。民间工商业虽然也有一些发展,比领主工商业却相差甚远。春秋战国时期,土地家长所有的家族制度逐渐代替了土地宗子所有的宗族制度,领主和农奴转化为占有多量土地的地主阶级和占有

小块土地或无地的农民阶级。地主兼营工商业,工商业者也买进土地成为地主,大工商业主很多就是大地主。从农民中分化出来的小工商,并不能逃脱大工商业主的压迫,小工商的增加,也就给地主阶级增加了剥削的对象。秦灭六国,领主政权崩溃,到了汉朝,地主阶级建立起完全属于自己的政权,过去领主曾经使用过的各种剥削方法,为地主所沿袭,用来剥削农民与奴隶。地主和领主一样,很多人兼有奴隶主的身份,但主要的剥削对象自然还是类似农奴的徒附荫户等农民。自西汉下迄南北朝,这种情况基本上没有变化。

以无市籍的地主为主体,加上有市籍的地主,及大工商业主和高利贷商人,构成西汉统治阶级,他们的总首领便是皇帝。

西汉承秦制,大司农(汉景帝改称秦官治粟内史为大司农)掌天下经费,少府掌皇帝私奉养。天下经费是皇帝以最高土地所有者的资格向全国人征收的,收入主要是田租、算赋、口赋、更赋及盐铁、均输。支出主要是官俸和军国用费。私奉养是皇帝私人的收入(汉高帝所定的献费,可能也是这种收入之一),其中有少府所掌山林、海川泽池、公田、苑囿、蔬果园的产物和商市的租税以及水衡铸钱的赢利。支出主要是宫廷消费和赏赐臣下。西汉末年,桓谭《新论》记载当时收支的一般情况:大司农从百姓赋敛来的钱,一岁为四十余万万,半数用作官俸,半数藏在都内(大司农属官)。供朝廷公用。少府从园池工商收来的税钱,一岁为十三万万(《太平御览》引《新论》"少府所领园地作务之八十三万万以供常赐"。地是池字之误,八是入字之误,入即收入),供皇帝私用。汉哀帝时王嘉说,汉元帝时都内积钱四十万万,水衡积钱二十五万万,少府积钱十八万万。王嘉桓谭所说数字,当有一定的可靠性,依据这些数字,可以看到下列几点:①皇帝私人收入相当于国家收入的三分之一。汉元帝节省赏赐费,少府积钱约有都内积钱的半数,加上水衡积钱,超过都内的国家公积。皇帝是无比的大富豪。②掌天下经费的大官称大司农,说明农业是社会生产的根本,从事农业生产的人自然是占人口绝大多数的农民,所以农民是天下经费的主要负担者。③皇帝私奉养的负担者是农民、工商和奴隶。市租是私奉养收入的一部分,商人发财,对皇帝有利。因此,皇帝与商贾有一致的利害关系。④皇室和各官府向来都有奴婢。汉武帝对外用兵,财用不足,需要更多的奴隶供剥削。他对一般无市籍的地主,鼓励献出奴婢,按所献奴婢多少,给予终身免徭役或做郎官等待遇。汉时奴婢价,一人不过一二万钱,免徭役终身或做郎官都是优厚的赏格,足见皇帝要取得奴婢,也不是很容易的事。商贾利用战争,大量榨取财富,过度妨碍了无市籍地主的利益。公元前111年,汉武帝大规模没收商贾的田宅、钱财和奴婢,获得数以万万计的钱财,成千成万的奴婢,田大县数百顷,小县百余顷,宅数和田数相当。中等以上商贾也就是中等以上有市籍的地主大抵破产。被没收的奴婢,有些留在本地官田上耕作,有些分发到皇帝的苑囿里养狗马禽兽,并分给水衡、少府、太仆(养马、骡、骆驼)、大司农等各官府供使用。当时奴婢数目一定是很大的,而且多数参加了生产。汉元帝时贡禹说:各官府有官奴婢十万余人,良民出租税养活他们,每年费钱五六万万。封建皇帝同时也是占有十万以上奴婢的大奴隶主。农民养活官奴婢,皇帝享受奴隶劳动的全部生产品,这就是皇帝为什么需要奴隶不嫌多的原因。⑤皇帝占有大量公田和苑囿空地,使用奴隶远不能开发这些田地,有时用"假"(借)的形式让贫民垦种,作为皇帝的佃户。

从上述两种收入看来,皇帝是地主、大工商业主、高利贷商人、奴隶主的总首领。他把各种剥削者使用的方法都集合起来,制成为法律或政令,各种剥削者又在这些法律政令基础上创制新的剥削方法,后来又成为法律政令或被默认为惯例。一层一层地提上去,一直到逼出农民大起义。

贵族:贵族有国王、列侯、公主、关内侯等名称。国王、列侯、公主都有封地(国或邑),关内侯只有爵号。有封地的贵族,收入也分公费和私奉养两种:公费是收田租与户赋(每一民户每年纳钱二百),供朝见皇帝、祭祀祖先等事的费用。私奉养是占有田地奴婢及征收园池商市税,供贵族私用。贵族无权干预封地内政事,并必须遵守朝廷的法令。例如贵族犯了贷出钱谷利息过高、欠别人债过期六个月不还、厚葬超过规定、非法收买田宅、强迫已经赎身的妇女为婢、派人到匈奴买塞外禁物、役使民人过久或过多、私出封地境界、杀伤民人、淫乱无道等罪,不能免法律的惩罚。不过,法令只是对无宠无权的贵族有效,有宠有权的贵族,特别是西汉后期的外戚贵族根本不受法令的约束。

贵族公费收入有一定限度,必须力求私奉养有额外增加,才能满足自己的贪欲。增加额外收入的方法:一个是勾结高利贷商贾,大量放债,借债人畏贵族权势,卖妻子田宅来偿还。贵族与商贾同享高利贷利益,受害者自然是农民和小工商。还有权势更大的贵族,如汉哀帝时曲阳侯王根在京师造大宅第,宅第内立两市,自营商业。一个是无限制地占有田地与奴婢。这种情势,到了西汉后期特别显出它的严重性,迫得某些感到危险的大官僚要求朝廷限田限奴婢。前7年,丞相孔光等奏请国王、列侯、公主、关内侯、吏(官吏)、民(一般地主与商贾)占有田地不得超过三十顷。占有奴婢:国王二百人,列侯、公主一百人,关内侯、吏、民三十人。孔光那种略为限制的主张,首先遭到贵族的反对,不得施行。

官僚:官僚是地主阶级的政治代表。秦确立了官僚制度,西汉巩固了这个制度,上起丞相,下至郡县小吏,都是等级不同的官僚,他们也有廉洁的,也有为人民做成大小好事的,但嗜利和暴虐却是一般官僚的本性。官僚嗜利除了直接勒索人民,还用其他方法来满足自己的贪欲。例如汉昭帝死时,修建墓矿,大司农田延年雇用民间牛车三万辆运沙土,每辆雇价一千钱。

田延年私增为二千,得赃三千万。又如丞相张禹,买上等田多至四百顷。又如贡禹请禁止近臣(皇帝亲信官)自诸曹、侍中以上各官,不得私自贩卖。足见有权势的官僚,很多兼营商业。朝廷大官嗜利,小宫也自然嗜利。一个大郡(十二万户以上郡)太守在任所死去,照例可得助葬钱一千万以上,死了还是嗜利。官僚嗜利成风,作为嗜利的一种手段的暴虐也随着成风。《汉书·酷吏传》说,西汉中期以后,酷吏众多,多到数不清,这也就是贪吏众多,多到数不清。

地主:无市籍地主是地主阶级的基层,丞相至郡县小吏,出生在这个基层。有市籍地主一般不得做官吏,只能依附官吏的权势。地主中大地主如贵族、大官僚、大商贾,人数较少,多数是中小地主。中小地主都想扩大自己的土地,但在通常情况下,一部分地主兼并土地上升了,也有一部分地主因子孙逐代分田下降为农民或遭遇其他原因破产了。如果上升与下降都急剧增加,中小地主数量减少,地主阶级内部和地主阶级农民阶级间的矛盾都将趋于激化,最后会爆发各种形式的战乱。

中小地主要加速上升,必须采取其他途径:一种是做官吏致富,一种是经营商业和放债,还有一种是暴力掠夺贫弱人。这三种一般是交错着的,统称为豪强。自一郡以至一乡一里都有大小豪强。西汉朝廷,常迁徙关东豪强到关中,借以缓和当地农民的反抗。汉武帝没收商贾的田产,严重打击了有市籍豪强;又迁徙强宗大姓,不使聚族而居,无市籍豪强也多少受了些抑制。汉武帝以后,豪强势力一直在增长,公元前73年,汉宣帝招募各郡国财产值一百万钱以上的吏民迁居平陵(汉昭帝墓地)。公元前45年,汉元帝造初陵,免徙富人居陵下。从强迫迁徙到自愿应募又到免徙,显示朝廷逐次对豪强让步。汉成帝造昌陵,陈汤奏称:朝廷免徙郡国富民到诸帝陵下,已有三十余年。关东富家愈多,霸占良田,役使贫民,请徙居昌陵,使中产以下得均贫富。汉成帝从陈汤议,公元前19年,徙郡国财产值五百万钱以上的豪强五千户居昌陵。五千户不过是大豪强群里的一部分,所谓均贫富,只能给不迁徙的大豪强增加田产,被兼并的贫民依然还是被兼并。

汉宣帝时,涿郡接连来了几任无能的太守,郡里豪强非常猖獗。大姓西高氏东高氏尤其凶横,谁都怕他们,说,宁可得罪郡太守,不可得罪豪强大家。两高氏包庇一群盗贼,称为宾客,抢掠后逃进高氏宅内,郡吏不敢追捕。郡人要张着弓拿着刀才敢走路。后来来了一个正直勇敢的太守严延年,治两高氏罪,诛杀各数十人,才把豪强镇压下去。中央集权与豪强割据两种力量的消长,关键在于加强中央权力。西汉后期中央权力逐步衰落,豪强势力逐步增长,到了末年,上层豪强的首领王莽夺取西汉的中央政权,到了东汉,中央政权成为两个豪强集团的争夺物。

大工商业主与高利贷商人——汉武帝收回盐铁钱三大业以后,原来因盐铁铸钱致富的商人,大都衰落。继起的巨富,以京师为例,有樊嘉、挚网、如氏、苴(jū)氏,王君房、樊少翁、王孙大卿等人。樊嘉有钱五千万,其余诸人各有一万万。这些大商贾多是子钱家(高利贷商人)和囤积商。王君房卖丹,樊少翁、王孙大卿卖鼓,算是大工商业,很可能兼放高利贷或囤积居奇。京师以外,成都罗裒有钱一万万,临淄姓伟有钱五千万,洛阳张长叔、薛子仲各有钱一万万。凡是大工商业主尤其是大子钱家大囤积商必须交通大贵族、大官僚,取得政治权力的保护。自此以下的各级商贾,也必须交通各级有政治权力的人,取得保护。高利贷和囤积商,不同于通货物有无的正当商人,正当商人每年取利息十分之二,高利贷囤积商取利息至少是十分之三,有时竟取息十倍。《汉书·货殖传》说:各郡国富民,兼营专利,依靠钱物在乡里称霸,人数多到数不清。所谓兼业,就是见利便图,不专一业;所谓专利,就是储蓄货物,垄断市价,这些正是高利贷囤积商的行为。高利贷商人是极其残酷的剥削者,是社会生产的破坏者,他们遍布全国,与政治权力相结合,组成广泛细密的剥削网。王莽变法,有赊贷一项,说明西汉后期高利贷剥削成为特别严重的一个社会问题。

地主大工商业主高利贷商人构成一个封建统治阶级,他们剥削的对象自然是广大的农民阶级。不过他们又各有数量不等的奴隶供剥削,因之兼有奴隶主身份。

西汉社会生产力比战国时期提高了,统治阶级的收入也增加了。这个巨量收入,用在有利于国计民生或对文化有贡献的事业费,只是较小的一部分。大部分都被统治阶级浪费了。浪费的种类很多,最普遍的是淫侈与厚葬。富贵人活着的时候,尽情享乐,皇帝后宫美女有时多至数千人。有些贵族妻妾多至数百人,豪富吏民养歌女数十人。汉文帝提倡节俭,贾谊描述当时民间富人的淫侈生活说:奴婢市上,奴婢穿着绣衣丝履,等待富人买去当婢妾,富人大贾宴宾客,用绣花白縠装饰墙壁。西汉前期,富人已经如此淫侈,何况到西汉中、后期,皇帝做了最大的淫侈人。正像贡禹所说,天下人民为什么会大批饥饿死,就是由于朝廷提倡淫侈的生活。富贵人死了的时候,在忠孝的名义下,臣子们必须给死者埋藏很多殉葬物。汉武帝死后葬茂陵,陵中埋藏金钱、财物、鸟、兽、鱼、鳖、牛、马、虎、豹及活禽兽凡一百九十种,耗费钱财无数,厚葬的风习愈益盛行。凡富贵人埋葬,宁愿空虚地上以求充实地下,因为地上空了,可以加紧剥削来补充,暂时空虚并不损害活富贵人的地上充实。这又正像贡禹所说:现在人民大批饿死,死又不得葬,为犬猪所食。甚至人相食。王者受天命,为民父母,难道该这样做的么!

封建社会主要生产者农民的生产力是很小的,自然,剩余生产物也是很小的，这使统治阶级的剥削受到一定的限制。如果地主阶级的统治机构——朝廷能正视这个限制，对统治阶级有些控制力，让农民保有一些剩余生产物，得以维持一家人的生活和进行再生产，这就叫做“治平之世”，西汉前期正是这样的一个“治平之世”。西汉中期农民生产力增进了，剥削也随着增进，特别是汉武帝时，曾经超过了一定的限制，引起农民相当普遍的武装反抗，有些农民则是沦为奴隶或饿死。不过，当时朝廷也做了不少有利于国家人民的大事业，所以西汉中期还是极盛之世。西汉后期，朝廷对整个统治阶级完全失去控制力，并由朝廷为首，不顾一定的限制，放肆地遂行贪多无厌的剥削，虽然当时农民生产力在严重摧残下仍有一些增进，却不能长期担负超限制的剥削，一般农民的生活降到最低限度以下，大批农民饿死或做奴隶，最后被迫大起义，西汉统治机构也就崩溃了。

中国三千年整个封建时代统治阶级的本质总是压榨农民，贪多无厌的。一个朝代里，政治有治有乱，本质并无二致。这就是说，农民生活有时好些，有时坏些，一般说来，农民本人的生产物，几乎全部被榨取去了，必须一家男女老幼全体劳动，并且不遭意外灾难，才能维持最低限度的生活，因此，中国封建社会的经济基础赋有小农业与家庭手工业紧密相结合的特征。

西汉疆域和文化影响的扩展

西汉经过六七十年的休养生息，社会经济逐渐繁荣起来，到汉武帝时达到极盛的阶段。繁荣的经济配合着汉武帝的才略，西汉中期成为中国历史上第一次大规模的扩展时期。这一次疆域的扩展，并不是不巩固的军事行政的暂时联合，而是一般地与中心地区黄河流域在经济上文化上联系起来了，这就为现代中国的广大疆域奠定了初步的基础。汉武帝进行战争五十年，在北方击败了强敌匈奴，在西方取得了三十六属国，在西南恢复庄断滇国的旧业，在南方消灭了南越赵氏的割据。对国外文化交流更频繁了。

一、对匈奴的战争

匈奴从殷周以来，一向是北境的强敌，秦末到汉初三四十年间，匈奴族在冒顿单于统治之下,武力达到空前未有的强盛。它东灭东胡,占有内兴安岭辽河上流地区;北败浑庾、屈射、丁零诸部,拓地远至贝加尔湖;西方驱走大月氏,并征服了楼兰、乌孙等二十多个国家,祁连山天山一带都归它统治;南面攻占秦所建置的河南地,与西汉北边郡县连接。亚洲东部沙漠草原,全属匈奴所有。匈奴为着统治这一辽阔的地区,在行政上划分为三部:中部由单于直接统治,东西两部设左右贤王分治。单于驻在地号称龙廷,是匈奴的政治中心。这个巨大的军事行政的联合,拥有骑兵三十万,眼睛都投注在富饶的汉地上。冒顿单于对汉文帝说:"诸引弓(游牧骑射)之民,并为一家"。这确是汉民族的一个大威胁。

匈奴是好战的游牧部族,至少在西汉时期,它已经存在着奴隶制度。匈奴人把奴婢叫做"赀"(财产)。奴婢的来源,主要是俘虏。西汉接近匈奴的郡县,人口和财物,都成了匈奴掠夺的对象,西汉必须进行正义的抵抗。

西汉前期,朝廷一直采取和亲政策,对匈奴忍让,企图换取边境的暂时安静。不过匈奴却愈益骄横了,连年入侵边郡,抄掠人口畜产。据史籍所记,陇西(郡治未详。东汉治狄道——甘肃临洮县)、上谷(治沮阳——河北怀来县)、云中(治云中——内蒙古自治区托克托县境)、辽东(治襄平——辽宁辽阳县)等郡经常遭侵袭,特别是云中、辽东,每年被匈奴杀害和掳去的人口在一万以上。匈奴"小入则小利,大入则大利",西汉完全处于被动挨打的地位。

汉景帝时,由于经济接近了极盛时期,军事抵抗力逐渐加强了,匈奴只能"小入盗边",双方力量的对比,开始发生变化。

前133年,汉武帝开始对匈奴进行长期的讨伐战争。汉武帝讨伐匈奴的全部战略是:在西方,一面切断匈奴与青海羌族的联系(到汉宣帝时,名将赵充国用屯田法确实切断了羌族与匈奴的联系),一面遣使寻求与国(如张骞出使西域),夹击匈奴;在东方,切断匈奴与满族的联系(公元前128年置苍海郡);在陇西代郡(治广昌——河北涞源县北)一带集合大军作为主力,给匈奴以正面的打击。此后的许多战役与许多军事措施,都是在这个战略原则下进行的。

公元前133年,汉武帝采纳了王恢的建议,遣马邑(山西朔县)人聂翁壹诱匈奴单于深入掠夺,汉兵三十万埋伏在马邑附近山谷中,准备一举歼灭匈奴的主力。

不料计谋泄露,匈奴迅速撤兵,逃出边境。从此西汉与匈奴展开了长期的频繁的战争。其中有三次是大规模的并且有决定性的大战争。

第一次:公元前127年,将军卫青率大军自云中向西迂回,击败匈奴白羊王、楼烦王,收复秦时河南地。汉武帝依蒙恬旧规模,建立朔方郡(治朔方——内蒙古自治区河套南),招募贫民十万口徙居朔方,作为防边的重镇。匈奴屡遭打击,公元前123年单于龙廷被迫迁往瀚海以北。

第二次:公元前121年,将军霍去病自陇西两次出击,一次逾焉支山(在甘肃山丹县),一次逾祁连山(在甘肃境),斩获匈奴四万余人。同年匈奴浑邪王杀休屠王,领数万人来降,汉安置降众在陇西、北地(治马领——甘肃环县东南)、上郡(治设在陕西绥德)、朔方、云中五郡的塞外,称为五属国。自金城(甘肃兰州市)以西至盐泽(罗布淖尔),匈奴从此绝迹。汉分河西地为武威、酒泉两郡。公元前111年,又增立张掖、敦煌,共四郡。河西四郡的建立,不仅切断了匈奴与西羌的交通,更重要的意义是开辟通往西域的走廊,为中国与欧洲在文化交流上准备了必要的条件。

第三次:公元前119年,汉武帝大发士卒,令大将军卫青、骠骑将军霍去病各将骑兵五万人,随军私马四万匹,步兵、辎重兵数十万人,分道深入漠北,捕捉匈奴主力。卫青出定襄塞外千余里,与匈奴单于接战,单于大败,率数百骑突围远遁,汉兵直追至漠北寘颜山赵信城。霍去病出代郡塞外二千余里,大败匈奴东部兵,斩获七万余人。这次大战,匈奴死人八九万,不敢再在漠南立王廷;汉死人数万,丧失马十一万匹以上,也不能再次大出兵,双方损失都是严重的,但汉胜匈奴败的局面却最后决定了。

在汉对匈奴长期交战中,出现了一些丧失民族气节战败投降匈奴,像李陵那样的人,但这只是极少数。绝大多数都是有民族气节,在任何情况下,宁死不忘祖国,像苏武那样的人。公元前100年,苏武出使到匈奴,被匈奴扣留。匈奴用迫害、诱惑等方法,要苏武投降,苏武早拼一死,坚持不屈,击败了匈奴胁降的诡谋。苏武留匈奴十九年,终于归还祖国,受到全国人高度的尊敬。

汉宣帝时,匈奴统治阶级内部发生严重的纷争,五个单于争夺统治权,最后呼韩邪与郅支两个单于据地对抗。公元前52年,呼韩邪单于降汉,愿为汉防守阴山。公元前36年,汉西域副都护陈汤在康居击杀郅支单于,呼韩邪单于复得匈奴全部土地。从此匈奴亲汉,不再南侵。此后六七十年间,汉北部边境呈现了"边城晏(晚)闭,牛马布野"的和平气象。

汉武帝一面打击匈奴,一面加强北部边防。加强边防的办法首先是大量移民。公元前119年,曾一次移民七十余万口。在东起朔方西至今居(甘肃永登县)的地区上,设立田官,督戍卒屯田,官供给牛犁谷种,以前的草原牧场,现在变成了使用牛犁的农业区。特别是河西四郡,到西汉后期,人口已达二十余万,经济文化发展都很快,在对外贸易和交流文化上起着重大的作用。

为确保河西地区的安全,筑新长城,自敦煌郡起接连秦长城,共长一万一千五百余里。这道新筑边城约一丈来高,三尺多宽,十分坚固。每隔五里十里的地方,筑有烽火台,设戍卒瞭望。遇有敌情,即将积薪苇炬点燃报警。日间的烽表利用桔槔能升到三五丈长的高杆上,远在三十里外都能看到。另外筑有许多叫做障的小城堡,有烽火设备,并驻较多的戍卒。戍卒都从内郡征调来,是农民服徭役的一种。在今天河西地方,长城的遗址看来只是些断壁残垣,但在两千年前,千百万劳动人民,为了保卫祖国,付出巨大的人力和财物,艰苦是难以想象的,因之今天残留着的一些遗迹,都是值得珍重的。

二、通西域

玉门关(今甘肃敦煌市西)、阳关(今甘肃敦煌市西南)以西中亚西亚乃至欧洲,汉时统称为西域。天山以南,昆仑山以北,葱岭以东有广大的塔里木盆地(天山南路)。这一带存在着三十六个小国,因为东部接连敦煌,汉势力向西发展,这些小国首先被征服。汉时狭义的西域,就是指的这三十六个小国。

三十六小国大的不过两三万人口,小的只有一二千人口。它们多数经营农业,生产技术却非常落后。约在公元前 177 年,匈奴征服了这些小国和伊犁河流域的乌孙,并在焉耆(新疆维吾尔自治区焉耆回族自治县)等国设"僮仆(奴隶)都尉",对这些小国进行野蛮的奴役和残酷的剥削。

汉武帝要截断匈奴右方的援兵,听说从敦煌祁连间西迁的大月氏,原是匈奴的死敌,因此募人出使大月氏,约大月氏夹击匈奴。公元前 138 年,历史上著名的大探险家汉中人张骞应募西征。张骞在途中被匈奴拘禁了十年,后来得便走脱,越过葱岭,经大宛(苏联乌兹别克共和国费尔干)、康居(在阿姆河以北,咸海与巴勒喀什湖之间的一带地方),到达大月氏。其时大月氏在妫水(阿姆河)北建立王朝,并击服妫水南的大夏国,游牧生活已经改变为农业生活,不愿东来再与匈奴为敌。张骞逗留了一年多,得不到结果,只好回国。归途中又被匈奴拘禁一年多。公元前 126 年匈奴内乱,张骞脱身回到长安。张骞出国时带着堂邑父等一百余人,前后十三年,只剩下张骞、堂邑父两个人回来。张骞生还,带来了有关远西诸国的新消息,从而促成了东西文化的交流,他的生还,是人类历史上一件值得纪念的大喜事。

公元前 119 年,汉武帝组织一个三百人的大探险队,每人各备马两匹,带牛羊一万头,金帛货物值钱一万万,令张骞为首,出使乌孙国。张骞在乌孙分遣副使,到大宛、康居、月氏、大夏等国,汉与这些西方大国开始了正式的交通。此后,汉武帝连年派遣许多使官到安息(波斯)、身毒(印度)、奄蔡(在咸海与里海间)、条支(安息属国,在波斯湾西北岸,底格里斯及幼发拉底二河会合处)、黎轩(又作犁靬,即大秦。这里是指当时附属于大秦的埃及亚历山大城)诸国去。汉文化随着这些使官广泛地传播到遥远的西方。

由于对匈奴战争的胜利，特别是河西四郡的建置，汉武帝更进一步的向西域发展政治势力。公元前108年，汉出兵击败亲附匈奴的楼兰（新疆维吾尔自治区罗布淖尔西北）、姑师（即车师，在新疆维吾尔自治区吐鲁番盆地）两国，俘楼兰王。公元前104年，汉武帝因求大宛汗血马，遣贰师将军李广利率数万人出击。战争前后历时三年，大宛败降。汉得大宛好马三千余匹。大宛被围时，也学得汉人的掘井法。

这次战争之后，匈奴奴隶主在西域的统治权，从此转移到封建制度的西汉方面。经过几十年的经营，公元前59年，汉宣帝任用郑吉为西域都护，汉在西域各国的统治愈益巩固起来。

汉对西域战争的胜利，西方道路的畅通得到了保证。河西四郡最西的敦煌郡成为中西交通的总枢。由敦煌西至楼兰，再向西行即分为两道：一缘昆仑山北麓至于阗，称南道，一缘天山南路至疏勒，称北道。另自哈密西行也分两道：一自天山南路西去，会合北道至疏勒，一缘天山北麓西去大宛、康居。自疏勒西去又分两道：一向西南经大月氏、大夏以至安息，一向西北经大宛、康居以至奄蔡。这些道路都是西汉以来中西交通的干线，特别是从疏勒西南行的那条路，通往印度、西亚乃至欧洲，尤为重要。

在这种新形势下，中外文化的交流开始了一个新纪元。

从西方传到中国来的，就物产方面说，家畜有汗血马，植物有苜蓿、葡萄、胡桃、蚕豆、石榴等十多种，这些物产的输入，给中国增加了新财富。就文化方面说，有乐器乐曲的传入。张骞传来《摩诃兜勒》一曲，乐府因胡曲更造新声二十八解，朝廷用作武乐。西汉晚期，印度佛教哲学与艺术，通过大月氏传入中国。希腊罗马的绘画也在一世纪中传到天山一带。这些西方文化特别是佛教哲学的东来，大大影响了东方人的精神生活。

高度发展了的汉文化也大量传播到天山南北以及更遥远的西方。

汉在西域设田官，督戍卒屯田。推行地下穿井的井渠法，使沙漠地区得到灌溉。据《水经注》所载，敦煌人索劢率兵士千余人至伊循城屯田时，曾调集鄯善、焉耆、龟兹等国兵士三四千人，把发源昆仑山的注宾河（卡墙河）巨流横断，掘渠分水，灌溉农田，许多瘠土变成了沃壤，不过三年，就积粟百万石。这些进步的生产技术，传到西域，对三十六国人民是有利的。

西域各国贵族子弟经常到长安学习汉文化，受到重大的影响。与汉通婚姻的乌孙王，生了个女儿，长成后来中国学弹琴，路过龟兹，被龟兹王留作夫人，并一同到长安学汉人生活风习。这是一个小的故事，但也说明汉文化对西域诸国的影响。

从中国传到中亚以至欧洲去的货物，主要是丝、丝织品、钢铁。炼钢术的西传,更是对人类文明的一个大贡献。

中国的丝和丝织品早在战国时期,已成世界著名的特产。公元前四、五世纪,希腊人称中国为塞里斯(Seres),意思是丝国。自通西域后,汉与中亚的交通更畅,丝的输出也更多了。安息地当中亚和欧洲交通的要冲,丝就靠着安息商人转输到欧洲。

大宛自中国学会凿井术,同时也学会炼钢术。《汉书·大宛传》说:大宛以西到安息国,都不产丝、漆,也不懂得铸铁器,后来汉的使官和逃兵教他们铸铁造兵器。显而易见,中亚各国炼钢术都是在通西域后从中国学得的。

罗马博物学者普林尼(公元27—79年)在其著作中,对中国铁器曾大加称赞,认为是优良的卓越的产品之一。普林尼所称赞的中国铁器,不论是亲见或传闻,中国铁器在当时世界上质量最好,却是事实。

印度迦湿弥罗人纳剌哈里于1235—1250年间所著《药学字典》中记有"钢"字,其中之一的Cina- ja,译意是"中国生"。这说明中国钢曾传到印度。既然炼钢术或铁器已在公元前一世纪传到大宛,公元一世纪中又见于罗马人的著作中,那么西汉时在陆路上(一自西域,一自云南)和海路上与中国相通的印度,很早获得中国钢是极有可能的,虽然《药学字典》成书在十三世纪。

张骞向西方"凿空"(探险),西汉通西域,东汉再通西域,都是有益于人类进化的事业。

三、向南、西南、东南的扩展

南粤——秦时真定(河北正定县)人赵佗为龙川县(广东龙川县西)令,汉初割据岭南诸郡称王。汉武帝时,南粤统治阶级内部握有实力的吕嘉一派,杀死南粤王及汉使。公元前112年,汉武帝遣将军路博德、杨仆等率兵十多万人,自湘、赣、黔、桂分道出击。翌年征服南粤国。

西南夷——居住在今四川西南、西康南部和云贵地区的各族,汉时通称为西南夷。他们有的还处在氏族部落状态中,有的已进入到奴隶社会,形成小国家。这些小国家里,夜郎(贵州西部一带)、滇(云南晋宁一带)和邛都(四川西昌一带)较大。西南夷一向和巴、蜀、南粤有商业来往。公元前122年,张骞说他在大夏国时,见到蜀布和邛竹杖,知道是从身毒得来的,身毒在大夏东南数千里,有蜀地产物,推想自西南夷通往身毒一定不很远。汉武帝听了很喜欢,派遣使官十余人,带着财物,分四路深入西南夷地区,寻求通身毒的道路。公元前111年,汉武帝灭南粤,发兵击西南夷,夜郎、滇等国及许多部落,先后请归附。汉先后设置牂牁(zāng gē)、越嶲(suǐ)、沈黎、汶山、武都、犍(qián)为、益州等郡。

东瓯与闽粤——东瓯(建都在浙江温州市)与闽粤(建都在福建福州市)都是汉的属国。公元前138年,闽粤攻东瓯。东瓯为闽粤所攻,东瓯请全国迁居内地。汉武帝允许东瓯人迁居江淮之间。汉灭南粤后,闽粤起兵反汉。公元前110年汉灭闽粤。

自南海郡西至益州北至武都,汉武帝置十七个初郡(南粤九郡、西南夷七郡及零陵郡),中央统治势力得到广泛的发展。这些非汉族的各族居住地区,很自然地转化为郡县,武力只是起催促的作用,主要还在于汉族较高的政治、经济、文化影响非汉族的各族,它们感到请改为郡县对自己有利。汉承秦旧制,初郡不收税赋,仅令每人出极轻微的钱或布,称为賨(cóng)钱、賨布。原来的大豪酋家连賨钱、賨布也免收。初郡的官吏俸食及用具,都由附近郡县供给,不在本地征取。初郡居民并不因改郡县加重了负担,恰恰相反,改郡县可以得下列各种利益:①郡县官吏的封建统治比原来豪酋的奴隶主统治要文明得多,虽然封建统治本身也是带有野蛮性。②改郡县后,汉制铁器和一般生活必需品,不受关市限制,可以自由购买,生产力得以提高。③与汉族人杂居,汉文化帮助各族逐渐脱离落后状态,向高级文化前进。还有一点是各族得保持旧风俗习惯,汉官不加干涉。初郡顺利地成为汉郡县的一部分,原因在此,初郡要经过几百年,才变成普通郡县,原因也在此。

四、汉与朝鲜的关系

朝鲜与中国有久远的关系。汉初,卫满在朝鲜立国,在大同江南岸的王险城建都,统治着朝鲜半岛的西北部分。至卫右渠时,发动对卫氏王朝的战争。公元前109年,汉武帝遣荀彘率陆军出辽东、杨仆率楼船(水军)渡渤海攻卫氏王朝,公元前108年,在汉朝境外,原来卫氏的统治地区,设置玄菟、乐浪、真番、临屯四郡。后来汉昭帝废真番、临屯,只存玄菟、乐浪两郡。乐浪海外的倭人(在日本),分立百余小国,通过乐浪得与中国接触,汉文化开始输入日本。

汉武帝在位五十四年,进行了五十年的大小战争,"海内虚耗,人口减半",人民遭受的损害是非常严重的,但是,当时所进行的大小战争,主要是反对匈奴的侵扰和加强国内的统一,因之汉武帝是中国古代历史上立有大功的一个皇帝。

七国之乱被平定

汉景帝三年(公元前154年)正月,同姓王七国叛乱。2月,周亚夫平叛成功。

刘邦在位时,消灭异姓王,代之以同姓王,以为同姓王更为可靠。其实,在权力面前是无所谓亲疏的。权力之欲是人性中的因素,不会因为关系远近而改变。只要自认为有了足够的势力,同姓与异姓之王一样,都会觊觎帝位。文帝时,吴王刘濞(刘邦兄长之子)因为铸钱而发了大财,势力大长。贾谊和晁错都曾上疏,建议削弱诸王的势力。

七国之乱被平定

公元前164年,文帝曾将齐国一分为六,淮南国一分为三。到景帝初年,吴王更加骄横,晁(cháo)错又上"削藩策",指出,无论朝廷是否削弱其势,藩王的反叛已成定势。区别只在于,削之令其急反,祸小易治;不削使其迟反,祸大难平。景帝采用晁错的建议,削夺楚王东海郡,赵王常山郡,胶西王六县。

当下令削夺吴国的会稽郡和豫章郡时,吴王便联合楚、胶西、赵、济南、淄川等六国,共七国藩王,以"诛晁错,清君侧"为名,发动武装叛乱,史称"七国之乱"。

七国之乱是长期形成的旧制度残余势力的最后挣扎,本与晁错个人的反对与否无关。所以,当景帝听信谗言,杀死晁错之后,吴王刘濞自称"已为东帝",拒不罢兵。景帝无奈,只好派出周亚夫率军平乱。

周亚夫采纳赵涉的建议,从武关出兵,到达洛阳。此时,吴王正急攻梁地(今河南开封),亚夫采用"围魏救赵"之策,不救梁国,引兵东走昌邑(今山东定陶),坚壁而守。同时派出轻骑兵断绝吴、楚粮道。吴、楚联军攻不下梁地,加之供应短缺,只好退兵。周亚夫乘势追杀,吴军一败涂地。刘濞在逃跑中被东越之人杀死,其余六国之王,或被杀,或自杀,七国之乱就此平息,前后不过三个月。

张骞出使西域

张骞出使西域

汉武帝建元三年(公元前138年),张骞首次出使西域,开始了他一生争取国家统一与和平的外交努力。

汉朝以来,历代帝王对匈奴主要是采取和亲怀柔的政策,以期避免战事。到年轻气盛的武帝时,很想改变这种示弱的局面。这一年,武帝想联合曾受匈奴人欺逼而远遁西域的大月氏,夹击匈奴。武帝招募出使西域的志愿人员,有汉中成固(今陕西城固)人张骞,自愿应募,率一百余人向西域进发。不料途经匈奴地方时,为匈奴人俘获,被囚10年之后,才得以逃脱。汉朝本来并不知道大月氏的确切地方,张骞等人多方寻找,到达现在的中亚一带,方才找到。可是,眼前的大月氏,土地肥沃,无人侵扰,早已失去了报复匈奴人的心思,再加上与汉朝相距甚远,联合攻击匈奴之事显然行不通。张骞不得要领,在大月氏盘桓一年有余,无功而返。归途中又被匈奴人扣留一年多,到公元前126年,即出使西域的13年后,才回到长安。张骞此行,虽然因为客观原因未能完成出使任务,但却推动了中原地区与西域各国各地区的了解和联系。而张骞本人,虽然在匈奴人那里娶妻生子,却仍然仗持汉使符节,也为外交人员树立了榜样。此后,张骞先后多次出使西域和西南诸国,成为西汉最有名的外交家。

武帝设置“五经博士”

汉武帝建元五年(公元前136年),根据董仲舒的策对,汉武帝设置“五经博士”,加强他对儒生的政治利用。

汉武帝设置“五经博士”

讲经、读经和传经，是汉代思想界的主流。所谓经，就是儒家的经典，据儒家内部的看法，都是经孔子删定后，由孔子弟子代代相传的。汉代的经学有“今文”和“古文”之别。今文是由经师们代代相传，用当时的文字记载下来的经典；古文则是用秦以前的文字写成的。因为有秦始皇的焚书和项羽的火烧咸阳，就增加了儒家经典保存和流传的难度和不可靠的程度。几乎在每一部经典上，今文学和古文学都有分歧。但它们的可信程度，并不在于以什么时代的文字写成，而在于它们的内容是否合理。在汉武帝的时代，今文经学占据上风，他下令设置的五经博士，即研究《诗》《书》《礼》《易》和公羊《春秋》的学者，都是宗今文之学的。

从汉朝初年开始，与休养生息的政策相配合，在思想界占上风的是黄老之学。但是，黄老之学既没有像样的经典，又不便在老百姓中间宣传。而黄老之学的实质，并不是表面上所说的清静无为，而是为施行法家的政治措施开道。从最高统治阶层来说，以法家的手段统治百姓诚然有效，但法家思想的致命弱点，是不便公开言说。所以，精明的汉武帝，马上利用了董仲舒的对策，给那些喜欢批评时政的儒生创造做学问的条件，让他们一门心思地宣扬儒家主张。这样一来，既以荣誉和俸禄封住了他们的批评之口，也给自己的政府树立起崇尚仁义的形象。因此，所谓五经博士，只是统治者推行法家思想的装饰。

卫青、霍去病抗击匈奴

汉武帝元狩六年（公元前117年），大司马冠军侯霍去病死，北方抗击匈奴的战斗也告一段落。

在前一年，武帝命令卫青、霍去病率5万骑兵、几十万步军和转运粮草者，分别从定襄和代郡出发，向漠北穷追匈奴。卫青大破匈奴单于，霍去病则大败匈奴左贤王。自此以后，匈奴元气大伤，远遁而去，汉朝也消耗颇重，无力大举出击。战后，卫青、霍去病都受到了重奖。

卫青（公元前106年），字仲卿，河东平阳（今山西临汾）人，本是武帝姐平阳公主的家奴，在武帝对匈奴的战争中，从中下级军官做起，最后官至大将军，封长平侯。卫青一生共7次出征匈奴，在公元前129年的上谷之战中，武帝派出四路大军打击匈奴，只有卫青一路获胜。公元前127年，在河南之战中，卫青等再次击败匈奴，占取河南（今黄河河套西部北）地区。公元前124年，卫青任大将军，节制诸将，出塞六七百里打击匈奴。从此之后，卫青几乎年年率军出战。公元前123年，卫青统帅六员大将出击匈奴，诸将功少，独有担任票姚（勇健轻捷之意）校尉的霍去病率轻勇骑800人，俘斩匈奴相国及骑士两千余人，被武帝封为冠军侯。公元前121年，霍去病担任骠骑将军，率万骑出陇西，历经5个匈奴王国，转战6日，行千余里，杀匈奴二小王，俘浑邪王子及相国等，俘斩八九千人；同年夏天，再次率李广等三将军出征，斩首三万余，俘获小王七十余人。在漠北之战后，武帝为霍去病建造宅第，以示奖掖，霍去病则表示："匈奴未灭，无以为家！"

霍去病

苏武受命出使匈奴

汉武帝天汉元年（公元前100年），苏武受命出使匈奴，一去难归。

匈奴与汉朝连年开战，双方都有力不从心之感。前一年，新继位的单于想与汉朝通好，派出使者，把历年来拘押起来的不愿投降的汉朝使者送归。为表示汉朝诚意，武帝在这一年派出中郎将苏武、副中郎将张胜等，送还被汉羁留的匈奴使者。苏武等人到达匈奴时，已经投降匈奴的汉人虞常等与张胜密谋，想把单于的母亲阏氏劫到汉朝。不料密谋败露，单于就把苏武召来，说服他投降。苏武表示，既然不能完成使命，即使活下来，又有何颜面归汉。苏武拔刀自尽，被人救下。单于软硬兼施，不能奏效，就把苏武幽禁在一大窖中，断其饮食。苏武吞旃（zhān）饮雪，数日不死，匈奴以之为神，又把他流放到匈奴最北边的无人之处，大概在现在的极地附近，让他放牧雄羊。匈奴告诉苏武，如果能让雄羊产子，就可回归。

苏武独自在北海之上与羊为伴，由于缺少饮食，甚至挖取鼠穴中的老鼠食充饥。为了坚持自己的身份,苏武持节牧羊,起卧操持,以至节旄(máo)尽落。期间,单于曾派李陵到北海来,劝苏武投降,苏武誓死不从。到了公元前81年,又有新单于继位,内政混乱,常恐怕汉军袭击,决定与汉朝和亲,这才将苏武等人送归汉朝。回到京师后,汉昭帝任命他为典属国,负责少数民族事务。苏武羁留匈奴19年,出使时是中年之人,回归时则须发尽白。这段持节史,也成为千古美谈。

苏武牧羊

司马迁与《史记》

汉武帝天汉二年(公元前99年),司马迁因为替李陵辩白,被武帝处以宫刑。由此,司马迁无心他顾,发愤完成巨著《史记》。司马迁,字子长,左冯翊夏阳(今陕西韩城)人。其父司马谈担任太史令,是当时有名的学者。司马迁幼时随孔安国学习古文《尚书》,并受其父亲的影响,在不断增长学识的同时,对历史情有独钟。20岁时,司马迁开始游历大江南北,欣赏天下的名山大川,名胜古迹,对于人文地理,尤其注意考察。后又跟随武帝出游,对于现实政治亦多有了解和思考。公元前108年,司马谈病亡,司马迁继承父职,为太史令,并接受父亲遗命,准备续写司马谈正在撰写中的《史记》。这一年,因为替投降匈奴的李陵辩白,盛怒之下的武帝,对司马迁处以宫刑。受此大辱之后,司马迁一头扎在《史记》的写作之中。历经十余年,终于完成了这部划时代的历史巨著。

司马迁与《史记》

《史记》原名《太史公书》,严格来说,是由司马父子二人共同完成的。此书由十二本纪(王朝或帝王的编年大事记)、十表(大事年表和人物年表)、八书(典章制度)、三十世家(诸侯、宗室、重要人物的传记)、七十列传(一般人物传记)组成,共52万多字。在时间上起于传说中的黄帝时代,止于眼前的汉武帝时期,以人物传记为主,兼用编年、记事等手法,开创了传记体史书之先河。

“巫蛊之祸”

巫蛊之祸

汉武帝征和二年(公元前 91 年),武帝大兴“巫蛊之祸”,太子被杀。

所谓巫蛊,是指巫师利用邪毒之术,设法诅咒人的统称。武帝晚年迷信神仙、巫师和方士,为求通达,他们纷纷聚集在京城寻求机遇。他们求得武帝赏识的途径之一,就是与宫中后妃结交。后妃之间本来彼此嫉妒,此时便利用巫蛊,相互诅咒攻讦。随后,她们又向武帝彼此告发,以为诅咒皇帝。武帝大怒,后宫及大臣被杀者,共计有数百人。这是巫蛊之祸的最初发展。

在此之前,武帝任命江充为绣衣使者,专门监督贵戚和近臣。太子据家人犯法,江充上奏武帝,因此而大见信用。武帝晚年多病,江充恐怕武帝死后受太子报复,就向武帝进言,说是武帝的生病,原因就在于巫蛊,即有人在诅咒武帝快死。武帝命江充调查,江充就诬言太子宫中木人甚多,还有帛书,矛头所向就是武帝。太子惧遭罪,捕杀江充等人。武帝下令捕斩太子,太子发兵对抗。双方激战 5 日,太子兵败,自杀而亡。在这场巫蛊之祸中,前后有几万人受牵连而死,成为中国历史上少有的冤案之一。

到了第二年,在对巫蛊的深入调查中发现,人们所举发的巫蛊,大多无法证实。又有大臣田千秋上书武帝,为太子述冤。武帝大受感悟,召见田千秋,任命为大鸿胪,同时族灭江充之家。

武帝托孤

武帝后元二年(公元前 87 年),汉武帝托孤之后死去,完成了一代雄主的统治。

汉武帝是在所谓的“文景之治”的政治基础上执政的。但是，与他的先辈不同，武帝好动不好静，是中国古代专制制度下典型的雄主。他对外推行强硬政策，特别是对于不断入侵内地的匈奴人，采取了军事对抗的手段；对内则强调个人专权，不仅彻底铲除了诸侯的势力，而且大力削弱丞相的权力，使政府成了为他个人服务的机构。好在他在晚年时对以前的政策进行了大的调整，才不至于出现秦始皇式的结局，没有在自己身死之后就把王朝推向灭亡。

武帝托孤

武帝因为自己喜好神仙而引发了巫蛊之祸，并导致了太子之死。在上一年，武帝准备把少子弗陵立为太子，但又恐怕弗陵年幼（年仅八岁），重演吕后专权的故事，就把弗陵的生母赵婕妤赐死。同时，又把传说中的周公旦背负成王接受诸侯朝见的故事绘成图画，告诫掌握军权的霍光（霍去病之弟）。这一年2月，武帝病重之际，霍光请求临终嘱咐，武帝说，立少子弗陵，你来行周公之事，即让霍光摄政辅佐。武帝封霍光为大司马、大将军，金日磾为车骑将军，上官桀为左将军。武帝死后，这三个将军组成的军人权力核心共同辅政。就这样，武帝长达五十多年的统治结束了。

王昭君出塞

汉元帝竟宁元年（公元前33年），王（嫱）昭君自愿出塞，担当和平使者。

在武帝时代，武帝倾尽全力与匈奴做军事对峙，虽然国力大损，但到昭帝和宣帝时代，匈奴的势力受挫严重，不得不由攻势转为守势。在宣帝时，匈奴内部争夺权力，发生了“五单于”并出相争的内讧（hòng），最后形成北部郅支单于和南部呼韩邪单于的对立。呼韩邪单于为了自身安全，下决心与汉朝和好，并两次亲自朝见汉帝。此时，汉朝对匈奴的政策也由全面的军事对抗改为以拉拢亲善为主，军事手段为辅。对于郅支和呼韩邪两单于，汉朝采取一打一拉的策略，在公元前36年，出兵攻杀郅支单于，使呼韩邪单于更坚定了与汉朝的团结。在上一年，当呼韩邪单于听到郅支单于被诛的消息后，又一次亲自拜见汉元帝，并表示愿意做汉朝之婿。在这一年，元帝答应了呼韩邪单于的和亲要求，并在后宫中征募志愿者。有宫女王嫱，自愿应募，元帝就把她远嫁给了呼韩邪单于，号称“昭君”。

王昭君容貌丰美，仪态大方，通情识理，深得呼韩邪单于爱慕，特加号“宁胡阏氏”。昭君生有一男伊屠智牙师，后为匈奴右日逐王。呼韩邪单于死后，昭君遵从匈奴风俗，改嫁呼韩邪大阏氏的长子复株若鞮累单于。王昭君在匈奴期间，由于她的影响力，匈奴朝廷一直与汉廷通好。北方与匈奴接壤的边境地区，人民安居乐业，和平团结的局面一直维持到西汉末期。

汉成帝宠幸赵飞燕

汉成帝宠幸赵飞燕

汉成帝鸿嘉三年（公元前 18 年），汉成帝宠幸赵飞燕，无心主理朝政。

成帝即位时年少，以太后王政君为首的王氏家族把持朝政，几乎没有成帝发言的余地。成帝自幼生长宫禁之中，也没有成就一番事业的雄心，就索性把朝政交与王氏，自己乐得逍遥取乐。这一年，成帝微服巡行，经过阳阿公主家时，对歌舞女赵飞燕很感兴趣，就连她的妹妹合德，一同召入宫中，大为宠幸。这时，宫中受宠的是许皇后和班婕（jié）妤（yú）。而赵飞燕则乘机谮（zèn）告许、班二人，说她们挟宠媚道、诅咒后宫，对皇帝也有不善之语。这一年的 11 月，许皇后被废，周围的亲信都被处死，亲属归故里。班氏一看情况危急，主动要求到长门宫侍奉太后。自此以后，赵飞燕更受宠幸，姐妹二人均被封为婕妤，贵倾后宫。而汉成帝则朝夕与赵氏姐妹相欢，朝政全部交给了王氏掌管。

公元前 7 年，成帝突然死去。据说，成帝一向身体很好，头天晚上入睡时还挺正常，第二天早晨却不能起床，什么也说不出来，随即死去。人们很自然就把罪责归在了赵飞燕头上。皇太后令大司马王莽与御史、丞相等共同审理此案，询问皇帝起居发病时的情况。赵飞燕此时已被封昭仪，自忖（cǔn）难以免罪，只好自杀。不过，以理度之，赵氏因成帝而贵，不可能杀死成帝。倒是王氏篡权急切，很可能嫁祸于赵氏。

大司马王莽主政

大司马王莽主政

汉哀帝元寿二年(公元前1年)9月,汉孝帝即位,因为年仅9岁,由大司马王莽主政。

王莽的专权并非偶然。汉成帝时,外戚王氏专权,太后王政君之父兄都被封侯。而王莽之父王曼,虽然也是政君之兄,却因早死,未及列侯。王莽的堂兄弟们都是“五侯”之子,因时侈靡,整日声色犬马,无所事事。王莽孤贫,没有享受的条件,就内自发愤,决心有所作为。他外表英俊,内事诸叔父,颇得好评。大将军王凤生病之时,王莽数月不解衣带,在床前服侍。王凤临死时,把王莽托付给了太后和成帝,被任命为黄门郎。到公元前16年时,受封新都侯,升迁到侍中。公元前8年,大司马王根久病,推荐王莽继任。王莽虽然身为三公,但却想得到超过前人的美名。其母生病,公卿列侯派出夫人们看望。王莽之妻出门迎接,穿着与仆役相似。当人们得知这就是大司马夫人,都非常惊讶。

公元前7年,汉哀帝继位后,王氏一族的权势受到一定程度的抑制。哀帝开始任用皇后傅氏的亲戚,于是,王莽被免职。哀帝死去,因为没有法定太子,太皇太后王政君又开始发挥她的影响力。王莽再次被任命为大司马、领尚书事,大权在握。王氏为巩固势力,挑年仅9岁的平帝继位。结果是,王政君临朝听政,王莽主政,百官听命于王莽。西汉政权名存实亡。

王莽称帝建立“新”朝

居摄三年、初始元年(公元8年)12月,王莽称帝,正式取代西汉刘氏政权。王莽在公元1年主政之后,就积极准备篡位。在为自己加官晋级到顶点之

王莽称帝建立“新”朝

时，便开始动手消灭刘氏皇帝。在平帝即位之初，王莽担心外戚卫氏夺权，就通过太皇太后王政君，让平帝的母亲卫姬留在平帝原来的封地中山，不能到京城。平帝一天天地长大，明白的事情也越来越多，就为母亲被隔绝一事不断发出怨声。于是，公元 5 年，王莽在年终大祭之时，用毒酒杀死了汉平帝。平帝死后，王政君下诏，立宣帝玄孙刘婴为太子。可刘婴此时不过两岁，这样，就使王莽以效法周公为名，担当起了摄政者。王莽自称“假皇帝”，臣民谓之“摄皇帝”，离真正的皇帝只有半步之遥了。

从公元 3 年开始，各地就不断武装起事，试图阻止王莽的图谋。先是阳陵人任横自称将军，起兵发难。公元 6 年时，刘氏家族的安众侯刘崇起兵，打的也是反对王莽的旗号。公元 7 年时，更有东郡太守翟义，拥立汉室宗亲严乡侯刘信为天子，发兵讨伐王莽。同一年，民间义士赵明、霍鸿等起义，响应翟义，险些攻破长安。为免前功尽弃，公元 8 年 11 月，王莽先行改元为初始；然后又支使梓潼（tóng）（四川梓潼）人哀章见机行事。哀章一向无行，喜好大吹大擂。在 12 月某一天的黄昏时分，手捧一个特制的铜匮。上书“王莽为真天子”，来到刘邦的祠庙（高庙）。王莽得知之后，亲自到高庙，拜受金匮，回到未央宫前殿，正式称帝，定国号为“新”，以 12 月为建国元年正月。至此，西汉王朝正式被王莽的新朝取代。

王莽托古改制

汉平帝元始元年（公元 1 年），王莽号称“安汉公”，在复古的名义下大行私欲。

王莽自主政之始，便有取代刘氏的长远打算。为此，王莽做了精心安排，其中最重要的一项，是所谓的托古改制，以使天下人与刘氏政权疏远，最终接受他的统治。公元 1 年，王莽把大司农改称羲和，封分周公和孔子之后人，追谥孔子。4 年，在经学家刘歆的策划之下，设立周礼中所谓的“明堂”“辟雍”和“灵台”，以效仿古制。他还为学者筑舍万区，立《乐经》博士，为每经增加博士员五人。同时，征诏天下通一经者和对古代文献典籍有研究者，由政府派专车迎至京城。前后有数千通晓古制古礼和古代知识的能人被请到王莽身边，替他文饰。

在拉拢社会中上层的同时，王莽也没有忘了下层百姓。2 年时，郡国大旱，有蝗灾，民流亡。王莽自愿出钱百万，献田 30 顷，由大司农负责帮助贫民，公卿大夫不得不群起仿效。王莽又派出使者捕蝗虫，百姓捕得蝗虫，按量受钱。他把安定县改称安民县，把贫民迁居到此，赐予田宅和农具；还在长安城筑宅二百区，以安置贫民。3 年，又为吏民制定了养生、送终、嫁娶等制度，还在郡、国、县、乡设立学官和经师。

能为全社会之人考虑，当然是好事。但王莽所做的这些好事，只是手段，而不是目的。在主政之初，他就自以为功德可比于周公。阿谀之臣乘机给他上号"安汉公"，王莽假意推辞四次，最终接受。后来，他加号为"宰衡"(周公为周太宰，伊尹为商阿衡)，位在三公之上。到了 5 年，王政君特策王莽以"九锡"，即九种特殊的待遇，更在群臣之上。所以说，王莽慕古和复古的目的，全在于为他的篡权作准备。

王莽的经济改革

居摄二年至天凤元年(公元 7—14 年)，王莽实行了一系列经济改革，以失败告终。

王莽的经济改革从币制改革开始。西汉的币制，到武帝后期基本确定，即以五铢钱为通行货币。王莽为显示自己的权威，在 7 年造错刀和契刀币，与五铢钱并行，刁民多有盗铸者。两年之后，王莽称帝，发布第二次改币令，废除了与"刘"字有关的五铢钱和自己下令铸的错刀等，更铸小钱，重一铢。为防止盗铸，又禁止采铜烧炭。又过一年，进行了第三次改革币制。废除以前所有货币，一律使用宝货，即根据不同的质地和重量，把货币分为五物、六名、二十八品。由于各币之间的兑换相当复杂，在流通时阻力很大。于是，在公元 14 年，第四次改革币制，只流通各重五铢和二十五铢的两种货币，货泉和货布。每次货币改制，都使相当部分的人家破产罢业，严重影响了经济的平稳发展。

王莽称帝之后，在西汉经济体制下得利的豪强地主，成为新王朝的主要反对势力。为削弱这股势力,王莽以平均强者和弱者之处境为名,禁止买卖人口,宣布天下所有田地更名为王田,并规定了一定人口的人家拥有田地的最高限额,多余的要分给同族同乡之人。王莽认为这就是上古所说的井田制的原则。对于违犯这一原则的诸侯卿大夫和庶民,虽然有很严厉的处罚措施,并且确实处罚了不少人,但到了公元 12 年,在豪强们的强大压力下,不得不允许王田及奴婢的私人买卖。

在商业领域,王莽的改革措施是推行"五均、赊货、六斡"之法,由政府对工商业的经营和物价进行统一管理。在各大城市,在每一季度由有关官员确定主要商品的物价,称为"市价"。商人的商品高于市价时,政府就把自己的存货按市价出售;低于市价时,则任其买卖。商人如果缺乏资金,可以向政府赊货做买卖,并交付百分之三的利息。这就是"五均"和"赊货"。至于"六斡",则是由国家垄断经营盐、铁、酒、铸钱、五均赊货、名山大川的税收。这样的政策,看上去对发展工商有利,但实际上主持五均和赊货的,都是富商大贾。也就是说,在工商领域的改革,只是富了少数人。

对匈奴的全面战争

新莽始建国二年(公元 10 年)12 月,王莽发动对匈奴的全面战争,西汉后期对匈奴的政策被完全改变。

王莽政权最大的失策,就是对匈奴的对抗政策。西汉后期的安定局面,很大程度是由于对匈奴实行了和亲政策。可是,王莽主政之后,为了显示自己的威势,也为了转移人们对他的国内政策的意见,在对匈奴的政策上,由强硬立场出发,最终发展到了武力压服的地步,使自己陷入非常被动的境地。

公元 3 年,由于跟西域都护府官员的矛盾激化,先后有车师王和羌王逃亡到匈奴。王莽就此事向匈奴单于宣布了禁令,不得接受逃亡到匈奴的汉人、乌孙人、西域各国佩汉朝印绶者以及乌桓投降匈奴者。同时又强求匈奴单于改称一个字的名,以符合汉制。这种有损尊严的做法,使匈奴单于内心颇为不满。王莽称帝后,为了宣扬武威,又收回了汉朝发给匈奴和西域各国的印绶,改用新莽朝的印绶。匈奴单于实在不愿忍受,就在这一年故意向王莽索要汉朝的旧印绶。王莽不给,匈奴就开始侵扰周边的郡县,向王莽挑战。匈奴的挑战,早在王莽的预料之中，因为他早就想以武力制伏。于是，在公元10年的12月，王莽派遣立国将军孙建等，率12将，甲卒30万人，分六路并出，先到达屯边之郡，计划穷追匈奴，把匈奴的土地和人民分为15国，立呼韩邪单于的子孙15人为“降奴服单于”。第二年，匈奴单于得知王莽的打算之后，非常愤怒，下令各部落侵入边塞，大肆杀掠。王莽大军正式出击之前，将军严尤劝道，天下连年饥馑，西北一带尤甚，大用民力，不一定能成功。王莽不听。结果，大军出击，征发苛急，致使人民流亡为乱。没过几年，西北边境一带了无人烟，野有暴骨，一片惨相。而王莽政权也陷入了与匈奴的无穷征战之中，直到耗尽最后一名甲卒。

对匈奴的全面战争

《尔雅》成书

《尔雅》是中国第一部以训释字、词为主要内容的训诂学专书，它开创了我国词义分类和比较研究的训诂学新阶段。它与《说文解字》《方言》《释书》一起构成了汉代小学的高峰，是中国语言文字学研究的重要里程碑。

关于《尔雅》的作者及成书年代，有很多说法，郑玄认为它是孔子或门徒所著，成书于东周，魏太和中博士张揖又以为是周公所作，但他也无法肯定。现代多数学者认为，《尔雅》一书的渊源很古，在相当长的流传过程中经许多学者增补，最后成书于汉初。关于书名的含义，唐初陆德明在《经典释文》中解释为近正，近人黄侃先生考证认为，“雅”是“夏”的借字，因而他断定《尔雅》是诸夏人的言论，为经典的常用语，《尔雅》是一部以先秦语词为对象通释语义的训诂专著，应当是无疑的。它所释词包括用标准语释方言词语，用当代语释古语及用常用语释难僻词语三种类型。

《尔雅》全书共3卷20篇。现存19篇，按释诂、释言、释训、释亲、释宫、释器、释乐、释天、释地、释丘、释山、释水、释草、释木、释虫、释鱼、释鸟、释兽、释畜等19个门类编排。这19篇又分两个大类，《释诂》以下三篇为一类，主要训释普通语词，《释诂》《释言》训释单音词，《释训》训释迭音词和连绵词。《释亲》以下16篇为一大类，主要训释百科名词，按义归纳为人文关系、建筑器物、天文地理、植物和动物五部分，每部分包括若干篇目并按不同内容划分若干小类。如《释亲》解释亲属关系的词语，分父族、母党、妻党、婚姻四个细目，《释畜》包括马、牛、羊、狗、鸡、六畜等六个细目。内容十分详备，使这部训诂学专书具有了百科全书的性质。

这部书是训诂(gǔ)学史上第一部脱离具体语境训释语词意义的专书，它是先秦语言文字研究成就积累的结晶，汇聚了先秦文献训释的大量材料，是研究先秦文献语言的入门书，它继承了战国中期萌芽的词义类聚和比较研究的方法和成果，将分散在不同文献中的随文释义的训释材料，按同训的原则汇集起来，展示了词与词之间的意义关系。它还首创了按词的义类编排词汇的辞书编纂体例，对后世辞书影响很大，后世百科词典基本上承袭了这种体例。

此外，《尔雅》还可以帮助我们了解古代的自然状况和社会状况，因而极为后代所珍视，汉文帝时代就曾把它同《论语》《孟子》《孝经》并列于官学，作为通读古代文献的基本必读书。唐文宗将它列为经书，地位十分重要，因而它流布很广，校注和研究《尔雅》的学者很多，仅清代到近代就有不下20家。研究集中在校正文字如阮元、严元照等，补正注疏如周春、疏证如邵晋涵和郝懿行等以及释例的如陈玉澍和王国维等等，这些恰恰表明它在文化史上具有重要地位。

“二十四节气”定型

我国古代历法，一直使用阴历月。由于季节寒暑的交替主要取决于太阳位置的变化，而这种变化在阴历中又得不到确切的反映，所以用阴历月指导农业生产很不方便。为了弥补这个缺陷，把握农时脉搏，我们的祖先很早就在历法中引进了节气的概念。

节气标志着太阳在一周年运动中的某一个固定位置，各种物候现象以节气为准，它们的发生、活动时间也就得相对固定。早在西周、春秋时期，人们就学会了用圭表测日影的办法确定春分、秋分、夏至、冬至四个节气，而夏至冬至、春分秋分以外的节气名，在先秦文献中也屡见不鲜。至迟到战国末期，已经完整地确定了太阳移动的黄道上二十四个具有季节意义位置的日期，这就是二十四节气，汉初的《淮南子·天文训》中有详细记载。作为二十四节气的补充，又有七十二候，这在《逸周书·时训篇》中可以见到。

经学、史学、历数学、诸子

秦始皇统一了中国。秦二世时农民大起义，推倒秦的统治，很快恢复了统一，建立起西汉朝。这是封建地主阶级新创立的国家，积极建设为经济基础服务的上层建筑，便成为非常重要的急务。秦始皇已经做了许多有益的工作。西汉时期主要是汉武帝又做了更多的工作，巩固封建统一国家的上层建筑大体上都建立起来了。

政治制度，上面已经说过了一些，这里叙述的是西汉其他部分的上层建筑物。

一、经学

儒家思想是西周以来封建主义的正统思想。经孔子删订六经，聚徒讲学，不仅造成了整套的思想体系，而且培养了大批儒学传播者。孔子死后，儒家地位继续上升。战国时儒墨并称显学，但儒家比墨家更占优势。秦始皇焚民间藏书，坑孟派儒生，只许士人学秦朝的法律制度，以吏为师。皇帝宫中却藏有大量图书，朝廷上仍有博士官和儒生（如张苍、叔孙通、伏胜等）或传经或议论政事。秦始皇以为这样就可以整齐学术，统一思想，结果恰相反，儒生参加农民起义，成为推倒秦统治的一个力量。西汉前期，朝廷与诸王国并立，各学派士人（墨家已亡）游诸王国求禄，助国王反抗朝廷。汉景帝灭七国后，全国政治统一了，汉武帝在这个基础上实行学术统一。

公元前140年，汉武帝即位。他即位后首先举行的一件大事，就是召集全国文士，亲自出题考试，并且亲自阅卷，选取《公羊》学大师董仲舒、公孙弘为首列，非儒学的诸子百家一概被罢斥，儒学从此取得了独尊的地位。

公孙弘是个狱吏出身的儒生，长于奉迎，汉武帝为了提倡儒学，公元前124年，擢升他做丞相，封平津侯。公孙弘以前，做丞相的人常是列侯贵族，公孙弘出身贫士，竟得封侯拜相，《公羊》学因此成为最时行的学术。凡是士人和官吏，必须学习儒经，才能得到任用或升迁，儒学独尊的地位更加巩固了。

汉武帝特别提倡《春秋公羊》学，这是因为《春秋》经是孔子正名分（诛乱臣贼子)的著作,是封建专制主义具体应用在政治上的典型,是孔子政治思想的完整表现,其他经书都不像《春秋》那样适用。还有一个特点是《春秋》经文字极其简单隐晦,便于学者在最大限度内加以穿凿和引申。汉武帝选中《公羊春秋》,在政治需要上是完全切合的。适应这个需要,制成整套《公羊》学说的大师,就是被西汉儒生称为"令后学者有所统一,为群儒首"的董仲舒。

西汉前期,朝廷也立儒经博士,承认儒学的正统地位,但指导政治的却还是黄老刑名之学。儒生与黄老刑名学者,经常发生争论,例如汉景帝时,《诗》博士辕固与道家黄生辩汤武革命。辕固据经义,说汤武诛桀纣,做天子,是得民心的正义行为。黄生引道家说,破帽子还得戴在头上,新鞋子终究穿在脚下,认为汤武虽是圣人,到底不该放桀、弑纣。汉景帝下判断说,吃肉不吃马肝(有毒),不算不知味。意思是不要学者再争论汤武革命的是非,也就是不赞成汤武革命。辕固又与道家窦太后辩两家高低。窦太后发怒,令辕固和野猪搏斗,幸得汉景帝给他一把好刀,没有被野猪咬死。这种学派间的斗争,显然阻碍着统治阶级内部的统一,也就减少了上层建筑的作用。董仲舒对西汉统一事业的贡献,就在于他把战国以来各家学说以及儒家各派在孔子名义下、在《春秋公羊》学名义下统一起来。经董仲舒这个巨大的加工,向来被看作"不达时宜,好是古非今"的儒学,一变而成为"霸(黄老刑名)王(儒)道杂之",合于汉家制度的儒学了。

董仲舒的哲学基本上是《易经》阴阳学说的引申。他认为任何一个事或物,一定是相反的事或物合成的。例如有上必有下,有左必有右,有前必有后,有表必有里,有美必有恶,有顺必有逆,有喜必有怒,有寒必有暑,有昼必有夜,这叫做"凡物必有合"。合的两方面性质不相同,这叫做"合各有阴阳"。阴阳数量可以相等,性质却有一定,阳性尊、阴性卑,这叫做"同度而不同意"。君、父、夫是阳(三纲),臣、子、妻是阴,阴不得独立行事,只能从阳行事,事成不得分功。这叫做"阳兼于阴,阴兼(被兼)于阳"。阴阳不得同时并起,一定要有先后,阳总在先,阴总在后,阳是主体,阴是附属,这叫做"一而不二"。阴阳二物,按一定的时候互相交替,一个起来,一个下去,一个增多,一个减少。起来了的到时候要下去,下去了的到时候又起来;多了的不能多到过度,少了的不能少到绝灭,终而复始,循环不止,这叫做"常一而不灭"。做事不论大小难易,违反天道(一而不二)一定无成,比如目不能两看,耳不能两听,手不能一手画方一手画圆,不一就要生患(心有二中),这叫做"君子贱二而贵一"。天地的精气合起来成一,分开来成阴阳,再分成春夏秋冬四时,配到东南中西北五方成五行。木(东)火(南)土(中)金(西)水(北)顺次叫做"五行相生"(如木生火,火生土……),逆次叫做"五行相胜"(如水胜火,金胜木)。五行统一于阴阳,阴阳统一于天。人受天命而生,同天一样,也有阴阳五行。人是天之副,与天合而为一,这叫做"人副天”。董仲舒哲学的结论是“道(人道)之大原出于天(天道),天不变,道亦不变”;“与天同者大治,与天异者大乱”。

《易经》的阴阳学与战国以来盛行的阴阳五行学,融合成为董仲舒的《春秋公羊》学。这样,把儒家与阴阳五行家统一起来了。《易经》阴阳学说明阴阳的基本观点是仁与义(“天地之大德曰生……禁民为非曰义”),董仲舒说阳是天之德,阴是天之刑,刑主杀,德主生,天亲阳而疏阴,重德而不重刑。这样,把儒家的仁义与黄老刑名之学统一起来了。董仲舒说天不是为王生民,而是为民立王,能利民的王,天要让他做下去,害民的王,天要夺去他的王位。有道伐无道,是天理也是人理。这样,把儒家汤武革命、天命靡常的学说与阴阳五行家的五德终始说统一起来了。墨学的本旨在于利民,董仲舒说,天使人有义和利两种生活,利(物质)养人的身体,义养人的精神,缺一不可,而义重于利。这样,把儒家与墨家统一起来了,儒家孟子学派说性善,荀子学派说性恶,董仲舒说天有阴与阳,人有性与情(情欲),性有为善的端绪,但必待教诲而后成为善。这样,把孟荀两派统一起来了。董仲舒的哲学观点是循环的不是发展的,是调和的不是斗争的,有唯物论的因素,但基本上是唯心论;有辩证法的因素,但基本上是形而上学。董仲舒的统一论是各家学说的融合体,正是最适合于西汉政治上需要的一种哲学。

董仲舒根据他的哲学观点,提出许多影响甚大的建议。这些建议,极大部分被汉武帝采纳并得到实施。

(一)大一统。董仲舒说:孔子修《春秋》,把一统当作首要的大事,因为这是天地的常道,古今的通义。现在学士们各持异说,朝廷无法一统,法制屡变,臣民不知所从。请将不属于《六经》、不合于孔子的学说,一概废绝不用,专用儒术。

(二)更化。秦行法家政治,刑罚惨刻,汉律大体沿袭秦律,路温舒《尚德缓刑书》里说,“秦有十失,其一尚存,治狱之吏是也”。董仲舒主张更化,就是要求以仁德代替严刑,也就是要求以儒家学说代替法家学说。他认为限田是更化(改制)的关键所在。他说,秦行商鞅法,准许民间买卖田地,富家田联成一大片,贫民连放个锥子的地方也没有。耕种富家田,要纳税十分之五,穷得只能衣牛马之衣,食犬彘之食。汉朝继承秦法,一切不变。富人贵人凭借势力,与庶民争利,庶民怎能抵得住他们!于是富贵人家,奴婢多得很,牛羊多得很,田宅多得很,产业多得很,积蓄多得很,但是依然贪多无厌,一味压榨求利。庶民天天遭剥削,月月见紧缩,从小穷变成大穷。富贵人家奢侈淫佚,贫苦人家穷急愁苦,这实在是更化的时候了。董仲舒建议限田,不许豪富占田过限;释放奴婢,禁止擅杀奴婢;减轻赋税,节省徭役,让庶民的负担略为宽舒些。董仲舒这个对农民充满同情心的正义性建议,后来得到汉武帝的采纳,但专禁商贾占田,没收他们的田宅和奴婢,不是董仲舒普遍限田的原意。

(三)推阴阳灾异。在落后社会里,占卜术常是人们行动的指南。汉武帝曾召集各种占卜家,问某月某日可不可以娶妻?五行家说可,堪舆家说不可,建除家说不吉,丛辰家说大凶,历家说小凶,天人家说小吉,太一家说大吉。辩论纷纭,不得解决。汉武帝判断说,一切宜忌,以五行家为主。五行家得汉武帝的尊信,成为日常生活的指导者,儒家和它合流,是很自然的。《春秋》经记录天变灾异,原来并不含什么迷信的意义。陆贾在汉高帝时作《新语》,说“治道失于下,则天文度于上,恶政流于民,则虫灾生于地”。足见战国儒者,已开始推灾异。董仲舒取《春秋》所记天变灾异广泛地予以附会穿凿,使《公羊》学彻底的阴阳五行化。这在董仲舒学说里,是最重要的、影响最大的部分,儒学蒙上浓厚的迷信色彩,几乎起着宗教的作用了。但是,这个迷信部分,俗儒可以用来对朝廷奉迎取宠,正直的儒生也可以用来进行谏诤,因为在专制政治的朝廷上,臣下议论朝政,是一种冒险的行为。董仲舒创阴阳五行化的儒学,借天变灾异来附会经义,以此为论据,对称为天的儿子的皇帝表示异议,多少起些减轻危险性的作用(当然,天子也利用天变灾异来斥逐大臣)。自从董仲舒开出这一条道路,《公羊》家以外各家的经师,都认为这是一条最合适的道路,把大量迷信成分加入到经学里,借以取得朝廷的信任。经学阴阳五行化,成为西汉今文经学的基本特点。

(四)断狱。儒家谈德治,向来与法家刑名之学对立。董仲舒据《春秋》经义附会汉朝法律,决断了许多疑难大狱,儒法两家合流了。西汉初萧何定法律凡九章,到汉武帝时,律和令增至三百五十九章。其中死罪律四百零九条,凡一千八百八十二目,又有死罪例一万三千四百七十二条。法令烦多,连掌管法令的官吏也不能全部看完。官吏按罪人贿赂的有无,任意引用一条法令做根据,判轻罪为死罪,或判死罪为轻罪。董仲舒断疑狱二百三十二件,大体上从轻判决,救活了许多人命。他的判词集合成《公羊董仲舒治狱》十六篇,流传久远,至东晋时还有人引用它来辩护自己的冤狱。

孔子以后董仲舒以前的儒学是汉人称为朴学的原始儒学,它的特点是:①思想上还拘泥于残余的领主制度,不能完全符合新的地主统治的需要;②儒家还是各种学派中的一派,不能吸收各种学派,使统一到儒学里面来。董仲舒生在汉景帝、汉武帝时候,西汉政治上统一的条件已经成熟了,学术上统一的条件也成熟了。儒学经董仲舒的加工,因此摆脱了原始阶段,成为阴阳五行化的、完全适合地主统治的西汉今文经学。某些汉儒把董仲舒当作孔子的继承者,因为他创造了今文经学。

董仲舒是西汉今文经学的创始人,是首先变朴学为西汉经学的大师,了解了他的学说,也就了解了西汉今文经学的本质。下面叙述的今文经学的盛况,也就是这种本质的盛况。

汉武帝时官学有五经(《易》《书》《诗》《礼》《春秋》)博士。后来博士逐渐增加,《易经》分四家,《书经》分三家,《诗经》分三家,《仪礼》分两家,《公羊春秋》分两家,共十四家。称为五经十四博士。

某一经的大师,如果能像董仲舒那样,把本经阴阳五行化,并得到朝廷的尊信立为博士,这个大师的经说,便成为师法。弟子们按照师法讲经,叫作守家法。自汉武帝至西汉灭亡,百余年间,经学极盛,大师前后多至千余人,有些经书的解释增加到一百余万字。例如《书经》大师秦延君,用十多万字解释《尧典》两个字,用三万字解释“曰若稽古”四个字。一个士人从幼年开始学一经,往往到头白了才学会说经。这样又苦又难的经学,太学里却经常聚会着成千成万的学生,甘愿受苦受难从大师受学,因为士人求利禄,只有经学是一条主要的道路。

凡是博士教弟子的经书,都是用汉朝通行的隶书写的,因此叫作今(汉)文(字)经。阴阳五行化的今文经学是一种迷信的、烦琐的、穿凿附会很少有学术价值的学问。朝廷指定它作为士人求仕的道路,以便有效地控制士人,使他们戴着空虚昏暗的头脑,在利禄的道路上一辈又一辈地追求下去。

今文经学反映着统治阶级当权部分的政治利益;和它相对立的古文经学,反映着不当权部分的政治要求,就是要求古文经学也作为入仕的一条道路。

用篆文(战国时文字及秦小篆)写的经书叫作古文经。传授古文经的学说叫作古文经学。它的特点是:①保持朴学的传统,按字义讲解经文,训诂简明,不凭空臆说,与烦琐的今文经学趋向不同。②迷信成分极少或排斥迷信,与阴阳五行化的今文经学趋向不同。③少数儒生私家自相传授,在政治上主张复古,与迎合世务的博士学——今文经学趋向不同。还有一个特点是两种经学相同的,那就是都缺乏进步性的思想。自然,古文经学在反对迷信这一点上,比起今文经学来,到底还是进步一些,东汉王充、南朝范缜的学说就是以古文经学为基础而发展起来的。

王莽要夺取西汉政权,政治上收揽统治阶级各部分势力,经学上也对古文经学让步,在太学里立《左氏春秋》《毛诗》《周礼》《古文尚书》四个古文经学博士。今文博士坚决反对古文经学从私学上升为官学,与古文经学的提倡者刘歆进行了剧烈的宗派斗争。刘歆凭借政治力量,暂时压倒今文博士。东汉光武帝取消古文博士,古文又成为私学。东汉时期,私学在士人间盛行,产生不少著名的大师,经学上成绩远超过官学,但总是得不到官学的地位。官私两学的不断冲突，正反映出东汉统治阶级内部的不断冲突。

任何一个有阶级的社会，总是由两个主要的敌对阶级构成的，总是依照对立统一的法则而存在并发展的。两大敌对阶级在相互关系上，如果说，只有一个斗争性，或者说，只有一个同一性，那么，这个社会就根本不会存在。自然，斗争是绝对的，但阶级斗争不管怎样尖锐，并不会引起社会的分裂，因为总还有同一的一面，其间保持着不可割断的经济等联系。

春秋战国时期，出现儒墨道三大学派的政治思想。道家和法家所谓黄老刑名之学只看对立面，对人民进行绝对的压迫。这种学说到秦二世行督责时达到了顶点，秦朝很快被农民起义所推翻。墨家只看统一面，放弃斗争性，劝告两大敌对阶级在同一性上实行尚同兼爱。这种学说自然只是一些天真的幻想。儒家与道墨不同，它主张用礼来节制对人民的剥削，借以和缓阶级间的斗争性；主张仁民爱物、尚德缓刑，借以扩大阶级间的同一性。儒家学说比起道墨两家来，较为接近对立统一的法则，也就是较为接近社会的实际，因之它成为汉以后长期封建社会的政治指导思想，没有一个学派或宗教能夺取它的正统地位。

当然，儒学是为封建统治阶级服务的，但在同一性上即共同利害上，忠实于儒家学说的儒者，常为人民发出诉疾苦、申冤抑的言论，也常为人民做出去祸害、救灾难的事迹，甚至不惜破家杀身对君主犯颜直谏，要求改善政治。他们是封建统治阶级的忠臣。他们懂得“民惟邦本，本固邦宁”的意义，为爱邦而爱及邦本，也就真诚地成为人民的同情者和代言者。古代优秀的人民文化即多少带有民主性和革命性（反对残暴政治）的言论和事迹，很大一部分是与儒家学说有关的。儒学特别是宋明理学，极重伦理道德，对孝悌忠信礼义廉耻等美德的阐发，虽然无不打上统治阶级的烙印，但某些精到处也往往与人民的伦理道德有其同一性。排除它的封建毒素，打破它的阶级局限，批判地吸收它的精华，可以大大丰富人民的精神生活。清理中国古代的文化遗产，继承并发扬古代文化的优秀传统，主要应从研究儒家学说入手。

孔子首创儒学。儒学最根本的政治思想是德治（王道）。能行德治的人才能受天命为天子。天与民同心，天命是民心的反映。国君失民心就失天命而败亡，得民心就受天命而兴起。受天命者代替失天命者，最理想的方式是尧舜禅让，其次是汤武革命。这些根本观点，与道家、法家的主张法治（霸道）、反对革命是对立的。孟子发挥孔子的德治思想，最为透彻，西汉以下的儒学，基本上是孟子学说的衍变。

秦行法家政治，正统派儒学持异议，最后遭到焚书坑儒的惨祸。西汉前期，朝廷并用儒学和黄老刑名之学，但黄老刑名之学仍处优势。西汉中期，儒学经董仲舒改革，成为合时宜的学说，形式上取得优势，但黄老刑名之学仍保持原有的重要地位。西汉后期,儒学取得确实优势,完成了排斥黄老刑名之学的愿望,但所谓德治,无非是朝廷纵容官吏及豪强作恶,刑罚不加,纲纪废弛,人民受尽贪暴政治的祸害,西汉也就灭亡了。

忠实于儒家学说的一些儒者,对着三个时期的政治,曾发出不少反对的议论。叙述西汉儒学,应该看到多数阿世取容的章句小儒,也应该看到少数同情人民的正统儒者。下面列举几条,略见正统儒者的代表性言论。

贾谊《新书·大政》篇说:人君"知恶而弗改,必受天殃。天有常福,必予(给予)有德,天有常灾,必予夺民时(使民失农时者)。故夫民者至贱而不可简(轻视)也,至愚而不可欺也。故自古至于今,与民为仇者,有迟有速,而民必胜之"。

董仲舒创阴阳五行化的儒学,借天道说人事。他在对策里说,"谨案《春秋》之中,视前世已行之事,以观天人相与之际,甚可畏也。国家将有失道之败,而天乃先出灾害以谴(责)告之;不知自省,又出怪异以警惧之;尚不知变,而伤败乃至。以此见天心之仁爱人君而欲止其乱也。自非大无道之世者,天尽欲扶持而安全之,事在强勉(人君改过为善)而已矣"。董仲舒所讲天人之际,本意在利用天变灾异来进行谏诤,剥去迷信部分,实质上仍是孔孟的仁义学说。

汉昭帝时,泰山等地发生怪异事。眭弘上书说:"先师董仲舒有言:虽有继体守文之君,不害圣人之受命"。眭弘以为汉运已经终了,要求朝廷访求天下贤人,"禅以帝位","以承顺天命"。朝廷加眭弘"妖言惑众,大逆不道"的罪名,杀眭弘。董仲舒遵守有德代失德的训条,眭弘为这个训条遭杀身之祸,足见他们是忠实于自己的学说的。

汉宣帝重用治狱之吏,盖宽饶上书,引韩氏《易传》言:"五帝官天下,三王家天下。家以传子,官以传贤。若四时之运,功成者去,不得其人,则不居其位"。他暗示汉宣帝应让位给贤者。朝廷说他自己想做皇帝,"大逆不道"。盖宽饶自杀。

汉元帝用儒生为政,朝纲不振。贡禹上书说:"方今天下饥馑,可无大自损减以救之,称(合)天意乎!天生圣人,盖为万民,非独使自娱乐而已也"。

谷永在汉成帝时上书说:"天生蒸民,不能相治,为立王者以统理之。方制海内,非为天子,列土封疆,非为诸侯,皆以为民也。……去无道,开(立)有德,不私一姓,明天下乃天下之天下,非一人之天下也。……夫去恶夺弱,迁命贤圣(去恶弱的旧君,改立贤圣为新君),天地之常经,百王之所同也"。

鲍宣在汉哀帝时上书说:"民有七亡而无一得,欲望国安诚难;民有七死而无一生,欲望刑措诚难。此非公卿守相贪残成性之所致耶!群臣幸得居尊官,食重禄,岂有肯加恻隐于细民,助陛下流教化者耶!……天下乃皇天之天下也。

陛下上为天子,下为黎庶(民)父母,为天牧养元元(民),视之(官与民)当如一……今贫民菜食不厌(饱),衣又穿空(孔),父子夫妇不能相保,诚可为酸鼻。陛下不救,将安所归命乎！夫官爵非陛下之官爵,乃天下之官爵也。陛下取非其官(私用官爵),官非其人(私用小人),而望天悦民服,岂不难哉！……天人同心,人心悦则天意解矣”。

上列诸儒言论,自董仲舒以下,无不附会天变灾异来反对暴政,要求德治。他们拥护封建统治,但希望有德代失德,并不拥护一姓常存。他们同情人民疾苦,但着重在劝告朝廷,并不同情农民起义。所以儒学始终是适合封建统治阶级的政治学说,同情人民是有限度的,拥护封建统治则是绝对的。

二、史学

儒家的六经,原来是周史官所藏各种历史记录,经孔子删订解释以后,师弟相传,别成一种所谓经学,但历史学并不因经学的盛行而停止本身的发展。如果说,在前一阶段里,孔子左丘明是最伟大的历史著作家,那么,在发展到较高的阶段上,太史公司马迁是更大的历史著作家。自从司马迁著《史记》,中国才开始出现了规模巨大的、组织相当完备的历史著作。

司马迁的父亲司马谈,是汉武帝的太史。司马谈非常博学,精通天文学、《易》学、黄老学。他以黄老学为主,批判儒、墨、名、法、阴阳各家学说,比起当时的一般儒生来,他确是一个卓越的思想家。司马迁十岁以前曾学过耕地和牧畜,十岁读古文书籍,二十岁以后,游历全国名都大邑,采访遗闻佚事。司马谈死后,司马迁继父职做太史,遍读石室金匮(宫中藏书处)里所藏旧史和群书,因此,他是西汉一代稀有的大博学家。司马迁继承司马谈家学,又博通古今文经学,特别是董仲舒《公羊》学,但不受西汉经学的拘束,更不受阴阳五行学的影响,他是西汉一代最大的思想家之一。公元前 99 年,司马迁四十八岁(据王国维说),遭受汉武帝残暴的刑罚(宫刑)。这对司马迁是一种极大的侮辱。司马迁自知在仕途上不可能再前进了,于是发愤著《史记》,希望像孔子著《春秋》那样,传给“后世圣人君子”。他著《史记》不是为了阿世,所以敢于直笔,他著《史记》不是为了好事,所以态度极认真。他著《史记》是为了“成一家之言”,与经传比高下,所以竭尽他的才力与知识,一心为完成《史记》而述作。

司马迁具备着上述诸条件,再加上他的创造力,以二十余年的时间,写成了《史记》一百三十篇(西汉时已缺十篇),上起黄帝,下讫汉武帝,凡当时存在着的史料,全部综合在《史记》里面。这一伟大著作的出现,标志着孔子以来历史学又大进了一步。

十二本纪、十表、八书、三十世家、七十列传组成《史记》一百三十篇。本纪仿《春秋》经十二公，按年月标举大事，为全书总纲。表仿周史官旧谱的体制，创世表、年表、月表三种，记事最为省便。书仿《尚书·禹贡篇》及《礼经》《乐经》的体制，总述古来文化的成就，特别是《天官书》《历书》《河渠书》《平准书》，总结了天文、历数学、地理学、经济学的知识，意义更为重大。自此以后，史家相继述作，二千年来有关制度、经济、文化发展的史料得以大量保存，司马迁创始的功绩是极其巨大的。世家中有西周至战国十七个重要的侯国史(本纪中《秦本纪》也是侯国史)，大大丰富了这一段历史的内容。列传中有重要人物传，有特殊事业传，有国境内诸少数族传，有藩属国传，有外国传，叙述的方面甚为广泛。司马迁不受西汉经学的拘束，所以还能看到社会上各种活动的人物，为名医、侠客、大商贾、优伶、刺客、占卜人立传。他为酷吏立传，说豪强兼并，什么道理都不能感化，只有不顾一切，用严刑削平他们。酷吏、游侠、货殖等列传，特别显著地表现出司马迁对被剥削者被压迫者的同情心。当然，司马迁贯穿在全部《史记》里的基本思想，不可能超出地主阶级思想的界限，这就是说不可能超出董仲舒《春秋公羊》学(除去阴阳五行成分)和道家思想的界限。

《春秋》是鲁国史，《史记》扩大为全中国史，《春秋》以鲁君为主，《史记》以历代天子为主(《秦本纪》例外)。《春秋》局限于二百四十二年，《史记》十二本纪上通到黄帝尧舜二千余年。《史记》改变了分国割据的历史概念，建立起历史的统一观和正统观。《史记》十二本纪上起五帝，历三代以至秦汉，一脉相传，这是有极大意义的，它表示国家的统一和人心的统一。春秋战国时有百国春秋，《周春秋》与《鲁春秋》没有尊卑的区别(例如《国语》中《周语》与诸侯国语并列)。没有一个明确的中心。《史记》称天子为本纪，称诸侯为世家，称天子在位年为全国共同的纪年，称诸侯在位年为本国内的纪年，这样，全中国以天子为中心，精神上统一起来了，虽然战国以前，实际的中国是分裂割据的。天子成为全国的中心，天子所属的朝代，自然被认为正统的朝代。在封建时代里，正统朝代与非正统朝代的区别，曾起到一定的积极作用。这里包含天子的族类问题，政治的仁暴问题，疆域的统一与分裂问题，其中族类问题尤为突出。汉族建立的朝代，即使因暴政被广大人民推翻了，但继起的如果是非汉族的朝代，那个被推翻了的汉族朝代，就会被用来作号召广大人民起义的旗帜，一直到推翻非汉族的朝代才停止。反之，非汉族的朝代被推翻以后，绝对不可能用来作号召民众的旗帜。这个自西晋至清朝毫无例外的历史事实，与广大人民承认正统朝代反对僭伪偏闰朝代的传统思想有密切联系。这个传统思想发源于孔子《春秋》，形成于司马迁《史记》，十二本纪正是这个传统思想的正确反映。由于这个正确反映，传统的历史正统观更加巩固，成为封建时代进行民族斗争的一个重大力量。

司马迁《史记》创纪传体通史,东汉初班固《汉书》创纪传体断代史。《汉书》叙事详密,可是缺少司马迁那样比较自由的思想。此后各朝纪传体史称为正史,虽然都不及《史记》和《汉书》,但在各体史书中,仍居最重要的地位。

西汉后期,继司马迁而起的大博学家刘向、刘歆父子,做了一个对古代文化有巨大贡献的事业,那就是刘向创始刘歆完成的《七略》。

汉高帝灭秦,萧何收秦朝廷所藏图书。后来项羽烧秦宫室,图书因得萧何收藏,可能未受损失。汉武帝令民间献书。汉成帝使陈农到各郡国搜集遗书。自汉武帝到汉成帝,照刘歆《七略》说,"百年之间,书集如山"。汉成帝令刘向校经传诸子诗赋,任宏校兵书,尹咸校数算(占卜书),李柱国校方技(医药书)。每校完一书,刘向做成本书提要,连同定本送给汉成帝。刘向校书的程序是先用几个本子校对,校正后写在竹简上,叫做杀青书(竹简在火上炙干,去竹汗,可免朽蠹)。再经过校正,最后写在素帛上,成为定本。刘向校书二十余年,死后,汉哀帝令刘歆完成这个巨大的工作。刘歆继承父业,作成了《七略》(刘向所作书名为《别录》)。《七略》是①《辑略》——诸书总论和分论;②《六艺略》——儒家经传包括小学(文字学)共九种;③《诸子略》——儒、道、阴阳、法、名、墨、纵横、杂、农、小说等十家;④《诗赋略》——赋四种,诗一种;⑤《兵书略》——权谋、形势、阴阳(天象气候兼迷信)、技巧四种;⑥《数术略》——天文、历谱(包括算术)、五行、蓍龟(卜筮)、杂占(主要是占梦)、形法(看舆地形势及看人和物的形象)六种;⑦《方技略》——医经、经方、房中、神仙四种。《七略》书已亡佚,班固《汉书》据《七略》作《艺文志》,共有书六略、三十八种、五百九十六家、一万三千二百六十九卷。《七略》综合了西周以来主要是战国的文化遗产,把不值得保存的书籍都废弃了,例如经学博士的讲义,一篇也不录取。它经过选择、校勘、分类、编目、写成定本等程序,并作出学术性的总论和分论,是一部完整的巨著。它不只是目录学校勘学的开端,更重要的还在于它是一部极其珍贵的古代文化史。西汉有《史记》《七略》两大著作,在史学史上是辉煌的成就。

三、历数学

观象授时向来是最重要的国政。孔子述尧舜禹禅位时的诰语:"天之历数在尔躬",意思是现在该你掌管历法了。不管尧舜是否真说了这句话,历法(虽然很幼稚)在农业上也就是在国政上的重大意义,上古人确实非常重视。天象学历数学因农业生产上的急需,不断在进步。传习这一专门学问的官是太史,所以太史也称为天官。据说,太史的官位等于卿。

生产上的成就(主要是农业)比其他国家高,就成为大国,夏、商、西周正是这样的大国。它们都在历法上有新发现,后一个比前一个进步,因此后一个战胜前一个。春秋时期,建子的周历最通行,但宋国仍用殷历,晋国行用夏历。宋用殷历,由于保守,晋用夏历,是尊重民间习惯(所谓"启以夏政")并利用它的长处。周历称仲冬月(子月)为春正月,四时很不正常,孔子主张"行夏之时",就是说周历推岁首(冬至点)在子月是对的,但孟春应在寅月。战国时期,天文历数学比春秋时期更进步。专家多是民间学者,不限于少数史宫。世界最古的恒星表甘石《星经》,就是这个时期民间天文学家的贡献。六历(黄帝、颛顼、夏、殷、周、鲁六历)都是历家假托,也是这个时期民间历数学家的成就。

太阳历(岁)可以定四时、节、气;太阴历(月)可以定朔、晦、弦、望。自历法萌芽时起,历家即并用阴阳两历,并探求两历配合的法则(主要是闰月插入法)。春秋时历家已应用十九年插入七个闰月法。最迟在战国时历家已定一岁的日数为三百六十五又四分之一日(365.25),定一月的日数为二九又九百四十分之四百九十九日(29.53085)。这两个数字比一岁实数 365.2422 日、一月实数 29.530588 日都多了一些,因此月朔经三百年要差一天,季节经四百年要差三天。由于推步和算术并不精确,实际上一种历法行用一百多年便朔日或晦日见月出,必须重新测算使再合天象。秦始皇采用颛顼历,以十月为岁首,闰月放在九月后,称为后九月。在六历中频项历是比较合天象的一种历法,但到汉武帝时已经不能再用。

元封六年(公元前 105 年),司马迁等建议造汉历。汉武帝选司马迁、星官射姓、历官邓平等及民间专家共二十余人造历,其中大天文学家唐都(祖先是楚国史官)大历数学家落下闳(巴郡隐士)是主要的造历者。前 104 年,新历造成,汉武帝废秦历,采用新历,改元封七年为太初元年,以正月(寅月)为岁首。这个新历法就是历学史上著名的《太初历》(又称《邓平历》《三统历》)。

《太初历》一岁日数是 365.2502,一月日数是 29.53086,比四分历(六历都是四分历,每岁有四分之一的余日)又多了一些,所以行用一百八十九年便不能再用。但在当时《太初历》还是最进步的历法,因为它根据天象实测与多少年来史官的忠实记录(例如《春秋》经),得出 135 个月的日食周期(称为"朔望之会",约 11 年中有 23 次日食)。自从有了这个周期,历家可以校正朔望,日食现象也不再是什么可怕的天变而是可以预计的科学知识了。

《史记·历书》特别是《汉书·律历志》详细记载《太初历》的观测法与计算法。这是一个极有价值的开端,西汉以后历朝改换历法,都按照《史记》《汉书》的旧例,详记在正史里,因此积累起丰富的天文、历数学资料。

刘歆用《易经·系辞》的数理来解释科学性的《太初历》(《三统历》),造出一整套的历学理论;又造《世经》,凡经传古史所记大事的年月日,都用《三统历》推算得到说明。这对古史年代的探求是一种贡献,虽然准确性并不很大。

董仲舒创今文经学,司马迁创纪传体通史,邓平、唐都、落下闳创太初历,刘歆创古文经学和年代学,这些文化上的成就与当时经济武力的发展相配合,充分表现出西汉一朝的伟大气象。

四、诸子

《汉书·艺文志》分诸子为十家,西汉人所著书为数不多,其中属于儒家的董仲舒《春秋繁露》、桓宽《盐铁论》,扬雄《法言》;属于农家的《氾胜之书》(亡佚);属于杂家的《淮南子》,都是重要著作。

汉武帝时,淮南王刘安在本国召集以道家为首的百家游士,仿秦吕不韦著《吕氏春秋》例,撰《淮南内》二十一篇(又名《淮南鸿烈》《淮南子》)。《淮南子》虽以道为归,但杂采众家,不成为一家言。战国秦汉诸子百家学说,因汉武帝独尊儒学,散佚甚多,《淮南子》保存一些百家遗说,在这一点上,还是一部值得重视的著述。

文　学

任何一种富有生气和真实性的文学,无例外地起初一定是民间创造出来的。但是,它也往往是朴素的,艺术水平不是高级的。当它在民间流行很广,引起某些上层文学家的注意时,它就会被他们采取并加工改造。于是一种新体文学在文学史上出现了,那些上层文学家也就成为著名的创作家。这是极可尊敬的创作家,没有他们,民间文学不能上升到高级文学的地位上来,也不能在统治阶级的书籍里保存下来。

一种新体文学登上高级文学的地位,上层文学家便分化为两部分。一部分(起初是多数)是保守的。他们拘泥于旧体文学,专在雕琢词句、模拟体制方面下功夫,外形愈修饰愈显陈旧,内情也愈仿古愈见贫乏,熟腔滥调,失去了文学的真价值,结果是由衰微走到死亡。一部分(起初是少数)是创造的。他们发展新体文学,从各个方面添加新因素,推动它达到极盛境界。从此外形又脱离内情,由极盛转向衰微,由新体变成旧体,别一个由民间创造的新体文学又上来,与旧体文学相对立。凡是主要的文学都遵循着这个民间创造、文士加工、新陈代谢的规律在继续前进。此外也有某些旧文体经过形式的改造,可以变成新文体,如楚辞变汉赋,汉赋变六朝俳赋,俳赋变唐宋律赋;又如西汉散文变骈文,再变为东汉骈文,再变为魏晋六朝骈文,再变为唐宋四六文,再变为明清八股文。这些派生或不成为文学的各种体制,配合主要文学,便构成全部文学史。

文学是一条长河。如果说《诗》三百篇是一条上源,经(除《诗经》)传诸子是一条上源,《楚辞》是一条上源,那么,西汉文学汇合了这些上源成为长河的正身。西汉文学正像西汉这个朝代一样,规模是宏大的,创造力是充沛的,许多种文体,都在西汉时期发达起来。下面叙述的,是其中最重要的几种。

楚辞(或称骚体):屈原创作楚辞,已经到达这一文体的最高峰。后来宋玉、唐勒、景差诸人,继起制作,楚辞已达极盛境界。楚辞是楚国的地方音地方调。项羽、刘邦都不是文学家,《垓下歌》《大风歌》却是很好的楚辞,因为他们生长在楚国,自然会楚音楚调。反过来说,不会楚音楚调的文士,既缺乏作楚辞的技术条件,更缺乏屈原那样深挚的情感,除了模拟形体辞句,还能作出些什么来呢!现存西汉文士所作楚辞篇数还不少,有新意的只不过贾谊《吊屈原文》、淮南王刘安《招隐士》、汉武帝《秋风辞》等几篇,其余都是些可有可无的作品。楚辞到西汉已进入衰微阶段,虽然作家与篇数是大大增加了。

汉赋(或称古赋):在屈原楚辞影响下,北方文士创作了赋体。荀卿曾作赋十篇,秦时有杂赋九篇,但汉赋的来源主要是楚辞。西汉赋约一千篇,这说明它是西汉文学的代表也是西汉文学家的专业。在西汉前期,枚乘、贾谊是著名的作者。中期走上极盛阶段,司马相如是最大的辞赋家,后期作者扬雄,用思深沉,构辞精密,也还是辞赋大家。扬雄曾奉诏作赋,限于时日,做得太急促了,成篇后困倦小卧,梦中觉得五脏流出在地上,醒来大病了一年。他作赋是这样深思的,因此他虽然每篇都模拟别人的体制,显得缺少创造力,但用思构辞,还保有自己的特殊性。西汉辞赋家扬、马(司马相如)并称,就在于扬雄的模拟不同于一般庸才陈陈相因的模拟。

自西汉至六朝这个长时期里,赋成为重要文学的一种,因为它善于用美丽的韵语细腻地客观地描写各式各样的大小事物,新事物常有出现,好的作家常能造成新赋。所谓"写物图貌,蔚似雕画",就是赋在文学上的作用。

乐府歌诗(五言古诗):歌诗,不管它形体如何演变,永远是文学的一个主流。《尚书·舜典》说"诗言志,歌永(长声)言",这可以说是古人给歌诗立的定义。相传是卜子夏所作的《毛诗·大序》里有几句话,很能说明歌诗的意义。《大序》说:诗是志的表现。心里有感动叫做志,发出来成言语叫做诗。情在里面动,发出相适应的言语;言语觉得还不够适应,所以加上嗟叹声;觉得还不够,所以再加上长声的歌唱;觉得还不够,那就不知不觉地要手舞足蹈,和在心里的情完全相适应。刘勰《文心雕龙·明诗篇》说:人都有情感,接触外物就要动起来,情动了就要歌唱起来,这是很自然的事。上面那些话,都是说歌诗是与人的生活不可分离的。这也就是为什么歌诗最初的主要创造者,总是广大劳动人民而不是上层文士的缘故,因为真实的富有生命力的志,产生地是在劳动人民的心里。同时,这样的歌诗,总是和民间音乐相结合的,因为歌诗、舞蹈、音乐三者往往密切结合着。凡歌诗到了不能合乐以至不能歌唱的时候,它的衰微期或死亡期也就到来了。西周言志的歌诗,是四言(四字成句)诗,到春秋后期四言诗亡了。当然,活的诗仍在民间成长着,那就是五言诗。汉武帝仿周朝采诗的旧例,设立乐府,广采民间歌诗,选大音乐家李延年做协律(调谐音律)都尉,主持乐府。音乐家张仲春协同作乐歌。丘仲造笛,作为协律的乐器。乐府制作的歌诗可分为两类:一类是朝廷专用的歌诗,造诗的人都是著名文学家如司马相如等多至数十人。《汉书·礼乐志》载《郊祀歌》十九章,就是这一类的主要作品。还有汉高帝时唐山夫人所作《安世房中歌》十七章,与《郊祀歌》性质相类似。这些歌诗都是皇帝对天地鬼神言志,与人民的志有极大距离,因之无法和它共鸣而感到它是好诗,不过比那种模拟《诗经》,僵尸般的四言诗如韦孟《讽谏》《在邹》等篇,到底还表现出一定的创造力,所以还应该承认它是文学的一种。别一类,也是最重要的一类,是民间歌诗。《汉书·艺文志》歌诗类有吴、楚、汝南歌诗十五篇,燕、代讴、雁门、云中、陇西歌诗九篇,邯郸、河间歌诗四篇,齐、郑歌诗四篇,淮南歌诗四篇,左冯翊秦歌诗三篇,京兆尹秦歌诗五篇,河东、蒲反(同坂,bǎn)歌诗一篇,杂歌诗九篇,雒阳歌诗四篇,河南周歌诗七篇,河南周歌声曲折七篇,周谣歌诗七十五篇,周谣歌诗声曲折七十五篇(声曲折即歌谱),周歌诗二篇,南郡歌诗五篇。看上列篇目,可以想见乐府收集地方诗的广泛。这些歌诗原来是"街陌讴谣"与地方音乐,经乐府加工改造,讴谣上升为高级文学,音乐也上升为相和调(周房中曲的遗声。丝竹相和,执节人唱歌,有平调、清调、瑟调,汉世称为相和三调)、清商调(相和三调中清调的发展)。今存汉世歌诗,两汉混淆,不能确指哪些是西汉乐府的遗篇,但有一点很明显,就是凡两汉歌诗,都有真实的内容,是创造的不是模拟的。清商调流传到六朝,北方统治者尊为"华夏正声"。唐朝新音乐发达,清商调当作"雅声"被保存在琴工里,也就是说,清商调到唐朝才死亡。

乐府歌诗大体是五言诗。它本是民间讴谣,虽为乐府所采取,上层文士仍看作欠雅,不愿做那种新体诗。《汉书·艺文志》歌诗类凡三百十四篇,照《文心雕龙》说,其中没有文士做的五言诗,所以苏武诗、李陵诗、班婕妤诗都是可疑的。不过,新的文学主流既然高涨起来了,任何保守势力都不能阻抑它的继续高涨。汉武帝立乐府采诗，事实上等于提倡五言诗。萧统《文选》所录《古诗》十九首，多是两汉下层失意文士所作，其中《东城高且长》《凛凛岁云暮》两篇显然是太初改历以前的诗篇。这说明失意的下层文士首先采取民间新诗体。到了东汉，班固、傅毅、张衡等上层文士开始做五言诗，那些托名苏武、李陵、班婕妤等人的西汉诗，实际上只是东汉上层文士的假托。东汉五言诗色彩还比较朴素，到建安时期，五言诗才文质并茂，走上极盛的阶段。

散文：西汉前期，言语与文辞，一般说来，还没有多大的分离。例如，说楚人语的汉高帝诏书，说齐人语的《春秋公羊传》，除去一些方言，与普通文辞无甚区别。汉武帝时，分离的趋势，开始显著起来。这是由于：①儒学极盛，朝廷诏书多用古言古字；②辞赋发达，文士们创作骈体文。不过，西汉时期，言语与文辞基本上还是一致的，因之西汉散文仍保持战国诸子生动自然的作风。司马迁《史记》就是西汉散文的最高代表，其他如贾谊、晁错、董仲舒、贾捐之、刘向等人议论政治的文篇，也是著名的散文。唐以后所谓古文，溯源于西汉，《史记》常是古文家摹习的主要蓝本。

骈文：用同数的字造句便成骈句，积句成篇，便成骈体文。《诗》三百篇以及楚辞，凡属韵文，句法都很整齐。经传诸子等散体文中也往往杂用骈句或韵文。

单音文字可以构成骈句骈文是出于自然的。西汉文士开始有意识地创作骈体文，即多用整齐的句法入散体文，使形式上增加美感。司马相如《封禅文》，扬雄《剧秦美新》等篇，可作西汉骈体文的代表。此后骈文逐渐发展，言语与文辞也愈趋分离，东汉以后的文辞，成为少数人纸上的言语，不再是人的口头言语。因为骈文脱离活的言语，所以它只能在形式上变化以求美观，表达思想的作用却愈变愈少，一直变到完全不能表达思想。唐朝韩愈提倡古文，就是对这种可憎的形式文辞进行不彻底的文学革命。

上述各文体以外，汉武帝时有小说家虞初，作《周说》九百四十三篇，据东汉人应劭说"其说以周书为本"，很像是通俗的周史演义。又有《百家》一百三十九卷，想是许多家小说的总集。小说接近民间文学，与上层文士不能相容，东汉末仲长（姓）统（名）主张"百家杂说，请用从火"，要把小说全部烧掉才快意，事实上小说确被上层文士消灭了。他们为什么憎恨小说，不许它存在呢？《汉书·艺文志》说它是"街谈巷语，道听途说者之所造也"，又引孔子说，"致远恐泥，是以君子弗为也"。小说既是说民间事，当然有不合统治阶级意旨的地方，那就很自然地要遭到憎恨。

秦始皇开始统一的中国,到西汉才确实巩固起来。

西汉朝的建立是秦末农民战争的后果。农民第一次发动战争便推翻了秦朝,开后来大小数百次的农民起义的端绪,历史意义非常重大。

刘邦是胜任的起义首领,他比陈胜、吴广、项羽较多地代表农民阶级的政治要求,因而得到农民的支持,终于击败强大的项羽军,成为最后的成功者。

西汉前期实行无为政治,让人民获得六七十年的休养生息,这对于中央政权的巩固是有决定作用的。朝廷因此得到人民的支持,消灭七个割据国,进一步巩固了中央集权制。

在经济繁荣与政治巩固的基础上,杰出的汉武帝推动西汉朝进入全盛时期。汉武帝统治的成就:政治方面,实现了高度的中央集权制;经济方面,兴修水利,推行了进步的农业技术,从豪强手里收回了盐铁铸钱三大利;军事方面,打败了北边的强敌匈奴,开辟了通往西域的商路,疆域大大扩展了;文化方面,加强了上层建筑的创造,有助于共同文化上的共同心理状态的稳定。汉武帝的成就是多方面的,他无疑是中国历史上有特殊功勋的伟大人物。汉宣帝时匈奴入朝,边境安宁,西汉达到了全盛的最高点。

西汉后期,社会经济还在继续发展,由于地主阶级无限的兼并,迫使农民小工商大量破产,无法生活下去。土地高度集中与一部分贫民失身为奴隶,成为当时最危急的问题。腐朽了的西汉朝廷不可能解决这个问题,一个豪强集团的首领王莽试图解决,当然他也是不可能的。最后爆发了农民大起义。

农民起义军推翻了王莽政权,但不能建立起新的朝廷。南阳豪强集团首领刘秀利用农民军打败农民起义军,恢复汉朝的统治。

据公元 2 年的记载,当时西汉有一千二百二十三万余户、五千九百五十九万余人的巨大户口,有东西九千三百零二里、南北一万三千三百六十八里的广大疆域。距今二千年前,中国已经建立起这样伟大的一个以汉族为主体的统一国家,此后的中国,依靠这个坚实的基础继续发展。这不仅是中国历史上的一个巨大成就,而且也是人类历史上的一个巨大成就。

东 汉

（公元25年至220年）

【历史解说】

公元25年夏，刘秀正式称帝，重新建立起汉朝的统治。尔后，又用十年左右时间，逐步消灭了彭宠、窦融、隗嚣、公孙述、卢芳等地方割据势力，基本完成了全国的统一。因为他建都洛阳，史家称他的汉朝为东汉。

东汉王朝所依恃的核心力量是以南阳豪强为基干的豪强地主。对于这些开国功臣，刘秀采取了在政治上限制，经济上优渥的政策。他先后两次大封功臣将士，给他们优厚的封土和食邑，使他们享有尊崇的地位，但却削除了他们的兵权，不让他们典兵预政，在不妨碍豪强利益的限度内对他们行使着一定程度的控制权。为了巩固自己的统治，刘秀多次下诏释放官私奴婢，限制奴婢主暴虐和允许奴婢有自卫权，并下诏检查垦田与户口实数，使西汉后期极其紧张的土地问题和奴隶问题得到部分解决。刘秀还改革官僚制度，罢郡都尉官，裁撤地方武装，注意招揽人才，严厉抑制诸侯王势力，从而有力地加强了中央集权制度。同时，刘秀还不断调整经济政策，发展生产，与民休养，后代的明帝、章帝都继承了刘秀的做法，使东汉的社会经济得到了较大的发展。比起西汉时期，东汉的社会生产，无论是农业还是手工业，都有一定程度的提高。科学技术也有了发展，造纸术的改进，水车等农机的出现，数学、天文学、医学的进步，不仅促进了当时经济文化的发展，还给予后代以深刻的影响。为加强思想统治，东汉王朝大力提倡儒学，前期主要是今文学，到了后期，今文学与古文学趋于合流。另外，这时出现了黄老道，佛教也开始传入并得到统治者提倡。

光武帝和汉明帝在位期间，外戚和宦官还不敢公然横行作恶。汉章帝则一改东汉前期的“严切”政治，开始实行“宽厚”政治。章帝虽然仍对外戚实行抑制政策，但外戚宦官已得到宽厚待遇，开始作起恶来。公元88年，章帝死，10岁的汉和帝继位，窦太后临朝称制，外戚窦氏总揽大权，东汉政治开始进入黑暗时期。公元92年，14岁的汉和帝因不满窦氏专权，与宦官郑众等密谋，诛除了窦氏集团，宦官开始参与政事。从而形成了东汉后期外戚与宦官交替执政的局面。正是这两股势力的斗争，使东汉王朝日益衰败下去。

在东汉王朝日益走向衰弱的同时，地方豪强贵族的势力却日益膨胀起来。豪族地主疯狂地兼并土地，在自己的庄园里经营农、牧、手工业、商业，建立坞壁，备有私兵，从而形成了大大小小的割据势力。公元88年，刚刚临朝的窦氏为了换取豪族对自己政权的默许，宣布废除盐铁专营。盐铁官的废除，标志着中央集权势力的削弱，豪强割据势力的增强，同时也是东汉后期黑暗统治开始的一个信号。这样，国家衰弱，豪强却拥有坚强的武力，终于酿成东汉末年的军阀大混战。而且，正是这些地方割据势力，将风雨飘摇的东汉王朝彻底推向了灭亡。

东汉的统治到桓、灵帝时期，腐朽程度达到了无以复加的地步，再加上自然灾害的侵袭，使人民再也无法生活下去。公元184年终于爆发了张角领导的声势浩大的黄巾起义，给垂死的王朝以致命的一击。公元188年灵帝死，不久，外戚与宦官势力也一起被消灭了。继而，董卓之乱爆发，皇子刘辩被废，新立的汉献帝成为名副其实的傀儡，东汉实际上已经灭亡。公元196年，曹操迁献帝到许昌，挟天子以令诸侯。公元220年正月，曹操死后不久，其子曹丕即于十月称帝，汉献帝被废为山阳公，刘氏汉室，终为曹氏所继。

农民大起义

西汉农民起义从汉成帝时开始。最初发动武装起义的是受压迫最严重的罪徒。这些罪徒起义，虽然规模都不大，也很快就被消灭，但并不是偶发的骚扰，而是广大民众对现状不安，人心动摇，大起义行将到来以前的几个显著的征兆。更早的征兆是公元前30年，长安城外一个九岁的小女孩听谣言说大水来了，狂奔进城一直奔进皇宫里。城里人见了也相率惊奔上城。一个小女孩可以把长安城登时搅得乱纷纷，足见人心动摇，莫有固志。汉成帝倒是说出了一些原因。他在诏书里说：这大概是苛暴刻毒的官吏在位，百姓们冤屈失业太多的缘故。更重要的原因，他自己是不敢说的。一个儒生谷永说出来了，他说：天下乃天下人之天下，非一人之天下，不该把天下看作一姓的私产。也就是说，腐朽的汉朝该推倒了。汉成帝用减死刑、赦天下罪徒等办法企图缓和民愤，当然都不能有什么效果。

公元前22年，颍川郡铁官徒申屠圣等一百八十人，夺取兵器，杀长官起义，不到一月就经过九个县,后来被 汉兵打败。公元前 18 年,广汉郡死罪囚郑躬和罪徒六十余人,夺取兵器,攻入四个县,聚众一万人。第二年被汉兵三万人打败。公元前 14 年,山阳郡铁官徒苏令等二百二十八人夺取兵器,杀长官起义,起义军经过十九个郡国,不到一月被汉兵打败。这些起义都是发展快失败也快,说明起义为民众所拥护,但朝廷武力还很强大。

汉哀帝时,社会又表现了大骚动。当时民间无故惊扰,号呼狂奔,路上聚集数千人,口称要祭西王母。又称有直眼人(妖怪)快来。惊扰的地区很广,经历二十六个郡国。京师居民也会聚祭西王母,或夜间拿着火炬上屋,击鼓号呼,互相惊恐,三个月才平静下去。这是民众受压迫过重过久,不自觉的呼号奔走,借以舒泄郁闷的怨气。

由于王莽行施着比西汉更残暴的政治,待发已久的全国性大起义终于爆发了。

当时农民起义遍及全国,正如王莽所说,江湖海泽(起义人聚集地)像乱麻沸汤。起义的原因,也正如王莽所说,百姓饥饿,惶恐不安,不知道怎样活下去。起义的行动,起初只是夺些粮食度日,希望岁熟得归乡里。起义的组织极其原始,一个首领率数千人,或数万人,各部间不按兵法部署,不相联络。青徐二州起义军多至数十万人,其中最大的赤眉军,首领仅用三老、从事、卒史等乡里间小吏名称,不用将军一类的大位号,也不用文告、旗帜。起义的领导有两类:农民自己领导的为一类,赤眉军可作代表;地主豪强领导的为一类,刘秀军可作代表。这一类组织力较强,在反王莽战争中起了更大的作用。别有一类是地主豪强利用农民起义聚集一部分人,分裂国土,割据称雄,造成混乱的局面。刘秀进行战争十余年,才消灭割据,恢复中国的统一。

下面叙述起义军的活动,着重在打倒王莽统治和刘秀恢复统一的事迹,一般起义军以及豪强割据一概从略:

一 、农民起义军

1.农民领导的起义军

南方起义军:下江、新市、平林

公元 17 年,荆州大饥,饥民到野地掘草根,时常争夺互斗。新市(湖北京山县)人王匡、王凤给饥民调解讲和,被拥为首领,有众数百人。南阳人马武、颍川人王常、成丹等来归附,数月间,众增至七八千人。起义军居绿林山(湖北大洪山)中,攻击附近乡村,声势渐大。公元21年,王莽的荆州牧(州长)率兵二万人击绿林军,绿林军迎战,大破王莽军,杀数千人,夺得全部辎重。绿林军攻击几个县城,掠取妇女财物,回到绿林山。众增至五万余人。公元22年,绿林发生大疫,人死一半。余众分散,王常、成丹引一部西行,号下江兵;王凤、王匡、马武等北行,号新市兵。新市兵攻随(湖北随州),平林(随县东北)人陈牧等起兵响应,号平林兵。

东方起义军:赤眉

公元18年,琅琊人樊崇起义,率众百余人入泰山,饥民纷纷来归,一年间众至万余人。同时,琅琊人逄(páng)安、东海人徐宣、谢禄、杨音各率众起义,众数万人,并入樊崇军,合力攻击青徐二州地方。公元21年,王莽遣大将景尚等击樊崇军。公元22年,樊崇军击杀景尚。王莽又派遣更大的将军王匡、廉丹率精兵十余万人击樊崇军。樊崇军准备大战,各人用赤色涂眉,作为起义军记号,从此被称为赤眉。赤眉军击败王匡,杀廉丹以下将校二十余人。赤眉军战胜后,人数增至数十万,势力扩展到黄河南北两大平原。

北方起义军:铜马等

黄河两岸大平原上(冀、充二州)有大小起义军数十部,小部众数万人,大部数十万人。其中刁子都有众六七万,城头子路(首领东平人爰曾)有众二十余万。余如铜马(首领东山荒、秃上、淮况等)、大彤(樊重)、尤来(樊崇)、五校(高扈)、檀乡(刁子都被部属杀死,余众号檀乡,首领董次仲)、五楼(张文)、富平(徐少)、获索(古师郎)、高湖、重连、铁胫、大枪、上江、青犊、五幡等部,据史书记载,共有众数百万人。

以上三方起义军,大都是被暴政逼迫,无法生活的广大农民。他们并无自立朝廷的志愿,也缺乏组织力和纪律性。但是起义的作用是巨大的。史书说他们掳掠。是的,掳掠是起义军失败的重要原因,但饥寒交迫的广大农民,在当时的情况下,只有实行所谓掳掠,才能维持生活,才能严重地打击各式各样的剥削者。起义军势力到达的地方,剥削者极其残酷地榨取来的财物被没收了,极其野蛮地掠夺来的奴隶被释放了,起义军这样的掳掠在开始时是无可非议的。起义军一般在乡村活动,很少攻入城市,因为剥削者藏身在那里,防御比较坚固。这些城市,昆阳战后,成为豪强割据的凭借,也成为剥削者恢复势力的据点。由于起义军力弱,不能打击城市中的剥削者,所以起义的作用虽然是巨大的,但又是很有限度的。

2.地主领导的农民军

公元22年,南阳郡舂陵乡(湖北枣阳县东)人刘縯、刘秀兄弟起兵反王莽。刘縯、刘秀是汉宗室,是南阳著名的大豪强。他们的外祖父是有田三百余顷的大豪强樊重。王莽称帝后,废除汉宗室封爵,并禁止刘姓人做官,刘縯非常愤恨,破家产来结交豪强,成为南阳豪强集团的首领。

刘縯发动族人和宾客七八千人在舂陵乡起兵,豪强李轶、邓晨等率众来会。刘縯自称柱天都部(都统),部属各有将军等名号。当初东方起义军,人数多至数十万,但并无队伍、旗帜、号令,王莽等人把他们看作"饥寒群盗",以为他们不会做出什么事来。刘縯用兵法部勒军队,攻城略地,散发檄文,宣布王莽的罪状,王莽才感到可怕的压力。

刘縯派人招得新市平林兵,不久又招得下江兵。以刘縯汉军为主,合新市、平林、下江兵,共分六部。刘縯率诸部击杀王莽南阳守将,又击败王莽大将严尤、陈茂军,进兵围宛,声势大振。

公元23年,汉兵已有十余万人,诸将议立刘姓人做皇帝。南阳豪强和下江主将王常要立刘縯,新市平林诸将怕刘縯严明,阻止掳掠财物,蛮横地拥立懦弱无能的刘玄做汉帝,号称更始帝。新市平林诸将掌握大权,排斥刘縯刘秀集团,起义军自此发生裂痕。更始帝派遣王凤、王常、刘秀率兵攻下昆阳(河南叶县北)、定陵(河南郾城县西北)、郾(河南郾城县)三县。刘縯等率主力军攻下宛,作为更始帝的都城。

王莽听得严尤、陈茂军败报,令王邑、王寻大发各州郡精兵四十二万人,号称百万,与严尤、陈茂合兵,进击宛。王莽大军经过昆阳,围昆阳城。刘秀劝说王凤王常率八九千人守城,自己率十三骑到郾、定陵发汉兵数千人击王莽军。昆阳城被围数十重,早晚就要陷落。刘秀自率步骑兵千余人作前锋,攻击王莽军。汉兵数千人见刘秀勇猛直前,领兵诸将胆壮起来,相继进攻,连胜连进。刘秀率敢死兵三千人直冲王莽军中坚,王寻、王邑自恃兵多,亲领精兵万余人接战,刘秀猛击,杀王寻,王莽军阵乱。城中汉兵乘胜出战,内外合攻,呼声震动天地,王莽军大溃,士卒都逃回本州郡。王邑率数千人逃往洛阳,严尤、陈茂投降汝南郡割据者刘望。

王莽的主力军经昆阳一战,完全被消灭。

昆阳之战是决定性的大战,王莽的新朝,跟着这次战败就崩溃了。原来在观望中的各地豪强,包括王莽的某些地方官吏,纷纷起兵割据土地,自称将军,不到一个月,王莽主要的领土,只剩下长安洛阳两个大城。

昆阳之战,一方面是王寻、王邑昏愚不按兵法行动,另方面是刘秀的勇敢善战,但是这些都还不是决定胜败的根本原因。根本原因是在于广大农民憎恨王莽,要推倒他的统治。因为双方军队都是农民组成的,刘秀军勇敢直冲,王莽军阵乱溃散,都是农民反王莽的表现,双方农民共同造成了昆阳之战的战果。当然,没有刘秀的率领,也不可能取得如此巨大的胜利。刘秀是大豪强,但在反王莽这一点上,与农民的利益一致,因此他能利用农民的力量取得胜利的果实。王莽曾发精兵二万击绿林,精兵十万击赤眉,都战败而不曾大败,因为绿林赤眉缺少一个像刘秀那样智勇的率领人。

王莽的失败决定了,更始帝阵营中的分裂也爆发了。新市平林诸将和一部分南阳豪强嫉妒刘缜刘秀盛大的威名,使更始帝杀死刘缜。刘秀在这个危急情况下,表现出异常的智力和忍耐力。他赶快驰回宛,向更始帝谢罪,不和刘缜的旧属往来,也不为刘缜行丧礼,饮食言笑不改常态,只说自己的罪过,不说一句昆阳的战功。这样,更始帝便不再杀他。过了些时,更始帝迁都洛阳,派他到河北镇抚诸州郡。刘秀开始经营河北,逐步造成独立的势力。

二 、农民起义军打倒王莽统治

昆阳大胜后,更始帝派遣两路大军。王匡率一路攻洛阳,申屠建率一路攻武关,关中震动。申屠建军入武关,关中各县豪强,起兵自称汉将军,助申屠建军攻入长安城。长安市民众起义响应,攻入王莽宫,杀死王莽。王匡军攻下洛阳。更始帝自宛迁都洛阳。公元 24 年,自洛阳迁都长安。更始帝大封宗室新市平林下江诸大将以及某些南阳大豪强为王,起义军中较小的首领,不按军功大小,只凭大首领好恶,滥封官爵。带兵在外的将官,拥兵割地,专断横行,分裂自主,不相统属。不论朝内朝外,什么法纪都不讲,专讲掳掠得多少。起初民众受不了王莽的压榨,比较起来,觉得还是汉朝好些。

不料更始帝为首的一群汉将军压榨得更凶暴,民众又觉得还是王莽好些。因此,本来是正义的南方农民起义军,现在增加社会混乱,失去全国民心,变质为豪强率领的害民军了。

赤眉军在颍川郡集中,分兵为两部。樊崇、逄安率领一部,徐宣、谢禄、杨音率领一部。赤眉军是纯粹的农民组织,虽然屡获战胜,却不愿继续从军,只想回到家乡去。樊崇等怕军队溃散,定计西攻长安。公元 25 年,赤眉军两部合并,分为三十营(一营一万人),击败更始军。更始军诸将计议大掠长安城,逃回南阳一带当盗贼。更始帝不听,诸将内讧,互相攻战杀害。赤眉军将进长安,大会诸三老、从事立牧牛童子刘盆子为汉帝。

徐宣为丞相，樊崇为御史大夫，其余首领各有文武官号，组成了一个朝廷。赤眉军入长安，更始帝和一些官员投降赤眉军。赤眉军入长安城后，也进行掳掠，樊崇等不加禁止。长安城中粮尽，樊崇等烧宫室街市，出城掳掠关中各县邑，又发掘汉帝后坟墓，收取宝货。长安经更始军赤眉军相继破坏，西京二百年的文物，几乎全毁了。农民在开始起义时，夺取豪强的不义财物，是完全合理的行动，但必须逐步禁止，建立起纪律来，才能得到广大民众的援助，取得起义的胜利。更始军赤眉军不立纪律，主要原因在于领兵诸将爱掳掠，不愿有纪律。更始军向盗贼转化，赤眉军始终保持农民的纯朴性，同是掳掠，赤眉军还是值得同情的。刘秀军诸将也同样爱掳掠，刘秀却专意在建立纪律，因之最后胜利者不能不是刘秀。

在农民起义时期，乡间豪强胁迫佃户和附近农民筑营堡，为豪强当私兵。东汉时营、堡、坞、壁等据点和被迫当私兵的部曲，得以合法存在，大大增强了豪强的割据力量。

三 、刘秀取得最后胜利

公元 22 年，刘秀到河北，巡行诸郡县，释放囚徒，废除王莽苛政，恢复西汉官名，官民送礼物，一概不受。他规定了取天下的方针：军事上纪律严肃，赏罚分明；政治上召集人才，争取民心。最后目的是得天下。当时河北形势，农民起义军有铜马、青犊等部数十百万，割据者有邯郸王郎，自称天子，邯郸以北，辽东以西，地方官吏多归附王郎，声势很盛。刘秀攻入邯郸，杀王郎。又击败铜马、青犊等部，得降人数十万。赤眉军入关，刘秀知道更始军必败，预作军事部署，派遣大将邓禹率精兵二万图关中，选择寇恂守河内郡，作为中心根据地。刘秀率兵击败尤来、大枪、五幡、五校等部，河北大体为刘秀所有。

公元 25 年，刘秀称皇帝（东汉光武帝）。邓禹渡河入关中，击败更始军十万人。寇恂等攻入洛阳，刘秀定都洛阳，开始建立东汉朝。公元 26 年，大将冯异代邓禹领兵击赤眉。公元 27 年，冯异大败赤眉军。赤眉军走向宜阳，刘秀亲率大军截断去路，赤眉军刘盆子樊崇以下十余万人全部投降。农民领导的起义军被豪强领导的农民军消灭了。

当时豪强割据，全国分裂，最大的豪强，东方有张步，据青州十二郡，北方有彭宠，据渔阳等郡，西方有隗嚣，据天水等郡，西南有公孙述，据益州全部，南方有更始军残部据郾、宛、邓、淮阳等地。较小的割据者和乡间营堡，不计其数。刘秀为统一天下而战争，次第削平割据者，也平毁了许多营堡，到公元 36 年，大将吴汉攻破成都，灭公孙述，结束了豪强割据，恢复了中国的统一。

赤眉军首领只有徐宣一人曾做过狱吏，樊崇等人都不识文字，历史知识和政治经验是很缺乏的。赤眉军的幼稚行动，决定了它的必然无成。刘秀本人兼有太学生、贵族、豪强三种身份，他的文武部属也全是这三种人。这个以南阳豪强集团为主体的刘秀军，在政治上有优势，在军事上有谋略，再加上禁止掳掠，争取民心，这就决定了它的必然胜利。刘秀既是地主阶级的代表，自然是农民起义军的死敌，但是他也代表着社会的共同要求，完成了国家统一的伟大事业。他在推倒王莽的战争中，在削平割据的战争中，都起了极大的作用，因之他是一个对当时历史有重要贡献的杰出人物。

刘秀建立东汉王朝

建武元年（公元25年）夏，刘秀在鄗（今河北柏乡）南千秋亭称帝，建元为建武，大封功臣。不久，定都洛阳，建立了东汉政权。

刘秀

刘秀，西汉末年人，汉宗室，河南南阳著名的大豪族。公元23年，他和哥哥刘缜怀着重建刘家天下的目的，在春陵起兵反对王莽。为利用农民军达到自己的目的，他们加入了绿林起义军。公元24年，刘秀取得更始帝刘玄的信任被派往河北去发展势力。刘秀在河北运用政治谋略扩大自己的势力，换取了官僚地主势力的支持。此后，他就联合各种力量，运用软硬兼施的办法，连破铜马等部义军，并使自己的军队扩大到数十万人，在河北地区，重建了封建统治。

刘秀建立东汉以后，基本上继承了西汉时期的社会政治制度。经过几年的战争，刘秀逐渐消灭了原来的各地起义军，同时又不断调整经济政策，发展生产，与民休息，改革官僚制度，注意招揽人才，后代几个皇帝都继承了刘秀的做法，东汉的社会经济在从刘秀到和帝刘肇的这段时间里（大约八九十年），获得了较大的发展。同时，汉族和边疆各少数民族的关系也逐渐稳定，汉朝又强大起来，历史上把这一段时间称为“光武中兴”时期。

东汉前期政治概况（汉光武帝至汉章帝共六十四年）

刘秀（汉光武帝）获得了农民战争的果实，重新建立起汉朝的统治。因为他建都在洛阳，史家称他的汉朝为东汉朝。

汉光武帝本人是个大豪强。他所依靠的统治集团（云台二十八将、三十二功臣、三百六十五功臣）是一个以南阳豪强为基干的豪强集团。这个集团一开始就显出严重的兼并性和割据性，因之东汉前期，作为中央集权的体现者的朝廷，只能在不妨碍豪强利益的限度内对他们行施着一定程度的控制权。东汉后期，两个豪强集团猛烈地争夺对朝廷的控制权，大大发展了它们的兼并性和割据性。它们给广大农民制造出无限的灾难，农民被迫起义，最后爆发了黄巾军大起义。由于大起义的失败，豪强们各依自己的武力，公开割据称雄，统一的外壳破裂了，社会进入大混乱的分裂时期。

本节叙述东汉前期因王莽时农民战争的推动，社会多少有些进步；同时因战争的果实落在豪强集团手中，豪强势力加速地扩大起来，引起东汉后期豪强集团的猛烈冲突。

王莽时农民起义军势力到达的地区，奴隶参加起义，地主受到惩罚，农民有荒地可垦，土地与奴隶问题获得了部分的解决。赤眉军屡战屡胜，兵士们却日夜愁泣，要求回家种地。这说明起义地区的地主统治已经发生变化，淳朴的兵士们认为可以回家了。汉光武帝在农民战争这个部分胜利的基础上，着手解决奴隶与土地两个根本问题。

公元26年，即汉光武帝称帝的第二年，当时战争正在开始，他便下诏书，令民间释放奴婢。自公元26年到38年，下了七次诏书（其中一次是免罪徒为庶民）释放官私奴婢。诏书说：敢拘留不放的奴婢主，按掠卖人口律治罪。他又给那些被父母出卖为奴婢的制定了保护生命的法律。公元35年，连下三次诏书：①奴婢主杀奴婢不得减罪；②被奴婢主炙灼的奴婢，按法律治罪，免被炙灼者为庶民；③废除奴婢射伤人处死刑的法律。这些限制奴婢主暴虐和允许奴婢有自卫权的法律，显然含有进步的意义，这将使权势较小的奴婢主，在兽性勃发的时候，多少要有些顾忌。自汉光武帝建武二十九年（公元53年）到汉章帝建初四年(公元79年),朝廷发给鳏寡孤独及不能生活的贫民粟三斛或五六斛前后凡十次,平均约三年发一次救急粮,主要用意也在减少贫民卖身为奴婢。东汉朝奴隶不像西汉后期那样成为社会的危急问题,汉光武帝这些措施是起着作用的。地主阶级并不反对这些措施,因为农民大起义给了它应得的教训。

在解决土地问题上,汉光武帝完全失败了。公元36年,全国统一。公元39年,下诏书检查垦田与户口实数。豪强霸占大量土地,州郡官不敢去查问,对广大农民和某些缺少势力的地主,官吏却以查田为名,大肆讹诈,逼得全国农民和某些地主到处起兵反抗。青徐冀等州曾是农民起义军的发源地,反抗尤为剧烈。汉光武帝面对着这个事实,采取什么措施呢?当然,他同州郡官一样,也不敢查问豪强。他追究大司徒(宰相)欧阳歙做汝南太守时查田不实、贪赃一千余万钱的罪行,下狱处死。又用同样罪名杀死河南尹(最重要的地方官)及郡太守十余人。这算是对农民表示那些赃官已经受到惩罚了。他是镇压农民最有经验的统治者,他知道用武力镇压起兵反抗的农民,将要引起农民更大的反抗,因此他用五人共杀一人,五人一起免罪的分化法,很快把反抗平息下去。从此以后,东汉朝廷向豪强势力完全屈服,不再检查垦田与户口的实数。汉光武帝自称"吾理天下亦欲以柔道行之",这就是他对豪强所行的柔道。

西汉后期极其紧张的土地与奴婢问题,由于农民大起义得到部分的解决,依靠这个部分的解决,东汉才建立起将近二百年的统治。

西汉地主阶级分无市籍与有市籍(包括一切所谓微贱人)两部分。无市籍地主有做官吏的权利,有市籍地主不得做官吏甚至法律上不许占有田地。这两种地主虽然都有大小豪强,但从政治地位说来,无市籍豪强是上层豪强,它的最高级是贵族和大官僚;有市籍豪强是下层豪强,它的最高级是大商贾。政治上上层豪强排斥下层豪强。经济上两种豪强有相同处,就是上层豪强也经营商业,下层豪强也兼并田地;他们又有相互联系处,就是下层豪强向上层豪强纳贿取得政治上的保护。

汉光武帝封功臣三百六十五人,封外戚四十五人,与宗室王侯合成一个豪强集团。朝廷用人,主要从这个集团中选取,特别是南阳人。东汉皇室宗室的男女嫁娶,大体上也不出这个集团的范围。皇后皇太后的母家常是这个集团中最有势力的一家。东汉后期,政权常常落入外戚手中,外戚成为无市籍大地主,也就是上层豪强的政治代表。

汉光武帝为集中权力,在朝官中设尚书六人,分掌全国政事。尚书官位低微,但"天下枢要,在于尚书",职权极为重大。朝廷最高的官称为三公(太尉、司徒、司空),并无实权,只是给那些有资望的大臣享受名义上的尊荣。在宫内设中常侍、小黄门、中黄门等宦官多人,掌传达皇帝口诏,阅览尚书呈进的文书。

东汉后期,宦官经常从外戚手中夺得政权,指挥尚书们发号施令,朝廷大官无法对抗。宦官都是无赖凶狡人出身,他们夺得政权后,成为有市籍地主,也就是下层豪强的政治代表。

无市籍的中小地主有权做官吏,仕进的道路一般是:①公府辟召,就是三公等大官特聘著名士人做本官府属官;②郡国荐举,就是郡太守国相按二十万人口选举孝廉一人的比例,每年保荐孝廉若干人到朝廷,考试及格后授各种官职;③由曹椽(yuàn)积累资格逐渐上升,就是京内外各长官(包括县令)聘士人做本官府属吏,由吏迁升为官。走这三条仕途的人,必须:①是士人;②是通经学或能作奏章的士人;③是被称为孝廉的士人。中小地主要做官吏,只好先读书,因之,东汉太学、地方官学、私学都很发达。也因为学校发达,士人间竞争也更加剧烈,在孝廉这个名义下,包含着各式各样的求名法。例如许武被举为孝廉以后,和两个兄弟分家,三分财产自己取最好的一份。两个兄弟算是能让,也被举为孝廉。许武于是大会宾客,宣告使两弟成名的本意,把自己一份财产分给两弟,许武因此获得更大的声名。又如赵宣葬父母,就在墓道中居住行丧礼,前后凡二十余年,乡人都称他是孝子,州郡官屡次请他做官,他都不出来,孝名愈来愈大。后来郡太守陈善查出赵宣在墓道中生了五个儿子,按惑众欺鬼神的罪名处罚。上述那些求名法一般是出于缺乏势力的士人。有凭借的士人就不必这样做,他们或者以阀阅(门第资格)被荐举,或者走权贵门路。例如河南尹田歆,某次照例荐举六个孝廉,其中权贵指定的就有五个。不管士人用什么方法求仕进,有权荐举士人的大官还自有一个选择法,那就是"郡国举孝廉,大率取年少能报恩者,着宿大贤,多见废弃"。荐主与被荐人在政治上发生君臣的关系,在私人情感上发生父子的关系,被荐人如果对荐主不表现臣子的情分,就算忘恩背义,将为士人所不齿。大官们历年荐举士人,形成许多大大小小的私人集团。有些名门世家,甚至形成门生故吏遍天下的巨大团体。士人是无市籍地主阶级的一个阶层,东汉后期士人逐渐从外戚为代表的上层豪强集团里分化出来,变成官僚集团,在外戚、宦官两种势力之外,自成一种势力。它的政治代表,是士人出身的三公和大名士,它的政治倾向一般是接近外戚集团,反对宦官集团。它的进一步发展,就成为魏、晋、南北朝的士族。

东汉后期的政治,在统治阶级方面,基本上就是外戚、宦官两大集团附带着一个官僚集团的活动、冲突和变化。这三个集团在东汉前期先后发育起来,不过,汉光武帝和他的继承人汉明帝还能掌握皇帝的权力,外戚,尤其是宦官,还不敢公然横行作恶。他们在位的时候,确是惩治不法官吏比较严,赋税徭役比较轻,对外战争比较少,史家称汉明帝时"天下安平,百姓殷富"。王莽暴乱后,出现这个休息时期,是符合社会要求的。汉章帝改变汉光武帝、汉明帝的"严切”政治，被称为“宽厚长者”。外戚、宦官得到宽厚待遇，开始作起恶来，汉章帝死后，东汉政治便进入黑暗时期。

东汉后期政治概况（汉和帝至汉灵帝共一〇一年）

公元前119年，西汉武帝置盐铁官，从豪强手中收回盐铁大利。这是中央集权势力压倒豪强割据势力的一个重大标志。公元88年，汉章帝死，汉和帝（十岁）继位，窦太后临朝称朕，外戚窦宪总揽大权，事实上窦家做汉皇帝了。这是一件非常的事，不取得整个统治阶级特别是豪强的默许是会发生困难的。窦太后临朝，首先宣布“罢盐铁之禁，纵（任）民煮铸”。这就是朝廷让出盐铁大利来换取豪强对窦氏政权的默许。从此豪强富力大增，政治上野心也随着加强。一向被排斥的下层豪强，现在不肯屈服了，他们很自然的要求参与政权，但做官吏却有困难。例如富人王仲家有千金，送给贫士公沙穆一百万钱，让公沙穆买个官做，自己间接得些做官的好处。公沙穆决心求做孝廉，拒绝他的买官钱。王仲这一类人有了投靠宦官的一条道路，自然都成为宦官的拥护者。宦官凭借这个社会基础，也就有了相当的力量和外戚争夺政权。盐铁官的废除，标志着中央集权势力的削弱，豪强割据势力的增强，同时也是东汉后期黑暗政治开始的一个信号。在这个黑暗时期里，广大劳动人民遭受了严重的灾难，国境内的少数族，也受到残酷的欺压，反抗战争到处发生，但都被豪强势力镇压下去。东汉后期国家衰弱，豪强却拥有坚强的武力，终于酿成东汉末年社会空前大破坏的军阀混斗。

窦宪得政权后，窦家的大批徒党都做了朝官和地方官，最小的也得做个县令。这些徒党们尽量搜刮民财给窦宪送礼报恩。窦家又养了许多刺客，迫害比较正直不肯附从的官僚集团中人。公元92年，汉和帝与宦官郑众密谋，杀窦宪，窦家党徒全部革官下狱治罪。郑众因功封侯，宦官从此参与政事。

公元105年，汉和帝死。公元107年汉安帝（十三岁）继位，邓太后临朝。邓骘（音至 zhì）辅政。邓太后从窦家的失败里取得了一些经验，她并用外戚和宦官，形式上不偏重外戚。她又授权河南尹、南阳太守（洛阳、南阳是贵族集中地）等重要地方官严格管束邓家人和邓家的亲戚宾客。这些人犯罪，地方官有权惩罚他们。她又表扬儒学，尊礼三公，使邓骘荐举名士杨震等多人，把官僚集团吸引到外戚方面来。邓太后这样做,地位算是巩固了。公元121年,邓太后死,汉安帝结合一部分宦官起来逐杀邓家人。新得势的宦官引用失意官僚与下层豪强做官,作为自己的徒党。杨震一派鲠直的官僚认为“白黑混淆,清浊同源”,坚决抗议。所谓白清,就是按正途仕进的士人,所谓黑浊,就是无权做官的微贱人。从此外戚与宦官的冲突以外,又加上清流与浊流的冲突。杨震被迫自杀,更加深了清流对浊流的仇恨。

公元125年,汉安帝死,幼童北乡侯继位,阎太后临朝,阎显掌大权,杀逐汉安帝宠信的宦官。阎家专权不过几个月,北乡侯病死。宦官孙程等十九人杀阎显,立汉顺帝(十一岁)。十九人都封了侯,宦官势力又大进一步。他们得兼做朝官,得传爵给养子,并得荐举人做官。从此下层豪强不合法的仕进变为合法的仕进,“无功小人,皆有官爵”,大大激怒了士人。李固一派比较鲠直的官僚依靠梁皇后家,企图和宦官对抗。

公元144年,汉顺帝死。公元146年,汉桓帝(十五岁)继位。梁太后临朝,梁冀掌管朝政。梁太后从外戚的失败里取得了更多的经验,她并用外戚和宦官,又表扬儒学,招募太学生多至三万余人。她杀逐李固为首的鲠直派官僚,引用以胡广为首的典型官僚。胡广是官僚集团的代表人物。他与宦官通婚姻,又与名士相交结,荐举陈蕃等人。当时谚语说“万事不理问伯始(胡广字),天下中庸有胡公”,意思是胡广熟悉典章有办事经验,柔媚谦恭能不抵触任何人。梁太后选用这一派官僚,使三个集团各行其是,取得相当的均衡,梁家政权因此保持了将近二十年。

公元159年,汉桓帝结合一批宦官杀梁冀。又杀梁家重要徒党自三公、九卿至州刺史、郡太守凡数十人,斥逐次等徒党三百余人,朝官几乎空了。这几百个徒党献给梁冀和梁冀自己直接搜刮来的赃物,被朝廷没收后,官卖得钱三十万万。官卖价当然比实在价低,梁冀财产实际上应超过三十万万。加上梁冀一家人二十年来无限奢侈浪费的财物,再加上几百个徒党家的巨大赃物,总数真是骇人。从这个骇人的总数里可以想见劳动人民遭受到怎样可怕的剥削。梁家赃物很快就卖出了,收买的人无疑是宦官和有势力的贵族,他们拥有极大的赃钱,也就可以想见。

梁冀结交梁太后宠用的宦官,凡宦官家子弟徒党都荐举做地方官。名士出身的鲠直派官僚朱穆,某次被任为冀州刺史。冀州共有一百个县,听说朱穆快要到来,挂印逃避的县官就有四十多个;恃势不避,被朱穆拘捕治罪的又有多人。从上述事例看来,做朝官的主要是外戚徒党,做地方官的主要是宦官徒党,留给官僚集团的道路是不宽的。那些鲠直派官僚当然感到不满,企图仕进的士人更是无路可走。这种情形,迫使鲠直派官僚、名士、大学生结合起来,联络外戚来反对宦官。

朱穆因得罪宦官,被汉桓帝逮捕下狱。刘陶为首的太学生数千人到宫门外上书诉冤,说:宦官"父子、兄弟,布在州郡,竟为虎狼,噬食小民"。太学生斥责宦官"噬食小民",固然是出于义愤,但梁冀罪恶并不比宦官轻多少,太学生却一句话也没说,足见他们的主要目的,还在于反对宦官侵夺仕路,反对下层豪强公然做官。

自公元159年梁冀死后至公元167年汉桓帝死,八九年间宦官势力几乎达到独霸政权的地位。以前宦官徒党多做地方官,现在也做朝官了;以前做地方官多是县官,现在做州刺史郡太守了。内外重要官职多被他们把持着,官僚集团的道路比梁冀死前更狭窄了。鲠直派官僚、名士、太学生以及地方官学生、私门学生结成广泛的士人集团,以宦官"虐遍天下,民不堪命"为理由,展开了士人、宦官间的斗争。

鲠直派官僚大都是名士出身。有些人已经做了大官,仍保持名士身份。如李膺做河南尹,与名士郭泰等人交结,被士人推为名士的首领。当时名士可分为三类:第一类是求名不求官的名士。他们不就官府的征召,每拒绝征召一次,他们的声望和社会地位也就提高一次。他们认为"天子不得臣,诸侯不得友",虽然不做官,他们的社会地位实际上抵得一个大官。这一类人数最少,郭泰是著名的代表。第二类是言行刚劲疾恶如仇的名士。他们依据儒学的道德标准,实行了孔子"见善如不及,见不善如探汤"的格言,认为善的人,互相推荐标榜,自然结合成一类,认为恶的人,不分轻重,一概深恶痛疾,只想逐杀他们。这是宦官政治激发起来的一种愤怒反抗。他们的行动是勇敢的,但丝毫也不能削弱宦官势力。这一类名士,是统治阶级中的鲠直派,也是抱有正义感、对人民有同情心的人。他们人数不多,在士人中却起着倡导作用。范滂是著名的代表。第三类是迎合风气的名士。这一类人数最多,是第二类名士得势时的附和者,也是典型官僚的候补者。

例如张俭激昂地毁灭宦官侯览的家园,名闻天下。后来汉灵帝杀党人,张俭逃难,连累了许多隐藏他的人。张俭为要保全自己的生命,让成千的人破家灭族来替死。党祸解除后,张俭回家过着富裕生活,活到八十四岁,再也不敢说一句反对宦官的话。又如黄允,不就官府征召。大官们想见他,黄允自称养病,不见宾客。大官们派遣亲信人早晚到门上问候病情,也拒绝不见。黄允被认为清高士,声名极大。司徒袁隗是一个典型的大官僚,慕黄允大名,要把侄女嫁给他。黄允听说,托故逐走妻夏侯氏。夏侯氏大会亲族,当众宣布黄允隐恶事十五条,不过十天,黄允逃出洛阳,不再是名士了。黄允只是名士中不幸被揭露的一个,幸而不被揭露的名士,当然多得很。太学名士极大部分就是张俭、黄允一类的名士。

太学生三万余人，郭泰、贾彪为首领。郭泰等人结合陈蕃、李膺等鲠直派大官僚，评论朝政，褒贬人物，公卿大臣竭力接待士人，希望免受恶评。州郡都有官学，太学生与州郡官学生互通声气，形成一个全国范围的政治团体。宦官和他的徒党无论在宫内、在朝廷或在地方做官，都遭到猛烈的攻击。公元 166 年，汉桓帝指名士李膺、范滂等二百余人为党人，下狱治罪。这些党人项颈、手、足加上所谓"三木"的刑具，头被一种东西蒙盖着，一个挨一个地受狱吏惨毒的拷打。汉桓帝皇后的父亲窦武，向来用财物结交太学生，颇得好评，这时候出面劝汉桓帝释免党人。宦官也不敢过度得罪士人。公元 167 年，汉桓帝赦党人回家，禁锢终身，不许再做官。

这是第一次党锢之祸。从这次党祸里，显示出统治阶级三个集团的地位发生了变化。原来在政治上有极大势力的外戚集团，自梁冀失败以后，政治势力和社会影响都降落了。像窦武那样的贵族，也要装出朴素生活来接近太学生。这说明外戚已经削弱到不能代表上层豪强。代表下层豪强的宦官集团，社会地位极低，虽然政治上有极大权力，精神上却感自卑，以获得名士们的一些礼遇为荣幸。李膺在狱中牵引出不少宦官子弟，足见宦官家某些子弟在接近士人，企图使自己士人化。宦官集团得势是暂时的，它所代表的下层豪强，极小部分转化为士人，大部分仍被看作无权做官吏的微贱人。原来代表中小地主以举孝廉为最好出路的士人，其中很多人因仕途顺利上升为大地主，自东汉初年以来，逐渐形成所谓"衣冠望族"（世代做官）或"姓族"（有名望的姓。称士族为望族、姓族与称豪强为大姓、豪姓形式上有些区别，实际都是豪强），散布在各州郡。这个士族即官僚集团，上起望族下至广大学生，包括了地主阶级的各个阶层。特别是鲠直派官僚与名士在坚强地攻击宦官中，造成一种很高的声望，原来依靠外戚的上层豪强现在转到官僚集团方面来，与官僚集团的上层结合成一体，这样，官僚集团愈益扩大，成为代替外戚集团对抗宦官集团的主要力量。郭泰自洛阳归太原，"衣冠诸儒"到黄河岸送行，车数千辆。这里所谓"衣冠"是指各种身份的官僚，所谓"诸儒"是指太学生一类的士人。范滂自狱中释放回汝南，路过南阳，南阳士大夫迎接他，车数千辆。洛阳、南阳是贵族、豪强、官僚的集中地，郭泰、范滂受到他们这样的尊崇，说明东汉末年，士族（即官僚集团）已经是统治阶级的主要代表。宦官失败以后，经过一番大混斗，士族对下层豪强以及一切所谓微贱人的压迫权进一步确立了，同时也不需要提拔那些出身低级士族的名士来反对宦官了。剩下的一件事，就是士族内部按族望的高低，门阀的上下，也就是按势力的大小来分配做官权。魏、晋、南北朝的九品（上上、上中至下中、下下）官人法，就是这一件既成事实的法律规定。

公元167年，汉桓帝死，汉灵帝（十二岁）继位。窦太后临朝，窦武掌朝政。窦武结合陈蕃、李膺等人，准备杀宦官。公元168年，宦官杀窦武、陈蕃，又逐杀所有窦、陈派的朝官，宦官权力达到了最高峰。前些时，太学生和全国士人共相标榜，给大名士三十二人（加三君为三十五人）立称号。窦武（外戚）、陈蕃（官僚）、刘淑（宗室）三人称三君，算是士人的首领。李膺等称八俊（俊杰），郭泰、范滂等称八顾（有德行），张俭、刘表等称八及（能引导后进），度尚（农民起义的凶恶镇压者）等称八厨（有钱救济贫士）。地方名士也立称号，如山阳郡有张俭为首的八俊、八顾、八及二十四人。窦武、陈蕃死后，汉灵帝大兴党狱，杀李膺、范滂等一百余人，禁锢六七百人，太学生被捕一千余人。党人五服内亲属以及门生故吏凡有官职的人全部免官禁锢。这是第二次党锢之祸，对士族的打击是惨重的，内外官职几乎全部被宦官集团占据了。一个富人孟佗，想得个官做。他和宦官张让的管家奴交朋友，送管家奴很多财物，要管家奴当众对他一拜。某日，孟佗去谒见张让。张让门前经常有求官人的车数百或千余辆，孟佗的车不能前进。管家奴率领一群苍头（低级奴）迎到路上拜孟佗，把他的车子抬进门去。求官人见了大惊，以为孟佗是张让的好朋友，争着送他珍宝。孟佗分出一部分送张让，张让很满意，叫他做凉州刺史。一说，孟佗送张让葡萄酒一斗，便得凉州刺史。不管孟佗怎样取得刺史这个大官，宦官引用大批下层豪强来填补从士族那里夺得的官职则是事实。凡属于宦官集团的大小官有一个共同性，那就是“贪如豺虎”（当然，不是说士族中没有很多的豺虎）。宦官逐杀了党人，但对士人还是有疑惧，他们想出一些办法来，企图加强自己的势力。熹平四年（公元175年），汉灵帝命蔡邕写定五经文字，刻石碑四十六块立在太学讲堂前（熹平石经）。五经文字与宦官本来毫不相干。因为太学生在太学争考试等第的高下，往往闹到官府里去争讼。宦官早已被名士们议论政事吓得发狂，乱杀一阵，现在这些太学生又来纠缠经学，扰攘不休，对宦官确是一种可厌的刺激。五经石碑一立，宦官得到清静了。不过，太学生既然诵习经书作为议论的根据，想公然说出拥护宦官的议论来是困难的，因此宦官在太学以外，要另立一个太学。公元178年，汉灵帝立鸿都门学。这个皇帝亲自创办的太学里，讲究辞赋、小说、绘画、书法，意在用文学艺术来对抗太学的腐朽经学。又为鸿都文学家乐松、江览等三十二人画像题赞辞来对抗党人们标榜的三十二大名士。学生考试及格，就给大官做，不及格也得个较小的官做。还有一些学生，汉灵帝命令三公州郡荐举或征召来代替荐举孝廉。宦官这样做，觉得对士族的排斥还不够彻底，因为鸿都学生虽然被士族称为出身“微蔑”（极低微为蔑）、“斗筲小人”（不足道的人），到底还是读书人，下层豪强不一定读过书，想做官仍受到限制。

汉灵帝和宦官们为了彻底排斥士族并满足自己的无底囊，索性开一个叫做西园的官员交易所,标出官价公开卖官,地方官一般比朝官价贵一倍。各县肥瘦不等,让求官人估价投标,出价较高的人才能得标上任。定价以外,又看求官人身份及财产随时加减,如名士崔烈半价买得一个司徒(定价一千万钱)做,宦官曹腾(汉桓帝的宦官)的养子曹嵩家极富饶,买太尉出钱一万万,比定价贵十倍。又为优待主顾,扩充营业起见,允许先挂赊欠账,到任后限期加倍还欠。又为尽快周转以广招徕起见,一个官上任不久,另派一个新官又去上任,州郡官一月内甚至替换好几次。官怕损失本钱又要大获利钱,一到任就得本利兼收,刻不容缓。人民被迫"寒不敢衣,饥不敢食",贱价卖出自己仅有的一点谷物,让新官一到就得钱,以免一家人性命不能保。汉灵帝和宦官觉得这样做还是不够,命令州郡送助军(当时黄巾已起义)修宫钱,大郡多至二三千万钱,最小的县也不能免。送钱以外,还要"价买"木材石料,令州郡运送到京师。宦官派人点收,硬说材料不中用,只给价十分之一,转手卖给商人,得十足价钱。有些材料根本不点收,让州郡再送。人民在这一大群豺虎盗贼的吞噬下,逼得实在生路全绝,公元184年开始的黄巾大起义,虽然很快被镇压下去,但农民仍到处起来反抗。当时宦官害怕黄巾起义的威力,有些暗中投降,愿作内应,其余都召还做地方官的子弟和徒党,准备退避。汉灵帝感到孤立,下诏赦免党人,利用那些口头上斥责宦官虐民自己似乎是同情农民的士族来镇压起义军。经常宣称"张常侍(张让)是我的父亲,赵常侍(赵忠)是我的母亲"的汉灵帝开始觉得士族有用,质问宦官们说:你们总说党人想造反,该杀该禁锢。现在党人都给国家出力,你们反倒和黄巾通情,该杀不该杀!饱受宦官高压的士族因此又得了势。士族仇视宦官,更仇视农民起义,他们看到汉朝必亡,纷纷组织武力,等待割据称雄的时机到来。

公元189年,汉灵帝死,皇子刘辩继位。何太后临朝,何进掌朝政。社会下层(屠户)出身的何进企图依靠下层豪强的大豪强董卓杀宦官,不料宦官首先发动,杀死何进。士族大豪强袁绍起兵杀宦官二千余人,宦官全部歼灭。董卓引兵到洛阳,逐走袁绍,废皇子刘辩,杀何太后,立汉献帝。罪孽深重的外戚和宦官一起消灭了,东汉的朝廷实际上也消灭了。象征中央集权的朝廷已经消灭,豪强们便公开进行着疯狂的武装混斗,黑暗的东汉后期转入了社会空前大破坏的分裂时期。

分裂前期的政治概况

公元190—208年即汉献帝初平元年至建安十三年凡十九年为前段，公元208—280年即建安十三年至晋武帝太康元年凡七十三年为后段，前后共九十一年。

士族想独占政权，坚决排斥下层豪强和所谓微贱人；士族中所谓望族的高级豪强想独占政权，坚决排斥地位较低的豪强；每个高级豪强想独占政权，坚决排斥其他高级豪强。被排斥者也都想独占或分得政权，坚决排斥他们的对方。豪强们互相排斥，造成战争无限残酷、秩序极度破坏、户口可骇地耗损、生产剧烈地衰落的分裂局面。地主阶级的豪强，在西汉后期以来，逐步扩大并增强着他们的割据势力，到了这个时期，他们有足够力量足以实行比以前任何时期更猖獗的罪恶行为，短促的前段十九年中，把两汉四百年积累起来的社会各种财富极大部分都化为乌有。

董卓是凉州的下层豪强，他的部属都是些地方土霸和羌族胡族的豪酋。董卓为首的一群极端凶恶的豺虎盗贼是最野蛮的破坏者。当时人口、文化、财物最集中的洛阳和较次的旧京长安，都被这群野兽彻底地毁灭。董卓率军进入洛阳，就毫不掩饰地表示自己要做皇帝。各有企图的广大士族，朝官以用计谋的王允为首，外官以号召发兵讨贼的袁绍为首，呼应起来反对董卓。董卓在士族的压力下，用无法形容的残暴手段来对抗，同时从洛阳退避到长安，又从长安退避到郿坞（离长安甘肃武威出土东汉釉陶碉楼二百六十里）。坞高厚都是七丈，坞内藏谷够三十年食用，金二三万斤，银八九万斤，上等衣料堆积像小山，以为这样就可以安居无忧。公元192年，王允杀董卓。董卓部属李傕（jué）、郭汜等人大杀王允和朝官并屠长安城，老少不留。这群野兽又互相混斗，关中人民几乎被杀绝。公元196年，汉献帝带着一些残余的朝官从野兽群中逃出，回到洛阳。朝官很多饿死或被兵士杀死，汉献帝又失去了这些拥护者，皇帝的名号更空虚了。

袁绍为首的一伙所谓勤王将领，和董卓的一伙同样是割据混斗的野心家，同样是残酷地屠杀人民的豺虎盗贼。袁绍家接连四代有五个人做三公，在士族中是最高级的望族。袁家门生故吏遍天下，结合成一个最大的私人团体。当袁绍号召起兵讨董卓的时候,各路大豪强就开始了割据混斗。袁绍弟袁术占南阳,刘表占荆州,公孙度占辽东,袁绍占冀州,公孙瓒占幽州,刘焉占益州,曹操占兖州。董卓被杀以前,这些所谓讨董卓的"义兵",已经这样割据混斗起来或准备割据混斗。董卓被杀以后,袁绍凭借袁家势力,在多次残酷的战争中,占有冀、青、幽、并四州,成为北方最强大的割据者。袁术也凭借袁家势力,据江淮间地,自称皇帝,建都寿春,成为南方最大的割据者。

公元190—208年,前后凡十九年。这十九年里,中国境内特别是黄河流域化成了大屠场。董卓系统的豪强在洛阳以西地区,袁绍系统的豪强在洛阳以东地区,还有其他大豪强以至各地方无数小豪强,无时无地不在混斗相屠杀。下列诸例说明战争大屠杀以外的一些小屠杀。刘表占荆州,地方上宗贼大起。刘表诱斩宗贼头领五十五人,地方立见平静。所谓宗贼,就是土霸豪酋胁迫同姓人及附近农民据地做盗贼。刘焉占益州,杀州中著名豪强十余人。这是外来豪强镇压本地豪强的一例。公孙度占辽东,灭郡中名豪百余家。这是本地下层豪强得势对士族进行报复的一例。公孙瓒占幽州,杀害士族,信任下层豪强。理由是衣冠士族自以为身份应当尊贵,不知感恩,下层豪强被擢拔,知道感激公孙瓒。这是士族豪强结合下层豪强压迫士族的一例。汉献帝自长安逃出,路过安邑,垒壁群帅都来求官号,这是小豪强到处筑垒立壁,割据小块土地,希望依附大豪强的一例。以上只是举出一些例子,远不是事实的全部。但也可以看出混斗的一斑。凡豪强所在,必然要兼并割据,也就必然要混斗互杀。以袁家为例,袁术因袁绍分得袁家大部分门生故吏,骂袁绍是妾生子,不算袁家人。袁绍大怒,使刘表斗袁术,袁术也使公孙瓒斗袁绍。袁绍的部属至少分成两派,袁绍死后,两派拥袁绍子袁谭袁尚动兵相仇杀。袁术战败穷困,投奔部曲将(带亲兵的亲信将官)被拒绝,袁术饿死。豪强对外部当然要混斗互杀,对内部也一样要混斗互杀,一句话,豪强唯一能做的事就是混斗杀人。人民极大部分被杀死饿死了,一部分流亡到较安静的地区或逃出边境,没有武力的一部分士族也离开本土向外地流亡。

十九年豪强大混斗的过程里,人民要求统一的意志仍在发挥它的伟大力量,那些割据势力逐步被克服了,社会依然向统一的方向前进。代表这个统一趋势的重要人物就是当时最大的政治家、军事家(也是大文学家)被士族称为"乱世之奸雄"的曹操。这当然不是说曹操不是一个极端残暴的大屠户,这只是说他用来进行战争的政治军事方针,客观上符合于统一的趋势,因之他成为当时最大的胜利者。

曹操是曹嵩的儿子,出生在官宦家庭,不列于士族。起初做小官,汉灵帝末年,曾镇压过颍川郡黄巾军。董卓作乱,他发动曹、夏侯(曹嵩本姓夏侯)两家的几个兄弟和侄子作为骨干，招募了一些兵，参加以袁绍为盟主的讨董卓大军。袁绍等人共有兵十余万，谁也不敢和董卓作战，独曹操带着几千人进攻，虽然打了一个大败仗，曹操的识见和勇气却证明与袁绍等人不同。

公元 192 年，曹操占兖州，击败青州黄巾军，得降卒三十万人，选拔精锐，号称青州兵。曹操从此自成一个独立的力量，开始与袁绍分离。曹操刚得到兖州这个很不稳固的立足地，便规定“奉天子以令不臣，修耕植以畜军资”的两大方针。公元 196 年，汉献帝到了洛阳。曹操击败豫州黄巾军，得汝南颍川两郡。他亲自率兵迎汉献帝到颍川郡的许昌。用汉献帝名义发号施令，政治上握有主动权，强大的袁绍以及其他割据者都处在被动的地位了。同年，设置田官，招募流民到许昌屯田，恢复农桑业，所属兖豫两州各郡也屯田积谷。军事上坚实的基础建立起来了。曹操依据两大方针充分表现出政治的军事的巨大才能。

武将大抵出身下层豪强，任何一个大割据者都有不少武将。困难在于争取士族。它是统治阶级的一个严重的力量，要善于使用它取得它的助力，否则，政治上不可能有所成就。当时北方士族，一部分在豪强混斗中死亡了；一部分各投旧主，多是投袁绍；一部分逃避到江东为孙策所收用；一部分投奔荆州，依附大名士刘表；还有一些远避到辽东和极南的交州。剩下来的士族本来不多，曹操出生官宦家庭，搜罗士族更显得困难。不过曹操也有好的条件，首先是他有汉朝廷名义，其次是屡次战胜，军威颇盛，在别处不得意或主人失败了的士，不得不投过来求功名。大名士也是最大的谋士荀彧（yù），就是从袁绍那边投过来的一个。这些条件以外，他还主动地着力争取。例如司马懿称病坚卧，不就征召，曹操用死刑威胁他出来做官。又如祢（mí）衡当众辱骂曹操，曹操大怒，把他送到刘表那里去，表示不杀士人。几年间，曹操得士比任何大割据者都多。

曹操取得胜利的必要条件具备了。公元 197 年，开始进行有计划的战争。他先使钟繇（yóu）奉朝廷命到关中，稳定韩遂、马腾等十几股大割据者。曹操率军击败自称皇帝的袁术，袁术渡淮南逃。公元 198 年，曹操击杀骁勇善战的吕布，得徐州。公元 200 年，曹操以一比十的劣势兵力在官渡大败地广兵强的袁绍。此后连年进击，公元 205 年，袁绍军全部溃灭，曹操得冀、青、幽、并四州。经十一年战争，北方大割据者或死或降，黄河流域基本上统一了。公元 208 年，曹操进击刘表军，得荆州。能和曹操对抗的力量，只剩下占据吴、会稽等六郡的孙权与声望甚高拥精兵一万人的刘备。

袁术系统的大将吴郡人孙坚，公元 191 年，为袁术攻荆州刘表，被刘表军射死。孙坚子孙策，年十七，是一个英俊的军事家和政治家。他早年随母居寿春，就交结江淮间士人，与高级士族周瑜结成至交。周瑜与低级士族大富豪鲁肃也是至交，孙策得周瑜，江淮间士族形成了以孙策为首的一个团体。孙坚死后，孙策从袁术那里领回孙坚旧部兵将共千余人。这都是久经战阵的精兵猛将，孙策获得这些武人，军事上建立了坚固的基础。公元195年，孙策得袁术允许，率兵到江东，击破大小割据者，得吴、会稽等五郡，又袭破庐江郡，得袁术部曲三万余人。孙策依周瑜所率士族为骨干，结合张昭为首的北方士族，在六郡土地上创立一个强有力的孙氏政权。公元200年，孙策死，弟孙权继位，到曹操夺得荆州时，孙氏政权已经是巩固难破的了。

刘备是名儒卢植的学生，又是汉皇帝的同族，在豪强混斗中，形成了很大的声望，也结成了一个武士强谋士弱的刘备集团。曹操承认自己和刘备是当今的天下英雄，因为刘备对士族的号召力要比曹操高一些。刘备被曹操追逐，逃到荆州依附刘表。杰出的谋士诸葛亮以及北方流亡士族加入刘备集团，刘备的势力因而空前扩大。刘表死，刘表子刘琮投降曹操。宁愿追随刘备不愿投降曹操的刘表属官和荆州人多至十余万人，辎重车多至数千辆，足见在刘表割据多年的荆州，刘备比曹操处于有利的地位。

孙氏政权与刘表势力是世仇，刘备是刘表残余势力的主要代表人。刘备与孙权结合，这才有可能形成以江东军为主，以刘备军和刘表残余军（刘表长子刘琦所率）为辅的对抗力量。

曹操军有北方兵十五六万，荆州降兵七八万，号称八十万，军力占绝对优势。但曹操军有不少弱点：①荆州兵被迫投降，军心动摇，而水战主要依靠荆州兵；②北方兵不习惯南方水土，战斗力削弱；③曹操军后方不巩固，特别是马超、韩遂等军割据关西，威胁许昌。这些都是军事上的弱点；④朝官中有不少士族反对曹操。曹操将攻荆州，临行前杀拥汉大名士孔融示威。这是政治上的弱点。曹操军存在着这许多弱点，只宜速胜，不能持久。恰巧刘琮投降，曹操不战大胜，滋长了骄慢心，以为自己强大必胜，孙权，至少是孙权的部属，一定会来投降，军事部署上暴露了可败的空隙。孙权地小兵寡，精兵不过三万人，更不能持久。刘备合刘琦兵不过二万，不力战就没有生路。在大敌曹操军的压力下，孙权刘备结成了牢固的（自然是暂时的）同盟。公元208年，周瑜进军到赤壁（湖北嘉鱼县），用火攻法大破曹操军。曹操不敢再战，率残军逃回北方。

赤壁大战，决定了三国分立的形势。曹操所代表的统一趋势虽然受到阻碍，但此后三国统治者各在自己的领土内削平地方割据势力，巩固各国内部的统一，恢复残破已极的生产（主要是魏国），比起以前的十九年大混斗时期，三国分立也还是恢复全国统一的一个步骤。

赤壁战后，孙权得荆州大部分，刘备得武陵、长沙等四郡。刘备获得立足地，专力向益州发展，公元214年得益州，以成都为中心，成为后来的汉国。孙权以建业（南京市）为中心，扩地到广州交州，成为后来的吴国。

曹操回许昌,宣布一篇语极恳切的《明志令》,说自己实在没有“不逊”(灭汉)的野心。这当然是对拥汉派士族说的。当时潼关以西被马超、韩遂等十个割据者占领,曹操率兵进攻,经过几年的战争,割据者都消灭了,北方(除公孙氏占据辽东)得到进一步的统一。曹操在《明志令》里说,设使国家没有我,不知当有几人称帝,几人称王。这确是事实,但因此要代汉自立,却被拥汉派士族阻碍着。公元212年,曹操大会列侯诸将,教人提议推尊自己为国公。士族首领荀彧当场反对,说不该这样。过了些时,曹操不露形迹地谋杀荀彧。第二年,让汉献帝封自己为魏公,建都邺(河北临漳县境),设立整套官职,使重要汉官转做魏官。公元216年,曹操升级为魏王,士族首领崔琰(yǎn)有讥讽表示,被曹操迫令自杀。又一首领毛玠(jiè)表示不满,在众官援救下,曹操不敢杀毛玠,只是斥逐出朝廷。荀彧、崔琰、毛玠都是曹操最重要的谋士,曹操在代汉的步骤上,遭到这些人的阻力,意义是严重的。公元218年,汉官吉本等率千余人在许昌起事,谋挟天子攻魏国。魏官魏讽等聚徒众谋攻邺,这对曹操也是一种威胁。孙权劝曹操做皇帝,曹操说,这孩子想把我放到炉火上么!所谓炉火,就是指拥汉派士族的反对,虽然不能是烧死曹操的火,但引起混乱是可能的,而这正合于孙权的希望。

士族阻碍着曹操代汉做皇帝,与其说是为了拥汉,毋宁说是向曹操交换做官特权。辽东割据者公孙度要流亡名士王烈做官,王烈不愿意,“为商贾以自秽”,公孙度也就不强迫他了。士族看商贾是秽人,绝不允许商贾和一般下层豪强参加政权。曹操用人,“不拘微贱”,这自然要引起士族的不安。赤壁战前,鲁肃劝孙权抗曹操,说,像我鲁肃这样的人,投降了曹操,他会把我送还本乡,评品等第,给个小吏做,慢慢升迁做州郡官。曹操得荆州,令韩嵩评品荆州士人优劣。东汉末年,士人分品做官,似乎已成惯例。公元220年,曹操死,子曹丕继王位。曹丕听从拥曹派士族陈群的建议,明令规定九品官人法,各州设大中正官,各郡县设小中正官,评品本州本郡本县士人的等第。做大小中正官的人自然是高级士族和一些中级士族,他们荐举做官的人,自然也是高级中级士族。微贱人被排摈不能入品,低级士族只能列在下品。曹丕和高级中级士族进行了交换,从此不再有拥汉派。当年,曹丕取消汉献帝的皇帝名号,用禅让的方式自称魏皇帝(魏文帝)。

公元221年,刘备在成都自称汉皇帝。公元222年,孙权自称吴王;公元229年,吴王孙权自称吴皇帝。

农民与地主间的阶级斗争,是封建社会历史的一条基本线索。这条线索的一个方面,即地主阶级方面,为了争夺统治权,不断地进行着内部斗争。这种内部斗争往往成为某一历史时期里的主要特征,严重地影响到社会各个方面,阶级斗争(掺杂着各族间斗争)因而愈益复杂化。自秦汉迄南北朝这一历史时期由统治阶级的内部斗争而表现出来的主要特征,第一步是无市籍地主与有市籍地主间的斗争。这个斗争开始于秦,发展于西汉,猛烈冲突于东汉,结果是东汉末年社会遭受极其惨重的大破坏。第二步是九品官人法的成立,标志着代表无市籍地主的士族战胜了有市籍地主,同时高级士族开始了对中级士族的压迫并排摈低级士族。中级低级士族代表中小地主,人数最多,而且才能之士也多在这个大士人群里产生,他们被压迫和被排斥,无市籍地主阶级内部的斗争激化深化了。结果是西晋统一政权迅速崩溃,在中级低级士族与豪强势力结合下,出现十六国大混乱的局面,黄河流域又一次遭受毁灭性的长期大破坏。

汉文化对周邻诸族的影响

两汉是政治统一、经济文化发达、武力强大、拥有人口五六千万的伟大国家。这对四周诸族的社会,很自然地要起着推动作用。两汉特别是东汉(包括三国)推动作用更为显著。东汉三国两个半世纪的长久年月里,除去各族间暂时发生的军事行动,其余年月都是在经济文化的交流上度过去的。大抵汉朝高度的经济与文化,在前期吸引着许多族,从而建立起密切的政治关系或通商关系,而后期的黑暗政治又迫使逃亡、掠夺和变乱,成为豪强破坏力以外的一种破坏力。东汉与诸族的关系是复杂的,从大的方面看,相互有利处多于相互为害处。

下面简略地叙述东汉与周邻诸族的关系。

一、东北方

自战国(燕)时起,辽西辽东两郡(秦始皇建郡)已经是汉族文化在东北方的基地。汉昭帝以来,玄菟(治所约在今辽宁省铁岭新宾等县之间)、乐浪两郡成为重要的文化基地。在汉族文化影响下,东北方少数族开始从落后状态中加速了社会的前进。

夫余:夫余国在玄菟郡北,本是濊族的居住地。不知何时,从北方索离国来了一个勇猛善射名叫东明的人,征服濊族,自做国王,号称夫余国。夫余国,有城栅、宫室、仓库、牢狱。刑法残酷,一人犯死罪,一家人都被没收作奴婢。东明族人是贵族,大贵族做加(官),有马加、牛加、猪加、狗加等称号。这些加都是部落大酋长,大部落有数千家,小部落有数百家。小贵族在加下面做邑(城栅)豪或落(村落)豪。濊族人被称为下户,是东明族的种族奴隶。有战事,诸加率东明族人上阵,下户只是运粮供饮食。下户主要从事农业生产,不参加战争。贵族死后要厚葬,杀人殉葬有时多至百余人。葬国王要用汉朝给予的玉匣。国王死,嗣王到玄菟郡领取。公元49年,夫余王遣使来汉,汉光武帝给他一份厚礼,夫余从此归玄菟郡管理。因汉文化的逐渐输入,三国时夫余成为东北方的一个强国。

挹娄:挹娄在夫余东北。挹娄人处在氏族社会末期,已有贫富,但不曾形成阶级,各部落有大人(酋长),但还没有君长。居山林间深穴中,富家穴深到九梯以下。穴中央作厕,人绕厕居住。有农业和牧畜业,也能织些麻布。俗重养猪,吃猪肉、衣猪皮,冬天用猪油涂身,厚数分。夏天裸体,用一尺布掩蔽下身。箭用青石作镞,镞上敷毒药,人兽被射中就死去。挹娄人形体似夫余人,言语与夫余高句丽不同。汉时属夫余,三国时脱离夫余自立。挹娄是东北方诸族中最落后的一族。它不接受邻国较高的文化,社会停留在野蛮阶段上,直到它的后裔女真、满洲初起时,大体上还保存着挹娄的社会形态。

高句丽:高句丽在辽东、玄菟两郡的东面,夫余挹娄的南面。属玄菟郡管理。高句丽人居大山深谷中,共有三万户。相传贵族是夫余的别种,约一万人,性凶暴喜掠夺,好造大宫室,男女饮酒歌舞,坐食不劳动。

下户(种族奴隶)供给贵族米粮鱼盐等一切生活品,纵然竭力耕作,还是不得温饱。汉光武帝时高句丽王遣使来聘,汉给以乐人乐器及衣冠服饰。

濊:在高句丽的南面,辰韩的北面,朝鲜半岛东部地区都是濊人的居住地。濊分许多部落,各有酋长,但没有大君长。这些部落酋长与高句丽贵族同种,言语习俗大抵相同。公元前128年,濊君南闾等大小部落酋长率二十八万人来辽东郡,汉武帝因而设置苍海郡,后改属乐浪郡。汉光武帝时部落酋长改称县侯,仍属乐浪郡。濊人与汉人杂居,能种麻养蚕作绵布。没有经过奴隶制度阶段便进入封建社会,在东北方诸族中是文化最高的一族。

韩:在朝鲜半岛南部。韩分马韩、辰韩、弁韩三种,称为三韩。马韩在西,有五十几个部落;辰韩在东,弁韩在南,各有十二个部落。马韩最大,有些大部落多至万余家,大小部落总户数约有十余万。部落间和部落内部,大小酋长各自作主,不很相统属。辰韩弁韩较小,大部落四五千家,小部落六七百家,总数约四五万户。马韩月支部落酋长号称辰王,算是三韩的大君长。辰韩弁韩大小酋长都是马韩人,不得自推酋长。

马韩人能种田养蚕织绵布,在东汉时还不知道金银锦绣是贵物。他们住的是草屋土室,穿的是布袍草履,贫富的区别不很显著。汉光武帝时马韩酋长到乐浪郡通聘,以后便属乐浪郡管理。酋长四时到郡会见,普通人借酋长的衣冠印绶也不时来郡,多至千余人,足见马韩社会还没有阶级。这都是北部人,因为接近乐浪郡,文化比较高,南部人甚至保存着文身陋习,文化比北部更低。到三国时,开始筑城郭,大概社会多少前进了一些。

辰韩又称秦韩,秦朝人逃避苦役,流亡到马韩,马韩人使居住东部地区,与土著弁韩人融合成为辰韩。辰韩言语是秦弁韩混合语,与马韩不同。有城栅屋室。部落酋长按大小有各级称号。能种五谷养蚕作缣布。乘驾牛马,嫁娶有礼,路上行人相遇,停步让路。人死用大鸟羽送葬,意思是要死者能飞扬。辰韩人最大的贡献是能冶铁制铁器,濊、倭(日本)、马韩、州朝(朝鲜济州岛)都依靠辰韩获得铁器,铁在各族交易中当作货币来使用。弁韩人身大发长,当是被马韩征服的一个种族。一部分弁韩与辰韩杂居,城郭衣服相同,言语风俗有异。三韩中辰韩文化最高,有向奴隶制度社会发展的迹象。王莽时,曾掳获乐浪采木民夫户来等一千五百人作奴隶,三年死去五百人。弁韩刑法严厉,也有在部落内部产生奴隶阶级的趋势。不过三韩在乐浪郡统治下,不可能用武力向外部掠夺大量奴隶,封建文化从乐浪、辽东继续传来,自然地要向封建制度前进。王莽时,辰韩一个大酋长廉斯鑡听说乐浪郡土地肥美,人民富乐。有一天,廉斯鑡出城,见户来在田中驱乌雀,便请户来引导来到乐浪郡。乐浪郡迫令辰韩退还被俘汉人一千人,又罚辰韩出一万五千人、一万五千匹布作为死去五百人的赔偿。给廉斯鑡衣冠田宅,子孙世世免徭役。这个事例显示三韩社会不能走奴隶制度的道路,而只能朝着封建制度的方向发展。

倭:西汉时期倭人到乐浪郡聘问。公元57年,倭国遣使人经乐浪郡来朝廷。汉光武帝授予倭国王印绶。公元107年,倭国王帅升等"献"生口(奴隶)一百六十人。三国时和魏国交通。公元238年,倭国女工卑弥呼遣使"献"男生口四人,女生口六人,班布二匹二丈。魏明帝以卑弥呼为亲魏倭王。赠送礼品有锦五匹,毛织物十张,丝织物一百匹,另送卑弥呼锦三匹,绢五十匹,五尺刀两口,铜镜一百枚,用珍珠制造的铅丹各五十斤。倭自东汉以来常来中国,每次"贡献"总有生口若干人。《前汉书》仅说乐浪海中有倭人,分为百余国,以岁时来会见。《后汉书》记载较详,《三国魏志》记载更详,显示汉倭交通在继续增加。照《后汉书》及《魏志》所说,倭有百余国,国王世袭,大倭王居邪马台国。倭人男子都黥面文身,作为贵贱尊卑的符号,女人没有社会地位,不得文身。武器用矛楯木弓竹箭骨镞或铁镞。贵族号称大人,家有生口财物,又都有三五个妻妾。下户遇见大人,必须退入路旁草地。人如犯轻罪,没收本人妻子为奴婢,犯重罪没收一家人或一族人为奴婢。

以上是汉文化通过玄菟乐浪两郡,影响了附近几个族的简略叙述。

乌桓:原是东胡(东北方诸族)的一族,西汉初,被匈奴击败,逃避到乌桓山,因此号称乌桓。匈奴奴役乌桓,迫令每年贡献牛马及貂皮,过时不送到,便掳掠乌桓人做奴隶。乌桓社会处在脱离母系氏族似乎不是太久的氏族社会阶段上。若干小部落结成一个大部落,推选一人为大人,大人以至部落小帅各自畜牧生产,不相役使。一般行事要听从妇人的意见,只有战斗事由男人自定。汉武帝击破匈奴,迁徙乌桓人到上谷、渔阳、右北平、辽东、辽西五郡边境外,使侦察匈奴人动静。汉设护乌桓校尉管理乌桓。公元49年,辽东境外乌桓大人到洛阳“朝贡”,辽西境外乌桓大人郝旦等率众九千余人内附。汉光武帝封郝旦等大小酋长八十一人为王、侯、君长,使居住沿边十郡境内,招募乌桓人内附。设乌桓校尉,驻上谷郡宁县(河北宣化县西北),管理乌桓和鲜卑。汉给乌桓人衣食,使助汉击匈奴和鲜卑。公元58年,辽东太守祭彤大破渔阳塞外赤山乌桓。塞外各部乌桓恐惧,西自武威郡,东至玄菟郡,纷纷内附。乌桓接触汉文化以后,大人改为父子继承制。东汉末年,辽西郡大人丘力居部有众五千余落,最力强盛,助袁绍作乱。袁绍败死后,袁绍余党率幽冀两州吏民十余万户投奔丘力居部,企图再作乱。公元207年,曹操大破丘力居部,得降众二十余万人。迁辽东、辽西、右北平三郡乌桓一万余落入居内地,选壮健人作骑兵。乌桓居内地久,很自然地和汉族融合起来,边境上乌桓部落对魏仍保持政治联系。

鲜卑:鲜卑也是东胡的二族。照《国语·晋语》说,周成王在岐阳大会诸侯,其中有东夷鲜卑。《楚辞·大招》“小腰秀颈,若鲜卑只”。《大招》作者赞美鲜卑妇女,似乎战国时期鲜卑与汉族有往来。西汉初,鲜卑被匈奴击败,逃到辽东境外,与乌桓为邻。鲜卑言语习俗同乌桓,也是处在氏族社会阶段上的游牧部落。公元49年,鲜卑大人到洛阳“朝贡”。乌桓在汉武帝时便接触汉文化,落后性逐渐减少了。鲜卑仍保持着氏族社会的落后性。东汉初年,成为侵扰辽东境外专事杀掠的野蛮族。鲜卑“朝贡”以后,辽东太守祭彤使鲜卑大酋长偏何等击北匈奴,按首级数赏财物。因此,偏何等人连年出兵击北匈奴,拿着人头到辽东受赏。很多部落大人都来归附,争着做杀北匈奴人的买卖。公元58年以后,汉每年从青徐两州人民榨取二亿七千万钱向鲜卑人买北匈奴人头。统治阶级行施这种野蛮卑劣的方法,自以为得计,结果人民也遭受了祸难。公元91年,窦宪大破北匈奴,单于率一部分人远逃,鲜卑占据北匈奴土地,北匈奴残部十余万落,都自号鲜卑,鲜卑势力渐盛。它失去二亿七千万钱的人头买卖,当然要取得补偿,被作为补偿品的当然是边郡的人民。从此汉沿边各郡连年被攻,汉兵南匈奴兵乌桓兵合力抵御,不能取大胜。

长时期的掠夺,使鲜卑社会里一部分人变成富人和有权力的人,阶级逐渐形成了。汉桓帝时,一个部落贵族的弃子檀石槐,勇健有谋略,造出一些法律,替部落间判断曲直,被认为很公平。他有了这些条件,受推为大人。檀石槐在高柳(山西阳高县西北)北三百余里弹汗山立庭(好比中原建都),从汉地买得良铁作兵器,用汉逃亡人作谋主,拥骑兵十万,南寇汉边境,北拒丁零(贝加尔湖地带的游牧族),东挫夫余,西击乌孙,在匈奴故地上建立起东西一万四千余里,南北七千余里的军事行政的大联合体。他分领土为三部。从右北平以东至辽东接夫余、濊为东部,从右北平以西至上谷为中部,从上谷以西至敦煌接乌孙为西部,各置大人统率本部。檀石槐居弹汗山统率三部。匈奴强盛时,也曾建立过这样的军事行政大联合。檀石槐继匈奴组成一个侵略力量,这对政治黑暗的东汉说来,确是极大的威胁。幽并凉三州沿边诸郡,没有一年不被攻掠,人民死伤财物损失不可计数。鲜卑获利愈多,贪暴也愈甚,公元177年上半年,边境被侵竟多至三十余次。汉灵帝发汉兵南匈奴兵共三万骑分三路出击,被檀石槐战败,三路将官各率数千骑逃回,兵士死亡十之七八,辎重全部丧失。这次大败,不是汉兵南匈奴兵不能力战而是由于腐朽的朝廷庸劣的将官根本不知道如何作战。就在这一年冬天,鲜卑万余骑在路上掳获辽西太守赵苞的老母和妻子,当作人质来攻辽西郡。赵苞率兵出战,对遥远的鲜卑阵上老母悲号道:今天,事情到了这个地步,做儿子的不能再顾母子私恩,亏损对国家的忠节。儿子罪该万死!老母教训赵苞说:威豪(赵苞字)!人总有一天要死,不得为我亏损忠义,你快进兵罢!赵苞率士兵即时奋进痛击,大破鲜卑兵。老母妻子都被鲜卑杀害,赵苞收尸归家安葬。赵苞对乡人说:为救老母而亏忠义是不忠,为全忠义而杀老母是不孝,我必须在战阵上尽忠,在地底下尽孝。说完,号哭呕血而死。赵苞母子所表现的民族精神,才是当时人民反抗鲜卑侵略的共同精神,这种精神是汉族所以继续发展的一个重要因素。

鲜卑擅长的是杀掠,落后的是生产。檀石槐部众愈聚愈多,畜牧射猎不够供食品。檀石槐找到一个大湖,其中有鱼,但不知怎样捕鱼。他听说东方有倭人能没水捕鱼,出兵攻倭人国,掳来千余家做捕鱼奴隶。鲜卑就是这样一个不爱生产专事杀掠的野蛮民族。

公元181年,檀石槐死。儿子和连继承他的政治地位,攻掠北地郡,被北地人射死,那个军事行政联合也就离散了。檀石槐是一个强大的侵略者,他的侵略行为,增加了部落贵族的财富和权力,阶级的划分愈益显著了。檀石槐死后,部落大人都改为世袭制,各拥所部,互相攻击。魏文帝时,檀石槐部万余落来降,居并州太原雁门等郡,为魏守边境。

以上是乌桓鲜卑两族,在辽东辽西境外受汉文化的影响,社会发生变化的简略叙述。

二、北方

东汉初年，匈奴趁中原内乱，侵扰边境。公元48年，呼韩邪子孙争单于继承权，呼韩邪长孙比率南边八部四五万人内附，从此匈奴分为南北两部。

南匈奴：南单于比自称呼韩邪单于，在汉保护下，与北匈奴对抗。公元50年，汉光武帝使南单于入居西河郡美稷县（山西离石县境）。南单于分部众屯北地、朔方、五原、云中、定襄、雁门、代郡，助汉守边。沿边八郡流民得归还本土，北匈奴不敢大举南侵。此后南匈奴人口逐渐繁衍，汉和帝时，有户三万四千，口二十三万，兵五万。汉每年给南匈奴一亿九十万钱。南单于自称"生长汉地，开口仰食，惭无报效之义"，南匈奴贵族精神上与汉朝廷是亲密的。南匈奴人民与汉人杂居，逐渐进行农业生产，文化与汉人大体相同。东汉后期，南匈奴骑兵成为击北匈奴鲜卑羌的主力军。公元216年，曹操留南单于居邺（魏国都），待遇如列侯，子孙世袭单于名号。分南匈奴人为左、右、前、后、中五部，各部立贵族一人为部帅，选汉人为司马监督部帅。从此南匈奴人更确定地成为居住并州的一个少数族。

北匈奴：北匈奴单于也是西汉时呼韩邪单于的子孙。匈奴分裂后，南北交战，北方的丁零，东方的鲜卑，西方的西域诸国，都乘机攻击北匈奴。北匈奴屡被战败，内部离叛。公元87年，北匈奴五十八部共二十万人到云中等四郡投降。公元89年，汉三路出兵击北匈奴，窦宪、耿秉各率四千骑与南匈奴一万骑合为主力军。窦宪出朔方郡边塞，南单于率万余骑出西河郡边塞，邓鸿率沿边义从（归附）羌胡八千骑与南匈奴一万骑出五原郡边塞。窦宪令汉和南匈奴精兵万余骑为前锋，大破北单于兵。各路大军出塞三千余里，北单于率残部逃走。汉军俘获牲畜一百余万头。北匈奴八十一部共二十余万人投降汉军。窦宪、耿秉登燕然山刻石，颂汉威德。公元90年，汉兵出张掖郡边塞五千余里，大破北匈奴军。北单于率残部逃到西域，被班勇击败，又向西逃去。北单于败逃，弟於除鞬自立为单于，部众仅数千人，遣使来求降。窦宪排斥袁安等朝臣公议，立於除鞬为北单于，照南匈奴例，每年给大量财物。东汉朝廷以前利用南北匈奴互攻，又利用鲜卑攻北匈奴，因此北匈奴衰弱，汉兵出塞，一举成功。北匈奴破灭后，应从袁安等人的公议，允许南匈奴出塞，统治匈奴故地，汉与南匈奴协力抵御鲜卑，这样，鲜卑侵扰边境的祸害是可以减轻的。窦宪刚愎自用，扶立一个仅有数千人的於除鞬，匈奴广大土地及残余部众都被鲜卑夺去，中国北方又出现了一个强敌，边境受害，比西汉前期更严重。如果说窦宪击破北匈奴算是有功劳的话，那么，由于他的错误而造成的罪恶应比功劳大得多。

匈奴族与中原接触地带很广而时间又很长,自然要受到汉文化的某些影响。特别是西汉呼韩邪单于以后,匈奴贵族的衣服、食品、用具、乐器、刀甲、车舆、仪仗都是汉朝供给的,汉文化给匈奴的影响是更多更深了。呼韩邪改父子继承制为兄弟继承制,意思是想轮到汉妻王昭君的儿子做单于,呼韩邪又使他的继位人在单于称号上加若鞮(汉语孝)二字,意思是学汉皇帝称号上加孝字。南匈奴单于每年三次祭天,兼祭汉皇帝。南匈奴和许多北匈奴人愿意内附居住汉地,显然不仅是生活上的要求,同时也是对汉文化有所爱慕。北匈奴虽然战败了,它所积累的战争经验(如"望尘识马步多少,嗅地知军度远近")与游牧族本有的流动性犷悍性结合起来,比其他落后族,它还是较强的一族,因此,它能向遥远的西方走去,在一个时期里,成为可怕的文化破坏者。

三、西方

羌:羌族也称为西戎,据远古传说,炎帝姜姓,西周东周时期有不少姜姓国也有姜姓戎。黄帝姬姓,春秋时期西戎中还有姬姓戎。尧是羌族庆都的儿子,周祖先弃也是羌族姜嫄的儿子。炎黄族与羌族在远古是很接近的两个种族。炎黄族先后进入中原地区,逐渐与夷族苗族黎族狄族融合起来,经济文化都在发展,羌族保持落后状态,到东汉还不曾脱离氏族社会。

羌族游牧地以西海郡(青海)为中心,南到蜀郡广汉郡边境外,西北接西域鄯善(新疆维吾尔自治区鄯善县)、车师(吐鲁番盆地)等国。羌族有一百五十个部落,在这个广大地区上随水草游牧,并无固定居住地,农业生产几乎是没有的。阶级也没有显著的形成。部落酋长都是爰剑的后裔,大部落数万人或万余人,小部落数千人。某一部落强大了,就分为几个小部落,某一部落衰弱了,就分散做别部落的附属。各部落间互相攻掠,盛衰无常,因此不能产生大君长,不能有统一的号令,比起匈奴鲜卑来,虽然羌人刚强勇猛,不免仍是一个弱族。

羌族经济文化落后,但并不是说它不愿意前进。爰剑在秦厉公(公元前476-前443年)时,被秦人俘获当奴隶。爰剑学得一些生产知识,逃回羌地后,教人畜牧种植。羌族本来依靠射猎为生,此后畜牧业发达起来,人口也就繁衍了。羌人崇敬爰剑的功绩,让他的子孙世世做部落酋长。汉武帝开河西四郡,羌人钦慕汉文化,陆续内附,与汉人杂居凉州各郡县。汉境内的羌人,游牧生活逐渐改变为农业生活,这对羌人是有利的。但汉地方官吏和豪强,虐待羌人,侵夺奴役,无所不为,比虐待汉族人民更加凶暴。羌人被迫与境外诸部落结合,仇杀官吏豪强,同时也蹂躏汉族人民,不过东汉前期还没有酿成大变乱。

东汉后期,政治进入黑暗时期,地方官吏与豪强虐待羌人,毫无忌惮,连朝廷当权者也直接出面对羌人进行更残酷的压迫。原因是:①羌人力弱,击羌容易立功成名;②借口用兵,可以聚敛民财,使大小官吏乘机各饱私囊。公元107年,羌人被迫起事。当时羌人久居郡县,并无武器,或持竹竿木棍当矛,或负木板食案当盾,或执铜镜在日光下摇动当作舞刀,汉朝廷完全没有理由去用兵镇压。邓太后想让她的长兄邓骘乘机立功,却征发内地十来郡兵卒五万人,教邓骘带着去杀羌人。邓骘军被羌人杀败,边境内外各部落合力攻击邓骘军,邓骘军又大败。羌声势大盛,深入到内地杀掠,百姓死亡不可胜数。邓骘束手无策,本人退回洛阳,邓太后认为有功劳,升官做大将军。汉军留在前方,屡战屡败,羌兵竟杀掠到河东河内等郡,关中及河北大平原上先后筑坞壁一千余所,屯兵二十余万,算是抵御羌人的方法。战争一直进行到公元115年,汉改用骑兵又用南匈奴骑兵击羌,才挽回败势。公元118年,羌人战败瓦解,接连十二年的战争才告一结束。这次战争用钱多至二百四十余亿,人民实际负担当然还要超过这个数目。并、凉两州破败不堪,边郡和内地兵民死亡无数,羌人也遭受了巨大的损丧。但是,统治阶级制造这样的大罪恶,丝毫也不曾悔祸,相反,它更认识到击羌是得功名饱私囊的最好机会。

公元119年以后,较小规模的战争依然继续进行着,汉羌各有胜败。从公元136年起,汉羌又开始大战,汉兵屡败。朝廷照上次战争的旧法,发诸州郡兵十万人屯凉州汉阳郡,关中筑坞、壁三百余所,屯兵守望。大将马贤赵冲等人先后败死。朝廷当权者在内地农民起义的压力下,无法再在击羌战争中发财了,公元145年,被迫采用招抚法。羌人五万余户投降,接连十年的战争才告结束。战争中皇甫规曾要求给兵五千人,便可安抚变羌,朝廷当然不听。这次战争用钱八十余亿,多数被文武官吏吞入私囊,他们把掠夺来的珍宝财物,贿赂朝中有权人,因此放纵妄为,小胜报大胜,战败报不败,让战争延长下去,朝廷不会来追问。兵士口粮被侵夺,进不得力战,退不得温饱,大批兵士冻饿死了,草原上白骨相望,这不是战死者的白骨而是被虐待者的白骨。东汉黑暗政治表现在各个方面,两次制造羌人大变乱,就是这种黑暗政治的一个表现。统治阶级只知道侵侮羌人可以得功名饱私囊,却想不到内地农民起义伴随着击羌军事开始爆发并发展起来;内地农民只知道反抗朝廷残酷地征发兵役和财物,却想不到最后会迫使朝廷不得不停止对羌人的武力迫害。汉族与羌族间是有隔膜的,羌人反抗汉朝廷压迫,并不想获得内地农民的援助,内地农民起义,也不曾有援助羌人反抗的意图,但是,羌人反抗催促了内地农民的起义,农民起义阻止了朝廷对羌的军事压迫,事实上彼此起着联系的作用。这是因为统治阶级的压迫是普遍性的,所以,被压迫者的反抗也是普遍性的。不论各个被压迫者表面上存在着若干隔阂或怨仇,归根说来,阶级斗争终于从内部深处把他们联系起来。这种联系的力量,就要加速黑暗朝廷的崩溃。

汉官没有一个不是羌人的强盗,只有张奂、皇甫规二人是例外。公元155年,张奂做安定属国都尉(相当于郡太守,管理内附诸族),羌酋赠送马二十匹,金食器八件,张奂拒不收受,当众立誓道:即使马像羊那样贱,不让马入我厩;即使金像米那样多,不让金入我怀。张奂以前八任都尉都是贪官,羌人敬重张奂的廉洁,从此遵从教令,境内安宁。公元161年关中陇西羌起兵攻破营坞,凉州路断,长安危急,朝廷不得已用皇甫规为将。皇甫规击破羌兵,羌人十余万人自动来归附,凉州路通。皇甫规先后诛逐贪虐大官五六人,小官吏百余人,羌人欣喜,又有十余万人来归附,用费仅一千万钱,西方即时清静。皇甫规因此得罪了宦官和豪强,下狱罚作苦役。张奂、皇甫规廉正,得羌人爱戴,因为羌人对汉官并无其他要求。汉官却相反,专想残害羌人来满足自己的要求。与张奂、皇甫规同时,有一个完全兽性号称大名将的段颎(音窘 jiǒng),主张用兵杀尽羌人,张奂主张安抚,朝廷自然听从段颎的话。公元169年,段颎出兵突然袭击降羌,杀四万人,用钱四十四亿。羌人受了大祸,段颎等人却快速发了大财。

氐(dī):氐自称是槃瓠的后裔。据《商颂·殷武》说,它在商汤时已经与商有来往。它原住武都郡地方,汉武帝立武都郡后,部分氐人散居凉州关中一带。公元219年,刘备击败曹操军,得汉中地。曹操迫令武都氐五万余落迁居关中扶风、天水一带,以防刘备夺取武都郡,用氐人攻关中。公元220年,武都氐王杨仆率本部人附魏。公元236年,武都氐王苻健率氐民四百余户附汉,弟苻某率氐民四百户附魏。大部分氐族离开了根据地武都。氐比羌弱小,但经济文化比羌进步。氐人长期与汉人杂居,接受汉文化较多,善于种田,养豕牛马驴骡,又能织布。姓名与汉人同。本族人说氐语,对汉人说汉语。酋长称王或称侯,很多王侯受汉朝廷封号,与汉官共同管理氐民。氐族和羌族一样受汉官虐待,羌族不断起兵反抗,氐族反抗却很少,主要原因在于氐族已有阶级,统治者与汉统治者结合,氐民的力量削弱了。羌族还没有形成显著的阶级,酋长与部众的利害比较一致,在反抗中能采取共同的行动,而且各部落甚至住地很远的部落也能采取共同行动。汉官无法利用酋长来压迫羌人,到最后,出现了段颎企图杀尽羌人的野兽主张。

羌和氐是居住在边境内外,受汉文化影响较多的两个族。

西域:玉门关内河西狭长地带,玉门关外葱岭以东西域诸国,都是汉与匈奴关系本身安危、势所必争的地区。汉置河西四郡,割断匈奴与西羌的联系,关中形势稳定了。西域诸国内附,割断匈奴的右臂,河西形势稳定了。与汉相反,匈奴失去西羌的援助,由强变弱,失去西域的赋税,由富变贫。匈奴贫弱,汉才有可能击败匈奴,取得北方边境的安宁。从自卫的观点来看,汉通西域是完全必要的。匈奴奴役西域诸国,"敛税重刻,诸国不堪命",西域人民和大部分统治阶级,都盼望得到汉的保护,从西域人民的要求来看,汉通西域也是完全合理的。由于通西域,东方和西方的文化得以交流,从人类的利益来看,意义更是重大了。因此,东汉班超班勇父子在西域建立的功绩,是非常光辉的功绩。

西汉末年,西域三十六国分割成五十五国。公元16年,王莽断绝西域的交通,匈奴乘机又征服西域诸国,实行报复性的剥削。诸国不堪命,要求汉统治的恢复,非常迫切,但东汉国力较弱特别是后期政治黑暗,内争激烈,无意远图,西域不能像西汉那样久通,自汉光武帝至汉安帝呈三绝三通不正常的现象。

第一次绝:公元16-73年。原因是王莽乱后,国内元气未复,避免与北匈奴接触。

第一次通:公元73-77年。击走北匈奴,取伊吾(又称伊吾卢,今新疆维吾尔自治区哈密市),交通恢复。

第二次绝:公元77-91年。原因是不愿引起对北匈奴的战争,放弃伊吾。

第二次通:公元91-107年。窦宪大破北匈奴,班超经营西域完全成功。

第三次绝:公元107-124年。原因是汉官庸劣,被北匈奴及一部分西域国攻击,朝廷召回汉官。

第三次通:公元124年以后。班勇击走北匈奴,葱岭以东又通。班勇以后,渐成半通状态。

西汉时期,西域诸国的贵族子弟多到长安,学汉文化。国王的儿子称为侍子,得到朝廷更多的优待。东汉初耿舒讥笑马援像个西域贾胡,到一处便停留一处,想见西域商人可以在内地自由做买卖,长时期经济文化的交流,使汉与西域结成不可割断的联系。汉人流寓西域,不仅做买卖,也兼作政治活动,有助于这种联系的增进。例如公元60年,汉人韩融助于阗国(今新疆维吾尔自治区和田县境)贵族休莫霜做国王,击败强国莎车(新疆维吾尔自治区莎车县)。后来班超经营西域,于阗成为主要支持者。公元73年以前,西域诸国屡次要求汉恢复政治关系,绝不是偶然的。公元73年,汉明帝命使窦固等率大军击北匈奴,取伊吾地,置屯田兵,建立起玉门关外的立足点。班超就在这一年带着三十六个吏士出使西域,杀鄯善国匈奴使官,于阗国杀匈奴监督官,鄯善、于阗等国王都派儿子到洛阳做侍子,隔绝五十八年的西域,第一次又与汉交通了。

班超得于阗疏勒(新疆维吾尔自治区疏勒县)等国的支持与匈奴争西域统治权。公元76年,匈奴和在它影响下的龟兹(新疆维吾尔自治区库车县)、焉耆(新疆维吾尔自治区焉耆回族自治县)等国,攻汉西域长官,汉章帝召回汉官,放弃西域,伊吾又被匈奴夺去。班超奉召将归国,从汉诸国大震动,疏勒国大官黎弇怕班超走了,龟兹来报复,拔刀自杀。于阗国王侯大臣抱住班超的马脚,号泣不让走。班超与所率三十六人留下来，准备击败反汉的焉耆、龟兹两国。公元80年，汉章帝派徐韩率兵一千人援班超。公元87年，班超率西域诸国兵二万五千人大破龟兹等国兵五万人。公元90年，班超又大破葱岭西月氏国兵七万人。公元94年，班超率龟兹等八国兵七万人合汉吏士商贾一千四百人攻破焉耆国。葱岭东西路通，西域五十余国全部内属。公元102年，朝廷召班超归国，到洛阳不久便病逝，年七十一岁。

公元107年汉放弃西域，朝官们原以为闭玉门关便可安居无事，不料北匈奴残部征服诸国，连年侵犯边境，威胁河西四郡。事实教训朝官们“弃西域则河西不能自存”，公元123年，汉安帝使班超第三子班勇将兵五百人，出关经营西域。公元126年，班勇率西域兵大破北匈奴呼衍王，又击走北单于兵，北匈奴向西逃遁，葱岭以东诸国又来归附。公元127年，黑暗的朝廷说班勇有罪，召还下狱。此后汉在西域的政治势力逐步削弱，商业和文化却仍交流不绝，特别是文化，过去汉文化经河西向西流，现在佛教文化经河西开始向东流。北匈奴被班勇驱逐，向西远走，西域诸国得免奴役，有余力发展佛教文化，通过河西这条文化运河，与汉地保持着长时期的正常关系。

班超率三十六人，班勇率五百人出关，都建立了卓越的功业。这是因为他们的后面有汉朝和西域交通的愿望，前面有西域诸国脱离北匈奴与汉交通的愿望，班超班勇的智谋和勇气能够恰当地使两个愿望结合起来，表现出一种巨大的力量。如果单看作他们个人有智有勇，凭几十人几百人压服诸国，那就变成神话，不是历史事实了。

公元97年，班超派遣甘英出使大秦国（罗马）。甘英到了条支国的西海（波斯湾）边上。安息国（波斯）一向用汉丝和丝织品与罗马交易，不愿甘英到达大秦，开辟直接通商的道路，夸张航海的困难来阻止甘英。甘英缺乏探险精神，畏难回来。大秦富贵人需要大量丝织品，商人从安息天竺（印度）间接购得，获利已有十倍，当然希望直接通商，得更多的利益。公元166年大秦商人到日南郡边上，以大秦王安敦名义，送汉桓帝一些礼物。大抵海路危险较多，通商道路主要还在陆上，东汉扫除北匈奴在西域的势力，对东西商路的通达是有重大意义的。

四、西南方

益州广大，居住着统称为西南夷的许多种族。东汉时，大小种族纷纷内附。大种族如公元69年，哀牢王柳貌率五十五万余人内附，汉明帝特立永昌郡（治在云南保山县境），管理哀牢人。公元100年，白狼王唐缯等率十七万人内附。

公元 108 年,三种夷人三十一万内附。公元 116 年,大羊等八种十六万人内附。以上都是大量人口连同土地一起内附的事例。夷人内附,对酋长王侯和人民都有利。对酋长王侯说来,他们得到封号与赏赐可以巩固自己的地位。对人民说来,在通常情况下,可以得到汉法律上的一些保护,例如公元 43 年,邛穀王任贵怕汉威法行施后,自己不得放纵,阴谋叛变,足见汉法多少有些约束力,内附的酋长王侯不能像以前那样放纵。

益州郡(属益州刺史管辖)永昌郡是汉在西南方的基地,通过这些基地,汉人与夷人交流着经济与文化。两郡物产丰富,有牦牛、琉璃、毛织物、木棉布、火浣布(石棉布)等特产。铜铁铅锡金银琥珀水晶等矿,比内地更多,汉设县常在矿区,想是汉人多作矿冶业和商业。永昌郡由水路通掸国(掸,音 shàn,在缅甸),又与盘越国(在天竺东南)相近,永昌成为中国西南方与天竺、大秦等国通商的大城市。象牙、犀角、光珠、孔雀、翡翠、猩猩等珍异物,经过永昌来到内地。汉官吏乘机取利,做一次益州郡太守,子孙好几辈饶富。做一次永昌郡太守,即使不是大贪官,也可以让十代子孙都做富人。

王莽时,益州郡太守文齐兴造水利,垦田二千余顷。汉章帝时益州郡太守王阜设立学校,居民原有的陋俗逐渐改变。汉桓帝时,郡人尹珍到内地游学,博通经书,擅长书法,还乡里教授,门徒甚众,西南地方开始有学人。夷人文化一般是落后的,例如哀牢人身上刻龙文、穿鼻,耳轮拉长到肩上,衣服后面缀一尾形的饰物,内附后受汉文化影响,可以加速这些陋俗的改变。

五、南方

汉武帝征服南越国,分置九郡。汉元帝时罢珠崖儋(dān)耳两郡,七郡统称为交趾。长官称交趾刺史。公元 203 年,汉献帝改交趾刺史为交州牧。公元 226 年,孙权分交州为交、广二州。交州有东汉时交趾、九真、日南三郡,广州有东汉时南海、苍梧、郁林、合浦四郡。

交趾七郡原来居住着许多种族,汉人统称他们为越人或雒越。秦始皇迁徙内地五十万人戍五岭,与越人杂居,因之南海等四郡文化较高,交通便利,汉政治影响也较强,越人逐渐朝着与汉人融合的方向发展。交趾等三郡与南海等四郡有些不同的条件,少数的汉人朝着与越人融合的方向发展。

西汉建立之初,统治者奉行“清静无为”“与民休息”的政策,不愿劳师远征,对南越政权采取笼络的办法。公元前 196 年赵佗被封为南越王,越南成为西汉的藩属国,这一状况维持了九十多年。到了汉武帝时,随着政权的巩固,北方的匈奴被打败和对诸侯王的削藩,西汉政府有了对南越用兵的力量。而吕嘉的叛乱给了汉武帝最好的借口。

公元前111年,汉武帝遣路博德和杨仆讨赵氏,平南越国,改设交趾部,分为九郡。从此,越南正式并入中国版图,开始了越南一千多年的北属时期。

汉武帝平南越,将其地分为南海、苍梧、合浦、郁林、交趾、九真、日南七郡,加上儋耳、珠崖共九郡。汉武帝增开日南郡,说明中国中央封建王朝对其统治日趋细密,封建郡县制正稳步发展。各郡中设立太守处理郡内政务,并设刺史监察各郡。只是在交趾郡中仍然保留雒侯雒将制度,让其保持对部落的统治权。对于交趾、九真、日南这些"初郡",汉朝采取了十分宽松的统治政策。政治上"以其故俗治",经济上也不用上交赋税。两汉之交,两位循吏对交趾、九真的治理起到了良好的效果。西汉末年平帝时锡光任交趾太守,他致力于开化事业,教导人民礼仪。东汉光武帝建武初年任延任九真太守,"任延便教民犁耕,垦辟田地,因而不久,该郡百姓充给。任延又教民嫁娶礼法,并令郡内长吏各省俸禄,以赈助贫无娉礼者。"锡光、任延"教其耕稼,别为冠履,初设媒聘,始知姻娶,建立学校,导之礼仪",对当地经济的开发和封建文化的灌输作出了贡献,得到了人民的热爱。随着交州地区的开发,与中原地区的交流也渐趋频繁,中原移民不断增加。"后颇徙中国罪人,使杂居其间,乃稍知语言,渐见礼化。"这些移民的到来,不仅带来了中原先进的生产技术,也带来了封建生产关系和封建文化。其成为带动交州迈向封建化的一支重要力量。

在锡光、任延离任后,苏定任交趾太守期间,于建武十六年(公元40年)交趾爆发了二征起义。

关于二征起义的情况,史籍有以下记载:

"至十六年,交趾女子征侧及其妹征贰反,攻郡。征侧者,麊泠(mí líng 在越南境内)县雒将之女也。嫁为朱䳒人诗索妻,甚雄勇。交趾太守苏定以法绳之,侧忿,故反。于是九真、日南、合浦蛮里皆应之,凡略六十五城,自立为王。交趾刺史及诸太守仅得自守。"

"《岭南摭怪》载:按史记二征夫人姓雒氏,姊名侧,妹名贰,峰州麊泠人,交州雒将之女子也。侧嫁于朱䳒县人诗索为妻,甚有雄勇操守,能总决机权。时交州刺史苏定贪暴好杀,州人苦之。侧仇定之杀其夫,遂与妹贰往起兵攻定,陷交州,以至九真、日南、合浦诸郡皆应之,略定岭南六十五城,自立为王,始征氏焉。"

《水经注》(卷三十七)引《交州外域记》载:"后朱雒将子名诗,索麊泠雒将女名征侧为妻,侧为人有胆勇,将诗起贼,攻破州郡,服诸雒将,皆属征侧,为王,治麊泠县,复交趾、九真二郡民二岁调赋。"《钦定越史通鉴纲目》载:"庚子……春二月,交趾女征侧起兵攻太守苏定。逐之,自立为王。……太守苏定为政贪暴,杀其夫,乃与妹征贰举兵攻陷州治。”

从上述各书的记述来看,二征起义的原因或是因为替夫报仇,或是由于受到苏定的镇压。只是提到了二征起义的表面原因,并没有说明起义的深层次原因。

其实,这次起义的爆发有着深层的原因,这与汉朝统治者对交趾郡实行的统治政策的改变有关。

汉初,由于交趾地区地处边远,尚处于由原始的部落社会向阶级社会过渡的阶段,生产力发展水平低,行政组织也很松散。因此,西汉王朝只是委派郡守管理各郡,郡下的各县,则由当地的雒侯雒将进行管理。“交趾昔未有郡县之时,土地有滩田。其田从潮水上下,民垦食其田,因名为雒民。设雒王、雒侯,主诸郡县。县多为雒将,雒将铜印青绶。后蜀王子将兵三万,来讨雒王、雒侯,服诸雒将,蜀王子因称为安阳王。后南越王尉佗举众攻安阳王。”这时的情况是一方面,各郡太守由中央政权委派,他们按照封建方式统治,并力图将封建制度渗透到交趾各地;另一方面,县级单位的权力仍由雒将奴隶主掌握,他们仍按照奴隶制管理,并维持这一落后制度。因而,由于东汉政权加强了对交州地区人民的统治与剥削,在以郡守和县令为代表的封建地主阶级与交趾奴隶主贵族之间,产生了不可调和的矛盾。

这个矛盾主要表现在两点:一是封建仪礼的传扬,开化事业的开展。这就涉及了交趾地区故有的风俗,这对交趾地区的雒将构成了威胁;二是东汉时,交趾等郡已经丧失了“初郡”的地位,东汉政府开始征收“调赋”,这就增加了人民的负担。再加上在移民过程中汉族地主和依附外族政权的本地人,抢夺公社田地,使雒民沦为农奴,引起人民的反抗。

由于东汉政府加强了对交趾地区人民的统治和剥削,导致政府和当地雒侯、雒将、雒民的矛盾加剧,这必然成为二征起义的社会原因。

东汉光武帝建武十六年(公元40年),二征起义爆发,“蛮里皆应之”,略定六十五城,“交趾刺史及诸郡太守仅得自守”,东汉的州郡政权受到沉重打击。起义胜利后,二征减轻了交趾、九真人民的负担,以取得人民支持。

东汉朝廷并未立即发兵,建武十八年(公元42年),马援被拜为伏波将军征讨二征。经过禁溪战斗,俘获二征,基本镇压了二征起义。马援平定交趾郡后,继续追击二征在九真的余党。建武二十年,马援胜利还师。

马援在平定二征起义的过程中,“援所过辄为郡县,治城郭,穿渠灌溉,以利其民,条奏越律与汉律驳者十余事,与越人申明旧制,以约束之。”可见,马援不仅平定了二征的起义,还采取了一系列措施,对战后交趾的重建也起了很大的作用。

其一，废除了雒将制度，将郡县制度进一步延伸到县级。马援在征服九真后，又"徙其渠帅三百余口于零陵。于是领表悉平。"雒侯雒将的奴隶主贵族遭到镇压，改变了雒将把持各县的现象。"悉定郡县为令长也""为了加强管理，还把原来一些区域过大的县划分为几个较小的县。""马援在占据了这里的各城邑以后，也修城郭以设驻守屯军和象交趾一样置郡县。"" 过去在县一级世袭的雒将制度被废除。北方封建王朝派遣官吏到交州直接管辖各个县（整个交州—自广南省到北部一共设有三郡五十六县）。"在马援的经略下，交趾、九真地区的郡县制度得到了发展。

其二，废除了奴隶制的法律，推行封建法制。在交趾地区流行的是奴隶制的制度，在解决村社成员的冲突时，习惯法常常起着重要作用。马援"条奏越律与汉律驳者十余事，与越人申明旧制以约束之，自后雒越奉行马将军故事。"马援废除旧的习惯法，代之以封建的法律制度，将交趾地区的封建化用法律制度的形式保留了下来。

总之，二征起义的爆发有着交趾地区社会发展的深层的原因。二征起义应该说并不是一次真正意义上的人民起义，而是当地奴隶主贵族发动的反对东汉王朝封建化的武装叛乱。它所建立的政权，旨在维护其雒将制度，避免当地奴隶主贵族利益受到损害，其影响也只限于当地雒将所控制的交趾、九真地区。其本质是维护落后的奴隶制度，反对封建化，是违背社会历史发展方向的。二征起义表现出了越南民族意识的发展，"二征起义的爆发是一次民族精神的觉醒。"从此越南开始了寻求民族独立的尝试。

马援平定交趾，不仅仅是消灭了起义，更为重要的是把他将封建的生产关系带到了这里，取代了奴隶制的生产关系，"二征起义之后，雒将制度宣告结束，也就是家长式的奴隶占有制宣告结束"。交趾地区的社会历史进入到了封建社会的历史阶段。越南历史学家陶维英指出："（二征）起义虽然失败了，但是它的客观结果却促使外族的统治者不得不发展郡县制度与较之以前更为深刻的封建生产关系，因此，瓯雒社会开始进入到一个属于封建制度范畴的新的发展阶段。"马援顺应了历史发展的潮流，对越南社会的发展做出了自己的贡献，越南社会的封建化也基本完成。

汉献帝时，士燮做交趾太守，统治交趾七郡。士燮任职四十余年，内地士人到交趾避难，多至百余家。境内安宁，当全面战乱社会大破坏的时候，交趾七郡独免兵祸。

东汉和四周诸族，除了鲜卑是代替北匈奴寇边的敌人，其余都是相互间保持着经济文化的正常关系，而汉统治阶级的贪劣政治常是正常关系的损害者。这就形成了许多族纷纷接受汉经济文化的影响，又经常起兵反抗的复杂现象，但正常关系到底还是基本的。这一点,汉统治阶级知道得很清楚,在无法镇压反抗时,派个廉洁长官去,减轻些剥削,便把正常关系恢复起来。

张角领导黄巾起义

中平元年(公元 184 年),张角决定发动起义的命令发出后,参加起义的群众,"弃卖财产,流移奔赴,填塞道路",只等张角一声令下。可是,在预定起义前一个月,唐周向政府告密,义军首领马元义被捕就义。东汉政府又下令搜捕张角。张角闻知消息,马上派人驰赴各方,决定三十六方立即起义。"旬日之间,天下响应",起义队伍很快发展到几十万人。因他们头裹黄巾作标志,因此被称为黄巾军。

黄巾起义

张角发动起义后自称"天公将军",他的弟弟张宝称"地公将军",张梁称"人公将军"。黄巾军所到之处,焚烧官府,捕杀官吏,夺回被地主豪强霸占的土地,释放被囚禁的群众,并开仓赈济饥民。不久,黄巾军形成三支主力:一路由张角领导,活跃于河北一带;一路由张曼成率领,战斗在南阳地区;另一支由波才统帅,活动于东汉王朝的心脏地区颍川附近。他们将进攻的矛头指向都城洛阳。汉灵帝惊呼:"万人一心,其害甚矣!"

董卓入京乱政

昭宁元年(公元 189 年)8 月,正在京师大杀宦官之际,董卓已率兵接近长安。他迎上被宦官张让等劫持而出的少帝刘辩和陈留王刘协。返京后,袁绍先自立为司空。9 月,董卓又废少帝刘辩为弘农王(公元 190 年初被董卓派人杀死），立陈留王刘协为帝，即东汉的最后一位皇帝——汉献帝，自己当了太尉。11 月，董卓又自为相国。

董卓入京乱政

董卓掌权后，为维护其统治，曾对一些名士加以笼络，对原来的一些党人也加以任用。对其他有影响的人物，董卓也尽力笼络，甚至还任命逃亡在外的袁绍为渤海太守、袁术为大将军，以图缓和与他们的矛盾。但董卓又生性好杀，他为所欲为，对人民一味掠夺残杀。他的凉州兵破坏性很大，董卓又经常放兵抢劫财物、掳掠妇女，使洛阳一带陷入一片恐怖之中。他还杀死何太后，在何太后与灵帝合葬时，又派人掠夺陵中随葬珠宝，无恶不作。

王允、吕布谋杀董卓

初平三年（公元 192 年）4 月，司徒王允和中郎将吕布谋杀董卓事成。

王允、吕布谋杀董卓

献帝西迁时，董卓令王允随献帝一同前往长安，朝廷事无巨细均托于王允。因董卓此时仍执掌军权，王允不敢轻举妄动。董卓撤回长安后，为感谢王允“扶持王室于危乱之中”，封他为温侯，食邑五千户。王允自谦，仅受五千户。今春，王允认为董卓势力不稳，众人群起而攻之，正是自己夺权的好时机。便与黄琬、孙瑞等人密谋诛杀董卓，并暗中和董卓的亲信吕布取得一致。

4 月，汉献帝大病初愈，大会群臣于未央宫。王允让孙瑞写诏书授予吕布，吕布派李肃等十余名亲信扮成卫士守住宫门。董卓乘车刚进宫门，李肃上前刺其内甲，董卓受伤跌落车下。慌乱中急呼吕布，吕布应声而出，称“有诏令讨贼臣”，并举矛将董卓刺死。董卓死后，王允为尚书，吕布为奋威将军，两人共秉朝政。

长安城百姓闻知董卓被杀，“歌舞于道”，许多人还卖掉珠宝衣物，沽酒买肉大吃痛饮以为庆贺。

华佗成为外科鼻祖

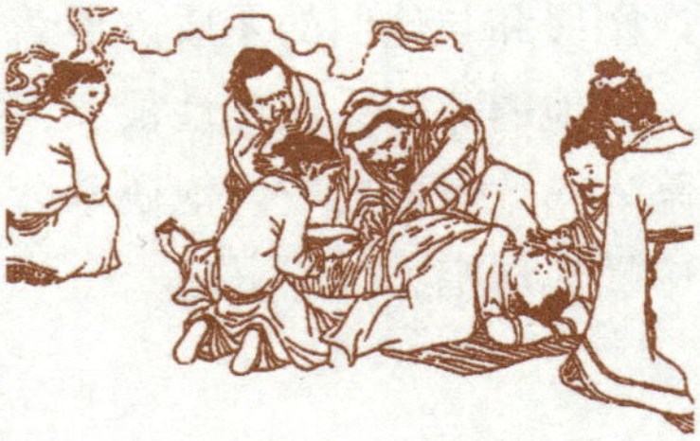

华佗成为外科鼻祖

华佗是东汉后期著名医学家。又名敷,字元化。沛国谯(今安徽亳县)人。以行医闻名于世,史传说他年且百岁而犹有壮容。他擅长内、外、妇、儿、针灸各科,尤其精于外科。

他首创开腹术,为后代医家誉为“外科鼻祖”。《后汉书·华佗传》载,如果疾病发结于内,针灸药物无法治疗,华佗就让病人以酒服“麻沸散”,等病人全身麻醉,毫无知觉后,“刳(kū)破腹背,割除病结”,如果病在肠胃,就把肠胃切断,冲洗,清除积秽,然后再缝合,敷上“神膏”,四五日后,创口便能愈合,一月之间病人就能完全恢复。这种在全身麻醉情况下的腹腔肿瘤摘除和肠胃部分切除吻合术,今天做来也不简易,而一千七百多年前的华佗能熟练精巧地完成,并能达到在四五日愈合手术切口,与现代无菌手术的愈合期相一致的效果,不能不谓神绝。华佗在外科学和麻醉学上的深刻造诣,不仅在中国医学史上是空前的,在世界外科手术史和麻醉学史上,也占有相当重要的地位。在其影响和启发下,中国后世医家研究麻醉剂取得不少成果。如宋代窦材用“睡圣散”作为灸治前的麻醉药。《世界医学史》的作者西欧鲁氏说:“阿拉伯医家知用一种吸入的麻醉剂,恐从中国人学来,称为中国希波克拉底的华佗,很精此技术。”可见华佗的麻醉术在国际上具有深远的影响。

华佗传授的弟子三人,樊阿善针灸、吴普著本草、李当之著药录,都闻名于当世。华佗本人的著作未传世,传本华佗《中藏经》是后人托名所作。

曹操挟天子以令诸侯

建安元年(公元196年)9月,曹操迁献帝到许县(后改为许昌),以许为都城，献帝任曹操为大将军，封武平（今河南鹿邑西北）侯。从此曹操在政治上取得了“挟天子以令诸侯”的优越地位，对以后逐步消灭北方割据势力，加强中央集权，起了不小的作用，从此，朝政大权悉归曹氏，汉献帝徒有皇帝空名而已。公元220年正月，曹操死后不久，其子曹丕即于10月称帝，汉献帝被废为山阳公，刘氏汉室，终为曹氏所继。

官渡之战：曹操击败袁绍

建安五年（公元200年），袁绍进攻曹操，9月，在官渡之战中曹军击败袁绍。为曹操统一北方奠定了基础。

官渡之战

公元199年，袁军进驻黎阳。公元200年正月，曹操为免腹背受敌，先东进徐州，击溃与袁绍联系的刘备。尔后又进占官渡，筑垒坚壁，严阵以待。2月，袁绍军进占黎阳。颜良渡河包围白马。4月，曹操设计于白马斩杀颜良。袁绍急统军渡河追来，曹操于南阪设伏，斩袁将文丑。曹操这才归军官渡严守。7月，袁绍派刘备等扰乱曹军后方，曹操派兵击破刘备等，安定了后方。8月，袁军逼近官渡与曹军对峙。

曹操在敌众我寡情况下积极防御，坚守不退，准备寻机破敌。10月，袁绍派淳于琼率兵一万多押送大量粮食屯集于乌巢。袁绍谋士许攸投奔曹操，告知袁军实情。曹操果断地决定留曹洪等人守官渡，亲率五千步骑兵偷袭乌巢，全歼守粮袁军，斩淳于琼，烧毁全部屯粮，并大败袁绍派来的救兵。

消息传来，袁军内部分裂，张郃、高览率所属投降曹操的儿子曹洪。曹操回军官渡，全面反击，大败袁军。歼敌七万余人。袁绍父子率八百骑兵逃回河北。公元202年5月，袁绍郁愤而死。不久，袁氏的残余势力也被曹操消灭。

三　国

（公元220年至280年）

【历史解说】

东汉末年的中国，先历黄巾起义，再经董卓之乱，后陷入无休止的州郡镇守的争夺与纷争之中，中原各地到处弥漫着痛苦与绝望。经各路豪杰厮杀征战，最后在传统富庶的中原、在新近兴起的浙东平原、在“天府之国”的成都平原上崛起了三个政权，即曹操建立的魏、孙权建立的吴、刘备建立的蜀。中国历史继秦汉统一之后，再次陷入割据与动乱之中。三国鼎立的政治分裂，必然带来不断的动乱。每一个政权都以东汉的正统后继者自居，以消灭对方、壮大自己为目标。消灭对方，常攻城略地，杀人盈野。动乱带给人民的是无尽的苦痛，但壮大自己却显现出经济的发展。于是，曹魏大兴军屯、民屯，在西北、在两淮，凋敝（bì）零落的中原又重新恢复生机；蜀本就据有“沃野千里，天府之土”的成都平原，荆州亦有“帝王之资”的美誉，诸葛亮平定南中、屯田汉中，尽掘地力；江东也屡次经营山越。我国东南经济开发史由此揭开。中原经济的恢复，江东农业的发展，四川、云南的开发，为即将来临的大统一准备了经济基础。三国时期各政权的制度也对后世产生了重要的影响。东汉以来的强宗大族，活跃于动荡年代。魏国的北方豪强，吴国的江左大族，蜀国的益州诸姓，或强或弱地影响着割据政权。而各政权或以九品中正制，或以世袭领兵制等给予大族以优厚的待遇与特权。从中可闻知后世门阀政治的先声。

三国时期是我国魏晋南北朝时期民族大融合的起点。中原的混乱，中央集权的衰落，为少数民族提供了一片新的历史舞台；而中原人口的锐减，也为内迁各族人民提供了适宜的生存空间。于是，曹操东征马桓，千万余马桓人到河北，西定关陇后，又将大量氐人、羌人迁到关中各郡。江左出山越。川蜀定南中，东南、西南诸夷也深深受到汉文化的熏陶与濡染。少数民族的内徙与融合成为一种不可逆转的历史潮流。割据动荡的时代，往往孕育产生宁静、超然的心灵，面对功名的失落，面对灰色的现实，失去皇权的保护，也失去了皇权的禁锢，超越功利、追求真谛成为可能。思想家往往会摆脱以往的樊篱，艺术家往往会追求更新更异的美，科学家在逃遁俗世喧嚣中探寻真理，文学家会因绝望、无奈、苦痛唤醒内心的冲动，从而迸发、凝聚成文学的绚烂之花。儒学原有的影响力大为减弱，礼教的约束被打破，以“竹林七贤”为代表的士人无视礼法，放荡纵情；文学领域的建安风骨，艺术领域的钟繇书风随之产生，曹丕、曹植、曾不兴、刘徽、何晏、王弼等人成为这段黑暗历史中闪烁文化灵光的人物。

三国因各自力量的平衡而暂存，也必将因平衡格局的打破而走向统一，魏已平蜀，而真正的统一大业完成者是代魏而起的西晋。

曹丕称帝

魏黄初元年（公元220年）秋，曹操之子曹丕代汉称帝，是为魏文帝，汉亡。

曹丕，字子桓，生于沛国谯县，是大政治家曹操的次子。公元217年被立为魏王太子，公元220年曹操离世后，曹丕子袭父爵，做了魏王。

公元220年，本已徒有虚名的汉献帝刘协被迫交出象征皇位的玺绶诏册，宣布退位。之后，在颍川郡的繁阳亭，曹丕在祭天告地的寥寥烟雾中，在群臣的仰慕下，登上帝位，择国号魏，改元黄初，后封刘协为山阳公，允其可用汉朝正朔，可行天子礼乐。追谥曹操为太祖武皇帝。

曹丕从袭魏王以后就致力于从政治上加强中央集权，以避免汉末大权旁落局面的出现。先是令陈群做九品中正制，完善选官制，以防宦官专权；后又下诏禁止后族辅政，以堵外戚擅政；又恢复建安年间罢止的三公官，但只给其高名，不给其重权。针对汉末尚书权重的弊端，设中书省以分其权，从而在职官制度上完善统治。曹丕虽有流溢的文采，过人的才干，却在军事上略显逊色，在位时屡屡对蜀、吴用兵，无奈大都无功而返。

刘备继汉统在成都称帝

蜀章武元年（公元221年），汉中王刘备于成都称帝，是为蜀汉昭烈皇帝，又称先主。

刘备，字玄德，涿郡（今属河北）人，为汉景帝之子中山靖王刘胜的后代。汉灵帝末年爆发了黄巾起义，刘备随关东各州郡起兵平定义军。但刘备没有固定的地盘，先后投靠过公孙瓒、陶谦、曹操、袁绍、刘表等人，备尝寄人篱下、流离奔走之苦，后得到诸葛亮的佐助决定联吴抗曹。公元208年赤壁一役，吴蜀联军败曹后，刘备得以立足荆州，不久占益州，取汉中后，刘备建立了稳固的根据地。

刘 备

虽赤壁战后，三国分立已成大势，但由于汉献帝刘协正统名分的存在，魏曹操、蜀刘备、吴孙权在十余年间，都没有公开称帝。公元220年，曹丕代汉后，谣传汉献帝已死于曹丕之手，于是蜀中文臣武将纷纷上表，进劝刘备早即皇位，以继汉统。于是今年刘备在成都即皇帝位，继续以“汉”为国号，建元章武，以诸葛亮为丞相，封吴氏为皇后，立刘禅为太子。两年后，孙权也称帝江东，三国鼎立局面正式形成。

蜀相诸葛亮定南中

蜀建兴三年（公元225年），蜀丞相诸葛亮率师征南中、益州、越嶲、永昌四郡，叛乱皆平。早在公元223年，益州郡大姓雍闿起兵叛乱，杀太守正昂，又缚送继任太守张裔于吴，并煽动孟获、太守朱褒、越郡夷王高定等一同起兵，南中一时危急。时蜀汉外历犹亭大败，内有先主新丧，一时无力遐及南中。

公元225年，蜀汉已从容走出过渡期，经济繁荣，政治稳定。公元225年3月，诸葛亮为消除北伐曹魏的后顾之忧，亲率三路大军征讨南中。诸葛亮率主力军渡泸水，进攻越嶲，至南中，斩雍越与高定，因孟获在当地颇有威望，于是诸葛亮七次擒取孟获，又七次放其生还，最后孟获心悦诚服，南中遂被安抚。当四郡益州、越嶲永昌平定后，诸葛亮带兵撤出南中，不留兵、不留粮，让夷人自己管理自己的事务，夷汉遂相安无事，农业生产也得到恢复和发展。南中所产的金银、耕牛、战马等源源不断地运往蜀中，为以后蜀汉北伐提供了经济保证。于是两年以后（公元227年），诸葛亮驻屯汉中，专意北伐了。

孙权联蜀称帝

黄龙元年（公元229年）孙权在武昌称帝，是为吴大帝。并与蜀汉结盟，东西鼎立。

孙权自公元200年代兄孙策占据江东以来，凭长江天险，依张昭、周瑜等人辅佐，在江东的基业渐渐稳固。

但一直仅称吴王，在曹丕、刘备相继称帝后，公元229年，孙权也在武昌即皇帝位，改元黄龙，建国号为吴，定都建业。追谥父坚为武烈皇帝、兄策为长沙桓王，立子登为皇太子，以诸葛恪为左辅，张休为太子右弼，顾谭为辅正，陈表为翼正都尉。后正式迁都建业，以上大将军陆逊辅太子登，掌武昌留事。

孙权派使臣至蜀，以修旧好，并相互承认皇帝之位。诸葛亮也想巩固蜀吴联盟，共敌曹魏，遂遣陈震回使吴国，一方面恭贺孙权荣登帝位，另一方面与吴定约，中分天下。计以豫、青、徐、幽属吴，兖、冀、并、凉属汉，豫州则以函谷关〔今崤（xiáo）山山区〕为界，西归蜀，东属吴。从此两国间联盟有所加强。

蜀相诸葛亮身死五丈原

蜀建兴十二年（公元234年），蜀相诸葛亮因积劳成疾，病死五丈原军中。

公元228年，一出祁山以后，诸葛亮又先后几次兴师攻魏。魏将曹真、司马懿等坚守不战，蜀军粮尽而后退。

几次北伐以后，诸葛亮深感军粮是出征的首要问题，于是从公元231年退兵后，在沔（miǎn）阳附近开展"休士劝农"活动，一方面让士兵、农民发展农业，另一方面进行军事训练，同时又创制木牛流马，先期运集粮食，在斜谷口屯粮备战。

公元234年，诸葛亮率军10万由斜谷西出，发动第五次北伐，并约吴兵共

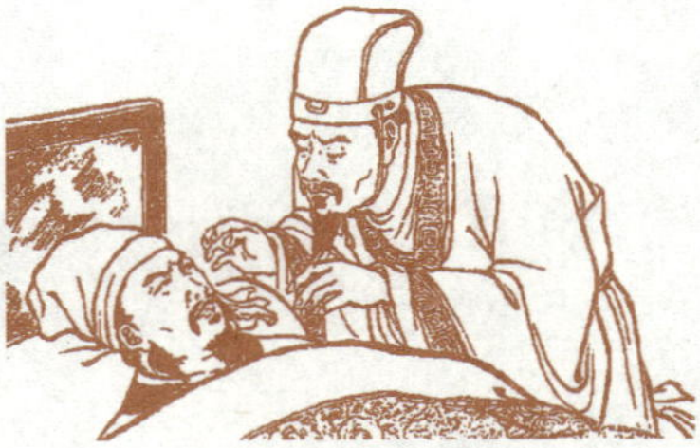
蜀相诸葛亮身死五丈原

同击魏。占据武功五丈原(今陕西岐山县境内),与司马懿相持于渭水之南。

虽蜀军已作久驻的准备,但相持半年后,司马懿仍坚壁不战,诸葛亮送司马懿一套妇女的服饰来羞辱他,司马懿仍持之以静。不久,吴军又被魏军击败。

吴军败后,蜀军已成孤军,司马懿不战使蜀军无用武之地,诸葛亮焦虑不堪,公元 234 年夏,终因积劳成疾,病逝在五丈原。时年 54 岁。死后被封为忠武侯,葬在定军山。

诸葛亮,字孔明,又号卧龙,琅邪(今山东沂南县南)人。初避乱于襄阳,公元 207 年刘备三顾茅庐后,孔明为刘备建议《隆中对》的方策,后随先主刘备取荆州、占益州、据汉中;刘备称帝后,诸葛亮为丞相;备死,又辅佐后主刘禅,励精图治,任人唯贤,曾南伐定南中,北伐击曹魏。

其功其绩,其德其贤,在中国历史上是不多见的。

曹魏政治

从汉献帝建安元年(公元 196 年)迁都许昌起,曹操"挟天子以令诸侯",执政 25 年,致力富国强兵。他的志业是要建立一个强大的集权政府,来维持秩序和安定。为了组织有效率的政府,他用贤任能,留心选拔政治人才。对于各种足以妨碍统一阻挠集权的分裂因素,都要施予打击。

另一方面,各地豪宗强族兼并土地,隐藏人口,侵凌小民,曹操的政府也以高压手段,裁抑豪强,减轻百姓租调负担,扶植小农民,使他们不再需要去依附豪强,这项政策对建立一个"百姓亲附,甲兵强盛"的政府相当奏效,使东汉以来基本上日益削弱的中央权力,大为加强起来。

曹操建立起来的集权统治,在其死后,其子魏文帝曹丕,其孙明帝曹睿又相继遵行勿替。明帝死后,专制政治开始动摇,政权逐渐落到大族出身的野心官僚司马懿父子手里,他们一步步剪除曹魏朝廷中的异己势力,魏元帝景元四年(公元 263 年)举兵灭蜀,两年后司马懿的孙子司马炎废掉魏帝,受禅即位,改国号为晋。

蜀汉灭亡

蜀炎兴元年(公元263年),魏将钟会、邓艾、诸葛绪大举伐蜀。邓艾兵临成都城下,刘禅出降。

刘禅的儿子北地王刘谌极力主战,反对投降。在苦谏刘禅不听的情况下,哭倒于昭烈庙,杀死妻儿后自杀身亡。刘禅仍不为所动,又派太仆蒋显下诏令姜维投降钟会,姜维无奈暂诈降钟会,伺机而动。至此,蜀汉宣告灭亡。

蜀汉灭亡

魏灭蜀,得蜀28万户,94万人,甲士10.2万多人,吏4万人,以及许多金银、锦绮彩绢、谷物等,并且从此占据长江上游,对下游的东吴威胁很大。此次伐蜀的胜利也为司马昭增加了政治资本,为其日后篡夺魏国帝位奠定了基础。

刘禅则被迁至洛阳,封为安乐公。有一天司马昭宴请刘禅,席间演出蜀地歌舞,在座的蜀国人都触景伤情,而刘禅却嬉笑自若。司马昭于是感叹道:“人之无情,乃至于此,虽使诸葛亮在,不能辅之令全,况姜维邪!”并问刘禅:“颇思蜀否?”刘禅答道:“此间乐,不思蜀也。”成语“乐不思蜀”即源于此。

经学、哲学、科学、宗教

一、经学

董仲舒创阴阳五行化的《公羊》学以后,所有今文经学都阴阳五行化了。它们都朝着两个方向发展:一个是烦琐;一个是迷信。

烦琐——今文经学家解说经文,支离蔓延,一经的经说多或百余万字,少也有数十万字,所谓"章句(逐章逐句逐字讲经)小儒,破碎大道",就是当时某些儒生对今文经学在章句方面的评论。这种章句不仅为某些儒生所厌恶,甚至某些最高的统治者也感到太繁难,需要删节。王莽曾令博士删五经章句,每经都是二十万字。一个名叫郭路的博士弟子,日夜用心思索,竟暴死在烛下。博士以浮辞烦多算作学问,要省简他们的浮辞好似要他们的性命,王莽大概因阻力太大,只好对博士让步。汉光武帝令儒臣议减省五经章句,没有议出结果来。他为皇太子选经师,钟兴被选教严氏《公羊春秋》,桓荣被选教欧阳氏《尚书》。钟兴删去重复的章句,桓荣删旧章句四十万字为二十三万字,两人都获得汉光武帝的重赏。从此有些儒生敢于删节章句,如桓郁删桓荣二十三万字为十二万字,伏恭删《齐诗》章句为二十万字,张霸删严氏《公羊春秋》章句为二十万字,张奂删牟氏《尚书》章句四十五万余字为九万字。在标榜"笃守师法"的经师群里,这些删节了的新章句,并不影响删节以前的旧章句继续传授,更不影响其他经书的章句。归根说来,章句是牢不可破的,因为它和仕途结合在一起,只有到了九品官人法成立以后,它才自然地逐渐归于消灭。

迷信——孔子不谈神怪,所以迷信成分在原始儒学里不占重要地位。自从董仲舒用阴阳五行学附会经义,今文经学大大增加了迷信成分。不过,章句受经文的限制,即使多至一百万字,要快意地谈鬼神怪异到底不很便利;章句受师法的限制,要新立一说,到底也不很便利。于是今文经师们另造一个谈神怪立新说的孔子,集合一切古来相传的和自造的经说和妖妄言辞,都说是孔子所写的书。这些书称为纬书或秘经或谶纬。东汉时期称谶纬之学为内学,政治上地位比经书更高。

董仲舒《春秋繁露》里载求雨止雨法,登坛祷告,极像一个巫师或道士。他是推论灾异的大师,有一年,汉高帝庙遭火灾,董仲舒推论火灾的原因,草稿被人偷去送给汉武帝。汉武帝召集群儒察看。董仲舒的大弟子吕步舒不知是本师所作,说是大愚妄,董仲舒几乎被杀,吓得他后来不敢再谈灾异。皇帝需要有利于统治的妖妄言辞,但禁止议论朝政。儒生需要造妖妄言辞来提高自己所讲那一经的地位,但必须避免大愚妄的危险。最妥当的方法自然是托名孔子,董仲舒以后的经师都采用了这个方法。

谶是谜语式的预言,源出巫师和方士。董仲舒用阴阳五行推论灾异,预知吉凶,虽然还不算是谶而已为儒生造谶开了先路。巫师方士造谶当然比不上用孔子名义的谶,因此西汉末年,造谶成为儒生的专业。纬是一种大杂拌。其中有:①天文历数学。除去它的迷信部分,颇有一些可取的学说。②上古时代的神话和传说。这大概就是司马迁所称"百家言黄帝,其文不雅驯,缙绅先生难言之”的那一部分。西汉儒生还看到这些古杂书,录入纬书中,多少保存了一些古杂书的残余。③地理知识。④解说文字。⑤叙述礼制。⑥推演经义。这些,不管它如何杂乱鄙陋,总还算是说经的一种。但纬书之所以被朝廷重视和利用,并不在于单纯说经的这一面,而是在于造作神话怪说,与谶混合在一起,随时添加迎合世务,借孔子名义肆无忌惮地传播妖言的那一面(郑玄说,孔子所欲改先王之法,阴书于纬,以备后世帝王采用)。章句连篇浮辞使人昏迷,王莽汉光武帝和某些经师还可以主张删节,对谶纬则竭力提倡和保护,不许对它攻击,足见它具有最黑暗的性质,比章句更适合统治者的需要。

汉成帝时有所谓六经六纬。汉哀帝汉平帝时谶纬盛行。王莽大加提倡,借以证明自己得天命该做皇帝。汉光武帝因谶纬有“刘秀”“赤九”(汉高帝九世孙)等预言,崇信更甚。他崇信谶纬,无非是要人们崇信他是个真正受天命的皇帝。他用谶纬的说法来讲五经,甚至用人行政也依据谶纬来作决定。一个古文经学家桓谭极言谶纬妖妄,汉光武帝大怒,说“桓谭非圣无法”,要拿下去斩首。桓谭叩头流血,好半天才得免死。他是七十多岁的老人,被贬出京,在路上病死了。东汉儒生如果反对谶纬至少是不得做大官;反之,做大官的多半是妖妄人或附和妖妄人的庸鄙人。东汉一朝思想上政治上愈来愈黑暗,与谶纬愈来愈盛行,趋势是一致的。

今文经学特别是谶纬之学是东汉主要的上层建筑物,它给这样的一个社会基础服务,就是豪强对农民进行着残酷的掠夺,豪强集团相互间进行着剧烈的冲突,农民穷困流离,对统治阶级不满以至反抗继续在增进。阶级矛盾和统治阶级内部矛盾使东汉社会一开始就显得不安稳,到后期更呈现危急状态。这样的社会基础,无怪乎自汉光武帝以下的统治者,都迫切寻求天命鬼神的助力,希望从它那里获得一副麻醉剂,好让矛盾松弛下去。不过,谶纬并不是很有效的麻醉剂,它的效力远不及佛教那样大,而且它还有很大的副作用,因为预言可以随时新添加,愿意添加些什么话很方便。汉桓帝时,谶纬里出现汉朝气数完了,“黄家当兴”的预言,张角首先利用它发动黄巾军起义。后来曹丕引用大批谶纬证明自己就是“黄家”,刘备引用大批谶纬里“备”字证明刘备该做皇帝,孙权大造符瑞,证明自己也得天命。晋武帝以及南朝各朝用禅让方式灭旧朝廷,都有大批谶纬作证明。谶纬用以欺骗人民,结果却是黄巾起义;用以缓和内部争夺,结果却是新朝廷灭旧朝廷。统治阶级感到谶纬不是好的麻醉剂了。随着佛教的逐渐盛行,南朝宋孝武帝开始禁谶纬,梁武帝加重禁令,隋文帝时禁令更严厉,隋炀帝派遣使官,在全国范围内搜查有关谶纬的图书一概烧毁,私藏者处死刑,谶纬学算是基本上被禁绝。

经学内部与今文经学对立的是古文经学。原始经学大体上有鲁学齐学两种学风。鲁学主合古(复古),齐学主合时。汉高帝令叔孙通定朝礼。叔孙通请鲁儒生们到京城去商议,有两个儒生不肯去,斥责叔孙通道:朝廷要积德一百年才能谈到兴礼乐,你现在就想做起来,是不合古的。我们不去。你走吧,不要来污辱我们。叔孙通笑道:你们真是鄙儒,不懂得时务。鲁两儒生和叔孙通正表现出两种学风的区别。它们继续演变,齐学成为今文经学,鲁学成为古文经学。

古文经学派代表统治阶级一部分仕进心较淡,复古心较浓的士人。这里所谓仕进心较淡,并不是说他们不热心仕进,而是说他们在今文经学的压制下不得仕进。所谓复古心较浓,也不是说他们真想恢复孔子所说的一切,而是说他们只要求朝廷承认古文经学是真经学。他们因为主张复古,所以反对今文经学特别是谶纬之学,在这一点上,古文经学确有一定的进步意义,但是,它是复古主义者,和合时的今文经学一样,本质上都不是进步的。

古文经学的一个特点是"通训诂""举大义","不为(学)章句"。所谓"通人恶烦,羞学章句",就是古文经学家轻视今文经学的一般态度。东汉主要古文经学家如桓谭、班固、王充、贾逵、许慎、马融、郑玄等人都博通群经,其中马融是标准的古文经学家。古文经学又一特点是反对谶纬。桓谭、尹敏、王充、张衡、荀爽、荀悦等人都斥责谶纬,说它不合经义,非圣人(孔子)所作,特别是王充,著书反谶纬,是东汉最大的思想家。今文经学是官学,不仅太学中有成万的学生,就是一个名师建精庐(私立学校)开门教授,学生也常有数百人或数千人,如蔡玄教授经学,门徒(亲受业的高第生称弟子,转相传授不直接受业的普通学生称门生,统称为门徒或诸生)常有千人,历年著录(学生名册)共有一万六千人。这种官立私立的学校以外,还有学童读书的书馆。王充八岁(公元34年)进书馆,书馆里有小童百人以上。当时正是汉光武帝初年,上虞又只是会稽郡的属县,一个书馆里学童多至百人以上,中原地区的书馆,学童当然会更多。书馆教师可能全是今文经学者,他们对广大学童传播今文经学的影响(主要是谶纬),所以今文经学在士人群中也在学童群中有雄厚的根基。古文经学是私学,但名师门下也常有学生数百人或千人。他们人数远不及今文经学者那样多,学风上却有显著的不同趋向,这种趋向成为反对今文经学的力量。

自王莽时刘歆与博士们发生冲突以后,整个东汉经师继续着古文今文的争斗。汉光武帝曾大会朝臣辩论是否可立古文经学博士。经多次辩论,汉光武帝要收揽古文经学派,决定立左氏《春秋》博士。今文博士们议论喧哗,公卿大臣群起反对,《左氏春秋》博士不久就被废除。汉明帝时,贾逵代表古文经学派,利用朝廷特重谶纬的空隙,上书说《左传》与谶纬相合,可立博士。贾逵依靠这种迎合的本领,终于得到汉章帝的允许,让《左传》《谷梁》《古文尚书》《毛诗》四经公开传授,但不立博士,这就是朝廷不承认古文经学是士人求仕的正路。在古文经学派方面,取得朝廷这一些让步,也算是取得了初步的胜利。今文经学章句繁多,说解乱杂,不仅“通人恶繁”,就是非“通人”也同样恶繁,当古文经学派力求上升的时候,今文经学感到自身有“省章句”“正经义”的必要。公元79年,汉章帝亲到白虎观,大会群儒讲义五经同异,用皇帝名义制成定论,称为《白虎通义》(又有《白虎通德论》《白虎通》等名)。

它是全部今文经学的综合体,也是今文经学的政治学提要。全书条理明白,义旨简要,确是一部重要著述。

不过,奉命编书的人不是今文博士而是古文学者的班固。今文博士一般只会记诵章句不会概括大义,只能专讲一经,不能兼通五经,要编通义就不得不求助于古文学者,《白虎通义》的编成,正显示今文经学的虚弱,它无可避免地将为古文经学所排斥。

一个巨大的古文经学家许慎,用二十二年时间(公元100—121年)著成了《说文解字》(简称《说文》)十四篇。许慎是贾逵的学生,博通经典和群书。他收集小篆、古文(战国时文字)、籀文(西周时文字,又称大篆)共九千三百五十三个文(独体为文,如日月等)字(合体为字,如江河等),解说每一个文字的形体、声音、训诂(字义),极为简要,全部解说不过十三万三千余字。读古书和汉朝法律时所遇到的疑难,都可以从这部书里获得解答。这部巨著,集西周以来文字之大成,也集古文经学训诂之大成,对不懂文字形义,依据隶书穿凿附会的今文经学说来,是一个严厉的驳斥。《说文解字》的编成,正显示古文经学有坚实的基础,有力量排斥今文经学。

贾逵许慎等古文经学大师,都兼讲今文经学,都还不能建立起纯粹的古文经学。自从班固的学生马融遍注《孝经》《论语》《毛诗》《周易》《三礼》《尚书》(《左传》因已有贾逵注,马融仅作《三传异同》),古文经学才到达完全成熟的境地。马融声望甚大,寿又很高(公元79—166年),门下生徒常有数百人或千余人,著名学生如马日磾(dī)、卢植做大官,郑玄为经学大师。马融以后,古文经学事实上压倒了今文经学。代表今文经学的《公羊》家,东汉末年出了一个大博学者何休。他仿效古文经学的注解法著《春秋公羊解诂》,大异于博士章句,但也不能挽救今文经学的崩坏。

何休与郑玄同时,郑玄是古文经学的集大成者,何休是今文经学的集大成者。何休精研今文诸经,用十七年功夫作《春秋公羊解诂》。他废除章句之儒的俗学,仿左氏《春秋》五十凡例,为《公羊春秋》制定凡例。他在《文谥例》里说:“新周、故宋,以《春秋》当新王,此一科三旨也。所见异词,所闻异词,所传闻异词,此二科六旨也。内其国而外诸夏,内诸夏而外四夷,此三科九旨也。”三科九旨以外,又有五始、七等、六辅、二类。依据这些凡例,《公羊春秋》才成为有条理的一种经学。董仲舒以后，何休是最大的《公羊》学者。

马融的学生郑玄是东汉最大的博学家，他博通今文经学（包括谶纬），更博通古文经学。他遍注古文经，注中兼采今文说，他采用纬书说和怪说。他又注一部分纬书（大部分是他的弟子宋均所注），给谶纬找训诂的根据。他是古文经学大师，同时又是今文经学大师，但基本上是古文经学者。郑玄杂糅今古文的古文经学号称郑学，失败了的今文经学派转而拥护郑学，再加上郑玄寿高（公元127—200年）、门徒多、著述富（一百余万字），郑学成为当时"天下所宗"的儒学。魏晋以后的经学主要就是郑学。

经学上的派别争斗，如果当作一种隐微的折光来看，今文经学反映统治阶级内部有一部分人在政治上得势，古文经学反映别有一部分人企图在政治上得势，争斗的结果，由于得势部分的腐朽无能崩溃下去了，原来不得势的部分一方面与某些崩溃中的得势部分相混合，一方面取得了胜利成为得势者。在政治上，东汉至魏晋的士族正经历着这样的一个过程；在经学上，古文经学也经历着类似的过程。自从九品官人法确立以后，士人入仕，不必拘守今文经学，郑学在经学上也就确立了它的地位。

郑学盛行以后，经学不再是今文古文的争斗，而是转为古文经学内部马融学与郑玄学的争斗。代表马融纯粹古文经学派的王肃，也遍注群经，与郑学对立。王肃是司马昭的妻父，政治势力使王肃所注群经得立博士。郑学势力大，王肃为加强自己的论据，伪造《圣证论》《孔子家语》《孔丛子》等书（相当于今文经师的伪造谶纬），借孔子名义来驳斥郑学。郑玄学派（以魏帝曹髦为首）驳王申郑；王肃学派申王驳郑。郑王两派的拥护者都是统治阶级的得势部分，因之争斗的剧烈超过东汉时期的今古文争斗。公元256年，曹髦亲临太学，与博士们辩论经义，曹髦主张郑说，博士主张王说，曹髦不敢斥责博士，因为王学后面有司马氏势力。在士人群中，纯粹古文经学派人数到底没有郑学那样多，东晋时（晋武帝是王肃的外孙，西晋重王学），王学逐渐失势，胜利者依然还是郑学。

在郑王两派争斗的时候，许多古文经学的阵地被两派以外的人夺去了。老庄学派的创始人何晏王弼首先夺取了两部重要经典。何晏综合各家注文，撰《论语集解》。王弼撰《周易注》，革去汉儒象数之学（卜筮之学），改用玄理说《易》。何晏王弼所注书盛行，推倒了马融郑玄王肃三家注。西晋初杜预撰《春秋左氏经传集解》，又撰《释例》《春秋长历》等书，推倒了贾逵王肃两家注。东晋梅赜（zé）献《伪古文尚书》，又献伪西汉孔安国《传》（传即注），推倒了马融郑玄王肃三家注。东晋郭璞注《尔雅》，范宁注《春秋谷梁传》，一半的经典被郑王两派以外的人占领了。郑王两派墨守家法，不求改善，旧注被质量较高的新注所代替，是完全合理的。

两汉盛行的经学,到东汉末魏晋做了总结。就是东汉末年古文经学推倒两汉盛行的今文经学,不受家法束缚的魏晋古文经注又推倒汉魏有家法的经注。下表说明东汉魏晋人所作许多经注中最后存在的几种。

汉人经注 魏晋人经注

(一)《毛诗》:西汉毛亨传,郑玄笺(笺即注) (一)《周易》:魏王弼注。《系辞传》以下,晋韩康伯注。

(二)《周礼》:郑玄注 (二)《尚书》:晋梅赜《伪孔传》

(三)《仪礼》:郑玄注 (三)《左传》:晋杜预集解

(四)《礼记》:郑玄注 (四)《谷梁传》:晋范宁注

(五)《公羊传》:何休 (五)《论语》:魏何晏

说明:《尔雅》是训诂书,《孟子》(东汉末赵歧注)在汉魏不列于经典,《孝经》多有汉儒注解(唐玄宗作注,旧注都废弃),但并无学术价值。流传至今的重要经书,除《公羊传》是今文,余下九种全是古文(《谷梁传》近于古文),其中经注魏晋人占十分之五,而郑玄一人占十分之四。魏晋注经家的成就超过汉经师,郑玄一人的成就超过任何注经家。他们取得成就的重要原因就是广采众说,自出新意,不受家法的束缚。

二、哲学

孔子哲学的核心是“中立而不倚”的中庸思想。应用到鬼神(包括怪异)问题,也是中立不倚地不确信为有,不确信为无。“祭如在,祭神如神在”,“洋洋乎如在其上,如在其左右”,就是孔子对鬼神的态度。这里没有说实在在,也没有说实在不在,只是说好像在。因此儒家依所处时代的需要,可以引申为有神,或引申为无神。大抵在和有神论作尖锐斗争的时候,可以主张无神论,在朝廷需要神的时候,可以主张有神论。在平常的时候,它把鬼神看作如在而加以利用。《周易·观卦·彖辞》里说“圣人以神道设教而天下服矣”。《淮南子·汜论训》给神道设教作了很好的解说。它说:世俗都知道,用刀相戏,祖宗就拉住他们的手臂;枕门限睡觉,鬼神要踏他们的头。实际上只是因为用刀相戏是危险的,枕门限睡觉会受风寒得病,说鬼神来干涉,无非是要人有所畏惧不那样做。一切所谓鬼神(迷信),性质不过如此。愚笨人硬说有鬼神,刚愎人硬说没有,只有通达人能懂得这个意义。这里所说通达人正是主张如在的孔子和一般儒学者。

墨家确信有鬼神,儒家在反对墨家时,断定鬼神不存在,成为无神论者。战国时儒家董无心与墨家缠子进行了著名的辩论(《汉书·艺文志》儒家有《董子》一篇),董无心说,你们信鬼神,好比用脚跟去解绳结,归根不得成功。据说,缠子被驳倒了。道家本来主张无神论，杨朱反对墨家的兼爱尚贤有鬼非命(与儒家接近，所以孟子称“逃杨必归于儒”)。《庄子》有《徐无鬼篇》。此人以无鬼为名，当然也是墨家的反对者。在反墨家的有鬼论上，儒家与道家是一致的。

西汉前期，政治上道家影响超过儒家。汉武帝提倡儒学以后，今文经学派在和道家争斗中，本身自阴阳五行发展到妖妄的谶纬之学，成为十足的有神论者。

孔子确信有天命，但掌握这个命的天，是无知的自然还是有知的神，孔子并没有作出明白的答案。“四时行焉，百物生焉，天何言哉”，好像说天是无知的自然。“获罪于天，无所祷也”，好像说天是有知的神。孔子很少谈天道和天命，像子贡那样高级的弟子，还说“不可得而闻也”。孟子说“莫之为而为者天也，莫之致而至者命也”。这大概就是孔子和儒家对天与命的传统态度。

后来荀子作《天论》，才确定天是无知的自然物。事在人为，并无宿定的命运。董仲舒创今文经学，确定天有知，鬼神能降祸降福，那么，命运就不能是固定不变的了。今文经学派实际已与墨家《天志》《有鬼》《非命》(宿命)走着相同的道路，妖妄无稽比墨家更甚。

谶纬妖化了孔子，古文经学派要恢复不谈神怪的孔子，必需反对谶纬。一般他说来，古文经学家反对谶纬是一致的，不过他们实际的作为却在以训诂反章句，对谶纬的攻击，局限于“非圣人所作”，缺少理论上的发挥。只有王充立足在理论上对谶纬进行了有力的攻击。他尽一生精力，著成巨书，根据实在的事理系统地全面地将所有“儒书”(主要是指谶纬)、“道家”(方士神仙术)的种种谬说以及日常生活中的各种迷信行为(阴阳五行家各派别的法术)，一概予以驳斥。古文经学派专力于训诂，头脑里似乎没有什么思想，统治东汉人头脑的基本上是今文经学的妖妄思想，王充跳出古文经学派的圈子，单身和朝廷支持下的妖妄思想作坚决斗争，这种豪杰气概，不仅在东汉是唯一的，就在整个封建时代里也是稀有的。王充之所以有此勇气，因为他的理论建立在唯物论上面，因为他的理论建立在劳动人民的智慧上面。民间谚语说“知星宿，衣不覆”。意思是懂算命，知吉凶，会穷得穿不上衣服。这是对迷信家多么深刻的讥笑，王充就是这种人民智慧的表达人。

王充生于汉光武帝建武三年(公元 27 年)，死当在汉和帝永元八年(公元 96 年)前后。早年曾到大学读书，并从大史学家班彪求学。他的家庭是“细族孤门”，再加上他好“谏争”，不合时宜，一生只做了几年州郡吏，其余年月都居家教授，专力著书，写成《论衡》八十五篇，二十余万字。《自纪篇》说“得官不欣，失位不恨，处逸乐而慾(欲)不放(放纵)，居贫苦而志不倦，淫(多)读古文，甘闻异言，世书俗说，多所不安，幽处独居，考论实虚”。王充是这样一个反对流俗独立思考的人物。这个性格使他不求仕进,甘愿处贫苦,为考论真伪而生活。他对流俗的批判是严厉的,对广大人民则采取诚心训导的态度。《自纪篇》说"口则务在明言,笔则务在露(明显)文……言无不可晓(懂),指(意)无不可睹",又说"口言以明志,言恐灭遗,故著之文字。文字与言同趋(一致),何为犹当隐蔽指意"。王充用当时接近口语的文体写《论衡》,目的在通过有书馆文化程度的人影响广大民众,使朝廷提倡的"世书俗说"失去欺骗的对象。从这一点说来,王充是反对东汉主要上层建筑物的革命家。

王充"考论实虚"的方法是"引物事以验其言行"。就是说,实际存在的物体和行事是可靠的事物,凡不可捉摸和不可实现的物事都是虚妄的物事。从虚妄物事出发的言和行,必然也是虚妄的言行,检验它们的尺度就是实际存在的物事。王充使用这个方法确定天与地一样是"自然无为"的物。《自然篇》说,为什么知道天是自然无为的物?因为天没有口目(感官)。有口目才有嗜欲(意识),有嗜欲才有作为。既然天没有口目,那就不会有嗜欲,因而也不会有作为。为什么知道天没有口目?因为地没有口目。王充又确定人死无鬼。《论死篇》说,世人以为死人为鬼,有知能害人。按照物类来考验,可以断言死人不为鬼,无知不能害人。有什么证据呢?物可以作证。人是物,人以外的物也是物,人以外的物死了不为鬼,人死为什么独能为鬼?人之所以生,因为有精气,人死则精气消灭。精气之所以存,依靠血脉,人死则血脉枯竭。血脉枯竭因而精气消灭,精气消灭因而形体腐朽,形体腐朽因而成为土壤,从那里来的鬼呢!《订鬼篇》说,鬼不是人死精神变成的,它是人的一种幻想。发生幻想的原因是疾病。一切迷信妖妄的言行,主要根据不外乎有神论,即天有知有为,鬼有知能害人。王充根本推倒了这两个虚妄根据,重新解释了自然现象(如《谈天》《说日》等篇)和社会现象(如《薄葬》《卜筮》等篇)。在谶纬盛行的东汉时期,《论衡》是黑夜里发射出的人民智慧之光的明灯,统治阶级要人民昏迷,人民回答它的却是智慧的光芒。

圣贤和经传是两个主要虚妄根据以外的一个重要根据。王充同样用"引物事以验其言行"的方法,作《问孔》《刺孟》《书虚》《儒增》《艺增》等篇。生在东汉的社会里,敢于质问孔孟,怀疑经典,实在是无比的勇士。他这种批判的精神,严重地打击了拘执师法、死守章句的今文经学派,同时也超越了"述而不作,信而好古"的古文经学派。所以,王充不是东汉古文经师,而是伟大的思想家。

王充的成就是巨大的。但是,由于当时自然科学知识的贫乏,引作论据的物事,认识往往不真实,因之有些论断难免错误。例如雷电击树破屋,俗说是天神取龙,《龙虚篇》辩明俗说的虚妄,但信书上的记载,仍认为龙和牛相似,可畜可食,又和鱼相似,能乘雷电飞行。又如历学家说"日食是月掩日光",《说日篇》认为大体上四十一二个月日食一次,一百八十天月食一次,日月都是自损。因为月食不是日掩月,所以日食也不是月掩日。历学家发现了日食的真实,王充却变真实为虚妄,在不知地是星球之一的时候,这种错误是难免的,但到底是一种错误。

王充当然不可能发现阶级构成社会的真理。他看到社会普遍存在着讲不通的现象,例如"才高行洁,不可保以必尊贵,能薄操(行为)浊,不可保以必卑贱"。要说明这种现象,不得不"归之于天"。他认为天地好比是夫妇,大地无意识地生人。人受性同时受命。命是"吉凶之主""自然之道",非人力所能变动。命可以预见,那就是"人禀贵命于天,必有吉验见于地","富贵之人,生而有表见于面"(骨相)。王充引许多物事来证明这些论断,结果不能和谶纬截然分开,依然带着一些神秘主义的色彩。

人的吉凶祸福是自然无为的天所命定的,一切求吉求福避凶避祸的法术都是虚妄无效的。这就是《论衡》的思想。王充从唯物思想方面发挥了原始儒学,但不曾超出原始儒学的范围。如果说,在西汉,董仲舒是孟子一派的最大儒者,那么,在东汉,王充是荀卿一派的最大儒者。

东汉朝廷提倡今文经学,驱使士人在章句、谶纬、选举的道路上下功夫,但是,这并不是所有士人都愿意走的道路。古文经学讲训诂,冲击着烦琐的章句,王充《论衡》攻击宣扬迷信的谶纬,大学里名士议政,攻击拘守礼法、谋求选举的陋习。到了东汉末年,朝廷为士人设置的道路基本上被冲坏了。作为路基的儒学却依然保持着不变。由于魏定九品官人法,门第成为仕进的新道路,士人不再需要那种困人的儒学思想和繁缛的礼法,开始向旧路基冲击。以旷达放荡为特征的道家老庄之学——玄学,为了夺取儒学的统治地位,向儒学实行冲击。第一步是以王弼何晏为代表用玄学讲《周易》。《周易》是儒家思想的本原,汉儒以象数讲《周易》,不管它讲得如何支离,总还不离卜筮之学(先知术)的传统性质,自从王弼何晏(何晏著《周易私记》《周易讲说》,书佚)用老庄玄虚的道理讲《周易》,性质全变,根本冲坏了两汉儒学的思想本原。第二步是以嵇康阮籍为代表,否认儒家的一切(主要是礼法)。公然宣称"老子庄周吾之师也"。嵇康在《难张辽叔自然好学论》里说,你说六经是太阳,不学是黑夜。照我看来,如果把礼堂看作坟堂屋,读经看作鬼话,六经看作秽物,仁义看作臭烂,一起把它们抛弃掉,那么,不学何尝是长夜,六经何尝是太阳。阮籍作《大人先生论》,斥礼法之士是破裤裆里的虱子。刘伶作《酒德颂》,笑礼法之士是些微小虫子。这种大胆的冲击,正是两汉尊儒的反动。自原始儒学引申出来的今文经学、古文经学、唯物思想的《论衡》都失势了(古文经学还保有不重要的地位),自老庄引申出来的玄学一跃而成为思想界的统治者。这说明统治阶级要求唯心思想的不断发展，今文经学那种低级的唯心思想应该让位给玄学那种较高级的唯心思想。

三、科学

东汉盛行迷信思想，和它作斗争的科学知识表现出光辉的成就。《嵇康集》有一篇《宅无吉凶摄生论》（不知作者为谁），说迷信的原因很透彻。它说，不懂得养蚕的人，出口动手都有禁忌。不得蚕丝愈甚，禁忌跟着愈多，还抱怨自己犯了禁忌。等到有人教他养蚕法，掌握桑叶和火候，寒暑燥湿都有规矩，那就百忌全失，获利十倍。这是因为先前不知所以然，因而禁忌烦多，后来知其所以然，因而方法正确。所以说禁忌生于不知，如果能知各种物事的性质像知蚕那样，禁忌自然失去它的立足地。这种正确的观点，是王充思想的继续，遭到玄学首领秘康的坚决反对是很自然的。这也就是说，在剥削阶级统治的社会里，被提倡发扬的总是唯心思想，代表人民智慧的科学知识，总要受到各种形式的阻碍和反对。东汉时期迷信盛行，科学家独能探求真理，对抗迷信，他们的科学成就虽然不可能太大太多，他们这些成就对文化的贡献却有巨大的进步意义。

天文学——天是迷信的主要根源。天变灾异都被说成上天对皇帝（天子）示谴。朝廷口头上认些错或调动几个大官（三公），恶政就算有了交代，另一面则使人们相信天变灾异正是上天保佑朝廷，否则何必示谴。王充在《论衡》的《变虚》《感虚》《谈天》《说日》《自然》等许多篇里反复论证天与人事并无感应关系，他指出天的"自然无为"性，有很大的科学意义。纬书连篇妄言，但也偶有一些科学发现。《尚书·考灵曜》说"地有四游，冬至地上北而西三万里，夏至地下南而东复三万里，地恒动不止而人不知，譬如人在大舟中闭牖而坐，舟行而人不觉也"。《春秋·感精符》说"日光沉淹，皆月所掩"（《论衡·说日篇》引儒者说，日食是月掩日，当即《感精符》一类的儒书）。《周髀算经》说天体有四游（二分二至是天体运动的四个极点），又说"日兆月"（月光生于日之所照），《考灵曜》创地游说，说日月地都在上下游动，从而推论出日在上，月在下，月掩日光成日食的说法，比地静说，日月自损说都前进了一步。汉安帝时，张衡做太史令，职掌天文。张衡用精铜制造浑天仪，用铜漏（古代计时刻器）水转动浑天仪，星宿出没与天象密合。东汉末年，刘洪造《乾象历》，有推日食月食的算法。这些天文学上的每个进步，都起着冲击迷信的作用，也就逐步证明"自然无为"说的正确。

候风仪、地动仪——张衡生于公元78年，死于公元139年。据《五行志》所记，自公元92年以后，几乎连年地震，地震地区有时大至数十郡，有些地区发生地拆、地裂、地陷、山崩、水涌。此外还经常发生大风,某次拔树多至三万余株。迷信家议论纷纭,灾祸都成了谶纬学的有力证据。张衡研究这些自然现象,公元132年,作候风仪和地动仪。候风仪制法不见记载,可能是一种预测大风的仪器。《晋书·五行志》记魏时洛阳西城上有候风木飞鸟被雷震坏,或即张衡的候风仪。地动仪是用精铜制造,圆径八尺,形似酒搏,内部安置机关,按照八个方面,装八个龙头。那一个方向地动,同方向的龙就口吐铜丸。从此以后,史官记录地动所起方向。王充的著作,有益于科学思想;张衡的发明,推进了科学知识。《论衡》与地动仪是东汉两大创造,王充与张衡是东汉文化界的两个伟人。

数学——汉儒用数理讲《周易》,纬书兼讲天文历数学,因之数学成为儒学的一部分。扬雄模仿《易经》作《太玄经》,实际是扬雄的数学著作。刘歆也是著名数学家。东汉儒者更研习数学,张衡著《算网论》,与《灵宪论》(张衡论浑天的原理)相配合。郑玄刘洪王粲等人都精通《九章算术》。魏时刘徽总结各家学理,注《九章算术》,数学成就比《周髀算经》前进一步。

医学——《淮南子》说,神农尝百草的滋味,一天中七十次毒,医方从此兴起。大抵古来有神农尝百草的神话,因而民间历代积累起来的药物知识都托名神农。药物主要是草药(郑玄注《周礼》五药:草、木、虫、石、谷),所以称为《本草》或神农《本草经》。自汉武帝起,朝廷召集方士,其中有本草待诏若干人。楼护家世代做医师,楼护诵习医经本草方术书数十万字,汉成帝汉哀帝时,出入京师权贵人家很有声名。公元5年,王莽召集全国通方术本草的人到京师考校技能。《汉书·艺文志》不曾记录神农《本草经》,但西汉确有这一部名叫《本草》的药物书。书中多见东汉时地名,当是东汉医家有较多的补充和说明。

东汉末年,屡起大疫。南阳士人张机深研医学,著《伤寒杂病论》合十六卷(北宋时所传《伤寒论》十卷,附方十卷,又有《金匮要略方论》三卷,当即《杂病论》)。他在《伤寒论序》里说:看当今医生,不肯探求医经(《素问》《难经》等),推演新知,各承家传,始终守旧。问病状务在口舌敏捷,辨脉象按寸不按尺,按手不按足(足脉)。草率处方,难治大病。和这些医生相反,他是以极严肃的态度治病的,在他的著作里阴阳五行说基本上被排除了。后世医学者称张机为医圣,称《伤寒》《金匮》为医经,是有理由的,因为他脱离阴阳五行的束缚,推动医学向科学发展。

《灵枢经》所传用针治病法,东汉时有显著的进步。广汉隐士涪翁著《针经诊脉法》,传弟子程高。程高传弟子郭玉。汉和帝时,郭玉做太医丞,治病多有效应,针法传授更广。郭玉喜为贫贱人治病,尽心竭力,应手见效。治贵人病却常不愈。汉和帝责问郭玉,郭玉答道,贵人威风太大,好自作主张,不听从医者的法度。骨节又柔弱,用了针不能再用药。有时用针难免要出些血,我心里恐怖,哪里还顾得治病。

谯县人华佗精针法,尤精外科手术。将动手术,先使病人饮麻沸散,失去知觉,刳割腹背后缝合创口,涂敷膏药,四五天便合口。华佗又教人作五禽之戏(模仿虎、鹿、熊、猿、鸟的动作),使身体轻便,血脉流通,可以预防疾病,延年不老。曹操患头风病,要华佗治疗断病根。华佗说只能缓治延岁月,不能断根。曹操发怒,杀华佗。华佗两个弟子,吴普擅长外科,樊阿擅长针术。关羽左臂中箭毒,医师刳肉刮骨,关羽言笑自如;司马师目上生瘤,让医师割去。这种局部割治,大概也用麻醉药。

医学在战国是一个发展时期,到东汉又有新的发展,它的特点是阴阳五行的色彩比战国时医经大见轻减。

四、宗教

巫是一种原始宗教。随着华夏地区的扩大,巫教被史官文化排斥,逐渐失去它的宗教作用。孔子说"南人有言曰:人而无恒,不可以作巫医"。看来就是在保持着巫师的楚国,巫师也只能和医师同列,而医师的社会地位在当时是不高的。汉族本身不曾在巫教基础上制造出一个普遍流行的宗教,许多外来宗教的陆续传入和佛教的一时盛行,也都不曾取得独尊的地位。一切宗教不能生出深根来,应归功于史官文化,因为它含有抵抗(虽然是不彻底的)宗教的因素。史官文化的主要凝合体是儒学(其次是道家学说)。儒学创始人孔子,教人专重人事。"季路问事鬼神。子曰:未能事人,焉能事鬼!曰:敢问死?曰:未知生,焉知死!"不谈鬼神和死后事,是孔子也是儒学对鬼神的基本态度,所以在儒学的思想体系里,鬼神不可能取得重要地位,更不可能取得主导地位。宗教得以兴盛的必要条件,首先是对鬼神(一神或多神)有绝对信仰,而儒学对鬼神则是怀疑,敬而远之,这就形成汉族历史上允许各宗教并存,既不完全信奉也不彻底排斥,从不发生所谓宗教战争的特殊现象。

史官文化的发育地在黄河流域。黄河经常发生灾祸,人力不能完全控制它,因此迷信思想有了它的来源,但治水到底要依靠人力,鬼神并不真可靠,因此实际经验使人们体会到人力的作用大于鬼神。其他自然界灾祸也给人们同样的经验。例如公元前526年,郑国大旱,郑君使大夫屠击等祭桑山求雨。屠击等斩伐树木。子产说,祭山为的是增植山林,现在反把山林砍了,多大的罪过呵!削掉屠击等人的官和邑。科学的历史,就是逐渐废除这种胡想(迷信)的历史,或者是用新的比较不那样荒谬的胡想来代替它的历史。祭山求雨是一种胡想,增植山林却是科学性的实践,两者结合在一起,而重点则在后者,这就有逐渐废除胡想的可能。所以史官文化与以迷信为重点的宗教,本质上是不相容的,因而在史官文化的基础上不可能创立宗教。

史官文化在哲学上有两种来源:一种是夏商相传的五行论;一种是周朝新创的阴阳论。五行首见于《尚书·洪范篇》,它认为水火木金土是构成万物的五种要素。五行各有属性,用眼睛来看,看出水性润湿向下,火性炎热向上,木性可曲可直,金性可以熔解,土性可以种植谷物。用鼻舌来试,试出水(海水最大)味咸,火味苦(焦气),木味酸(果实),金味辛,谷物味甘。这种原始的五行只是企图解释物的生成和作用,并没有包含神秘的意义,阴阳首见于《周易》。孔子阐明《易》理,认为最大的物是天地,它们的属性是阳和阴。天永恒在上,地永恒在下,天体运动,地体静止。天的运动是循环式的运动,地的静止不是独立的而是顺承上天也就是附属于天的静止。根据这样的世界观,抽象出阴阳两种属性,用来解释自然界的社会的各种现象。已见的现象用阴阳来解释,未见的现象(事物的变化)用卜虚(数理)来探求。因为数有阴阳(单数阳、双数阴),从数的阴阳可以先知事物变化的后果(吉凶),这就成为孔子宿命论的根据。卜筮的答案,有答对一半的机会,有答不对的一半,叫做“阴阳不测之谓神”。不测不等于说一定有鬼神在使人不测,也不等于说一定没有鬼神在使人不测,这就成为孔子的鬼神观。这种带有一些神秘色彩的阴阳论,只是比五行论抱着更大的企图,就是想用天地之道来解释万事万物〔“有天地然后万物生焉”,“法象(法则形象)莫大于天地”〕。本质上它们都属于机械论的形而上学的唯物论。它们是哲学不是宗教。

战国时,邹衍结合五行与阴阳两种思想成为阴阳五行学。它不是简单地结合,而是发展为神秘的德和运。邹衍把德(五行的性)当作本体,运(阴阳变化)当作作用,以德运为出发点,推断自然和社会的命运。属于唯物论的原始五行论、阴阳论,经邹衍改造后,成为唯心论的阴阳五行学,即五德终始论。不过它仍是哲学的一种,还不算是宗教。

宗教是剥削阶级必不可少的工具之一,特别在秦汉统一以后,农民阶级的斗争力量比诸侯割据时代加强了。统治阶级更感到宗教的必需。董仲舒开始说神怪,并造求雨止雨仪式,颇有创宗教的趋势。王莽时阶级斗争激化,王莽提倡符命图谶,装神作怪,企图麻痹已经爆发了的农民起义。东汉皇帝更大力提倡迷信,鼓励今文学派神化孔子,期望变孔子为教主,变儒学为宗教。但是,以史官文化为基础的儒学,想改造成真正的宗教,几乎是不可能的,不仅古文经学派坚决反对,就是今文经学在章句方面也不曾说孔子是神或先知者。“神怪之言,皆在谶记”,而谶记里也有一些对董仲舒不满的表示,说孔子预言“董仲舒乱我书”。所谓乱我书,就是指谶纬乱六经章句,可见笃守章句的今文家并不完全同意妖妄的谶纬。这样,儒学转化为宗教的期望断绝了。太平道教开始时被认为"以善道教化",结果却被黄巾军用来发动起义。统治阶级需要宗教,但造不出适用的宗教,佛教正在这个时候获得了流传的好机会。

秦时,天竺阿育王大弘佛法,派遣僧徒四出传教。西汉时西域某些国家已信奉佛教。汉武帝通西域后,中外交通顺利,不能设想没有一个僧徒东来,可是佛教传入,到西汉末才见记载。这是因为董仲舒以后,今文经学盛极一时,统治阶级对它有足够的信心,不需要那种看作异端的外来宗教。汉哀帝元寿元年(公元前 2 年),西域佛教国大月氏使臣伊存来朝。当时西汉朝廷正在摇摇将坠,正在需要一种新的助力,博士弟子景卢从伊存受浮屠经,并不是偶然的。从此佛教得到合法地位,作为谶纬的辅助开始流传起来。这说明宗教以及一切神怪迷信的发生和发展,与统治者的残酷剥削、广大人民的穷困无告、整个社会的动荡不安有不可分开的关系。它们生长在社会的黑暗面上,好比草木一定生长在土壤里那样。

东汉魏晋佛教流传很快,而且继续在兴盛,虽然始终(包括南北朝)不能夺取儒学的传统地位,但对思想界影响的确极为巨大。从原始儒学改造出来的今文经学(谶纬)和魏晋老庄派玄学,原来都只是些原始的唯心论,自从南北朝佛教盛行以后,唯心论哲学得到极大的发展,也就是统治阶级所掌握的欺骗工具比专用儒学高超得大多了。

佛教在统治阶级里流传的记载,最早见的是汉明帝永平八年(公元 65 年)。汉光武帝的儿子楚王刘英招聚方士桑门(沙门),祭神求福。汉明帝给刘英的诏书里褒奖他"诵黄老之微言,尚浮屠之仁祠",并提到伊蒲塞、桑门等名称。汉明帝将诏书宣示各王,可见朝廷提倡佛教,也可见永平八年以前佛教早已在流传。汉桓帝在宫中立黄老浮屠祠,又派宦官到苦县祭老子。襄楷上汉桓帝书里说"或言老子入夷狄为浮屠"。这个老子西行教化胡人的谣言,表示道教地位比佛教高,佛教徒高攀黄老,只好默认佛是老子的门徒。汉桓帝汉灵帝时,西域名僧安世高、支谶等人来洛阳,译出佛经多种,佛教影响因此前进一步,有可能企图脱离对黄老的依附。东汉末年,佛徒牟融作《理惑论》,说汉明帝梦见神人,飞行在殿前。次日问朝臣得知是佛。乃遣张骞等十二人至大月氏国写佛经(《四十二章经》),归来后在洛阳城西造佛寺(白马寺)。佛徒造朝廷求经的谣言,意在自高身价,对抗道士所造老子化胡那个谣言。此后道佛两教常用谣言作武器互比高下。

佛教的形式和内容,都是未曾闻见过的新奇事物,"闳大不经"的邹衍,"谬悠荒唐"的庄周,"妖妄神怪"的谶纬,比起它来真是相差太远了。这正是统治阶级愿意接受的新工具。不过,佛教是外来宗教,它不可免地要受到旧工具的抵抗。道教经典《太平青领书》(《太平经》)采取佛教神话来装饰教主老子,采取某些佛教教义来编造道教教义,但对佛教下列四事:①不孝、弃其亲;②捐妻子、不好生、无后世;③食粪、饮小便(当是指僧徒用粪便治病);④行乞;认为"道之大暇,病所由起,大可憎恶",反复予以驳斥,基本上道教是排斥佛教的。当佛教默认老子化胡的时候,还可以相容,一朝企图独立,道教便和佛教对立。《理惑论》说"世人学士多讥毁之(佛教)",太学里没有人"修佛道以为贵,自损容(剃发)以为上"。儒学自有一套传统的礼教,当然要排斥佛教。《嵇康集》所载《宅无吉凶摄生论》一文里有一条说:"多食不消化,含黄丸(药名)病自然会好。有人求神问卜,也有人从乞胡(西域僧)求福。这种行为谁都看了好笑。"凡迷信由于无知,从知者说来,不论那一种迷信都是乞胡。嵇康逐条反驳这篇论文,独不为乞胡辩护,足见玄学大师嵇康也并不拥护佛教。佛教虽然遭受了这些阻碍,但丝毫也不影响它的直线上升,这是因为统治阶级的一部分特别是当权派深切懂得佛教的巨大作用。以襄楷牟融等人为代表,调和佛道儒,使三派并存,一致为统治阶级服务。

在人们的头脑里,一向充满着对自然的和社会的无数疑问。既有疑问,就必须求得解答。儒、墨、道三家都曾作了答案,却不曾得出能令统治和被统治两大阶级都满意的答案来。佛教的幻想力比儒、墨、道高超得多,迷人的方法也巧妙得多,因之一个外来宗教在史官文化居统治地位的区域内竟获得相当长时期的盛行。

开始流行的佛教主要是小乘教。它的教义是:①人(身体)死精神不死(神不灭)。神仙家(方士道士)长生不死,是一种容易败露的拙劣骗术,当然比不上佛教神不灭说那样"难得而测"。②因果报应。人们在日常生活中无从索解的疑问,儒家学说归之天与命("死生有命,富贵在天")。天与命是什么,还是一个疑问。佛教居然作出直截的回答,它把现世祸福,说成种因可以在前世,报应可以在来世,也可以在死后〔"有道(善人),虽死,神归福堂(天堂);为恶(恶人),虽死,神当其殃(地狱)"〕,一切疑问似乎都被它解决了,它的方法极巧妙,确能使人难得而测。③轮回。身体死了,精神不死,可以再生人世。在轮回时按过去所作的因得各种不同的果。这就是说,被剥削被压迫的人,都由于自己在前世作孽,所以现世受报,如果反抗剥削者压迫者,来世将受更重的恶报。④布施。子贡问孔子说,有一个人能够广泛地施舍给人民,救济他们("博施于民而能济众"),这个人可以叫做仁人了么?孔子说,仁人可不行,这只有圣人或许能做到,尧舜怕还做不到哩!《淮南子·主术(君道)训》反对布施,它说,讲慈惠的人崇尚布施,这是让没有功劳的人受厚赏,谁还愿意守职勤力呢!这些话说明佛教传入以前,统治阶级是不懂得布施的。佛教说布施是为本人造功德,于是布施便盛行起来。例如东汉末佛教徒笮融(笮音 zé)霸占广陵等三郡赋税,凶暴放纵,任意杀人。他大起佛寺,造铜佛像,上涂黄金。佛堂周回住三千僧徒,诵读佛经。又用免徭役法诱境内外民人来寺听讲道,前后诱得五千余家。每开佛会,路旁设席长数十里,置酒饭任人饮食,用钱多至万万。笮融造佛寺,养僧徒,免徭役,舍酒饭,大行布施,似乎真是博施济众了,但是笮融本人不曾生产过一粒米一块砖,大布施的另一面,显然是极其残酷的剥削。自从有了所谓布施,劳动人民肩上又增加了一副重担。现存的或已毁的一切庄严精美的宗教物品,里面都装满着当时劳动人民的血和汗。

上述四条中最根本的一条是神不灭论,很多人被它迷惑了。它曾迷惑着穷苦无告的劳动人民,使反抗黑暗统治的斗争精神受到损害;也曾迷惑着虔诚焚修的男女信徒,使追求不可证实的幻境而虚度一生。原来有些宗教当它创始的时候,往往含有反抗旧势力的进步成分,起着某些积极的作用。可是当它被统治阶级利用以及被各学派解释修改以后,发扬起来的不是那些进步成分而是更巧妙地引人入迷。所以宗教成为社会进化的巨大障碍,主要责任是在利用它宣扬它的统治阶级方面。

佛教哲学的传入,对中国哲学发展的步骤说来(由朴素唯物论到唯心论,再由唯心论到唯物论)并不是无益的,西方文化,主要是印度文化,如文学、音韵、音乐、跳舞、建筑、雕塑、医学等伴随着同来,也是值得热烈欢迎的。因为在人们的交往中,除了言语与动作之外,就再没有别的什么了。而文学、音乐、跳舞等等都是从言语动作中提炼出来的最纯的精华,最高的典范。民族间文化交流,等于民族间大量优秀代表在相互交谈和学习。东汉时期西方文化开始东流,而且此后数百年间不断地大量东流,除去那些不是有益的宗教迷信,其余都有助于汉文化的逐步丰富起来。

史学、文学、艺术

一、史学

司马迁作通史体的《史记》,上起黄帝,下讫汉武帝。此后,褚少孙、刘歆等多人补撰史事,积累了不少的西汉史材料。东汉初班彪作《史记后传》,有纪传共数十篇。班彪子班固,继承遗业,专心精研,前后凡二十余年,修成《汉书》纪、表、志、传一百篇。《汉书》前半部多取《史记》,后半部多本《后传》,班固用力处在于博采群书所长,加以精确的考核,首尾洽通,创立断代的新体。《汉书》叙事详备周密,在封建主义的正史体历史书中,《史记》《汉书》是最成熟的两部巨著,后世用纪传体编写的正史,没有一部能超过它们。孔子左丘明以后,司马迁班固应是杰出的历史学者。他们都能摆脱旧传统,开创新体裁,在以《春秋》《左传》为代表的周秦史书的基础上,推动史学向前大进一步。

《汉书》的精华在十志。《史记》八书取法于儒经,十志又取法于八书。十志规模宏大,记事比八书丰富。《律历志》合并《史记》的《律》和《历》两书,《礼乐志》合并《史记》的《礼》和《乐》两书,《食货志》补充《史记》的《平准书》,《郊祀志》补充《史记》的《封禅书》,《天文志》补充《史记》的《天官书》,《沟洫志》补充《史记》的《河渠书》,此外又增立《史记》所无的《刑法》《五行》《地理》《艺文》四志。十志比八书详备,显然可见。后世正史多有志书,大体依据十志有所增减。至唐杜佑作《通典》,南宋郑樵作《通志》二十略,宋元间马端临作《通考》,大大发展了志书体。历朝典章名物的重要部分,借志书得以保存,八书十志创始的功绩是不可磨灭的。

东汉末,荀悦依《春秋》和《左传》的体裁,撰西汉一朝编年史——《汉纪》。这种体裁经北宋司马光扩充,成为通史体的《资治通鉴》。

东汉会稽郡人赵晔著《吴越春秋》,又有无名氏著《越绝书》。两书专记本地典故,开方志的先例。此后历朝文士多作方志(如晋常据作《华阳国志》),沿至明清,成书更多,构成史书中很大的一部分。

东汉和西汉一样,在史学上都有重大的创造。

二、文学

东汉文学比西汉发达。《后汉书》特立《文苑传》,因为文学大体上已与儒学分离,成为文士的一种专业。东汉文学作品主要是辞赋与五言诗。辞赋是西汉辞赋的末流,五言诗是西汉五言诗的发展。到了东汉末年和曹魏时,一部分赋别开新境,五言诗则达到古诗的最高峰。

两汉盛行楚辞和古赋。《汉书·艺文志》的《屈原赋》类,有赋三百六十一篇,加上东汉人所作,篇数当更多。东汉王逸选两汉人所作(主要是西汉人,东汉仅王逸一人)与屈原宋玉所作合成一书,并作叙和注释,称为《楚辞章句》。王逸所选汉人楚辞,除了确有楚人风格的《招隐士》,其余都是模拟之作,但求形似,殊少创意。《远游》剽袭司马相如《大人赋》,而王逸指为屈原所作;《惜誓》剽袭贾谊《吊屈原赋》,而王逸取《惜誓》不取《吊屈原赋》,足见选篇并不精审。

不过，王逸作章句是有功绩的。楚辞的音和义，在两汉是一种专门的学问，经王逸采集后得以流传，使后人读屈宋文有所依据。古赋到东汉时作者甚多，大抵模拟西汉人体制，陈陈相因，可有可无。比较有些特色的是大赋，加班固《两都赋》、张衡《二京赋》和《南都赋》等，取材广博，按事类排比，在类书未出以前，这种大赋实际上起着类书的作用，因之文学价值虽不高，流传却很广。

东汉末年，某些有创造性的作者厌弃陈腐已极的赋体，别创新体赋。这种新体赋以发抒情感，篇体较小，词旨清显，少用典故为特色。赵壹作《穷鸟赋》《刺世疾邪赋》，一篇不过一二百字。稍后王粲作《登楼赋》，祢衡作《鹦鹉赋》，魏初曹植作《洛神赋》，情致深远，文境更高。自从有了新体赋，东汉模拟因袭的作风渐渐消除了，赋又成为重要的文学。魏晋人所作赋，不论它的体制大小，一般说来，都是清新可喜，在汉赋外别开新境界。

赋体句法多用整句，影响到散体文，东汉时散体文渐变为骈体文。反过来又影响到赋的句法，整句渐变为俪句（对偶句）。班固《两都赋》有"周以龙兴，秦以虎视"等句，张衡《东京赋》有"声与风翔，泽从云游"等句，都是有意识地造成对偶句，借以增加词句的彩色。此后逐次增饰，到南朝时，对偶既极工整，音节又复谐和，古赋渐变为俳赋。由于声律的运用愈益熟习，到南朝末年，以庾信为代表，又变俳赋为律赋。所以东汉赋一般是西汉赋的末流，而某些新创却是后来赋体的开始。

西汉民间流行的五言诗体还没有被上层士人所采用。到了东汉，著名文士开始作五言诗。应亨《赠四王冠诗》，班固《咏史诗》，傅毅《孤竹》（古诗十九首中的一首，《文心雕龙》说是傅毅作）是文士所作最先见的诗篇。此后有张衡作《同声歌》、赵壹作《疾邪诗》、秦嘉作《留郡赠妇诗》、郦炎作《见志诗》。这些诗篇大抵质木无文，惟《孤竹》《同声歌》最为出色，情致与词采都达到高境，再发展便成建安五言诗。

五言诗以外，还有张衡《四愁诗》，王逸《琴思楚歌》，用七言成句。七言诗也见于民间歌谣，不过文士用七言作诗，主要是受楚辞的影响。一句五言诗是两句四言诗的省约，一句七言诗是两句五言诗的省约。文句由繁趋简，含义由简趋繁，是诗的自然趋势。两汉至南北朝五言诗压倒四言诗，唐以后七言诗超越五言诗，唐宋长短句（词）冲破五言七言的拘束，元明曲冲破词的拘束，一个比一个得到较大的自由来描写个人的和社会的生活。这种主要文学的发展过程是和社会由简单发展到复杂，由低级发展到高级的过程大体上相适应的，而这种主要文学的首先创造者一定是处在社会下层的劳动群众。这里说到东汉五言诗开始由民间文学上升为上层文学，因而附带说一说主要文学的一般发展规律。

民间五言诗在分化,上升的部分成为建安诸子所作的高级文学,保持原来形态的部分则有托名蔡琰的《悲愤诗》和无名氏的《为焦仲卿妻作》两篇大诗。

蔡邕女蔡琰遭乱,没入南匈奴,生二子。曹操赎蔡琰归,嫁董祀为妻。《悲愤诗》叙述流离之苦,母子之情,激昂酸辛,笔力强劲。诗凡一百零八句,五百四十字。两汉文士从没有人做过这样的长篇,也没有人表现过这样的笔力,说蔡琰作这首诗是很可疑的。蔡邕为董卓所尊重,蔡琰被南匈奴掳去,必在王允杀蔡邕以后。诗中说是被董卓驱掳入匈奴,显然与事实不合。如果说,诗是建安文士所拟作,建安诸子与蔡琰同时,叙事不能如此谬误。此诗的作者应在民间。因为蔡琰的遭遇,很自然地要引起人们的同情,民间作歌谣,口头流传,流传愈广,修补也愈多,最后定型为《悲愤诗》那种大篇。

无名氏《为焦仲卿妻作》(《孔雀东南飞》),全诗一千七百八十五字,是诗中罕见的长篇。这首诗叙述建安年间,庐江郡府小吏焦仲卿娶妻刘兰芝,情爱极笃。焦仲卿母凶暴,刘兰芝被逐归母家。县令郡太守先后遣媒人向刘兰芝家为自己的儿子求婚,最后刘兰芝投水自杀,焦仲卿也自缢死。自魏文帝定九品中正法以后,门第的高下区分甚严,诗中说焦仲卿是"大家子",县令太守求刘兰芝为子妇也不以为嫌,诗作于建安年间,似无可疑。诗的形成也和《悲愤诗》一样,不是某一个姓名失传的文士所作,而是由口头流传的民间歌谣逐渐修补积成大篇。

诗中深刻地描写在封建礼教下年轻妇女所受到的各种压迫,首先是婆母的压迫。婆母是礼教的体现者,她的压迫是一种基本的不可反抗的压迫。从这里焦仲卿夫妇之爱与母子之爱间,刘兰芝与母家的父母兄弟间,都发生了矛盾。郡太守为子求婚,使得刘兰芝又受到阿母和阿兄不同程度的压迫。最后刘兰芝逼得无路可走,只好放弃一切希望,走自杀的道路。焦仲卿也只好走同样的道路。这个悲剧充分揭露了封建礼教的残忍性与礼教害人的普遍性,也充分反映了刘兰芝焦仲卿反抗(虽然是消极的反抗)礼教的坚决性与表现在道德上的庄严性。全诗用"多谢后世人,戒之慎勿忘"两句作结束,表示对刘兰芝焦仲卿和其他受压迫者的无限同情。这种同情只能从劳动群众那里得来,谁敢设想礼法之士圣贤之徒会给予受压迫者以同情呢!

《离骚》以后,这首诗应是中国文学史上第二次出现的伟大诗篇。

西汉的文学和艺术,一般表现为寓巧于拙寓美于朴的作风。在经济发展、统治阶级肆意剥削纵情享乐的东汉时期,这种作风是不能满足精神生活的要求的。这就必须变革。但是,东汉又是保守势力极强固的时期,变革必然受到大的阻碍。要实行变革,非有特殊地位的人出而提倡不可,汉灵帝终于代表变革派担负起提倡的责任。汉灵帝在政治上是一个极昏暴的皇帝,在文学艺术上却是一个有力的变革者。他召集辞赋家、小说家、书法家、绘画家数十人,居鸿都门下,按才能高下受赏赐,保守派首领杨赐斥责这些人是“群小”,是“驩兜共工”,又一首领蔡邕斥责他们是小才,是俳优。因为汉灵帝想利用变革派来对抗太学名士,所以不顾保守派的反对,待变革派以不次之位,让他们做大官。这样,文学与艺术在变革派的影响下,开始出现了新的气象,也就是说,质胜于文的旧作风开始变为文质相称的新作风。

这种新作风表现在文学上,就是两汉至南北朝文学史上最突出的“以情纬文,以文被质”的建安文学。

曹操凭借政治上军事上的优势,逐次统一了黄河流域。东汉末年大丧乱以后,出现一个以邺都为中心的文学乐园,对全国著名文士的吸引力是很强的。曹操曹丕曹植都是大文学家,都能和文士们相处。曹操残暴,对待文士却能宽容。曹丕居太子尊位,旷荡不拘礼法,例如王粲葬时,曹丕率众文士送葬。曹丕对文士们说,仲宣(王粲字)爱听驴叫,我们都叫一声送他。于是墓前响起一片驴叫声。这可以想见曹丕和文士们日常相处的态度。曹植更不守礼法,饮酒无节,任性而行,是一个纯粹的文士。三曹提倡于上,饱经灾难心多哀思的文士们,忽得富裕的物质生活,安静的创作环境,各人的才能都无阻碍地发挥出来。建安文士,数以百计,其中孔融、王粲、刘桢、阮瑀、徐干、陈琳、应瑒(yáng)各著文赋数十篇,声名最高,称为建安七子。这时候诗赋骈文都达到最高峰,特别是以曹植为首的五言诗达到最高峰的绝顶。《文心雕龙·明诗》评它的特征说,“慷慨以任气,磊落以使才。造怀指事,不求纤密之巧;驱辞逐貌,唯取昭晰之能”。正因为气(情意)、才(辞采)兼备,所以文质相称,不同于汉诗的质胜于文,也不同于晋以后诗的文胜于质。

建安时文士们还有一种优良风气值得表扬,那就是文学批评的提倡。原来文士们聚在一处,自以为各有所长,彼此不相服。曹丕《典论·论文》和《与吴质书》评论当时作者,从众文士中选出七子,指出七子的长处和短处,极为恰当。想见曹丕在平时不仅善于和众文士相处,而且也善于引导他们不走歧路。曹丕指出孔融等人都不能持论,理不胜词,独徐干辞义典雅,著论成一家言。这是公平的评论。徐干著《中论》二十篇,其中《核辩》篇最为精辟。《核辩》篇说“故君子之于道也,在彼犹在己也。苟得其中则我心悦焉,何择于彼。苟失其中,则我心不悦焉,何取于此。故其论也,遇人之是则止矣。遇人之是而犹不止,苟言苟辩,则小人也,虽美说,何异乎鵙(鴃)之好鸣、铎之喧哗哉”。曹丕推崇徐干,称为彬彬君子,足以说明严正的议论在文士群中占上风。曹植诗文是愈文士的典范,但他并不因此而自满。他给杨修的信里说,“世人著述,不能无病。仆尝好人讥弹其文,有不善应时改定。昔丁敬礼尝作小文,使仆润饰之。仆自以才不过若人，辞不为也。敬礼谓仆：卿何所疑难。文之佳恶，吾自得之，后世谁相知定吾文者邪！吾常叹此达言，以为美谈。昔尼父之文辞，与人通流，至于制《春秋》，游夏之徒乃不能措一辞。过此而言不病者，吾未之见也”。像曹植那样的大文豪，还欢迎别人“讥弹其文”，“应时改定”，并且也为别人润饰文章，毫不吝惜。这种健康爽朗的风气，与“文人相轻，自古而然”，“各以所长，相轻所短”的鄙陋习气完全相反，建安文学之所以美盛，提倡文学批评也是一个重要的原因。《颜氏家训·文章篇》说，“江南文制，欲人弹射，知有病累，随即改之，陈王得之于丁廙（yì）也”。建安的优良作风，保持在南朝，这也是南朝文学发达的一个原因。

代表建安文学的最大作者是曹操和曹植，大抵文学史上每当创作旺盛的时期，常常同时出现两个代表人物：一个是旧传统的结束者；一个是新作风的倡导者。曹操曹植正是这样的两个人物。

曹操所作诗文，纯是两汉旧音，不过，因为他是拨乱世的英雄，所以表现在文学上，悲凉慷慨，气魄雄豪。特别是四言乐府诗，立意刚劲，造语质直，《三百篇》以后，只有曹操一人号称独步。不是他气力十分充沛，四言诗是不能做好的。说曹操是旧传统的结束者，他的四言乐府诗应是一个重要的特征。锺嵘《诗品》列曹操为下品，是齐梁人陋见，并非公评。

曹植文才富艳，思若有神，被曹丕逼迫，满怀忧愤，发为诗文，情采并茂。他的五言诗，不仅冠冕众作者，而且为魏晋南北朝文士开出新门径。

古代韵文在发展过程中，前后曾受过两次大的外来影响，因而形成唐以前古体和自唐以后律体的两大分野。第一次外来（对北方文学说来）影响是楚声。第二次外来影响是梵声。

《诗三百篇》中有南（《周南》《召南》）与雅（《小雅》《大雅》）两种声调，雅（正）声即华夏声，南声即采自江汉流域的楚声。屈原宋玉作楚辞，在文学上有很高的地位，为文士所模习。楚人刘邦建立汉朝，爱听楚声，楚声盛行全国。汉世相和清商等曲，都属于楚声系统。旧的雅声衰息，雅声化的楚声也就成为华夏正声。唐时楚汉旧声衰息，雅声化的梵声也就成为华夏正声。楚声梵声并不是本身不变而代替雅声，相反，它们是作为一个新因素被雅声吸收并消化，因而产生新的雅声来代替旧的雅声。雅声吸收梵声，开始于东汉末年的音韵学，然后运用入文学。最先运用的文学家就是曹植。

东汉时，印度声明论（音韵学）随佛教传入汉地。胡僧学汉人语文，利用梵文字母注汉字音。汉儒接受这个启示，用两个汉字当作字母拼汉字音，因此发现反切法，东汉末儒者孙炎、刘熙、韦昭等人都用反切法注字音，比读若法前进了一步。

反切法逐渐通行，声与韵的研究也逐渐成为专学，韵学应时出现了。最早的韵书是魏李登的《声类》十卷，晋吕静的《韵集》五卷。两书分字声为宫商角徵羽五类，还只能“始判清浊，才分宫羽”，为后来韵书作先驱。南朝人声韵学的研究愈益深入，著作甚多，最著名的有周彦伦《四声切韵》，沈约《四声谱》。所谓四声，即分字声为平上去入四类。凡韵书都是以四声或五声为纲，以韵目为纬。隋陆法言等八人采集各家韵书和字书，斟酌古今南北的声音，定声为四，定韵为二百零六，有字凡一万二千一百五十八。自从《切韵》书出，声韵有了定准，后世诸韵书无不依据《切韵》，只是作些小的变革。不论方音如何繁杂，但在韵文或半韵文(四六文)上，全国文人的声音完全一致。这对汉族语言(写在诗文上的语言)的统一起着稳定的作用，意义是巨大的。

上述音韵学由粗疏到精密的发展过程，同时也是文学上吸收并运用梵声的发展过程。孙炎在音韵学方面开始作反切，相当于曹植在文学方面开始用平仄。

西方佛徒传播教义，应用声律以制赞呗，韵合弦管，令人乐听。据释慧皎《高僧传·经师论》所说，曹植深爱声律，属意经音，始依梵声创作梵呗，为学者所宗。这种说法很可能出自僧徒附会，不过，曹植诗中也确有运用声律的形迹。如“孤魂翔故域，灵柩寄京师”(《赠白马王彪诗》)；“游鱼潜绿水，翔鸟薄天飞；始出严霜结，今来白露晞”(《情诗》)等句，平仄调谐，俨然律句，不能概指为偶合。自然，这只是律诗最初的胚胎，距律诗的形成还很遥远，但既有胚胎，便会继续成长。陆机《文赋》主张“音声迭代”。就是说，一句中要平仄字相替代，不可全用平声字或仄声字。吴亡后，陆机陆云兄弟来洛阳。有一天，陆云与荀隐在张华家会见。张华说，你们都是大名士，不要说平常话。陆云拱手报姓名：“云间陆士龙”。荀隐答，“日下荀鸣鹤”。两句不仅对偶工整，平仄也完全合律，可见南北文士都在声律方面用功夫。宋范晔《自序》说“性别宫商(四声)识清浊(清音浊音)”；又说“观古今文人多不全了此处，纵有会此者，不必从根本中来”。所谓根本，就是声律的确实掌握。齐梁时，声律的研究更深入，以沈约为代表，创四声八病(平头、上尾、蜂腰、鹤膝、大韵、小韵、旁纽、正纽)说。他在《宋书·谢灵运传论》里阐发声律的奥秘时说，“欲使宫羽(平仄)相变，低昂舛节。若前有浮声，则后须切响。一简之内，音韵尽殊；两句之中，轻重悉异。妙达此旨，始可言文”。范晔至死不肯告人的调声术，自沈约公布八病后，大为文士所遵用，梁陈时，律诗律赋大体上定型了。到唐朝，律诗律赋成为代表性的也是最盛行的文学。

所谓雅声化的梵声成为华夏正声，实际意义就是有声律的文学代替了无声律的楚汉文学。

文学史上古体与律体是两个大分野。自建安讫南朝是由古至律的转变时期。这个转变之所以成功,是由于声律的研究和运用。声律之所以被研究和运用,是由于受到梵声的影响,也就是印度声明论对中国文学的一个贡献。

三、艺术

汉族传统的文化是史官文化。史官文化的特性,一般地说,就是幻想性少,写实性多;浮华性少,朴厚性多;纤巧性少,闳伟性多;静止性少,飞动性多。这种文化特性东汉以前和以后,本质上无大变化。但东汉末年,经汉灵帝的提倡,文学和艺术在形式上开始发生了变革。这就是原来寓巧于拙,寓美于朴的作风,现在开始变为拙朴渐消,巧美渐增的作风。建安三国正是这个变革的成功时期。文学的成功已如上述,艺术的成功,下面举出书法和绘画两个重要部门。

书　法

自甲骨文至小篆,文字与图画相接近。象形字描绘实物,指事字描绘虚象,会意字、形声字是象形字指事字的配合体。所谓"书者如也",就是说每一字都像事物的形状(包括象声)。隶书离图画较远,楷书又较远,但书法与画法仍有相通处,因之书法在艺术上与绘画有同样的地位。

秦始皇统一中国后,李斯以秦国通行的文字为主,创制小篆体。古文籀文以及战国时六国异体文字一概被废弃,小篆成为全国划一的文字。小篆对古文籀文有省(省去繁复的形体)有改(改去奇怪的形态),在文字形体的改革上,显然有进步意义。不过,小篆仍属于古籀系统,字体圆形,书写不便。程邈摆脱小篆的拘束,创制隶书体,改圆形为方形,书写起来比小篆便利得多。这在当时是一种最进步的文字。王次仲(秦隐士)"割程隶字八分取二分,割李篆字二分取八分"(蔡琰说),创制八分书。八分书篆体多于隶体,是一种保守性的文字。又有隶草,是隶书的变体,书写比隶书更简易。两汉文字除汉元帝时,史游作章草,东汉末,张芝作今草(章草各字独立,今草前后字相连),刘德升作行书(草书兼真书),字体有些改革,其余沿用秦文字,并无新创。但有一点是特殊的,那就是两汉尤其是东汉,不少文士以"工书"著名,有些竟以写字为专业。经汉灵帝提倡后,书法在艺术上的地位更为显著。

两汉写字艺术,到蔡邕写石经达到了最高境界。蔡邕能画工书,八分尤为精工。汉灵帝嘉平四年(公元176年),蔡邕以八分体写《尚书》《周易》《春秋公羊传》《礼记》《论语》五部经书,使刻工刻成石碑四十六块,立在大学讲堂前。

这是有名的熹平石经。从经学方面说,它校正了五经文字,从艺术方面说,石经文字是两汉书法的总结。

绘　画

两汉承春秋战国时期绘画的传统,以历史故事为主题,在宫室祠堂的壁上作壁画。王延寿《鲁灵光殿赋》记壁画情形:最先是太古裸体怪形、质野无知的神话中人物。其次是黄帝尧舜,有衣裳冠冕。其次是夏商周三代兴亡。凡历史上忠臣、孝子、烈士、贞女的事迹,国君的贤愚,政事的成败,都用来"恶以诫世,善以示后",对观者进行政治、道德教育。主题以外,再用天地、万物、神怪、异事作辅助,配合成丹青鲜明、形状生动的大图画。鲁灵光殿壁画可以代表两汉一般的壁画,区别只在规模有大小,画法有高低,用历史故事诫世示后是一致的。

坟墓中壁上也多有壁画。曾经发现的汉墓壁画,画中故事大抵是墓主生前的生活享受,例如宴会、娱乐、游行等事。据墓中壁画考察当时统治阶级的一般生活,比文字记载要具体些,所以它虽然只是片断的材料,但可以补史文的不足。

漆器本是中国独有的艺术品,加上生动的彩画,更是精致无比。战国和两汉漆器,近年来出土渐多,很可珍贵,在绘画史上漆画与壁画应得到同样的重视。

雕　刻

与写字绘画相辅而行的雕刻,也是一种重要的艺术。秦始皇巡行各地,令李斯写颂文,刻石纪功,开立碑碣的风气。东汉富贵人或名士墓前,往往立碑若干块,用以颂扬墓中人的功德。《蔡邕集》中碑文约有一半,其中胡广、陈寔各三碑,甚至袁满未死时才十五岁,胡根才七岁,蔡邕也为二人作碑文。《文心雕龙》说"后汉以来,碑碣云起",其浮滥可知,但刻石技术却愈益普遍而精工。好字因好刻得保存于久远,并由此发现摹拓术。班固学李斯书法,许慎学李斯,甚得其妙,蔡邕学李斯,工篆书,似东汉时已有李斯刻石的拓本(也可能是李斯的其他手迹,不过,东汉有纸,用纸拓碑字也是可能的)。王羲之用蔡邕石经和张昶《西岳华山堂阙碑铭》的拓本学习书法,顾恺之工摹拓术,足见东晋时确有摹拓术并在改进中。又由此逐渐发现雕版印刷术。事实上石经拓本已经是五经刊本,只要变石刻为木刻,就成为雕版印刷术。

陕西兴平市有霍去病冢,冢前有石胡人石马石牛等雕像。这种雕像形体虽较质朴，但与墓中霍去病的丰功伟业配合起来，却显得气象壮健，意义深长。东汉富贵人墓前多有石雕像，如四川雅安县高颐（公元209年卒）墓前石狮，姿态生动，充分表现狮的猛悍，比霍去病冢前石马，技术上是前进了一步。

东汉盛行刻字，同样也盛行刻画。现存东汉刻石壁画，最著名的有山东嘉祥县的武梁祠和肥城市的孝堂山祠。两祠所画故事与鲁灵光殿大体相似。在技术上，武梁祠用阳刻，孝堂山祠用阴刻，雕刻法已经完备了。1954年山东沂南县发现大批汉墓中石刻，所画多是当时社会上层人的享乐生活。其中角牴戏一幅，有戏车上倒投，两人走索上相逢，轻身人爬长木杆，戏豹舞罴，大雀走动等妙伎，证明张衡《西京赋》所写并非虚构，而生动具体却优于《西京赋》的文字描写。汉墓中还有画像砖，近年来发现渐多，如在成都、德阳等地出土的画像砖，车马飞腾，屋宇齐整，与石画同是可珍的艺术品。

河南辉县出土战国时泥塑的犬羊豕，是一种精致的艺术品。此后逐渐发展，陶制器物愈益繁杂。汉墓中陶制殉葬品有田园、庐舍、仓库、车马、井灶、家畜、鱼虫、用具和奴隶、伎乐等模型，这些殉葬品，表现出当时富贵人的生活状况，也表现出当时的社会关系。四川绵阳市汉墓里发现陶制水田模型一具，田上立几个人，各具神情，有的短褐折腰，有的衣冠昂然，一望而知谁是生产者，谁是剥削者。一具水田模型，实际是一幅封建社会的阶级压迫图。

东汉书法绘画和雕刻所以发达的原因，与当时统治阶级中人好名成风，与生时奢侈死后厚葬的习俗是分不开的。各地方都有富贵人，他们生前死后，都要请文学家画家书家和雕刻家给他们表扬功德与夸耀富贵，有技艺的人也借此博得酬劳的财物。技艺愈高，得酬也愈多，因而各门出专家，各地有名家。蔡邕作袁满来胡根碑文，当然为取得润笔。孙敬家贫，刻苦学写字，后因善书而得富。可知东汉时艺术已成为文士的兼业或专业。名家既多，其中自然有变革派和保守派的区别，汉灵帝奖励变革派以后，写字绘画与文学一样，发生重大的新变。

隶书比小篆八分有进步意义，但书写仍不够方便。建安时，锺繇变隶书为楷书（又称真书或正书），书写比隶书更方便。锺繇学曹喜的篆书，刘德升的行书，蔡邕的八分书，集东汉书法的精华，创楷书法。他所写魏文帝《受禅碑》，尤为精绝。唐张怀瓘（guàn）《书断》称“秦汉以来，一人而已”，因为他首创秦汉所未有的楷书。汉族文字从此定型，历代沿用不再有较大的变革。楷书（包括其他辅助字体如行书草书等）到了今天人民文化发展的新时代，又成为文化的障碍，如果不用拼音文字代替它，它将愈益显出它的障碍作用，但不容否认它曾是代替隶书的一种进步字体。没有充分的准备、成熟的条件，拼音文字要代替它是有困难的，因为它是适合汉语特点的字体，拼音文字也必须同样适合汉语特点，才能取得通行的权利。当然，拼音文字要做到这一点，是完全可能的。

吴孙权时，画家曹不兴开始画佛像，为南北朝以来宗教艺术开风气之先。宗教故事丰富了绘画的题材，西方画法也给汉画以补益，两汉相传的绘画从此大改观。宗教画逐渐盛行，雕刻也随着发达起来。它们为宗教服务，耗费社会财富比两汉不知高出多少倍，但从艺术本身来说，却是极大的进步。剔除它们的宗教毒素，采取它们在艺术上的成就，无疑是古代文化的一种珍贵遗产，有助于今天人民艺术的发展。曹不兴是这种宗教艺术的创始者，在艺术史上应有显著的地位。

东汉文学艺术都不曾脱离西汉的旧作风。东汉末年，社会遭受极大破坏，建安三国的文学艺术却呈现出新气象。主要原因在于东汉经学所加于人们思想上的束缚，随着社会的破坏而减轻了，文学艺术也就有可能离开旧作风表现自己的创造力。佛教文化开始被吸收，成为新创造的一个重要来源，在艺术方面，佛教艺术特别显出它的重要性。

以汉光武帝为首，以南阳豪强为基干的豪强集团，推翻王莽的新朝，击败农民起义军，建立起豪强统治的东汉。南阳是一个商业中心城市，南阳豪强多兼营商业，因之东汉的统治，是地主式的剥削和商人式的剥削同时并行，这和西汉统治以重本抑末为名，地主式剥削比商人式剥削较占优势的情形多少有些不同处。

作为中央集权体现者的朝廷，在东汉前期，对豪强还有一定程度的控制力。汉和帝时，朝廷向豪强让步，废除盐铁官卖制，放任私家经营盐铁业。豪强势力更加强大了，转过来实行对朝廷的控制。

在西汉，上层豪强与下层豪强一向进行着斗争。东汉前期，上层豪强以外戚为代表，独享政治权利。盐铁私营以后，下层豪强的财力也大有增加。他们要求分享政权，找到宦官做他们的代表。这样，外戚宦官两个集团，为争夺对朝廷的控制权而展开剧烈的斗争。这个斗争延续至东汉末年，以两败而告结束。

出身无市籍的中小地主阶层、被征辟为官吏的士人，以大官僚为代表，形成一个官僚集团。这个集团通常依附外戚集团，缺乏独立活动的力量。但在外戚宦官两败以后，它成为上层豪强的代表者。魏文帝定九品官人法，承认官僚集团的权利，也就是保证下层豪强不得侵犯上层豪强的权利，从此确立了魏晋南北朝的士族制度。

东汉农业已普遍使用牛耕，工商业也比西汉发达。一般说来，东汉生产力是提高了。统治阶级凭借这个经济力量，对境外，用武力扩张疆土，并吸引许多境外族来归附，强盛不亚于西汉；对境内，压迫农民小工商以及少数族，榨取更多的财物来满足淫侈生活，贪虐尤甚于西汉。

上下层豪强和大官僚（上层豪强的一部分）大都据有坞壁，奴役贫苦农民当徒附,强迫精壮徒附当部曲。这些坞主壁帅,实际是大小地方割据者。他们兼并农民,也兼并附近的坞壁,这就使得东汉后期,社会呈现非常不安的状态。农民与地主,下层豪强与上层豪强,斗争愈来愈尖锐。自汉安帝时起,全国各地发生农民暴动,最后爆发了黄巾军大起义。豪强间的斗争,反映为外戚宦官的斗争,最后爆发了军阀大混战。

豪强武装镇压了黄巾军,同时也冲破了中央集权的外壳,疯狂地进行大混战。向来是经济文化中心的黄河流域,遭受毁灭性的破坏,户口骤减,十不存一。这是一次前所未有的大破坏,也是东汉二百年豪强统治应有的后果。

经过大混战,最后形成以曹操、刘备、孙权为首的三个割据势力成立魏汉吴三国。这对东汉末年大丧乱说来,是一个喘息时期。在这个时期里,汉魏间之战争,目的在争取统一,与混战的性质不同。三国内部,经济都多少有些进展。黄河流域进展较速,优势逐渐恢复,晋武帝时,全国又以黄河流域为中心,完成了统一的事业。

东汉统治阶级内部的斗争,反映在统治阶级的文化思想上也处处表现出显著的对立。古文经学与今文经学,属于古文经学派的王充唯物论思想与属于今文经学派的谶纬唯心论思想,以及文学艺术上的变革派与保守派,都各有社会力量错综曲折地支持它们对立起来。到了建安三国时期,古文经学压倒了今文经学,玄学思想压倒了唯物论思想,文学艺术变革派也压倒了保守派,大体上各种对立都得到解决。

解决的主要原因之一是佛教文化发生了明显的或不明显的影响,因而动摇了各种对立间的均势。

不断地发展唯心论思想,以适应政治上需要,是统治阶级对上层建筑物的基本要求。今文经学到了东汉,在章句方面,在思想方面,都暴露出难以补救的弱点,统治者看来,它不再是一件适用的工具了。章句方面,让位给专讲训诂名物、本身毫无思想性的古文经学,是保持儒经的最好方法。思想方面,让位给崇尚老庄的玄学,老子与浮屠在东汉时已有当作同类的趋势,玄学与佛教相继而起,是压抑唯物论思想的最好方法。玄学代替今文经学的浅薄唯心论,后来佛教又代替规模狭小的老庄玄学。唯心论思想一步深入一步地发展着,和魏晋南北朝统治阶级一步深入一步地腐朽堕落是互相配合的。文学艺术变革派的得势,也因为接受了佛教的影响。

东汉三国时期,佛教逐渐流传,虽然还没有取得重要地位,但必须重视这个新因素所发生的影响。

西晋

（公元265年至316年）

【历史解说】

经过近半个世纪的政治演变、经济发展，三国鼎立的平衡格局被打破了。当战国以来经济繁荣，人文荟萃的黄河流域从战乱中摆脱出来并恢复往昔的生机后，雄踞中原的曹魏政权就以强大的实力于公元263年平蜀，并为将来灭吴奠定了基础。曹氏政权在为统一南北作出努力的同时，自身的生存却出现了危机。司马懿父子及其党羽的势力如同一股潜流，表面平静，实却汹涌。公元265年，司马炎终于从幕后走到前台，他登台祭天，受魏“禅让”，一个以晋为国号的新朝代出现了。十余年后，晋平吴成功，汉末近一个世纪以来的分裂局面到此结束。

三国一统

作为统一的帝国，西晋确立了一整套官僚制度。在这个过渡性朝代，司马氏既保留了汉代三公九卿的遗存，设有八公这样的虚衔，又要面对现实，去构建一套全新的官僚机构来满足对一统天下进行统治的要求，于是尚书省、中书省、门下省，成为中央皇帝之下的最高权力机构。三省制在西晋完成了政权运转的任务，并对后世产生了较大的影响。为避免皇室衰落的悲剧发生，西晋开始实行分封制，宗室子弟悉封为王；并实行都督制以此加强司马氏皇室对地方的控制。但是这些大大小小的封国在晋末成为削弱中央的一种力量。经历魏至晋的和平禅代后，许多魏时世家大族，顺利进入晋政权之中，他们居于高官显职，依旧享有经济特权，成为司马氏政权赖以存在的基础。

但西晋文化中却很难表现出一种大一统的高昂激越的格调。思想上玄学盛行，佛教也得到相当的发展。虽然玄学与佛教作为新的思想因子会给没落的儒学注入一些新的活力，但终难掩其腐朽堕落的一面。同时表现于文学作品内容贫乏，只讲形式上的华美。思想文化、精神面貌正是一个时代社会现实的反映。确实,西晋政权从一开始就在统一之中存在着分裂的成分,稳定中蕴含着不安定的因素。世家大族把持朝政,他们排斥庶族,威胁皇权。影响了帝国的政治基础。他们占田荫客,免除赋役,削弱了帝国的经济实力,并使国家的兵源枯竭。自三国时期已开始内徙的少数民族,此时已形成一种强大的潮流,动摇着西晋政权。匈奴人迁入长城以南,羯人生活于汾水河谷。鲜卑各部已遍及辽西、塞北及河西地区。入迁后的各族人民接受着晋政权与部落首领的双重统治。当封建国家剥削加重,王公贵族的掠夺过强时,阶级矛盾与民族矛盾错综复杂地扭结于一起,各族首领也伺机反晋,于是,晋政权遇到了前所未有的民族冲突。

晋国奢靡

在诸多因素的相互影响之下,西晋几乎从建国之始就潜伏着危机了。面对危机,统治阶级采取的是一种完全消极的态度。他们竞奢斗富、荒淫无度,又崇尚清淡、追逐玄虚,这不仅不能挽救江河日下的西晋政权,而且加速其走向灭亡之路。自公元 291 年至公元 306 年间,司马氏宗室演出一幕接着一幕的骨肉相残、争控朝政的悲剧,结果,引起的是大规模的流民起义与频繁的少数民族的反晋活动。风雨飘摇中的晋政权再也经不起永嘉之乱的打击,公元 317 年投降刘曜的晋愍帝被杀,西晋灭亡。

司马炎受禅称帝

泰始元年(公元 265 年)年底,司马炎在洛阳郊外设祭坛,祭天告地,受禅伐魏,魏亡。

司马炎受禅称帝

司马炎,字安世,为晋王司马昭之长子。其父司马昭曾专擅国政,日谋伐魏。未及行事,于公元 265 年夏暴病而卒,司马炎袭其爵,继相国、晋王位。

司马炎为晋王后,更加紧了称帝伐魏的步伐,公元 265 年司马炎曾让魏帝曹奂下诏“禅让”，自己则假意推托，最后在亲信大臣一再“劝进”之下，终于登上了皇帝的宝座，是为西晋武帝，改魏为晋，改元泰始，建都洛阳。以何曾为太尉，贾充为车骑将军；诏除对曹魏宗室的禁锢，封魏帝曹奂为陈留王，曹魏宗室诸王皆为县侯，司马氏宗室皆分封为王。

从此，西晋门阀士族统治的王朝开始了，司马氏父子三人的苦心经营，终于有了结果，司马氏成为中原名正言顺的统治者了。

司马睿移镇建业

永嘉元年（公元307年），司马睿以东安将军、都督扬州江南诸军事、假节，移镇建业。

司马睿为司马懿之孙、琅邪王司马瑾之子，15岁时继父爵为琅邪王。曾为员外散骑常侍，累迁左将军，为官京师。公元304年，东海王越挟惠帝征司马颖，司马睿随行，司马越兵败后，司马睿铤而走险，侥幸逃出邺城，回到封国琅邪。此后，一直镇守封国。

公元306年，司马越专权，司马睿为其亲信，琅邪又与东海二国相邻，司马越就将其后方根据地下邳（今江苏境内）交由司马睿镇守。时北方局势恶化，少数民族首领势力强大，匈奴刘渊、羯人石勒等都趁乱跃跃欲试。西晋王朝已是风烛残年，四面楚歌。

司马睿于是采纳王导之计，欲移镇江东建业，当时司马越与世家大族代表王衍等也需在江南培植一方势力，以做不测退兵之用。公元307年夏，司马越提拔司马睿为安东将军、都督扬州江南军事、假节、移镇建业。又命王衍弟王澄为荆州都督，族弟王敦为扬州刺史，预为之备。

从此时起，司马睿遂开始经营江东了。

八王之乱

曹魏时代，曹爽当政时，有识者指出若不分封宗室诸王，政权可能转入他姓之手。之后，司马氏果然夺取了曹魏的政权，这事在司马氏皇族中很有影响。因此，西晋建国初期，泰始元年（公元266年），晋武帝恢复了古代的分封制，封二十七个同姓王，以郡建国。晋武帝制定的王国置军制度，将封国分为大、次、小三等，不同级别可置不同数目的军，但各王无地方行政权。晋武帝在分封同姓王的同时，又大封异姓士族为公、侯、伯、子、男等爵位，他们也有封地。公侯邑亦分三等。

后来又让诸王出任地方都督，诸王多少有了行政权力，又有了数量可观的军队。之后不断扩大宗室诸王的权力。诸王可自行选用国中文武官员，收取封国的租税，如此一来，多位王掌握了封国的军政大权。晋武帝完成了分封宗室诸王的政治计划，自以为得计，认为司马氏的统治由此稳固。其实反而种下了祸根。

太熙元年（公元290年），晋武帝驾崩，太子司马衷继位，是为晋惠帝。史载晋惠帝相当昏庸无能，官员向他禀报“天下饥荒，百姓无米可食”，他却说“何不食肉糜”，由于晋惠帝无能治理朝政，以致后来引起皇亲国戚争权夺利。晋武帝重病之时下了诏书，存放在中书省，诏书中依托汝南王司马亮及外戚杨骏共同辅政晋惠帝（注：杨骏是太后杨芷的父亲，杨芷是司马衷生母杨艳的堂妹）。杨骏惧怕失势，曾经从中书省借出诏书，看后不归还。当时的中书监华廙恐惧，还亲自向杨骏索取诏书，但杨骏始终不还。晋武帝病情加重时，杨骏要求晋武帝让他单独辅政，晋武帝点头默许。杨骏招来中书监华皓、中书令何劭，口宣帝旨作遗诏，让杨骏单独辅政。诏成后华廙、何劭二人拿给晋武帝看，晋武帝视而无言，两日后就驾崩了。

晋武帝死后，司马亮恐怕杨骏要害他，逃亡许昌。杨骏一时位极人臣。而司马衷的皇后贾南风是开国元老贾充之女，年龄大司马衷二岁，又矮又黑，凶狠多诈，也企图操纵晋惠帝以把持朝政。杨骏辅政时期，凡有诏令，晋惠帝过目后交于杨太后；然后直接下发执行。杨骏知贾南风难以控制，为防贾南风碍其擅权，则任命其亲信掌管禁军，此举引起皇亲国戚及某些大臣的不满。杨骏的二位弟弟杨珧、杨济常对他的做法不以为然，劝其小心祸患，杨骏不纳。贾南风不让杨骏独揽政权，秘密派人与汝南王司马亮和楚王司马玮联络，要他们带兵进京，讨伐杨骏。楚王司马玮从荆州带兵进了洛阳。杨骏向来恐惧楚王司马玮，对此事不加阻止。

贾皇后有了楚王司马玮的支持，在公元 291 年 3 月，贾皇后设计让晋惠帝下诏书，宣称杨骏谋反，洛阳全城戒严，要楚王司马玮领军保卫皇宫，围攻杨骏府第。杨骏为人胆小懦弱，事件发生时谋而不决，司马玮军火烧其府第，杨骏逃到府中马厩被杀。贾后又以晋惠帝名义下诏书，废除杨芷的皇太后位置，贬为平民，囚禁在洛阳郊外的金墉城(公元 292 年，杨太后因没有食物八天后饿死)。又诛灭杨骏三族，株连而死的共有数千人，至此杨骏政治势力被消灭。公元 291 年，杨骏被杀后，朝政大权由汝南王司马亮与元老大臣卫瓘共同执掌，楚王司马玮因杀杨骏有功被委卫将军兼领北军中侯(注：守卫京城北部的禁兵)，贾皇后的亲戚也担任了要职。但各人之间还是钩心斗角。贾皇后对未能独揽大权也不满意。

司马亮与卫瓘对楚王司马玮掌握禁军甚为忌惮，计划夺其军权，遣司马玮回其封国，此举引起司马玮的愤恨。

于是司马玮靠向贾南风，贾南风封司马玮为太子少傅，让他可继续留在京城洛阳。

而后贾皇后指使晋惠帝下手诏给楚王司马玮，令他宣布司马亮与卫瓘图谋不轨。司马玮率军包围二人府第，司马亮认为自己一片丹心，不抵抗，众兵不敢杀之。司马玮下令，“能斩亮者，赏布千匹。”，才有人杀了司马亮。卫瓘也在这场政变中被杀。

司马玮杀了司马亮及卫瓘后，司马玮友人岐盛劝其乘机扩大权力，司马玮犹豫不决。

另一方面，贾南风认为司马玮的权力太大，亦想灭之。在杀了司马亮的第二天，她与晋惠帝用了张华的计谋，派中将军王宫到司马玮处宣布司马玮伪造手诏。司马玮的部下闻诏后多放下武器散去，司马玮束手就擒。

过后，以司马玮伪造手诏害死司马亮，卫瓘的罪名，将其处死。其友人岐盛也被夷三族。

由此朝政大权被贾皇后掌控，她的亲戚党羽多被委以重任。例如其族兄贾模、内侄贾谧，母舅郭彰这些亲党。贾皇后还起用当时名士张华为司空，世族裴頠为尚书仆射，裴楷为中书令，王戎为司徒，她掌权后的几年内，即公元 291 年至 299 年的七八年间，由于有张华，裴頠，裴楷，王戎等四人共掌京城机要，贾皇后的亲族如贾模等人与张华等四人也还算合作，政局还算稳定。

晋惠帝的太子司马遹乃谢才人谢玫所生，太子与贾南风一向不和。公元299年，贾南风设计废除太子司马遹，她找人用酒把太子灌醉，然后让太子照抄一篇事先写好，要晋惠帝退位的文章，太子由于太醉，有一大半未抄完。贾皇后又亲自模拟其笔迹补完，呈送给晋惠帝。

晋惠帝看了太子手书，要处死太子。贾皇后要晋惠帝马上执行，张华等人坚决劝阻。一直议论到傍晚仍未决定。贾皇后怕拖延下去对自己不利，于是先让晋惠帝下诏废除司马遹的太子地位，囚禁于洛阳郊外金墉城。

赵王司马伦当时是太子太傅，常讨好贾南风，一向为贾南风所信任。掌握了守卫皇宫的禁军。

太子被废时司马伦与孙秀等人密谋要推翻贾皇后党羽。但孙秀认为废太子司马遹聪明过人，若复位，将亲近圣贤，孙秀等人必不受重用。孙秀更指出司马伦向来被认为是贾皇后一党，即使救了太子，太子也不会嘉赏他们，救太子是自取其祸。于是司马伦，孙秀等人决定先等一等，让贾南风先杀了太子再动手为太子报仇，这样才能获得最大利益。

司马伦，孙秀劝贾南风一党尽早杀了太子，以断绝大家要复位太子的希望。

不久，太子在金墉城被杀。司马伦，孙秀等人伪造晋惠帝的诏书，以杀太子的罪名，发兵收捕贾皇后及其党羽，废贾皇后为庶人，囚禁在建始殿。张华、裴頠等人当时被杀，很多官员都被罢免(后来贾南风被送到金墉城，司马伦又以伪诏书让贾南风喝下金屑酒而死)。

事后司马伦假诏书自封相国，孙秀等人都被封大郡，握有兵权。司马伦一党掌握了朝政大权。

司马伦一党道德低下，治国能力缺乏。党羽之间钩心斗角。在政治上并无建树。

公元301年，赵王司马伦自立为皇帝，晋惠帝被废，软禁于金墉城。

赵王司马伦称帝，人心不稳。在许昌的齐王司马冏，联合关中长安的河间王司马颙，邺城的成都王司马颖乘机起兵讨伐司马伦。

司马伦与孙秀兴兵反击，经过六十多天的战斗后，司马伦兵败亡，双方死者近十万人。司马伦后来被囚禁于金墉城，也被赐金屑酒而死。司马伦一党的许超、士猗、孙弼、谢惔等人也被杀。司马伦一党被消灭。

司马冏在杀了司马伦后，迎接司马衷复位，自己担任大司马一职，辅政晋惠帝。司马颙、司马颖二王被封高爵，拥兵自重。

司马冏没有好好利用其兴复皇位之功的大名，独揽政权后不可一世，没有臣下之礼，俨然自己就是个皇帝。而且沉迷女色，政事荒废，结果又给其他有野心争权的王有了讨伐的借口。

翊军校尉李含到长安，诈称受到皇帝密诏，要河间王司马颙攻打司马冏。太安元年（公元302年）底，司马颙经一番利害考量后答应，上表陈述司马冏的罪状。兴兵讨伐首都洛阳，声称当时驻军在洛阳的长沙王，同时也为骠骑将军司马乂为内应，司马冏得知消息，派遣其将董艾攻袭司马乂，司马乂连同其党羽百多人，乘车飞奔皇宫，以奉天子的名义攻打司马冏。火烧司马冏府第，连战三日，司马冏战败被杀，其儿子被囚禁于金墉城，司马冏党羽多人被夷三族。司马冏一党由此灭亡。

司马颙原来的计算是："司马冏比司马乂强，期望司马乂失败被杀，然后司马颙可以为司马乂报仇的名义号召四方共讨伐司马冏，然后司马颙废除晋惠帝，立成都王司马颖为皇，司马颙自己做宰相，夺得大权。"

司马颙眼见计谋未果，反被司马乂独揽政权，司马颙多次派人刺杀司马乂，不成。

太安二年（公元303年），司马颙令部将张方领兵七万与司马颖二十多万大军起兵讨伐洛阳。晋惠帝下诏令司马乂为大都督，兴兵迎击。连续战了几个月，司马乂胜司马颙，司马颖军，斩杀俘虏了六七万人。因战事太久，司马乂军粮食缺乏，但将士们愿意效死，固守洛阳。

司马颙的部将张方认为难以取胜，建议要班师回长安。永安元年初（公元304年），在朝廷内任职司空的东海王司马越乘司马乂军疲惫，勾结一些禁军将领，夜里捕获司马乂，送到金墉城。要晋惠帝重用司马越，去除司马乂的职位。

司马乂的下属及一些志同道合的文武百官可惜司马乂功败垂成，计划劫狱救出司马乂，再战司马颙，司马颖。司马越害怕，就派人密告司马颙的部将张方此事，张方派遣三千士兵，到金墉城抓司马乂回军营，用火活活烧死。司马乂的手下非死即降。

司马颖在朝野向来有威望，而且军事实力强，入洛阳后被增封二十郡，拜丞相。河间王司马颙也官升太宰，东海王司马越为尚书令。司马颙上表认为司马颖应该成为皇位继承人，过后废除皇太子司马覃，以司马颖为皇太弟，丞相位置不变。

司马颖获大权后回他的根据地邺城，遥控政权，排场与皇帝可以比较，处处展现其夺位野心，又给其他有野心的王有了讨伐的借口与机会。

晋惠帝任命东海王司马越为大都督，与左卫将军陈蝈蝈，殿中中郎褾苞、成辅及长沙王故将上官已召集四方共讨司马颖，云集了十多万人。

司马颖大为震惊，想要逃跑，其部下劝其不要，司马颖就召集各人商量对策。东安王司马繇（非八王之一）认为皇帝亲自来讨伐，应该投降请罪，司马颖不肯。参军崔旷劝司马颖迎战，司马颖赞同，派遣奋武将军石超率五万兵马到荡阴(今河南汤阴)。

司马颖的两位弟弟司马匡与司马规亲自到司马越军中,声称邺城中司马颖部下听到皇师到来已经离散。

司马越信以为真,军队于是防备松懈。石超赶到荡阴,大败司马越军,晋惠帝被捕获。石超把晋惠帝送到邺城,司马颖改年号为建武,杀死之前劝司马颖投降的东安王司马繇。司马越得以逃脱。

司马颙当时也派遣张方率兵二万助司马颖。但大军到达时司马越军已败,就乘机进驻洛阳。

司马越在兵败时先逃到下邳,当时的徐州都督、东平王司马楙不接纳他,司马越就逃回其封地东海(今山东郯城北)。司马颖以同是宗室兄弟的名义,下令宽恕司马越,要招他回朝,司马越不应命。

司马越的亲弟弟并州刺史东瀛公司马腾(注:非八王之一)及安北将军王浚,杀死司马颖所置的幽州刺史和演。于是司马颖出兵讨伐司马腾。司马腾与王浚结合异族乌丸、羯朱等势力共同攻击司马颖。司马颖派遣新选的幽州刺史王斌及石超、李毅等人抵抗司马腾等人,被羯朱打败。

在此期间司马颖派遣匈奴首领刘渊回并州发兵支援。刘渊乘机宣布独立,称汉王,开启了五胡十六国时代。

司马颖失败的消息传到邺城后,人心惶惶,官僚士兵相续逃跑。司马颖甚是恐慌,与几十个将军连同晋惠帝连夜逃到洛阳。羯朱的军队一路追赶司马颖等人到朝歌,追不上才放弃。

洛阳当时由司马颙的部将张方控制,张方又挟持晋惠帝,司马颖等人到司马颙的地头长安,司马颙废除司马颖的皇太弟地位,要司马颖离开朝廷回其封地。司马颙自行选置百官,改秦州为定州。

司马颙又让晋惠帝下诏,要立远在东海的司马越为太傅,要司马越回朝与太宰司马颙共同辅政。司马越不受。

司马颖的故将公师籓、汲桑等人欲起兵迎接司马颖。司马颙见到司马颖还有人支持,于是复拜司马颖为镇军大将军、都督河北的军事,给兵千人,让其回去镇守邺城。但司马颖到达洛阳,还没回到封地时,司马越就起兵了。司马颖则逃回长安。

东海的中尉刘洽劝司马越发兵讨伐司马颙,司马越答应,以刘洽为左司马,东海的尚书曹馥为军司。

永兴二年(公元305年)司马越出兵后,先前司马越逃命时不接纳他的东平王司马楙很是恐慌,把徐州让给司马越。司马越让自己部下当徐州都督,把司马楙调去当兖州刺史。司马越的三个亲弟弟也兴兵各据一方。于是司马越声势大振，很多官员都投奔司马越。

司马颙挟持晋惠帝，发诏要罢免司马越等人。司马越就打出“张方劫迁车驾，天下怨愤，欲奉迎大驾，还复旧都洛阳”的名义，继续进兵。

司马越又派人游说司马颙，只要司马颙送帝还都，就与颙分陕而居。司马颙欲从之，但张方不同意。

张方做出建议：“称张方本身还拥有士兵十余万众，可以亲自送晋惠皇回洛阳宫中，以堵司马越之口。然后让司马颖回邺城掌权，司马颙可留守关中。而后张方出兵北伐博陵。这样一来，局势就比较稳定，天下再也没有帮助司马越者。”

司马颙不赞同张方的建议，命豫州刺史刘乔为镇东大将军。派遣司马颖率领楼褒、王阐等，据河桥以抗拒司马越。

司马越亲自率领三万士兵，西进到了萧县。刘乔派遣其儿子刘祐抗拒司马越，司马越军战败。这时范阳王司马虓（注：非八王之一）派遣督护田徽以八百骑兵帮助司马越，在谯与刘祐相遇，一战之下刘祐众溃，司马越进屯阳武。

消息传到长安，人心惶惶，司马颙非常恐慌，于是命令张方的亲信将领郅辅夜里暗杀张方，然后派人把张方的头颅送到司马越军中，认为这可以平息祸乱。而后司马颙又后悔，怪罪郅辅杀张方，又杀了郅辅。然后派遣刁默守潼关。

张方的死对司马颙更是不利，例如范阳王司马虓的司马刘琨把张方头颅给荥阳守将吕朗看，吕朗马上献出城池投降。

司马越军中的鲜卑将领壬辰，祁弘等后来破了刁默守的潼关进入关中，司马颙大为恐惧。又派遣马瞻、郭传等在霸水抗拒司马越军，马瞻军又战败，司马颙单骑出长安，逃到太白山。司马越军进入长安。壬辰，祁弘的鲜卑部队大掠长安，杀二万余人。

而在河桥的司马颖军方面，支持司马越的安北将军王浚派遣督护刘根，率领三百骑兵至河上。王阐出战，被刘根所杀。司马颖要固守，范阳王司马虓就派出鲜卑的骑兵与平昌、博陵等袭河桥，楼褒军西逃，追兵一直追到新安，沿途死亡惨重。

司马越军进入长安后，封梁柳为镇西将军，守关中。光熙元年（公元306年），司马越率领诸侯及鲜卑将领许扶历、驹次宿等军队护送晋惠帝回到洛阳。晋惠帝下诏升司马越为太傅录尚书，增封下邳、济阳二郡。范阳王司马虓也被封为司空。

晋惠帝又下令追捕司马颖。

晋惠帝又下令镇南将军刘弘、南中郎将刘陶收捕司马颖，于是司马颖抛弃母亲及妻子，单独与二位儿子庐江王司马普及中都王司马廓逃到朝歌，途中集合了故将及士兵数百人，欲逃到邺城故将公师籓那里。

途中被顿丘太守冯嵩所捕获，送到邺城，被范阳王司马虓幽禁，并没有加害于他。一个多月后，司马虓暴毙，司马虓的长史刘舆见到司马颖在邺城很有威望，忧虑留住司马颖成后患，就秘不发丧，而且令人装扮台使，称诏晋惠帝赐司马颖死。司马颖被看守他的人田微缢死，他的两位儿子，司马普及司马廓也被杀。

另一方面，司马颙的故将马瞻等人借与镇西将军梁柳见面的机会，杀掉梁柳。过后马瞻与始平太守梁迈等人共同迎接司马颙回来长安，司马颙因害怕而不敢入府。长安令苏众、记室督朱永就劝司马颙向朝廷称梁柳是病死的。

关中也有人不服司马颙，弘农太守裴皓、秦国内史贾龛、安定太守贾疋等出兵讨伐司马颙，斩杀马瞻、梁迈等。东海王司马越知道司马颙东山再起后，就派遣督护麋晃率领大军讨伐司马颙。司马颙的将领牵秀与麋晃对阵，麋晃斩杀了牵秀并其二子。于是麋晃军据有关中大部分土地，而司马颙只保有长安城而已。

公元306年，晋惠帝司马衷突然死亡（注：有历史学家认为是被司马越毒死的，司马衷吃了有毒的饼而亡）。晋武帝的第二十五子司马炽继位，是为晋怀帝。

晋怀帝刚登基，就下诏书要以司马颙为司徒。让其回朝廷。司马颙不疑有他，就乘车上路。到新安雍谷时，被南阳王司马模所派遣的将领梁臣掐死在车内。他的三个儿子也被杀死。司马颙就此绝后。

晋怀帝不久大赦囚犯，改元永嘉，废除三族刑。让太傅、东海王越辅政，杀死了御史中丞诸葛玫。东海王司马越最终在八王之乱中得胜，在某种程度上掌握了朝廷大权。

八王之乱削弱了西晋政权在地方上的影响。各地方势力逐渐称王独立，中国进入长期战乱的五胡十六国时期。

永嘉之乱

从东汉以来，中国西部和北部周边的各少数民族开始不断地向内地迁徙。造成这一状况的原因，主要是由于汉王朝的军事征服以及他们为弥补中原兵力和劳力不足而对各少数民族的招诱。与此同时,周边各少数民族势力的消长变化也引起一些民族迁徙。魏晋之际,在北方汉族人口锐减的情况下,胡族内迁形成高潮。在这过程中,内迁的民族主要包括匈奴、羯、鲜卑、氐、羌等,历史上泛称为“五胡”。

西晋初年,中国北部、东部和西部,尤其是并州和关中一带,居住着许多处于不同社会发展阶段的少数民族,“西北诸郡皆为戎居”,关中百万余口,“戎狄居半”。在汉族的影响下,这些内迁的外族逐渐由游牧转向农业定居,胡汉文化相互影响渗透。但在交融的同时,胡汉亦存在一定的矛盾,例如并州的匈奴人成了汉人的奴婢,而不少汉人也相继沦为胡人奴婢。这些奴婢常常被迫服役,当军作战,更有甚者被地方官员押往他乡出卖,因而激起了境内各民族的反抗;而各族上层人物亦往往利用本族人民,实行割据。连续不断的胡族内迁引起胡汉双方的矛盾,严重动摇了西晋政权的统治根基,大规模的暴动有一触即发之势。

当时西晋一些官僚也察觉到形势的严重性,于是便有以郭钦、江统为代表,提出“徙戎”的主张。他们建议用武力将内迁的胡族强制徙迁回原住地,并以“内诸夏而外夷狄”的办法隔绝胡汉接触,来防止胡人的反抗。但由于各族内迁及胡汉杂居是历史发展的结果,因而徙戎的主张无法实施。

而此时的西晋王朝却祸起萧墙。在统治集团内部,西晋诸王为争夺中央最高权力,发生了一连串的相互残杀和战争,历时十六年之久,史称“八王之乱”。这之后永嘉之乱的大恶斗给人民带来了无穷的灾难。人民又重新陷于苦难的深渊,掀起了大规模的流亡的浪潮。尤其是少数民族的贵族中的分裂势力参加这场混战,造成了严重的后果。而晋室内部矛盾重重,地方防务不修,连年天灾人祸,使中原沦陷。

永兴元年(公元 304 年),匈奴贵族刘渊在左国城(今山西离石)起兵反晋,逐步控制并州部分地区,自称汉王。光熙元年(公元 306 年),晋惠帝死,司马炽嗣位,是为怀帝,改元永嘉。刘渊遣石勒等大举南侵,屡破晋军,势力日益强大。刘渊,字元海,新兴县匈奴人,冒顿之后,曹魏时改姓刘,祖父为南匈奴单于,父刘豹为匈奴左部帅。西晋太康末刘渊为北部都尉,后为建威将军,五部大都督,受晋封为汉光乡侯。起兵反晋后自称汉王,永嘉二年(公元 308 年)正式称帝。

刘渊死后,其子刘聪继位。次年,刘聪遣石勒、王弥、刘曜等率军攻晋,在平城(今河南鹿邑西南)歼灭十万晋军,又杀太尉王衍及诸王公。永嘉五年(公元 311 年),匈奴兵攻陷西晋京师洛阳,俘虏了晋怀帝。纵兵烧掠,杀王公士民三万余人,并挖掘陵墓和焚毁宫殿,史称“永嘉之乱”。

永嘉之乱后不久,怀帝被匈奴人所杀,其侄愍帝被拥立于长安。这时皇室、世族已纷纷迁至江南、西北、东北。到了公元316年,匈奴兵攻入长安,俘虏了愍帝,西晋至此宣告灭亡。而实际上,永嘉之乱早已决定了西晋覆灭的命运。从武帝建立晋朝,到愍帝出降,西晋国祚仅历五十一年。西晋表面上虽是亡于胡人之手,其实自西晋建立以来,其施政缺失甚多,使政局混乱,内战不休,少数民族贵族中有野心的割据势力乘机利用军事上的优势,建立割据政权。相比晋朝,那些反动的少数民族贵族更加腐朽,不得民心,依靠武力残酷压迫各族人民,政权往往频繁更迭,控制区域也仅仅限于中原少量地区,大部分国土依然被晋朝统治。永嘉以后,北方士族大量南迁江左,它使以黄河流域为中心的中国文化第一次移向长江流域,改变了以前重北轻南的文化格局。在此以前,南方文化远不能与北方相提并论,自此以后,不仅南北经学在研制方法和总的学风上因南北对峙而呈现明显的差异,而且在文学、佛学、道教、书法、美术、音乐等方面也因风格不同而相映生辉。大量人口为避战乱从中原迁往长江中下游,史称"衣冠南渡"。这为东晋偏安一隅做了预备,大量的侨州侨郡的设立,深刻地影响了东晋的政治面貌。同时,客观上促进了长江中下游经济的发展,中国古代经济中心进一步迁往南方。一般认为,现代闽南人、客家人的始祖来自于此时期南迁的中原人。朱维铮先生认为:"把空间分布作为学术派分的畛域,始于南北朝。"南方文化之所以在南北朝时期能够与北方文化并驾齐驱,实源于永嘉时期北方士族的南迁,谭其骧先生指出:永嘉以后,"中原遗黎南渡,虽为民族一般之趋势,然其间要以冠冕缙绅之流尤盛……考东晋、南朝虽立国江左,然其庙堂卿相,要皆以过江中州人士及其后裔任之……自是而后,东南人物声教之盛,遂凌驾北土而上之。"指出了南迁士族对江南文化的贡献。所谓"南学"实际上是由南迁文化发展而来的,永嘉以后的江南学风以南迁士族的学风为主流。

司马邺即位长安

建兴元年(公元313年),司马邺即位于长安,是为孝愍(mǐn)皇帝,改元建兴。

公元311年,晋怀帝被俘后,晋室无主,一些大臣将领纷纷组建行台。行台本是为军事需要而在京师以外设立的代表中央政权的临时机构。此时西晋各地行台有四:司徒傅祗在河阳(今河南洛阳东北)、大将军荀晞(xī)在仓垣(今河南开封西北)、大司马王浚在幽州(今北京附近)、司空荀藩在密县(今河南密县)所设的行台。

石勒杀王浚

公元311年夏,刘粲、刘曜进攻长安,南阳王司马模兵败被杀,长安失陷。冯翊太守索琳与安定太守贾疋等人,集中各路兵马5万人,进军长安。经过大小上百次的交战,刘曜放弃长安,掳掠长安青壮男女8万人返回平阳。索琳、贾疋等收复长安,拥立晋武帝之孙秦王司马邺为太子。

公元313年值农历春节,刘聪宴请群臣,令司马炽身着青衣为众人斟酒。晋旧臣庾珉、王楙见怀帝受此大辱,不禁号啕大哭。刘聪不悦,后将庾珉等多人斩杀,并毒死怀帝。怀帝被杀的消息传入长安,14岁的司马邺正式即位,称愍帝,大赦,改元建兴。时长安虽为国都,初经浩劫,满目疮痍,残破不堪。城中百姓不足百户,蒿草丛生,荆棘成林。公私车乘不过百辆,朝廷百官既无朝服,也无绶印。

司马邺以索琳为尚书仆射,领太尉,掌握军国大政。后又下诏,以南阳王司马保为右丞相,都督陕西诸军事,琅邪王司马睿为左丞相、大都督,督陕东诸军事,并让幽并二州的地方官和左右丞相,率兵攻平阳、洛阳,入卫长安。但此时,皇帝诏令,如同废纸,各王拥兵自保,坚守自己的地盘,身在长安的司马邺,难以令行天下。

东晋

（公元317年至420年）

【历史解说】

从晋室南迁到刘裕建宋的104年中，中国是南北分裂的。由于双方势力的均衡，无论南方祖逖、桓温等人的频繁北伐，还是北方苻坚声势浩大的南侵，均以失败而告终，统一仍需时间。在长江以北，早已涌入内地的少数民族纷纷登场，他们轮番扮演着舞台上的各种角色。在长江以南，晋宗室又建立了一个流亡政权，史称东晋，虽为西晋正统传入，但他们一直没能积累起强大的实力去收复江北，重寻往昔司马氏的辉煌。

祖逖北伐

晋末八王之乱中，匈奴、鲜卑等少数民族加入不同的阵营，推波助澜中，削弱晋室而发展自己。西晋灭亡以后，匈奴、鲜卑、羯、氐、羌等少数民族先后在中国北方建立起近二十个少数民族政权。政权更迭频繁，民族矛盾尖锐、社会动荡不安、经济衰落凋敝。但是这一时期的局部地区或某一阶段，在经济文化发展中还是取得了一些成绩。后赵石勒执政时期，重用汉人张宾，统一除凉州、辽西以外的北方地区。安定的环境之中，经济文化得到恢复与发展。前秦苻坚也是在汉人王猛的辅佐下，再次统一北方，并劝课农桑、教以廉耻、选贤与能、崇尚儒学；北方当时在辽西、河西两地也较好地组织生产、传播文化，使西晋尚处于荒芜状态的地区得到有效的开发与发展。

虽然十六国是一段苦难深重的时代，但并不是一段停滞不前的时代，由于各族劳动人民的生产积累，北方的农业经济仍在进步、发展着；由于民族间融合交流的积淀，北方将迎来北魏、北齐、北周三次民族融合的高潮。

西晋末年，晋宗室琅邪王司马睿已渡江南下，开始经略江东。永嘉之乱后，洛阳陷落，中原人纷纷南迁。公元318年，司马睿正式称帝，建立东晋。东晋政权的政治基础是流寓江南的门阀士族，其武力支柱是流亡江南的北来群众。东晋是在王氏的支持下建立并巩固下来的，所谓“王与马，共天下”。这种大族与皇权共执朝政的格局一直没有得到改变，大族由东晋初年的琅邪王氏，历颍川庾氏，经谯国桓氏，至陈郡谢氏，从一个家族手中转入另一个家族手中，其间皇权却越来越走向衰弱。门阀政治之下的士族，满足于门第的清高、官职的显要，缺乏必要的政治素养与理政能力，渐渐走过其政治上的辉煌，开始衰败。但是，他们享有特权，养尊处优，多有闲暇，对于文化发展有益，使得东晋在书法、绘画、文学、思想诸多方面成就斐然。

司马睿称帝

东晋时期，南方的农业生产有了很大的提高，北方农民不断渡江南来，补充了南方不足的劳动力，也带来了比较先进的生产工具和生产技术。南北农民的结合，北方的工具技术同南方水异种植经验的结合，是南方农业发展的重要原因。于是，中国的经济重心从此开始南移。

门阀政治之下，专制主义皇权受到削弱。东晋一朝，不断出现的荆扬之争，正是控制荆州军事重镇的士族人物凭借强大的兵力干涉建康朝政的结果。后来，虚弱的皇权在刊、恩、卢循起义的打击下，在桓玄专权的威逼之下，东晋政权奄奄一息，出身寒门的刘裕以挽救朝廷危亡起家，平卢循、反桓玄、取益州、行北伐，最后，他终于成为东晋王朝的掘墓人，代晋自立。几经曲折的司马氏，显赫了几个世纪的门阀士族开始退出了政治舞台。

司马睿建康称帝

晋大兴元年(公元318年)，司马睿于建康称帝，改元大兴。

“八王之乱”以后，刘渊派遣刘聪、石勒等，频繁出击，黄河流域陷入混乱之中，而此时的长江流域相对安静。于是许多中原世家大族率部曲、宗党渡江南下。早在公元307年，琅邪王司马睿移镇建邺(今江苏南京)，以经营江南，为司马越等人南渡作准备。公元316年，愍帝出降，西晋灭亡。公元317年，司马睿在建康称晋王，本年愍帝被害的消息传来，百官请为上尊号，经再三推托后，司马睿即皇帝位，是为晋元帝，改元大兴。

司马睿初移镇江南，因缺少威望，吴人并不重视他，他之所以后来能重建晋室，王敦、王导功不可没。王导与司马睿素友好，倾心推奉司马睿，曾利用农历三月初三民间修禊事之时，安排司马睿乘肩舆、备仪仗出游，王导、王敦等毕恭毕敬地跟随其后，江南望族的代表人物纪瞻、顾荣观后大为惊奇，相率在道旁叩拜司马睿。司马睿随即命王导造访顾荣、贺循，拉拢江东世族。北方世家大族和南方世家地主联合，共同构成东晋政权的基础，在这联合促成中王导兄弟起了很大的作用。

于是司马睿称帝后，王导位至宰相，王敦镇守上游重镇，即位大典上司马睿曾命王导到御座上和他共坐，王导推辞，于是时人称“王与马，共天下”！

苏峻、祖约之乱爆发

晋咸和三年（公元 328 年），以讨伐庾（yǔ）亮为名，举兵反晋的历阳（今安徽和县）内史苏峻入建康作乱，为东晋中央与方镇间矛盾冲突的又一次爆发。

苏峻，字子高，长广掖县（今属山东）人。西晋末年中原战乱，率流人数百家南渡。后以平王敦有功而升为历阳内史，有锐器精兵，又招纳流人，实力益强，苏峻自恃有功却不受重用，遂怀恨在心。时庾亮揽政，想夺其兵权，公元 327 年，遂不顾王导等人劝阻，内调苏峻入京任大司农。苏峻不从，与豫州刺史祖约相约合谋举兵，以讨伐庾亮为借口。年底，袭陷姑熟（今安徽当涂）。公元 328 年，苏峻率部与祖约部将祖涣、许柳南渡长江，进围建康。放火尽烧官府衙门。尚书令、领军将军卞壸、丹阳尹羊曼等战死。庾亮等出奔寻阳（今江西九江）。王导留京陪伴七岁小皇帝司马衍，苏峻虽未上殿，但大掠后宫，驱役百官，侮辱士女，抢劫府库。繁华的建康尽遭践踏。

苏峻、祖约之乱爆发

苏峻起兵之初，荆州刺史陶侃按兵不动，江州刺史温峤入卫京师，才至寻阳，建康已陷。于是，温峤与庾亮共推陶侃为盟主，以击苏峻。陶侃率兵自江陵顺江东下，先达寻阳，与庾亮、温峤同赴建康。闻讯，苏峻加强石头城守备，并以成帝为人质，将其迁至石头城中。

达建康后，陶侃指挥水兵攻石头城，庾亮、温峤率万人，从白石南攻上，加之晋另有郗鉴等入镇京口，牵制苏峻兵力，苏峻的盟友祖约军已前败于后赵，叛军力量大为削弱，从兵力上，苏峻已处劣势。最后，晋军击败叛军，收复了建康。

石勒称帝

后赵太和三年（公元330年），石勒称皇帝，改元建平，以太子弘为皇太子。

石勒所据之地以中原为主，而中原百余年为兵家争战之地，农业生产破坏严重。石勒于是据有此地后一直重视发展农业生产。公元314年，他在刚刚稳定河北后，便令各郡阅实入户，每户收绢2匹，租2斛，租赋较西晋课田制约减一半。并多次遣使到各地督促农耕。丈兴二年（公元319年）称王后，设劝课大夫、典农使者等官，循行州郡，核定户籍，劝课农桑，对农桑卓有成绩者，予以奖励。这些举措对农业恢复十分有益。

石勒称帝

石勒早年诛杀晋朝王公大臣很多，但却注意笼络河北土著豪族。他攻占坞壁堡垒等民间自卫组织后，任命坞堡主为地方长官，借以征调军队和财物，也曾以士族集成“君子营”。后又将朝臣中掾、属以上出身魏晋士族者三百多家迁到襄国，并令胡人不得侮辱衣冠华族。又恢复魏晋选官旧制，使汉人衣冠世族多出任高官。又设立太学，选其将领臣属子弟入学学习，后又在襄国四门增置宣文、宣教、崇儒、崇训四所小学，教育将佐豪右子弟。令郡国置学校，每郡设博士祭酒2人，学生150人，学生成绩优秀者被授以官职。

石勒的活动，在一定程度上缓和了胡汉矛盾，促进了社会经济的发展。前赵全盛时，占有了除河西张氏、塞北鲜卑伐及辽西慕容燕政权以外的北方地区，与东晋划江而治。

桓温废晋帝独揽朝政

晋咸安元年(公元 371 年),桓温废晋帝奕为东海王,立昱为帝,是为简文帝。桓温从此独掌大权。

第三次北伐失败后,桓温归罪于随军北伐的豫州刺史袁真,以子桓熙代任豫州刺史。这样,经过 20 多年的苦心经营,桓温在北伐的旗号下,将桓氏势力从长江上游一步步扩展到下游,建康成为他的囊中之物。但北伐败绩,令他威名大损,急需以某种手段提高威望。

公元 371 年,他听从参军郗超的劝告,想行废立以立威名。他先制造舆论,说晋帝有暗疾,所生三子皆非己生,若立其子为储帝位将别属他人。然后他进驻建康城下,进见太后,面陈废黜司马奕之事。褚太后无奈,只得同意,遂召集百官于朝堂,废帝为东海王,立晋元帝之子丞相司马昱为帝,即为东晋简文帝,改元咸安。后又降司马奕为海西县公。之后,桓温又找借口废喜欢弄武的武陵王司马日韦,杀太宰庾倩、殷浩之子、著郎殷涓、散骑常侍庾柔等,一向遭他记恨的庾氏、殷氏两强宗势力被消灭了。桓温因此更威势汹汹,炙手可热。

桓温行废之事后,拒绝接受丞相之职,还镇姑熟,以兵威胁逼迫朝廷就范。晋咸安二年(公元 372 年)简文帝司马昱死,桓温不满于入朝辅政,希望司马昱能禅位给他,或许其像周公辅成王一样“居摄”,但未能如愿。晋宁康元年(公元 373 年)桓温曾陈兵入朝,经侍中王坦之、吏部尚书谢安的调解周旋,后退兵。夏,桓温病重,求朝廷给加九锡殊礼,在谢安、王坦之拖延不决中,桓温死于姑熟。

十六国分布形势图

匈奴、鲜卑、羌、氐、羯(jié)等少数民族从晋永兴元年(公元 304 年)至南朝宋元嘉十六年(公元 439 年)这 136 年中,陆续先后在北方建立了十几个国家,史学家常把这段时间内,在中国境内汉族传统政权版图上建立的国家,统称为“十六国”。十六国指的是:匈奴族建立的前赵(刘氏)、北凉(沮渠氏)、夏(赫连氏);羯族建立的后赵(石氏);鲜卑族所建立的前燕、后燕、南燕(以上三国为慕容氏所建)、西秦(乞伏氏)、南凉(秃髪氏);羌族所建立的后秦(姚氏);氐族所建立的前秦(苻氏)、后凉(吕氏)、成汉(李氏);以及汉人所建立的前凉(张氏)、西凉(李氏)、北燕(冯氏)。

五胡内迁与独立

自东汉中叶之后,朝廷常以招引或强制的方式,将边疆的北方各族内迁,以便监控各族或是增加兵源和劳动力。到了西晋时,中国北部、东部和西部,尤其是并州和关中一带,大量胡族与汉族杂住。史书记载“西北诸郡皆为戎居”,关中百万余口“戎狄居半”,对晋帝国呈现半包围形势。除了辽河流域的鲜卑和青海、甘肃的氐、羌外,大都由原住地迁来。

这些胡族逐渐成为汉人管辖下的编户,由于他们需要纳税,且时时受汉官欺压或受汉人歧视,因此心生不满,时有举兵之事。公元 270 年晋武帝时,河西鲜卑秃发树机能与匈奴刘猛率众内侵,直至九年后始平。公元 294 年晋惠帝时,匈奴郝散叛,不久平定。两年后其弟刘度元以齐万年为首,联合西北马兰羌、卢水胡举兵,晋将周处阵亡,此事至公元 299 年方平。而后郭钦与江统相继建议强制迁离胡族,江统更著有《徙戎论》,但晋室不为采纳。由于胡汉摩擦的状况没有改善,当朝廷元气大伤后,周边胡族便趁机举兵。

八王之乱的爆发,使晋廷失去在地方的影响力,胡族陆续叛变。晋惠帝时,益州内乱,巴氐势力扩大。之后益州刺史罗尚击杀巴氐领袖李特。公元 304 年,李特子李雄继立后击败罗尚并称成都王,又于公元 306 年称帝,国号“大成”,公元 338 年改国号为“汉”,史称成汉。匈奴刘渊统领五部匈奴,成都王司马颖结其为外援。公元 304 年司马颖遭王浚围攻,遣刘渊回并州发兵支援。他乘机宣布独立,称汉王,自称继承汉朝正统。公元 308 年刘渊称帝并迁都至平阳,国号“汉”,后称前赵。公元 304 年成汉与汉赵的建立,开启了“五胡十六国时期”。

八王之乱结束后,刘渊为了扩充版图,遣子刘聪掠夺洛阳,大将石勒及王弥掠夺关东各州。公元310年刘渊去世，刘聪杀新帝刘和自立为帝。同年，石勒经宛城、襄阳，掠夺江汉一带，隔年北返。当时关东发生蝗灾，洛阳缺粮，司马越弃晋怀帝于洛阳，率朝中重臣及诸将东行。而后怀帝动员诸将讨伐，司马越病逝，王衍率军归葬封国（在东海）。石勒趁王衍东行至苦县（今河南鹿邑县）时率军袭击，晋军精锐受屠尽亡，重臣降后被杀。刘聪、王弥及石勒趁洛阳空虚之际和兵攻破，杀害官员百姓三万余人，掳走晋怀帝，史称“永嘉之祸”。公元313年晋怀帝被杀，晋愍帝于长安继立帝位，刘聪派刘曜持续攻打。公元316年晋愍帝投降，最后受辱被杀，至此西晋亡，北方诸国纷纷成立。公元313年张轨控制凉州，封西平公，史称前凉。公元315年拓跋猗卢建立代国。公元334年慕容鲜卑据辽东立国。

诸国混战

由于前秦的主力在前方，京师兵力不足，关中的鲜卑、羌、羯等族在得知前秦大败后纷纷独立。隔年东晋发动北伐，攻下山东河南一带。至此前秦崩溃，北方再度回到诸雄混战的局面。淝水之战隔年（公元384年），各胡族纷纷独立。鲜卑慕容垂于河北复国，史称后燕；前燕皇族慕容泓与慕容冲于关中建国西燕；前秦羌将姚苌自立，建国后秦。第二年（公元385年）西燕军攻陷长安，苻坚最后被姚苌所杀。由于前秦邺城被后燕攻下，苻丕于晋阳继立。苻坚被杀后，镇守前秦勇士川（今甘肃榆中）的鲜卑将乞伏国仁自立，建国西秦。仇池氐杨定也宣布复国，并称藩于东晋，史称后仇池。

第三年（公元386年）鲜卑拓跋珪于代地复国，国号“魏”，臣服于后燕，史称北魏。西定西域的前秦氐将吕光返国并占据凉州，在得知苻坚被杀后于姑臧（今甘肃武威）建国后凉。西燕的人民（鲜卑族）欲东归故乡而发生内乱，最后由慕容永率众东征占据并州（今山西省范围），建都长子。而前秦苻丕欲西行关中但被西燕帝慕容永所阻，南下东桓被东晋守将冯该杀死。前秦苻登于南安继立，据有陇西。三年内，北方八国并立，关陇地区有前秦、后秦、西秦、后凉、后仇池，关东地区则有后燕、西燕及北魏，维持了九年。

关中方面，后秦帝姚兴于公元394年连同西秦帝乞伏干归灭前秦。六年后后秦攻灭西秦，乞伏干归投降，受姚兴重用。而匈奴铁弗部族长刘卫辰因攻北魏战败而亡，其子刘勃勃（后改姓赫连）投奔后秦。在后凉投降后秦后，关中暂时为后秦盘锯。公元407年赫连勃勃叛秦，于统万建国胡夏，并屡次攻击后秦。后秦国势大衰，乞伏干归趁机光复西秦。其子乞伏炽磐继立后攻灭南凉，据有陇西。公元416年12月后秦幼主姚泓初立，东晋刘裕发动第二次北伐，率王镇恶等将伐后秦。晋军连克许昌、洛阳。隔年攻破长安，后秦亡。之后刘裕因故返国，留守将领发生内讧。夏帝赫连勃勃趁机率军攻下长安，据有关中。另外，于公元405年建国谯蜀的谯纵，早在刘裕第一次北伐后就派朱龄石攻陷成都，谯蜀亡。

河西方面，后凉分裂出南凉及北凉，由于四周强敌渐渐威胁，最后向后秦投降。公元397年秃发乌孤脱离后凉，建国南凉，最后南凉败于北凉和夏，为西秦所灭。同年匈奴别部卢水胡沮渠蒙逊拥汉人段业于张掖独立，公元401年沮渠蒙逊杀段业取代，史称北凉。公元405年敦煌太守李皓（汉族）叛北凉，建国西凉，后亡于北凉。此时关陇地区有胡夏、西秦、北凉及后仇池四国。

北魏一统

关东方面，西燕在并州（今山西省范围）建国后，于公元394年被后燕帝慕容垂所灭。由于北魏帝拓跋珪派兵帮助西燕，所以隔年慕容垂派太子慕容宝北伐北魏。慕容宝于参合陂之战惨败给拓跋珪后，请求其父慕容垂为他雪耻。于是慕容垂于隔年亲率大军伐魏，攻陷平城，拓跋珪则率众北遁以回避之。但慕容垂于返途中去世，之后后燕逐渐衰弱。公元396年拓跋珪攻下并州，隔年慕容宝企图反击并州，最后被拓跋珪击败。而后拓跋珪大举入侵，围陷后燕首都中山，并迁都到平城。慕容宝则撤至根本之地龙城，后燕分裂为两地。此时慕容德不愿撤往北方，南下滑台，建国南燕，之后迁都至广固。后燕在慕容熙称帝后，君主昏庸，百姓劳苦，国家衰败。公元409年冯跋举兵杀慕容熙，拥高云为帝，建都龙城 ，之后冯跋继立，史称北燕。而南燕在慕容超继任后屡次攻伐东晋，最后于隔年被东晋的刘裕讨伐而亡。此时关东仅北魏、北燕两国。

北魏拓跋嗣继立后，时常攻掠南朝宋（刘裕篡东晋后所建之国）的河南地。公元423年北魏拓跋焘继立，他励精图治，国力大盛。拓跋焘在解除北方柔然的威胁后，开始统一华北。北魏对各民族的文化与制度采取包容态度，这减少北魏进军的阻碍，但也使北方民户复杂化。三年后拓跋焘大举伐夏，攻下关中，胡夏迁至平凉。公元430年西秦为北凉所逼，意图投降北魏，但隔年为夏帝赫连定所灭。赫连定意图再灭北凉以维持胡夏，但却被吐谷浑君主慕容慕璝袭击而俘虏，最后斩于北魏，胡夏亡。公元436年拓跋焘率军远征北燕，冯弘逃至高句丽，北燕亡，冯弘最后被杀。公元439年北魏大军围攻姑臧，沮渠牧犍出降，北凉亡。至此，北魏统一华北，进入“南北朝时期”。然而，还有后仇池国未灭，直至公元443年方亡于北魏。

疆域与行政区划

西晋末年，全国共有21州。十六国时期，北方诸国的范围大约是华北地区及四川地区。疆域的变更可分成五期，分别是：前赵、后赵、成汉及东晋时期；前燕、前秦及东晋时期；前秦东晋对峙时期；诸国混战与东晋时期，此时北方以后燕及后秦最盛；北魏、胡夏、北凉及东晋时期。

虽然各国占地不大，但往往分置许多州，以致州境缩小。由于一些国家采胡汉分治的制度，所以设置各种族专属的行政区。例如前赵刘聪置左、右司隶及内史，用来统治汉人。单于左、右辅及都尉，则用来统治胡人。为求虚名，以表示境域广大，常将境外邻境的州增设于本国内。例如后燕设置雍州于长子（原属并州），成汉设置荆州于巴郡（原属梁州），南燕置并州于阴平（今江苏沭阳北）。所以往往多个国家同时拥有同名异地的州。北魏统一华北后即整合政区。由于州境缩小，郡失去意义而逐渐废除。

此外，北方诸国会成立侨州郡县以安置流民，通常会依据流民原籍来定新州郡名。如前燕慕容廆立国于辽东时，他将投奔来的冀州人设冀阳郡、豫州人设成周郡、青州人设营丘郡、并州人设唐国郡。河西在西晋末已有为流民设置的郡县，在张轨为凉州刺史时，就为秦、雍流民设置武兴郡。公元405年，西凉李皓即为南人置会稽郡、中州人置广夏郡。这些郡县略同于东晋南朝的侨州郡县，只是使用大略的地名而非流民原籍。

军事制度

十六国时期的北方诸国多实行异族分治制度,或称为胡汉分治制度,在一国之中,实行两种不同的军政体制。对汉族人民,仍按汉族的传统方式进行统治。对少数民族,则按各自的部落传统进行统治。这使得军事统帅被分为单于台与都督中外诸军事并立,后来随形势发展渐渐合并。在军队形式上大致同西晋兵制,具有中军、外军组织及都督、将领等职务。中军直属中央,编为军、营,主要保卫京师;外军为中央直辖的各州都督所统率的军队。各国兵权,大多掌握在宗室手里,任都督中外诸军事除了前秦王猛(非宗室)外,有前赵刘宣、刘曜等人,后赵石弘、石斌,前秦苻雄、苻法等人。这本来是加强朝廷的措施。但往往变成皇位之争而与太子自相残杀,最后导致亡国。

马蹬,强化骑兵战斗力。各国军队以骑兵为主,步兵其次。各国本民族的部落兵多为骑兵。随着攻城战的出现以及让汉人编列为军队,步兵数量也逐渐增加。如前秦南征东晋之际,即以步兵六十万,骑兵为二十七万,不过各国并非都改任步兵为主力。在兵役制度方面,则是实行本族全民皆兵的部落兵制,并兼有魏晋世兵制的特点。只要是凡识于战斗的本族人民,皆作为军队基本兵力。基本上中军为终身制,其家属通常随营聚居,称营户,负责供应军粮。镇守各地的外军,其随营聚居的家属则称镇户。营户与镇户都是其兵力来源。其他人民方面皆实行征兵制,征发各郡、县的各族人民补充军队。其中汉族兵的来源,还包括来自投降的坞堡和招募的农民,一般都是终身为兵。

十六国时期各国骑兵均已强化。当时马蹬已经十分普遍,其最大功能是可以解放双手,骑兵开始可以靠双脚控制平衡在马上冲、刺、劈、击,这大大提升骑兵的战斗力。马铠也成为骑兵较普遍的装备,来保护战马免受远射兵器攻击。

社会

经过八王之乱和永嘉之乱后，中原残破不堪，人民四处逃难，形成流民潮。诸国君主亦掠夺人口，以充实国力，深深破坏北方的社会结构。残留在北方的世族，在面对险恶的环境下，有些聚集乡民和自家的附属人口，建立坞堡以便自守。而流民也纷纷投靠，形成人数众多的部曲。有些则与诸国君主合作，以保本族安全。五胡君主在建国后，为了能够统治中原地区，也需要熟悉典章制度的士大夫（世族）的协助。由于处境艰困，北方世族对同族常存抱恤的温情，家族组织趋向大家庭制，有远来相投的亲戚，莫不极力相助。在团结力量及参与政事后，北方世族并没有因战乱而衰落，反而经过长期相处，使胡人融入汉人文化中。

坞堡是一个自给自足的社会组织，投奔的流民可以受坞堡保护。人民必须服从坞主命令，平时接受军事训练及农业生产，战时成为保卫坞堡的战士。人民的生产所得也须课税给坞主。坞主除负责生产与作战外，也要提倡教育及制定法律。由于坞堡众多又难攻破，往往会左右战局，使得五胡君主十分忌讳。例如祖逖北伐时，由于与当地坞堡合作，最后成功收复黄河以南领土，与石勒隔河相峙。胡人君主为了解决坞堡问题，往往会与其妥协以笼络之。到北魏宗主督护出现，坞堡的时代渐渐过去。

人口

在五胡十六国时期，北方各族与汉民族彼此间展开民族与文化的融合。早在东汉至魏晋时期，北方各族陆续内迁至中原，与汉族一同居住，但是时常受汉官欺压或受汉人歧视。当时北方各族即受汉文化影响。如匈奴、氐族改用汉姓并学汉语及经书。中原也流行胡族文化，对于北方民族的生活用具、服装及音乐均感兴趣,并普遍食用牛羊酪浆。

五胡十六国时期北方各族更深入中原,当时在中原活跃的民族有鲜卑、乌桓、高句丽、丁零、羯、南匈奴、匈奴别支铁弗及卢水胡,以及西部的羌、氐、巴人。这些民族所建立国家属于渗透王朝。这些迁入的民族与滞留北方的汉人产生"文化采借",双方逐渐进行文化交流与民族的融合,其中北方诸国的典章制度与礼仪法律几乎交由汉人制定。然而在交流中,因为思想冲突、种族纠纷及政治斗争等因素,时常发生破坏、屠杀等冲突。

在游牧民族入主中原的同时,连年的战乱使百姓向相对安定的地区迁移。成汉的益州(四川)、前凉的河西走廊、前燕的辽河流域吸引了大量难民,成为立国的基石。河西姑臧还成为丝绸之路上的经贸外来重镇。至于留在中原地区的人民则庇护在坞堡或是部落贵族。坞堡大多由世族豪强建立,主要作为军事防卫。世族豪强所拥有荫户不承担国家赋役,仅对坞主负有义务。为了保证国库收入和劳役来源,各族君主往往进行户口检查,将荫户复归于编户。

当北方诸国一一灭亡之后,由于草原故乡被柔然等新兴民族占据,而且已经适应中原文化与生活。所以这些民族绝大部分没有退返草原,而是留在中原与汉族合为一体。民族的融合直到北周、隋朝方完成。在东晋南朝方面,中原汉人在衣冠南渡后,也和当地汉人、山越等百越诸族及南方其他各民族发生冲突及融合。在隋朝统一中国后,南北汉人的界线逐渐模糊,融为一体。

经 济

当时黄河南北与关中地区是遭受战祸最剧,经济破坏最为严重。当时人民不是依附坞堡,成为坞主的部曲。就是迁移至各国首都附近,提供生产或兵役用。各国也会互相掠夺人民、财富以充实国力或是补给军队。由于人民频繁的迁移,使得在初期难有经济发展。

有些国家在稳定之后,开始发展经济。例如后赵石勒在崛起过程中,大肆杀掠。但在立国后开始发展经济,劝课农桑,颁布的税收却比西晋还轻,经济逐渐复苏。但在石虎统治之后,劳役汉人,挥霍无度,经济下滑。另外,有些国家早在开创时期就已经打下基础,做好内政,吸引不少流民投靠。早在成汉成立之前,已有大批流民投靠巴氐李氏。李雄建立成汉后,在他统治之下"事少役稀，百姓富实”，成为最安定的地区。前燕慕容皝在统治辽东时即仿照曹魏，开放荒地让流民种植。前凉统治的河西地区，由于相对中原较少战乱，大量流民投奔。农业、畜牧业都有所发展。丝路也能保持畅通，使得首都姑臧成为商旅往来的枢纽，渐渐发展出“河西文化”。

前秦苻坚崇尚儒学，奖励文教。他任汉人王猛辅政，王猛发展经济，关中的农业、手工业和商业获得恢复和发展。使得前秦国势大盛，史称“关陇清晏，百姓丰乐”，打下统一华北的基础。前秦崩溃之后，后秦姚兴注重刑罚，惩治贪污，关中经济稍微恢复。之后西凉李皓在玉门关、阳关开垦荒地，史籍记载“年谷频登，百姓乐业”。北燕冯跋减轻赋役，南凉秃发乌孤注重农业，皆重视根据地的经济发展。

文化

边疆各族在华北地区立国后，互相混战。在这些国家中，以前秦（氐族）和后秦（羌族）的文化最为兴盛，其次则是鲜卑慕容氏建立的前燕及后燕。此外，汉族张轨、李皓所建立的前凉和西凉，更是当时的文化中心，史称“河西文化”。各国的统治者为了维护政权的稳定也发展教育。前赵刘曜设置太学、小学，选拔人才。前燕慕容皝设置官学，并著教材《太上章》和《典诫》。后秦、南凉设置律学，召集地方散吏入学。这促使北方各族接受汉文化，对于民族融合具有积极意义。

宗教

佛教早就在东汉时期传入中国，当时由于儒教兴盛，所以没有广泛发展。等到十六国时期，北方动荡不安，以致人人厌苦、家家思乱。时而感到人生无常，精神缺乏寄托。此时五胡君主希望利用佛教教理的戒恶修善、六道轮回来安抚各族百姓，并借由属于外来宗教的佛教来支持其政权。最后佛教得以在北方流行，并与南方佛教互相交流。至于道教，虽然在西晋就有五斗米道（天师道）的出现，但在十六国时期衰弱下来。一直到十六国末期北魏的寇谦之改革道教，才有能力与佛教抗衡。

当时从西域进入中土的僧侣，为数众多，或译经论，或弘教理。在佛图澄、道安及鸠摩罗什的推广下，为佛教奠定发扬的基石。五胡君主中，石勒、石虎、苻坚与姚兴等极力支持佛教发展。苻坚的从兄之子苻朗著有佛学论书《苻子》。佛图澄为西域僧人，他精通经文并擅长幻术。后赵的石勒、石虎奉他为“大和尚”，让他参与军政机要。并支持佛教发展，甚至下令不论华夷贵贱，都可以出家，开启汉人出家之端。道安为佛图澄的弟子，在晚年备受前秦苻坚的崇敬。他致力整理和翻译佛经，将长安经营成北方佛教的译经中心。他于襄阳编定《综理众经目录》，还为僧团制定法规，为寺院制度奠定基础。中国出家僧人改姓“释”，即是从道安开始。道安的弟子后来分布各地，成为传教的主要力量。

鸠摩罗什为西域龟兹人。公元 382 年，前秦苻坚听从道安之建议，命大将吕光西征龟兹，迎接鸠摩罗什到长安。但后来前秦大乱，吕光随即割据凉州，鸠摩罗什留居凉州共十七年。直到公元 401 年，后秦姚兴得以迎至长安。鸠摩罗什备受姚兴尊敬，待以国师之礼。当时僧人群聚长安，在鸠摩罗什主持下共译出《般若经》和大乘中观学派的论书《中论》《十二门论》《百论》及《大智度论》《法华经》等三十五部两百多卷经典。这些皆成为后来佛学教派和宗派所依据的主要法典。

文学

当时流传下来的诗及赋不多，可能因为艺术价值不高，所以流传不广。至于章奏符檄，《周书·王褒庾信传论》认为有可观之作，文风上接近西晋末年的风格。民歌方面，著名的大抵保存于《乐府诗集》的《梁鼓角横吹曲》。其中有出于氐族的《企喻歌》、出于羌族的《琅琊王歌辞》、出于鲜卑族的《慕容垂歌辞》。《晋书》的“载记”还保存一些当时的谚语，如流传于前秦的“长鞘马鞭击左股，太岁南行当复虏”“河水清复清，苻诏死新城”等。

该时期的作品以前凉和前秦的文人居多。前凉张骏著有乐府诗《薤露》《东门行》两首，收录于《乐府诗集》。前凉大臣谢艾的奏疏曾被《文心雕龙》提到，他的文集可在《隋书·经籍志》看到。西凉李皓所著的《述志赋》载于《晋书》本传，这篇赋表现出他建功立业的志趣和对西凉局势的忧虑，内容颇有文采。前秦赵整著有两首五言四句诗，用比兴的手法讽谏苻坚。他还有一首琴歌《阿得脂》是杂言体，有些字句难解，大约杂用氐语。苻坚的侄子苻朗为散文家，作有《苻子》，其中有不少片断颇具文学意味。女诗人苏蕙的回文诗《璇玑图》虽然有文字游戏的意味，但仍表现出遣词用语的功力，成为流传不绝的佳话。另外，后秦宗敞为王尚申辩的奏章，被吕超认为可与曹魏的陈琳、徐干，以及西晋的潘岳、陆机相比。后秦胡义周为赫连勃勃作《统万城铭》，获《周书·王褒庾信传论》赞扬为典雅庄重。

艺　术

民族的大融合带来艺术文化的交流与整合，由于多元民族文化的渊源，不仅增补了固有文化停滞的不足，更可以强化文化新生发展的生机。由于佛教的兴盛，带动石窟雕像的发展。这个时期最突出的建筑类型是佛寺、佛塔和石窟。佛教的兴盛带来高层佛塔的建筑以及印度、中亚一带的雕刻、绘画艺术。使当时的石窟、佛像、壁画等有了巨大发展，将汉代比较朴直的风格，变得更为成熟、圆淳。位居中国四大石窟的敦煌莫高窟和麦积山石窟，都是在十六国时期建造。麦积山石窟始建于后秦时期(约公元384年前后)，素有“东方雕塑陈列馆”美誉。敦煌莫高窟则建于前秦时期，是世界上现存规模最大、内容最丰富的佛教艺术地，以精美的壁画和塑像闻名于世。由于当时敦煌与西域各国交流频繁，使得早期的莫高窟包涵河西文化及西域艺术的风格。其中属于十六国时期的275窟，绘有本生、佛传等故事画。这些绘画以圈圈晕染的方式凸显出人体特征，并以细线勾勒，画风豪放生动，是当时壁画的典型风格。

书法方面，著名的作品有前凉的《李柏文书》、前秦的《譬喻经》、西凉的《十诵比丘戒本经》和《妙法莲华经》等。其中《李柏文书》与东晋王羲之的《姨母帖》皆保存行、楷书变迁过程，对书写考究与风格变化有很高的参考价值。其他作品则介于书、楷之间。至于碑刻方面，著名作品有前秦的《广武将军碑》及《郑太尉祠碑》、北凉的《沮渠安周造像碑》等。其字体大多在隶、楷之间，风格朴茂古拙。《沮渠安固造像碑》为沮渠安固在高昌所立,原石在新疆吐鲁番高昌故城出土。《广武将军碑》则于前秦建元四年(公元 368 年)刻。笔画浑朴,结构拙厚,天趣浑成。书法家于右任曾作《广武将军歌》以推崇之。由于前秦碑文稀少,所以此碑与《邓太尉祠碑》皆备受珍惜。

南北朝

(公元420年至589年)

【历史解说】

公元420年，出身低级士族的刘裕取代了名存实亡的东晋，建国称帝，国号为宋。此后半个多世纪中，江南相继出现了三个以建康为都城的齐、梁、陈与刘宋合称南朝。而北方各少数民族政权经过吞并战争，北魏太武帝拓跋焘于公元439年统一了北方。历史上将北魏与魏末北方暂时统一又分裂的东魏、西魏，继起的北齐、北周合称北朝。

刘裕创宋，利用北府兵，建立皇权政治；注重寒人地主，削弱士族势力等，奠定了南朝各代政治的基本格局。刘宋末年，宗室内战频繁，骨肉相残不断，宋政权仅存五十余年即为萧道成所建的齐所取代。萧齐政权在承继刘宋政治制度的同时，其宗室也效仿刘裕子弟们演出了一幕幕更为惨无人道的内战。24年后，齐亡，由萧衍建立的梁政权禅代。萧衍吸收前朝经验与教训，改革制度，提倡文治，但他晚年佞(nìng)佛，给国家和人民带来极大灾难。侯景之乱，繁华的建康被毁为瓦砾，较强的萧梁政权急转直下。几年之后，陈霸先废梁帝建陈朝。陈时的江南已呈没势。陈名为江南政权，却难以实现对整个江南地区的统治。政权之中一直存在王琳等异己分子，地方上散布有大大小小的豪族割据势力，只因北方暂时的分裂，陈才得以延续。

刘宋初建时，北方仍是分裂局面，不久鲜卑拓跋氏建立的北魏经过长期的战争，消灭了北方残余的各个政权，再次统一北方，与江南的宋、齐、梁、陈隔江对峙。初入中原的鲜卑人，虽以鲜卑贵族为政权的核心，但对地方的控制，依赖的是守主督护制，认可汉人世家大族的特权。鲜卑上层与河北世家大族经历矛盾、调整后，开始融洽、合作。鲜卑低层人民在生产实践中，与汉族人民也渐趋融合了。公元494年孝文帝迁都洛阳并实现改革，将北方民族千百年来的融合大势推向高潮。鲜卑人不仅在典章制度、思想文化方面接受汉文化的影响，而且日常的衣饰、言语、习俗也深受汉文化的濡染。但是鲜卑人中汉化的程度不一，留居六镇地区的鲜卑人汉化进程缓慢，汉化程度较低。他们怨恨汉人，不满现状，逐渐演化为一种离心力。正是这股离心力的作用，北魏末年爆发了北镇暴动与城民起义的浪潮。起义的浪潮淹没了北魏。在北魏的废墟上，先后有过东魏、西魏的并存与北齐、北周的对立，最后北周再次统一北方。

南北朝时期，创造了灿烂的文化，涌现出祖冲之、陶渊明、沈约、贾思勰(xié)等永载史册的科学家、文学家，留下了莫高窟、龙门石窟、云冈石窟这样的精品奇观。对峙之中既有经济、文化的平等交往，也有政治争夺和军事征战。南北朝前期，无论刘宋的北伐，还是拓跋焘的南侵均难以取得稳固的战果。随着政权的更迭、社会的动荡、宗室的残杀，南方经济更为衰落，政治陷入被动；而北方，经历孝文帝改革，经过民族大融合的进程，国势日盛一日。南北对峙中北方日益取得优势，终为隋代统一大业的完成奠定了基础。

刘裕创宋

宋永初元年(公元420年)，刘裕称帝，国号为宋，建元永初，废晋帝司马德文为零陵王，东晋灭亡。刘裕，字德舆，小名寄奴。原籍徐州彭城(今江苏徐州市)人，属门阀士族下层，祖上流亡过江侨居京口。刘裕早年加入北府兵，在平定孙恩的战争中屡建奇功，升任建武将军、下邳太守。后又在京口起兵反桓玄，桓玄败走后，刘裕在建康权置朝廷，任命百官，自任徐州刺史、都督扬、徐等八州军事。晋义熙元年(公元405年)，晋安帝返建康后，东晋政权落入刘裕手中。

刘裕凭借手中的精锐北府，平卢循、灭南燕，升任太尉、中书监，执掌朝政；克谯纵、擒姚泓，受封为宋公，得九锡殊礼；剪除士族势力，消灭刘毅、司马休之等异己人士，又命心腹绞杀安帝司马德宗，立司马德宗的同母弟司马德文为恭帝，刘裕晋封为宋王。

公元420年夏，刘裕从封地寿阳(今安徽寿县)，赶回国都建康，逼司马德文“禅让”。将司马德文迁出皇宫，返回琅邪王旧居。公元421年，刘裕仍派人将其杀死，刘裕代司马德文为帝，以宋为国号，建元永初，改晋“泰始历”为“永初历”。同时大封诸弟、诸子及从龙功臣。

刘裕创宋

刘裕称帝以后，首先将原由方镇控制的北府兵变为由皇帝直接指挥的中央禁军，分由不同武官统领，皇帝及皇帝亲信掌管军官任免及军队调动，这样东晋时期皇权衰落的局面不复存在，东晋门阀政治演变为南朝皇权政治，专制主义中央集权制重新得到确定；其次，刘裕将荆、扬刺史等职固定于皇子及宗室近亲手中，并派典鉴等小吏，以皇威监视州镇。这样东晋一代门阀士族控制州镇威胁建康的形势大为改观，皇位继承不再由士族操纵，但宗室残杀成为南朝政治的突出现象。其三，门阀士族在南朝虽能以其出身担任重要官职，平流进取，但只能依附皇权而不能凌驾于皇权之上了。总之，刘裕建宋，奠定了以后的南朝各代的政治格局。

刘裕建宋之时，北方存在的少数民族政权有：夏赫连勃勃、西凉李暠、西秦乞伏国仁、北燕冯跋、北凉沮渠蒙逊等，均国小兵弱，不足以与宋对抗。只有北魏鲜卑拓跋氏力量强大，与宋隔河对峙。于是创宋不久，刘裕派殿中将军沈范、索季孙使魏，谋求和平相处。从此，揭开了南北朝的序幕。

魏通西域

魏太延三年（公元437年），魏派遣董琬、高明等人出使西域，招抚九国。从此，西域各国常向魏朝贡，内地与西域的联系更为加强。

魏太延元年（公元435年），焉耆、龟兹、疏勒、乌孙、悦般（今巴尔喀什湖以南伊犁河流域）、渴槃陁陀（今新疆塔什库尔干）、鄯（shàn）善、车师、粟特（今黑海）等九国向魏入贡。魏拓跋焘遂派王恩生等20人入西域。王恩生等人出玉门关行至流沙（今新疆白龙堆沙漠），遭到柔然的袭击、阻拦，未能顺利西行，返回了中原。

公元437年，拓跋焘派遣散骑侍郎董琬、高明等带了很多的金银丝帛出使西域，一行人穿戈壁、越沙漠，先来到乌孙（今伊犁河及葱岭北），乌孙王见到中原使臣非常高兴，盛情款待了他们，并派人为中原使者做向导、翻译，陪董琬等先后去了破落那（大宛）、者舌（康居）等国招抚，附近各西域国家听说魏使到来，皆派遣使者随魏使东行，入贡北魏。鄯善、龟兹、焉耆、渴槃陁陀、疏勒、乌孙等于本年遣使贡魏。于是，

魏通西域

西域使臣来中原者络绎不绝。

鄯善王曾在太延五年(公元439年)遣使来到平城聘问;龟兹王先太平真君十年(公元449年)、延兴五年(公元475年)、太和元年(公元477年)、太和二年(公元478年)、太和三年(公元479年)、神龟元年(公元518年)、正光三年(公元523年)8次派使臣来魏都平城或洛阳聘问,馈赠方物;太安三年(公元457年)、天安元年(公元466年)、皇兴元年(公元467年)、皇兴三年(公元469年)、晾明三年(公元502年)、正始四年(公元507年)、永和元年(公元508年)于阗也先后7次遣使朝魏;渴槃陁陀也曾先后8次向魏王贡送方物;疏勒使臣曾11次聘魏;乌孙也屡次遣使与中原通好。

自从公元437年魏通西域后,西域与中原开始了频繁的使臣往来,促进了内地与西域之间的经济文化交往,也为隋唐时期丝绸之路的开辟奠定了良好的基础。

宋文帝下诏北伐

宋元嘉二十七年魏太平真君十一年(公元450年)夏,宋文帝刘义隆下诏,宣布北伐。

宋文帝下诏北伐

公元450年初魏军南侵,给南宋造成很大破坏。魏军退后不久,刘义隆就准备北伐,遭到沈庆之等大臣的极力反对。夏,刘义隆不顾臣下劝阻,宣诏北伐。北伐主力由宁朔将军王玄谟率领,青、冀二州刺史萧斌为督军。主力师在王玄谟率领下先克石岛磝、乐安,进围滑台。滑台久攻不下,拓跋焘又亲率大军10万南救滑台,王玄谟惊慌退兵,损兵折将万余人。丢弃军资械资无数。魏兵乘胜追杀,破悬瓠,下项城,进一步南侵。宋北伐军的另一支军在柳元景的率领下,出熊耳山(今河南卢氏东南),得到了当地武装的配合,连克弘农、陕县、潼关,汉人百姓纷纷响应,关中形势很好。但不久王玄谟兵败,刘义隆急召柳元景回师,宋军随即撤离了关中。

拓跋焘率兵南下,进围守寿阳的宋南平王刘铄、守彭城的宋江夏王刘义泰、刘骏等,彭城、寿阳未下,魏兵又分路直趋瓜步(今江苏六合区东南),宋京师危急。刘义隆下令建康内外戒严，征发民人补充军队，在采石（今安徽当涂）至暨阳（今江苏江阴市）600 至 700 里的江面上，布列船舰，严阵以待。刘义隆登石头城，见江北旗如林、鼓震天，感叹说："檀（tán）道济若在，岂使胡马至此！"。

公元 451 年，拓跋焘见无机可乘，难以渡江，率军北还，一路上烧杀抢掠，杀戮丁壮，从江、淮到清、济，赤地千里，村井空荒，江南遭到浩劫，国力从此不振，无法再与北魏相抗衡了，其防线逐渐由淮北而缩至淮南了。

祖冲之制订《大明历》

宋大明六年（公元 462 年），宋南徐州从事祖冲之制订成新历法——《大明历》。

祖冲之，字文远，范阳遒县（今河北涞水北）人，祖先侨居江南。祖冲之博学多思，曾造指南车、千里船、水碓磨及木牛流马，十分精妙。

在数学方面，他在刘徽（zhǐ）的基础上，推求出圆周率为 3.1415926 至 3.1415927 间，提出圆周率的约率为 22/7，密率为 355/113，密值的提出比欧洲早了 1000 多年。祖冲之在何承天的《元嘉历》颁行后不久，就发现它不够精密。于是他编了一部《大明历》，本年成书。祖冲之接受北凉赵欧的影响，修改了闰法，提出了 391 年 144 个闰月的新闰周。首次动用东晋虞喜发现的"岁差"原理，测定冬至日在斗 5 度，并统计得岁差约 45 年差 1 度。更进一步测定出岁实（回归）的日数是 9365.24281481，朔策的日数为 29.530591，均非常精确。

祖冲之制订《大明历》

《大明历》的科学性明显优于《元嘉历》，但上奏皇帝后，孝武帝曾命令群臣讨论，其中戴法兴极力反对，并提出责难，祖冲之据理力争，一一驳斥，并写成著名的《驳义》一书。但《大明历》在宋、齐两朝没有施行。到梁天监九年（公元 510 年）才正式使用，至隋开皇九年（公元 589 年）废，前后共用 80 年。

萧道成建齐

齐建元元年(公元479年),萧道成称帝,国号为齐,改元建元。

萧道成建齐

萧道成,字韶伯,原籍东海兰陵(今山东枣庄市)人。东晋初年,高祖萧整率家南渡,侨居晋陵武进县(今江苏常州),经多年繁衍生息,逐渐形成庞大的萧氏家族。萧氏本为寒门,于是萧氏子弟难以入仕为高官。后来,萧氏有一女嫁彭城刘翘为继室,是为刘裕的继母。刘裕建宋后,萧道成的父亲萧承之因是刘宋的外戚疏属,因军功官至南泰山太守,冠军将军。

萧道成少年好学,曾师从名儒雷次宗学习《左氏春秋》等书。公元446年,萧道成始为雍州刺史萧思活左军府中兵参军。后因军功官至太子左卫率。宋明帝喜其作战勇敢、有胆有识,临终,遗诏萧道成为右卫将军。后废帝刘昱执政初年,与袁粲、褚渊、刘秉共同辅政,人称"四贵"。公元476年,宋宗室徐州刺史建平王刘景素起兵,萧道成将他击败,威名更盛。刘昱深为猜忌,屡欲加害。萧道成谋出逃江北起兵,并打算让其在淮南的心腹部将骚扰北魏边境,制造紧张局势,使自己得以从建康脱身,后接受垣荣祖等人意见,固守建康,相机行事。公元477年,萧道成废杀刘昱,立刘准为帝,加太傅、录尚书事、扬州牧、都督中外诸军事,集军政大权于一身。后封齐公,进齐王,最后无以复加,本年,像刘裕代晋一样,萧道成再演一出"禅让"闹剧,取代刘准,建立南齐政权。

魏孝文帝迁都洛阳

魏太和十七年(公元493年),北魏孝文帝率军南下,迁都洛阳。

北魏孝文帝拓跋宏自幼受到汉文化的熏陶,成为一个事事以儒经为准则的皇帝，对中原汉文化十分向往。在他自公元490年亲政后，积极推行汉化政策，但终觉政治中心距中原太远，一则难得汉文化精髓，二则不利于对中原大片统治区域的控制。于是他决定迁都洛阳。为排除守旧派的干扰，孝文帝于公元493年以南伐萧齐为名，率军南下，实想借此举行迁都之事。

魏孝文帝迁都洛阳

孝文帝于公元493年夏，率平城鲜卑武士及从全国各地召集的军队共100多万人，以讨伐江南齐政权为名南进，到达洛阳后，孝文帝在洛阳参观了西晋宫殿遗址及旧太学内藏《石经》后，更坚定了迁都洛阳的决心。当时阴雨连绵，兵士劳苦不堪，大家都不愿再向南进军。大臣都跪在文帝马前，叩头劝谏，安定王拓跋休痛陈不能南伐之理，甚至声泪俱下，痛哭流涕。于是孝文帝以迁都洛阳作为停止南伐的交换条件，迫使鲜卑贵族就范。

迁都之计既定，孝文帝命将作大臣董尔修建洛阳新都，自己返回平城，向留守百官解释迁都的原因，将太庙祖宗神位及平城居民，一并迁到洛阳，在平城及其附近地区设置恒州，于平城设代郡。公元495年，平城六宫、文武百官及百姓全迁入洛阳。公元496年，恒州刺史穆泰等一大批反对迁都及汉化改革的鲜卑贵族合谋，企图拥立喜爱平城的皇太子拓跋恂(xún)，建立割据政权。孝文帝采取坚决措施，废拓跋恂，派兵将酝酿中的叛乱势力扑灭了。

迁都洛阳，促进了北方民族融合与文化融合，也为孝文帝以后的诸项改革奠定了基础。

北魏实行均田制

魏太和九年(公元485年)，北魏实行均田制。

北魏早年在营建平城之前，曾在代北实行过计口授田。入主中原后，随着封建制的确立，土地的所有情况有了不同，或由封建国家所有的大片荒地，因缺乏劳动力没有得到开垦；或是由宗主或寺院占有的土地，由广大的荫户百姓耕种；或农民私有小块土地，自己耕种。

公元485年初实行三长制后，原来隶属于宗主的大量人口被检括清查出来了。国家手中控制的编户增多了，劳动力也增多了。

于是公元485年又实行均田制，颁布诏令，实行均田：将土地分为露田、桑田两种。15岁以上的男子受露田40亩、桑田20亩。妇人受露田20亩，桑田加倍或2倍授给，以备轮种。桑田为永业田，不须还官，但须在3年内种植桑、榆、枣等树，而露田在身死或年过70岁后要还给官府。在不宜种桑的地方，给麻田，男子10亩，妇人5亩。奴婢可与良人接受同样数额的田地。耕牛每头受露田30亩。

具体实行均田制时，原有的桑田，所有权不变，但要用来抵消应受份额。已达到应受额者，不得再受，超过应受额部分，可以出卖；不足应受额部分，可以买足。凡土地不足之处，允许向荒地处迁移，土地富足的地方，可以随力所能及借用国有荒田耕种。

均田制的实行，将游离的劳动者重新和土地结合起来，其结果，社会秩序较为稳定，土地开垦面积有了很大提高，促进了北方农业生产的发展。

萧衍代齐建梁

梁天监元年(公元502年)，萧衍称帝建梁，建元天监。

萧衍代齐建梁

萧衍，字叔达，齐高帝萧道成族人，其父萧顺之曾助族兄萧道成创齐，官至领军将军、丹阳府尹。萧衍博览群书，有文武之才干，曾被齐竟陵王萧子良召入西邸，与沈约、谢朓等合称"西邸(dǐ)八友"。萧衍后因助齐明帝杀齐武帝诸子，飞黄腾达，齐明帝死前，任命他为持节，都督雍、梁、南秦、北秦四州、郢州的竟陵司，司州的随郡诸军事、雍州刺史。雍州自宋文帝、孝武帝从荆州独立后，力量骤增，而且因其地处与北魏交界处，当地北来流民与北魏争战及镇压当地蛮族的活动中，形成一股精锐武装，其势力和影响超过了晋以来的上游重镇荆州。萧衍任雍州刺史不久，齐东昏侯萧宝卷杀戮朝廷大臣，乱事遍起，萧衍便劝说其兄郢州行事萧懿，联合二州，相机举事。被萧懿拒绝，萧衍并未放弃，仍私为起事作准备。

齐永元二年(公元500年),萧懿率兵击败转攻建康的崔慧景,被东昏侯任命为尚书令。同年,东昏侯又杀萧懿及其弟萧畅,并派一支禁军前往雍州袭击萧衍,萧衍闻讯谋起事,与雍州豪强共推东昏侯之弟、荆州刺史、南康王萧宝融为主。齐永元三年(公元501年),萧衍顺江东下,先攻取郢城(今湖北武汉市),包围建康。年底,齐将王珍国、张稷杀东昏侯而降。萧衍进入建康,杀东昏侯党羽四十多人,总掌朝政。

公元502年初,萧衍进位相国,封梁公,加九锡。又进封梁王。不久,齐明帝皇后以宣德太后的名义颁布禅让诏书,称帝建梁。萧衍即梁武帝。

陈霸先建陈代梁

陈永定元年(公元557年),陈霸先即皇帝位,国号陈,建元永定。

陈霸先,字兴国,小字法生,原籍颍川,永嘉乱中,其祖先迁居吴兴长城(今江苏长兴)。陈霸先出身贫寒,喜读兵书与史书,处事明达,有勇有谋。曾做过里司、油库吏,得到梁宗室、吴兴太守新渝侯萧映的赏识。萧映迁任广州(今广东省广州市),陈霸先随迁为萧映幕僚。梁末,陈霸先渐以军功升任西督护,高要郡(今广东肇庆市)太守,督七郡诸军事。后因平李贲之乱有功,受封为新安子,直阁将军。

梁太清三年(公元549年),陈霸先率部众攻杀响应侯景的广州刺史元景仲,迎梁宗室萧勃为刺史,自率兵北上击侯景,被以梁朝廷名义行事的荆州刺史萧绎任命为江州刺史,与萧绎部将王僧辩会攻侯景。侯景败亡后,陈霸先因平叛有功被梁元帝萧绎任命为司空、南徐州刺史,镇京口(今江苏镇江市)。

梁承圣三年(公元554年),西魏破江陵,萧绎死,陈霸先与王僧辩合谋,并迎萧绎第九子萧方智为帝。次年(公元555年),北齐谋在江南建立傀儡政权,兵逼长江,护送梁武帝之侄萧渊明南下归即帝位。不久,陈霸先在部将侯安都的支持下,起兵袭击建康,杀王僧辩,废萧渊明,拥萧方智即帝位。陈霸先自任尚书令、都督中外诸军事、扬州、南徐州二州刺史。控制建康后,陈霸先平王僧辩余党的起事,后击败北齐南侵的10万大军,地位再次升高,任相国,总领百官,封陈公,加九锡殊礼。

公元557年,陈霸先在进封陈王后,随即以“禅让”的方式取得帝位,国号陈,改年号为永定。

北周作《大律》

北周保定三年(公元563年),北周作《大律》25篇,明定刑罚条文,将五刑分为25等。

公元563年,北周武帝宇文邕命司宪大夫拓跋迪造《大律》25篇,分别为:弄名、法例、祀享、朝会、婚姻、户禁、水火、兴缮、卫宫、市廛(chán)、半竞、劫盗、诈伪、请求、告言、逃亡、击讯、断狱等25篇,定罪1357条。

又将杖、鞭、徒、流、死五刑分为25等:杖刑又从10到50,分为5等;鞭刑又以60到100,分为5等;徒刑,自1年至5年分为5等;流刑,自2500里到4500里,分为5等;死刑又分罄(qìng)、绞、斩、枭、裂5等。

隋

（公581年至618年）

【历史解说】

隋朝在北周统一北方的基础上，结束了南北朝长期对峙的局面，并为唐朝强盛打下了基础。

公元581年，北周大丞相、都督内外诸军事隋王杨坚废掉周静帝，自称皇帝，改国号隋，年号为开皇，以长安为都城，建立了隋朝，杨坚是为隋文帝。隋文帝实行了一系列措施来加强中央集权，在中央，设置了三省六部制，分散宰相之权，使之相互制约。在地方，精简州县数目，实行州县两级制。又颁行《开皇律》，加强中央权力，维护社会秩序。以科举制度取代魏晋以来的九品中正制，继续顺应历史潮流，清理门阀政治的影响。在内修政治，积蓄力量后，公元589年，隋文帝发兵南下，统一南北，自西晋永嘉之乱后近300年的分裂局面就此结束。

隋末战乱

文帝死后，其子杨广即位，是为隋炀（yáng）帝。隋炀帝以强大的经济实力为后盾，又拥有安定的社会环境，使他有力量，有可能征发大量的劳动力，营造东京，开凿运河。如果东京的精致奢华只为满足帝王的个人欲望的话，大运河的开凿沟通，则大大促进了大江南北经济、文化的交流。文帝开创的制度，再次得到炀帝的发展、补充与完善，成为隋初之制走向唐代制度的一个必要的中介。杨广的功业还不仅在于此，他派裴矩打通西域，加强了中原与西域的联系，又先后击败吐谷浑、突厥，消灭北部边患。朱宽入海求访异俗，刘方经略林邑、常骏出使赤土等是炀帝发展与东南亚邻国关系的明证。炀帝末年，隋代的疆域达到极盛。共置190郡，1255县，有民户890万，疆域西至且末郡，北到五原郡，东达辽东郡，南抵南海郡。但是隋朝很快衰落了。文帝时积累的财富迅速被挥耗，文帝时奠定的政局在炀帝时急剧地动荡起来，隋炀帝好大喜功，穷兵黩武，他以奢华享乐、耀武扬威为目的，在他短暂的一生之中，三次南巡江都，先后北游五原、恒山，相继西巡狩猎于陇西，最远抵达张掖。炀帝不珍视财富，更不珍惜民力。

为征高丽，致使举国就役，扫地为兵，田亩荒芜，于是，全国反隋起义蜂起，统治集团内部分化，隋统治瓦解。公元617年，宇文化及缢杀炀帝，隋朝仅存37年而亡。

杨坚称帝建隋

开皇元年(公元581年)，杨坚废周称帝，建国号隋，定都长安。杨坚本为弘农杨氏之后，父杨忠曾在宇文泰执政和宇文觉建立北周的过程中功勋卓著，被赐姓普六茹氏，位至上柱国、大司空，封隋国公。周武帝执政后，杨坚地位上升很快，并因其长女做了皇太子的王妃而地位更得到巩固。北周宣政元年(公元578年)周武帝死，周宣帝宇文赟继位，以杨坚的女儿为皇后，任命杨坚为上柱国、大司马。不久，又转为大后丞、右司武，宣帝外出时，由杨坚主持日常政务。北周大象二年(公元580年)，周宣帝死，静帝即位，以外戚杨坚为假黄钺、左大丞相，掌握军政大权。

杨坚一面建立自己的统治核心，重用李德林、高颖等人，以自己控制的丞相府来代替朝廷成为决策中枢；另一方面废除宣帝苛政，许汉人恢复本姓，并顺乎民意，提倡节俭。

杨坚的举措令宇文氏贵族大为不满，北周宗室赵王宇文招、陈王宇文纯、越王宇文盛、代王宇文达、滕王宇文逌在长安密谋诛杀杨坚，发动兵变。赵王邀杨坚来府吃饭，欲在席间动手，但计谋被杨坚随从元胄发现，元胄掩护杨坚脱险。事后，杨坚以谋反罪诛杀了赵王、越王等五人，将宇文氏势力基本剪除。

公元581年，杨坚废周静帝，封静帝为介国公，自称皇帝，改国号隋，改元开皇，定都长安，建立隋朝，杨坚即为隋朝开国皇帝——文帝。

杨坚废除辟署制

开皇三年(公元583年)，杨坚因自汉代以来实行的州县辟署制有许多弊端，下决心废除辟署制。

自汉代以来,中原政权一直是仅任命州、郡长官,其僚佐由州郡长官自行辟署,因而常造成地方势力独霸一方,威胁中央的局面。魏晋以后实行九品中正制,州郡僚佐的辟署,实际上又为世家大族所左右,中央集权受到削弱。北魏末年以后,吏部已开始干预州郡僚佐的任免,但自行辟署现象仍较普遍。

隋文帝

公元583年,为更有效地控制地方,杨坚废除辟署制,规定:九品以上官员全部由吏部统一任免,并每年都要接受吏部的考查。开皇十四年(公元594年)又规定,县佐不得任用本郡人,刺史、县令三年一换地方,既防止地方割据,又能避免地方豪强把持地方行政,从而巩固了中央集权。

隋灭陈统一南北

开皇九年(公元589年),隋军攻陷陈都,灭陈,统一中国。

杨坚称帝建隋后,就着手准备灭陈,委派韩擒虎为庐州总管,贺若弼为吴州总管,做统一江南的准备。又命杨素督造战船,修成五牙大楼船、黄龙战船、大量平乘、舴艋等轻便小船,以备渡江。公元587年,文帝又采纳高颖之策,在江南收获之际,派兵骚扰,废弃农时,并派人焚毁陈人粮仓,令陈国力更衰。公元588年,在巩固了内部、缓和了与突厥的矛盾并灭梁后,杨坚命杨广出六合、杨俊出襄阳、杨素出永安、刘仁恩出江陵、王世积出蕲春、韩擒虎出庐江、贺若弼出广陵、燕荣出东海,兵分八路,计有52万人,在东临沧海,西接巴蜀的长江沿线,向陈发动了全面的进攻。而陈后主沉溺酒色之中,不加防备。

韩擒虎

公元589年，韩擒虎率500精兵夜渡长江，克姑熟扼长江上游咽喉。贺若弼横渡天堑，克京口，掌握长江下游门户，在两路夹击之下，陈兵首尾不能顾，望风溃败。贺若弼、韩擒虎趁势分别攻入建康，陈后主及文武百官全都做了俘虏。晋王杨广入建康后，命陈后主诏上游诸位陈将投降，陈水军都督周罗高等全部投降，陈亡。二百多年的分裂局面，到此结束了。

杨坚改革兵制

开皇十年（公元590年），隋文帝杨坚下诏改革府兵制。

隋初仍沿用北周的府兵制，虽有兵农合一的趋势，但军人仍另立军籍，自成系统，不受地方州县管辖。本年，在灭陈之后，隋文帝下诏将军人划入当地州县，与农民一样分配土地，府兵从而具有了军籍与民籍的双重身份。军人及其家属，平时耕作，战时出征，免租调役，同时，每年轮番上京戍卫。府兵在统领上仍由江卫分领，但江卫现在只负责督领宿卫京师的府兵。江卫各置大将军，总隶于皇帝。府兵制改革后，国家兵源得到保证，减轻了政府对军队的财政负担，加强了政府对军人的控制。这一制度到唐代仍沿袭使用。

隋灭后梁

开皇九年（公元587年），隋灭后梁。

隋初，仍在后梁置江陵总管以监之。开皇二年（公元582年），后梁明帝萧岿（kūi）之女做了隋晋王杨广的王妃，杨坚取消了江陵总管，让萧岿亲自处理后梁国政。开皇五年（公元585年），萧岿卒，太子萧琮立，隋复置江陵总管。公元587年。隋文帝征萧琮入朝，并留而不遣，并以梁主在外为由，派武乡公崔弘度领兵去守江陵。梁王公大臣及10万百姓在安平王萧岩的率领下投奔陈。隋文帝遂下诏废掉梁国，任命萧琮为上柱国，封莒国公。后梁历三帝存33年，公元587年亡。

隋筑新都大兴城

隋筑新都大兴城

开皇二年（公元582年），隋文帝命宇文恺监造，在长安城东龙首山建造新都，命名为大兴城。公元583年迁入新都。

大兴城规划完整，宫殿宏伟。面积达84平方公里的新都城分为京城（外郭城）、皇城、宫城三重，全城南北长15余里，东西长18里，周长67里，城高一丈八尺。城北面开有一门，其余三面东、南、西各有三门。官府居住的皇城和宫室所居的宫城位于京城北部。宫城、皇城的东、南、西三面分别列有106个坊。作为居民住区，城东、西各置一市，是商业区。

杨坚出征高丽

开皇十八年（公元598年），隋文帝杨坚发水陆大军30万出征高丽。

隋初，高丽与隋通好，其王元被杨坚封为上开府仪同三司，袭爵远东公。公元598年，高丽王元率靺鞨入侵隋之辽西，杨坚闻讯，即派汉王杨谅、王世积为行军元帅，又以高颖为汉王长史、周罗智为水军总管，率水陆军30万伐高丽，并诏废黜高丽王元官爵。但隋军出师不利，陆军军途中军中乏食，瘟疫流行，兵力受挫；水师泛海东袭平城，中途遭遇大风，船破人亡，损失惨重，只得还师。不久，高丽王元谢罪，上表称"辽东粪土臣元"，出征高丽事作罢。

杨广弑父

仁寿四年(公元604),太子杨广弑父篡位,是为隋炀帝。

开皇二十年(公元600年),杨广在骗得文帝杨坚的信任之后,得以立为太子。但生性狡诈的杨广一日未坐皇帝之位,就一日不能心安,惧生变故。公元604年,杨坚病重,召尚书左仆射杨素、兵部尚书柳述、黄门侍郎元岩等入仁寿宫侍疾。而召太子杨广入居大宝殿。杨广心有疑虑,就写信给入侍皇帝的杨素,商问后事的处理,探寻宫中是否有变。不料,信文被误送入文帝的手中,杨坚看信大怒。杨广趁父病重,对皇妃失礼,杨坚知道后,急命柳述、元岩召杨勇入宫,欲行废立。杨广得知事情有变,立即行动,迅速将柳述、元岩投入大狱,又命东宫卫士包围皇宫,撤换文帝卫兵,赶走服侍的后宫姬妾,后令亲信右庶子张衡拉杀文帝,派杨约杀死故太子杨勇。杨广费尽心机,残杀骨肉之后,终于登上皇帝的宝座。

杨广谋废蜀王

仁寿二年(公元602年),蜀王杨秀被废为庶人。

杨秀为杨坚第四子,封为蜀王,坐镇蜀地。杨秀胆略过人,在日常生活中,仿效父亲的一言一行,梦想有一天继父为帝。他也暗中拉拢亲信,发展势力。公元600年,杨坚废太子杨勇立杨广为太子,杨秀对此心怀不满,杨广惧怕杨秀将来为患,让杨素在文帝面前进谗言,中伤杨秀,文帝遂召杨秀回京。杨秀回京后,杨广又令人做偶人,将偶人缚手钉心,上写文帝及汉王谅的姓名,埋于华山之下。杨素派人掘起,告知文帝。又往杨秀文集中加入"逆臣贼子,专弄威柄,陛下唯守虚器,一无所知"等言。也报知杨坚。

于是公元602年,杨坚废杨秀为庶人,连坐者百余人。

大运河贯通南北

大业元年(公元605年),隋炀帝发民百万开凿通济渠,揭开开凿南北交通大动脉——大运河的序幕。后历6年,大业六年(公元610年),大运河北起涿郡,南止余杭全线贯通。

公元605年,杨广命尚书右丞皇甫议征发河南、淮北一带的民丁100多万人开凿通济渠。从西苑引谷、洛二水入黄河,又从板渚(今河南荥阳附近)将黄河之水引入汴水,再从大梁之东引汴水入淮水。又征发淮南民丁10万多人整修疏通吴王夫差所开的邗(hán)沟,使这段自山阳经江都至扬子(今江苏仪征市)入长江的古运河整齐划一,面貌一新,渠宽40步,渠旁修筑御道,种植垂柳。大业四年(公元608年),又征发河北军民百万人引沁水南到黄河北达涿郡,称永济渠。大业六年(公元610年)又征发江南民工10余万人,开凿从京口到余杭的江南河,此段运河长800里,渠宽10丈,可行龙舟。这样,前后历时6年,动用几百万人民开凿的大运河由永济渠、通济渠、邗沟、江南河四部分组成,以洛阳为中心,纵贯南北,长达四五千里,成为纵贯南北的交通大动脉,对沟通南北,推动各地经济文化交流起了很大作用。

科举制度正式确立

大业六年(公元610年),隋炀帝杨广创进士科,正式确立科举制度。

北朝后期,九品中正制已趋于衰落。文帝建隋后,废除九品中正制,实行分科举人的科举制度。开皇三年(公元583年),诏举贤良,开皇十二年(公元598年),诏以志行修谨、清平干济二科举人。

炀帝即位后,于大业三年(公元607年),按十科举人,即以孝悌(tì)有闻、德行敦厚、节义可称、操履清洁、强毅正直、执宪不挠、学业优敏、文才优美、才堪将略、膂(lǚ)力骁壮等十科举人。公元606年,又以“学业该通、才艺优洽;膂力骁壮、超绝等伦;在官谨慎、堪理政事;立性正直、不避强御”等四科举人。

公元610年,炀帝又置明经、进士二科,以试策取士,这是我国科举取士的开始,由此确立的科举制度为普通人士入仕开辟了道路,并对以后1500年的中国封建社会产生了极大的影响。

隋炀帝三征高丽

公元612—614年间,炀帝杨广为炫耀武力,以高丽王元拒不入朝为由,三次发兵击高丽,耗资不计其数。

高丽是隋朝东北部最强的邻国,曾在文帝时侵扰辽西,但此后一直与隋朝相安无事。但穷兵黩武的杨广一直想征服高丽,他事先做了战前准备,开运河至涿郡以通漕运,在汲郡营建临朔宫,作为亲征的指挥所。又在东莱郡(今山东莱州)督造大海船300艘,船工不得休息,日夜在水中劳作,自腰以下,无不生蛆。又征发民工往涿郡运送米粮及兵甲。

隋炀帝三征高丽

公元612年,杨广以高丽王元拒绝入朝为借口,大举进军,杨广御驾亲征,发陆路兵士113万,号称200万,前后相继,千里不绝。以大将军来护儿率领的4万水师由海路进击平壤。隋水师在平壤附近先打了胜仗,但不久遭到高丽伏兵袭击,伤亡惨重,仅有几千人得以生还。陆军也渡过鸭绿江,进逼平壤,但劳师远来,疲惫不堪,加上军粮不给,军队徒有众兵,缺乏战斗力。两军交战,隋军纷纷败逃,军资器械丧失殆尽。征高丽遂告失败。

大业九年(公元613年),杨广再征高丽,杨广仍坐镇辽东,由宇文述与杨义臣等率陆军进围平壤,由来护儿以水师为应。但在隋军围平壤20余日不下之时,杨素之子杨玄感在黎阳发动兵变。杨广不得不急令撤军,回击杨玄感。隋军再次丢盔弃甲而还。二征高丽又告失败。

大业十年(公元614年),杨广三征高丽,来护儿的水军在平壤附近大败高丽军。高丽送还逃亡到高丽的隋臣斛(hú)斯政,以示讲和。此时国内各地起义蜂起,炀帝撤兵。后高丽王食言不朝,杨广也无力再征高丽。

杨广三征高丽,穷兵黩武,滥用民力,令人民生产与生活遭到极大破坏,终于激起了人民的反抗,加速了隋王朝走向灭亡。

李密设宴杀翟让

大业十三年(公元617年),瓦岗军内部发生分裂,李密设计杀害翟让,瓦岗军力量遭到削弱。

瓦岗军最初领导人是翟让,后来李密在义军中发挥了重要作用。李密曾参加杨玄感起事,败后被捕,在解押途中逃脱,投奔瓦岗军。他足智多谋,为翟让献计献策,使瓦岗军得以屡败官军。用李密计,义军大破荥阳,并在大海寺击杀隋将张须陀;攻克兴洛仓,赈给饥民,使瓦岗军声名大振。

公元617年初,瓦岗军攻下洛口后,李密取得全军领导权,号为魏公。他大量起用隋的降兵降将,并忌翟让势大于己不利。遂在公元617年底,趁宴请翟让,翟让不备之机,布壮士将翟让及随行人员翟弘、翟摩侯、王儒信等砍杀。一时间,瓦岗将士心存疑虑,战斗力大受影响。

隋炀帝江都被杀

大业十四年(公元618年),隋炀帝杨广被部下宇文化及缢杀,隋亡。

杨广三次巡游到江都后,全国变乱纷起,他自知大势已去,反变本加厉地饮酒作乐,甚至对着镜子对萧后说:“好头颈,不知将来谁会砍掉它。”为苟且偷生,杨广命修治丹阳宫(今南京),准备南迁。但他的随行人员多为关中人,他们思念故乡与亲人,纷纷逃归。公元618年,郎将司马德勘、元礼等人利用兵士思归情绪,推宇文化及为主,发动兵变,入宫擒获杨广,宇文化及等尽数炀帝罪状后,将他缢杀。隋宗室外戚被斩杀殆尽。宇文化及先立秦王浩为傀儡皇帝,后又杀之自称皇帝,国号许,但他同炀帝一样荒淫无度,部下人心不稳。公元 619 年,宇文化及在聊城被窦建德击败身亡。

唐

（公元618年至907年）

【历史解说】

在中国历史流程中，唐朝是一个云蒸霞蔚、异彩纷呈的时代。自公元618年（武德元年）高祖李渊建唐，经一代明君太宗李世民的励精图治，使隋末战乱摧毁的社会经济在唐初便迅速得以恢复，出现了谷黍丰稔、百姓安乐的“贞观之治”，这为唐朝走向“开元盛世”的辉煌开拓了道路。当历史推进至风流儒雅的玄宗李隆基的开元、天宝年间，国力的强盛、经济的发达、社会的繁荣更使唐朝成为中国历史上封建社会最为繁荣的鼎盛时期。

唐太宗李世民

从隋末血雨腥风的战乱中崛起的李唐王朝，自立国之初便十分注重社会的安定和政治的开明。李渊初克长安，便与民约法12章，更改律令，务在宽简。经“玄武门之变”走向皇位的李世民更是被视为“仁君”典范。在政治上，他采用于民生息的方针，深信“君主似舟，百姓如水，水能载舟，也可覆舟”的名言至理，并以此来训诫太子；他广开言路，从谏如流，虚己以受人；打破魏晋以来的九品中正制，重修氏族志。在政权组织上，以科取士，建立良好及有秩序的政府管理机制，形成以关陇为核心的统治集团。在经济上，推行均田制，实现租庸调法，奖励垦荒，轻徭薄赋，劝课农桑，设置义仓，救灾备荒，兴修水利，改进耕具，使农业和手工业得到了前所未有的发展。在军事上，实行府兵制，将士分离，实现中央高度集权。从太宗、高宗到玄宗时代，取得了一系列对外战争的胜利，解除了东北边境的威胁，羁縻（mí）西域的吐谷浑、回纥及吐蕃，使周边小国纷纷内附，并在四境设置都护府，边境地区得以保持相对的安定。在文化上，实现兼收并蓄、海纳百川的政策，使唐代文化气象万千，流光溢彩。文禁松弛，风气开放，贯穿在唐代始终，显示着威唐特有的大国气势。这种文化现象既表明唐代博大兼容的社会氛围，也反映了中外文化交流的活跃势态。京师长安随着丝绸之路的畅通，不仅成为中外交通枢纽，也成为东西方文化交流的中心。四方的乐工、画师、艺人、方士云集于此，各国的贵族、商贾、使者、留学生荟萃一处，这里也成为佛教、祆教、景教、摩尼教滋长传播的中心，真正是“万国衣冠拜冕旒(liú)”。唐代开放的规模是空前而自如的，并相应刺激了各个文化领域的繁荣。特别是“盛唐之音”——唐代诗歌的繁荣更是这种文化交融、积累的结晶。唐朝是一个诗的王国，这里名家辈出，灿若星辰；佳篇竞传，绚似云锦。孕育、诞生了李白、杜甫、白居易等一大批历史文化名人。唐代对外是开疆拓土、军威四振，国内则是经济发达、文化繁荣。由贞观至开元天宝，唐朝的文治武功、内政外交，成功地显示了一个大一统帝国开放恢宏的文化心态和精神意向。这份从容自如的韵致，正是盛唐荣华的自然表露和人文智慧的尽情挥洒。

当然，在唐代繁华强盛的背后也潜伏着深重的内忧外患。天宝十四年(公元755年)，终于爆发了“渔阳鼙(pí)鼓动地来，惊破霓裳羽衣曲”的“安史之乱”。尽管经过八年苦战，安史之乱得以平息，但风华博瞻的盛唐气象已春风难再。而许多隐患，反倒愈发尖锐起来。藩镇割据，宦官专权，党争剧烈，像块块毒瘤时刻侵蚀着机体。虽有宪宗中兴，但颓波难挽，乾符二年(公元875年)，再次爆发一场大规模的王仙芝、黄巢起义，席卷全国，京师陷落。接着藩镇混战，割据政权先后建立，天祐四年(公元907年)，朱温的“后梁”政权最终为绵延289年的大唐历史画上了黯然的句号。

李渊建唐

武德元年(公元618年)5月，唐王李渊称帝，即唐高祖，建元武德，建立唐朝。

李 渊

李渊出身贵族世家，原是西魏柱国大将军，其父李昺，曾任北周安州总管，袭封唐国公。隋朝建立后，李渊袭封祖爵，曾任谯州、陇州等地刺史。

大业十三年(公元617年)初，任太原留守兼晋阳宫监。

此时，各地群雄并起，李家父子也积极准备夺取天下。他们在河东潜结英雄，于晋阳密招豪友，倾财仗施，卑身下士，扩充自身势力。7月，李渊正式建立了独立政权，自称大将军，开府置官，并率甲士三万向关中进发。李渊为免腹背受敌两面作战，北以金帛贿赂突厥，东托卑辞拥戴李密。

7月以后，李渊先败高德儒；8月，再败宋老生，不久，绛州亦归，河东各县一举平定，成为李渊经营关中的根据地。11月，李渊攻下长安，立隋代王杨侑（yòu）为傀儡皇帝，改元义宁，自号大丞相，都督中外诸军事，封唐王。武德元年（公元618年）3月，江都兵变，隋炀帝被杀。5月，李渊自行称帝，改国号称唐，年号武德，定都长安。

李世民大破刘武周

武德三年（公元620年）4月，李世民一日八战，大破宋金刚，刘武周闻风而逃，河东安定。

李唐王朝定都长安以后，潼关以东的形势发生了很大变化。窦建德的农民军在河北建立夏国。辅公祏杜伏威占领江淮，自称吴国。东都王世充击溃瓦岗军，于武德二年4月自称郑国皇帝。刘武周被突厥封为定扬可汗，占了晋阳，并向汾水下游进犯，威胁关中的安全。李渊和李元吉主张弃河东之地，谨守关西，而秦王李世民认为太原乃王业之基，河东物产丰饶，如果放弃此地，关中亦难保全，坚决主张讨伐刘武周。

李世民大破刘武周

武德二年（公元619年）11月，李世民引兵过黄河集结柏壁，与刘武周大将宋金刚对峙。李世民坚壁不战，令主力休整，只命小股兵力抄掠敌营，二军对峙三月之久。武德三年（公元620年）2月，刘武周进攻潞州，被唐将王行敏打败，后又遭李仲元袭击，军威大挫。宋金刚亦军心不稳，同时粮道被断，被迫退走。秦王乘胜追击，一昼夜行军二百余里，一直至雀鼠谷，已二日不食，三日不解甲，一日之内交锋八次，大破金刚，俘斩数万人。金刚部将尉迟敬德以介休降秦王。宋金刚败走突厥，刘武周闻讯，亦弃并州走突厥，后皆为突厥所杀。5月，秦王收复晋阳，稳定了河东局势。

玄武门之变

玄武门之变

武德九年(公元626年)六月四日,秦王李世民本月在玄武门以伏兵射杀建成、元吉,登上太子座。

高祖李渊的皇后生有四个儿子,长子建成、次子世民、三子玄霸(早亡)、四子元吉。太子建成经常在长安,辅佐高祖处理军国大事,是帝位名正言顺的继承人。次子秦王世民常带兵征战,在创建唐业中,功勋卓著。二人势均力敌,旗鼓相当。各自为争夺皇位做准备。建成收罗文武才智之人,以作党羽,李世民也结交天下豪杰,扩充自己的实力。齐王元吉勇猛善战,但没有独树一帜的条件,便与太子结为联盟,共同与世民较量。高祖李渊也偏袒(tǎn)太子。武德七年以后,天下安定,唐统治地位已相当稳固,于是太子和秦王争夺皇位的斗争就更加明朗化。建成几次设计谋害世民,其中一次请世民夜宴,暗下鸩(zhèn)毒,世民差一点被毒死;又备烈马邀世民郊外狩猎,世民险被摔死。太子忌秦王府兵精将猛,总是设法瓦解秦王队伍,并诱买、逐斥秦王部将。

六月,适突厥犯边入塞,建成、元吉密谋借机抽调秦府精兵,并在大军饯行宴上杀掉世民。世民闻报,急召房玄龄、长孙无忌、杜如晦、尉迟恭等人商议对策,群情激奋,决定先发制人。四日,李世民设伏兵于玄武门,建成、元吉毫无戒备地经玄武门去朝见高祖,秦王乘此机会,带尉迟恭等人发动袭击,射杀太子建成及齐王元吉,并击退东宫、齐王府援兵。数日后,高祖立世民为太子,委以国事。八月,高祖被迫禅位,世民登基。

房玄龄、杜如晦拜相

房玄龄

贞观三年(公元629年)二月,李世民以房玄龄为左仆射,杜如晦为右仆射,魏征守秘书监,参与朝政。

房玄龄,字乔,齐州临淄人。参与玄武门之变,助李世民得帝位,深得李世民信重,是年任左仆射,精于理政,为贞观时主要谋划者和执行者。杜如晦,字克明,京兆杜陵人。少即聪悟,好谈文史。隋末曾任滏(fǔ)阳尉。唐兵入关中,助李世民筹谋,官至陕东道大行台司勋郎中。太宗即位,任右仆射,与房玄龄共掌朝政,并称"贤相",时人合称"房杜"。《旧唐书》载:"世传太宗尝与文昭(房玄龄)图事,则曰:非如晦莫能筹之。及如晦至焉,竟从玄龄之策也。盖房知杜之能断大事,杜知房之善建嘉谟。"又载:"文含经纬,谋深夹辅。笙(shēng)磬(qìng)同音,唯房与杜。"两人精于理政,制定了各种典章制度,为"贞观之治"的开创立下了汗马功劳。

唐代科举制度

唐代继承了隋朝的科举制度,并使之完备。唐科举分常科和制科两种。常科每年举行,考试科目有秀才、明经、进士、俊士、明法、明字、明算等多种,后又设置武举。其中明经、进士两科应试者最多。明经考试侧重儒家经典,即《九经》。《九经》之中也有重点,《左传》和《礼记》定为大经,《诗》和《周礼》《仪礼》为中经,《易》《公羊传》《谷梁传》是小经,进士考试为时务策五道,帖一大经。帖经和时务策全优为甲第。高宗永隆二年(公元681年)调整进士科考试的科目,加考诗赋,以后成为定制。在武德、贞观两朝两科基本并重。贞观末、永徽初,进士科渐趋尊贵,及第者被誉为"登龙门"。因为进士及第后,"大者登台阁,小者任郡县,资身奉家,各得其足"。因此当时有人称进士为"白衣公卿"或"一品白衫"。常科的考生来源:一是生徒,即京师或州县学馆的学生,送尚书省应试者;一是乡贡,即非学馆出身,先经州县初考及第,再送尚书省应试者。直接主持考试的,最初是吏部的考功员外郎,后来由于考功员外郎的职位低,在开元二十四年(公元736年)以后改为由礼部侍郎主持。有时中书省还要复试。制科是皇帝临时诏令设置的科目,有贤良方正、直言极谏科,才识兼茂、明于体用科等百余种。应试者可以是现职官吏,也可以是常科及第者,还可以是庶民百姓。考试内容唐初仅考策问,唐玄宗时加试诗赋。制科考试通常由皇帝亲自主持,制科合格者可以由朝廷直接授予官职。唐代制科尽管由皇帝亲自主持,但在士人的眼中,往往视为非正途出身,不予重视。

太宗整顿府兵制

贞观十年(公元636年),李世民为加强战备,于本年整顿府兵制。

府兵制是北朝西魏宇文泰在大统年间(公元535—551年)创置的,一直至天宝八年(公元749年)方告废止,先后维持了200年。唐初,沿袭隋府兵制,本年,太宗加以改革。规定左右卫等12府和东宫六率府是管辖府兵的最高军事机构,直接隶属皇帝。12卫府各领40—60个军府,太子的东宫六率府各领3—6个军府,军府改称折冲府,设折冲都尉、果毅都尉为正副长官。

军府分上中下三等。上府1200人,中府1000人,下府800人。府下面又分团、队、火三级,人数分别为200、50、10人。全国共有634个军府,按内重外轻原则分布,京师所在的关中占261府。

太宗整顿府兵制

折冲府不受地方长官管辖,其长官也不得干预地方行政。府兵统称卫士,20岁从军,60岁离队。府兵粮械自备,免除赋役,战时出征,平时主要轮流到京城宿卫,称番上,其制度是:500 里内为五番,500 里外为七番,1000 里外为八番,各一月上,2000 里外为十番,倍其月上。

太宗所改定的府兵制有鲜明的特点:首先是兵农合一,三时农耕,一时教战,减少军费开支,巩固了武装力量。其次,由 12 卫督率各府,而关中有府 261,拥兵 26 万,加强了中央力量,收到"居重驭轻"的效果。第三,兵士平常有训练,将却不能拥兵自重。第四,实行拣点办法,即征兵制,和招募的职业兵不同,多少有保卫家乡的观念。

贞观之治

从贞观元年(公元 627 年)到贞观二十三年,是唐太宗在位时期。自唐朝统一全国,在政治、经济、军事、文化等各方面进行了整顿和改革,奠定了立国规模。唐太宗采取与民休息的政策,使社会经济得以迅速恢复,徭役不兴,年谷丰稔(rěn),百姓安乐。政治上,他整饬(chì)吏治,健全律法,选贤任能,从谏如流,取得显著的效果。在与边境诸民族的关系上,他采取"偃武修文,中国自安,四夷自服"的方针,反对穷兵黩(dú)武,东征西讨,边防矛盾得以缓和,社会安定,秩序井然,出现了海内升平,路不拾遗,外户不闭,商旅野宿,无复盗贼的兴旺景象。囹圄常空,终岁断死刑者 29 人。后世史官将此盛世誉为"贞观之治"。

唐置安西都护府

贞观十四年(公元 640 年)八月,西域高昌王曲文泰屡犯唐境,大肆掠夺、太宗遣侯君集等讨伐,本月平定高昌,设安西都护府。

西域,早在西汉时,中央政府就在此设置西域都护府。隋时又建伊吾城。隋末,中原连年内战,汉族曲氏乘机在高昌建立割据政府。贞观以来,高昌王曲文泰有意对抗唐廷,多次阻挠各少数民族与唐政府的友好往来,并遣兵进犯唐西伊州。

西域各族酋长纷纷要求唐政府讨伐高昌。高昌国内曾流行一首民谣说:“高昌兵,如霜雪;唐家兵,如日月。日月照霜雪,几何自殄(tiǎn)灭。”太宗为争取曲文泰,曾遣使和谈,不肯归顺。贞观十三年(公元639年)十二月,太宗令交河行军大总管、吏部尚书侯君集,副总管左屯卫大将军薛万钧,率兵讨伐。唐军至碛门,高昌王曲文泰忧惧死,子智盛立。大军直抵其都城交河城下,围城猛攻,智盛出降。唐军连下22城,收降八千余户,一万七千余人。西突厥与高昌订有盟约,屯兵可汗浮屠城,声援高昌,结果以城降。以可汗浮屠城为庭州。九月,置安西都护府于交河城。

唐置安西都护府

唐置单于、瀚海都护府

永徽元年(公元650年)六月,高侃擒突厥车鼻可汗,分置单于、瀚海二都护府。

贞观末,突厥余部车鼻可汗不入朝,遣高侃发回纥、仆骨兵击之,大军压境,诸部落相率来降。六月,高侃击突厥,追车鼻可汗至金山,擒之以归,其众皆降,处之于郁督军山,九月,置狼山都督府以统之。于是突厥尽归附,分置单于、瀚海二都护府,下统诸都督府与诸州,各以其酋长为刺史、都督。

唐置单于、瀚海都护府

武后杀长孙无忌

显庆四年(公元659年)四月,武则天以谋反罪,诛杀长孙无忌等重臣,牵连甚众。

因废立皇后事,武则天深怨长孙无忌,令许敬宗伺机诬陷之。本月,许敬宗无端诬奏长孙无忌谋反。李治初不信,许敬宗更进言:"长孙无忌乃当世奸雄,天下服其智,畏其威,一旦变发,悔之晚矣。"李治深以为然,下诏削无忌太尉及封邑,安置黔州。许敬宗又奏褚遂良、柳爽、韩瑗、于志宁与无忌同谋,下诏追削褚遂良官爵,柳爽、韩瑗除名,于志宁免官。七月,命李勣、许敬宗等复查无忌案,许敬宗遣人至黔州逼无忌自缢。诏斩柳爽、韩瑗,籍没三家,近亲皆流放岭南为奴婢。朝内数十人受牵连而被贬黜、处死。自是政归武后。

武后垂帘听政

麟德元年(公元664年)十二月,武则天登上后位后,专作威福,李治每受其挟制,宰相上官仪进言:"皇后专恣,海内失望,宜废之以顺人心。"李治即命上官仪草拟废后诏书。武后闻讯,遽至高宗处自诉,诏草犹在,高宗羞缩不忍,乃曰:"我初无此心,皆上官仪教我。"武后怀恨在心,乃使心腹许敬宗诬奏上官仪与废太子忠谋反,上官仪下狱被杀,赐废太子忠死,株连流贬者甚众。史载"上每视事,则后垂帘于后,政无大小,皆与闻之。天下大权,悉归中宫,黜陟、杀生,决于其口,天子拱手而已,中外谓之二圣。"(《资治通鉴》)

武则天改唐为周

天授元年(公元690年)九月,自高宗死后,政事皆决于武氏,皇帝只是一个傀儡,武则天在诛杀唐宗室诸王之后,又借《大云经》为自己称帝作舆论准备。本月,武则天登基称帝,改唐为周,改元天授,受尊号为圣神皇帝,以睿宗皇帝为皇嗣,赐姓武,皇太子为皇孙。先是侍御史傅游艺揣太后之意,率关中百姓900人,诣阙上表,请改国号为周,赐皇帝武姓,则天佯为不许,擢(zhuó)游艺为给事中。百官及帝室宗戚,百姓、四夷酋长、沙门道士6万多人又请,睿宗皇帝亦上表请改武姓,遂改。接着立武氏七庙于神都,立武承嗣等武氏子侄为王及郡主,武氏诸姓姑姊为长公主。并制天下武氏悉免课役。

狄仁杰拜相

天授二年(公元691年)九月,狄仁杰拜相。狄仁杰,字怀英,并州太原人。少有大志,勤奋好学,后以明经入仕,历任大理、侍御史、刺史、宰相等职。仁杰一生断案无数,无一不审核周详,秉公处置,仪凤间(公元676—678年),仁杰为大理丞,周岁断滞狱17000人,无冤诉者。

仁杰在酷吏肆虐期间,能不惧威势,力阻滥刑。他为豫州刺史,正是越王贞举兵反武失败后,株连六七百家,五千余口,司刑促使行刑,仁杰密奏,彼本无罪而遭连累,武后从之,皆流丰州,众人皆免毒刑。至是拜相,武后谓仁杰曰:“卿在汝南,甚有善政,卿欲知谮卿者名呼?”仁杰谢曰:“陛下以臣为过,臣请改之,知臣无过,臣之幸也,不愿知谮者名。”武后深叹美之。天授三年(公元692年)来俊臣构陷谋反,狄仁杰下狱,后贬为彭泽令。神功元年(公元697年)复相,后为内史,为官敢谏,谏止武则天造大佛像,并以母子情劝武后召还中宗。为政慈惠,常以举贤为意,所荐桓彦范、敬晖、姚崇、张柬之等皆为名臣。

李隆基受禅即位

延和元年(公元712年)八月,睿宗传位于太子,李隆基即位,改元先天,尊睿宗为太上皇。

李隆基为李旦第三子,性果断,有英雄才略,初封楚王,后为临淄王。景云二年(公元711年),与太平公主合谋发动政变,诛韦后,拥其父李旦即位,被立为太子。七月,彗星出西方,太平公主使术士谓睿宗曰:"彗星入太微,主帝座有灾,皇太子将为天子。"暗示太子将弑君篡位。但睿宗已决意将皇位传于太子,太平公主及其党力劝,以为不可。太子闻讯,急驰入见,叩请父皇收回成命。李旦说:"帝座有灾,授位于汝;社稷为大,不可多疑。"二十五日,睿宗下诏正式传位于太子。八月三日,太子即位为玄宗,尊睿宗为太上皇。自此,太上皇自称为"朕",命曰"诰",受朝于太极殿;玄宗自称为"予",命曰"制""敕",受朝于武德殿。太平公主劝睿宗虽然传位,仍宜主大事,故三品以上官任命及重大刑案仍由太上皇来裁决;其余政事则由玄宗处理。

唐大败吐蕃

开元二年(公元714年)八月,吐蕃将坌(bèn)达延、乞力徐率众10万,军兰州,寇临洮,至于渭源,掠取牧马。朝命薛讷白衣摄左羽林将军,为陇右防御使;以右骁卫将军郭知运为副使,与太仆少卿王唆率兵击之。又大募勇士,往河、陇等地就纳教练。十月,吐蕃复寇渭源,玄宗欲下诏亲征,发兵10余万人,马4万匹。时王唆率所部2000人与薛讷会击吐蕃,坌达延将吐蕃兵

唐大败吐蕃

10 万屯大来谷，唐将王晙选勇士 700 人，衣胡服夜袭之。多置鼓角于敌后 5 里，前军遇敌大呼，后军鸣鼓角以应之。虏以为官军大至，自相杀伤，死者万计。薛讷军屯武街，去大来谷 20 里，将吐蕃军前后夹击。王晙又夜袭之，吐蕃军大溃，薛讷与王晙会合，追击吐蕃军至洮水，复战于长城堡，前后杀获数万人。时吐蕃以黄河为境，神龙中尚金城公主后，遂逾河筑城，置独山、九曲两军。又去积石 300 里处河上造桥，以利军运。薛讷等既败吐蕃，乃遵姚崇等人之议，毁其桥城。同月，命使宣慰金城公主。吐蕃遣其大臣宗俄因矛至洮水请和，欲用敌国礼，玄宗不许。

开元盛世

开元（公元 713—741 年）是唐玄宗统治前期的年号，这个时期唐王朝国势强盛，封建社会在各方面都达到了前所未有的太平盛世状况，史称“开元盛世”。

玄宗效法唐太宗，注重用贤和纳谏，对于朝中名臣，玄宗区别对待。他先是重用能犯颜直谏又忠心为国的姚崇、宋璟、苏颋、张说等人为相，倾心从谏，对宋璟的谏诤，“玄宗素所尊惮，常屈意听纳”（《新唐书·宋璟传》）。姚崇、宋璟后称“姚宋”，与初唐名臣房、杜齐名。苏颋和宋璟同时为相却甘居辅佐地位，相让为国。这就使玄宗的统治核心能上下一心，励精图治。玄宗对朝三暮四的政客则远调或罢官，消除了朝廷内部的不安定因素。

唐玄宗

玄宗还裁汰冗官，改革吏治。针对武则天时造成官僚机构严重膨胀的情况，他先是撤销冗官数千人，以节约开支，解决财政困难，开元五年（公元 717 年）又恢复谏官、史官参加宰相议事的制度，为了从根本上澄清吏治，玄宗制订了《开元格》《开元新格》等，又派人编纂了系统完整的行政法典——《大唐六典》，这对惩治贪官、稳定社会秩序提供了强有力的法律保证。

在经济方面，为了增加财政收入，玄宗主要采取了四项措施。首先，打击豪门士族，争夺土地劳力。玄宗在政权稳固之后，采取检田括户等措施，收回大量私田，分给无地农民使用，既增加了国库收入，也缓和了社会矛盾；第二，改革食实封制度，以增加政府财政收入，减轻人民负担；第三，玄宗打击佛教势力，淘汰僧尼。武周、中宗大力扶持佛教，广建庙宇。寺院僧尼不仅兼并土地，而且逃避税役。公元714年，玄宗令1.2万余僧尼还俗，还禁造佛寺，禁铸佛像，禁抄佛经，沉重打击了佛教势力，扩大了中央政府的税源；第四，发展农业。玄宗采取与民休息的宽容政策，扩大耕地面积，大修农田水利，并且移民边疆，屯田生产，农业十分发达。杜甫的《忆昔》诗"公私仓廪俱丰实"就生动地描写了开元盛世时农业的发达。

玄宗实行和解的民族政策，以改善民族关系，维护国家统一。对东突厥大搞边境贸易，进行经济交流；为了改善和奚族、契丹族的关系，还把两个公主嫁给奚族、契丹族的两个首领。姚崇、宋璟都熟谙军务，一方面加强军备，一方面安境息民，还严防边将穷兵黩武，轻启边衅。开元年间和睦的民族关系对于社会稳定和经济发展起很大的促进作用。

由于唐玄宗采取了上述积极的政治经济措施，加上广大人民的辛勤劳动，唐王朝在各方面都达到了很高的水平，国力空前强盛。几十年间人口增长到五千二百九十余万人，有了大幅度的增长；农业十分发达，即使是开元三年还"沙碛（qì）悠悠"的陇右地区，到开元末期也已经"桑麻翳（yì）野"了；手工业方面的瓷器、漆器、造纸均超过前代，"唐三彩"更是名扬海内外；唐代的商业也很发达，国内交通四通八达，城市极为繁华，对外贸易不断增长，波斯、大食商人纷至沓来，长安、洛阳、广州等大都市商贾云集，各种肤色、不同语言的商人身着不同的服装来来往往，十分热闹。中国封建社会达到了全盛的阶段。

玄宗册杨太真为贵妃

天宝四年（公元745年）八月，玄宗册封杨太真为贵妃。

杨贵妃，蒲州永乐人，小字玉环，幼孤，由其叔叔河南府士曹杨玄璬抚养，后入寿王邸。开元二十三年（公元735年）受封为寿王妃。

开元二十五年（公元737年）玄宗宠妃武惠妃死后，玄宗悲思不已，后宫佳丽数千，无称意者。有人言寿王妃杨氏才貌双绝，玄宗见而悦之，乃令妃自求为女道士，号太真，又为寿王更娶韦昭训女。天宝三年（公元744年）十二月潜纳太真于后宫。太真肌态丰艳，能歌善舞，通晓音律，善迎帝意，遂宠遇日甚。八月，玄宗册封杨太真为贵妃。追赠其父杨玄琰为兵部尚书，擢其叔父杨玄珪为光禄卿，任命杨贵妃宗兄杨铦为鸿胪卿，杨锜为侍御史，尚武惠妃女太华公主。杨贵妃族兄杨钊（国忠）也因此而日益显贵。贵妃有三姊，均有才色，玄宗皆赐第京师，出入宫掖，呼之为姨，后分别封为韩国夫人、虢国夫人、秦国夫人，每年赐其脂粉费百万。自太真被封为贵妃后，杨氏宗亲恩宠日甚。民间传言："生男勿喜女勿悲，君今看女作门楣。"

安禄山兼御史大夫

天宝六年（公元 747 年）三月，玄宗以范阳、平卢节度使安禄山兼御史大夫。

安禄山外似痴真，内实奸猾，常派其部将留京师刺探朝廷旨意，并每岁献珍禽异兽、俘虏、杂畜等，以至沿途郡县疲于运送。在玄宗前应对机敏，深得玄宗的赏识。安禄山身体肥胖，腹垂过膝，玄宗曾指其腹戏言："此胡腹中何所有？其大乃尔！"对曰："更无余物，只有赤心耳！"玄宗听后十分高兴。玄宗曾命禄山见太子，禄山见后不拜，左右人催促其拜，禄山拱立而说："臣是胡人，不知太子为何官？"玄宗告诉他，太子即储君也。禄山乃曰："臣愚，向者唯知有陛下一人，不知乃更有储君。"然后拜。玄宗由此益以为禄山憨愚，更宠爱之，还命杨铦（gǔ）、杨锜及贵妃三姊皆与禄山叙兄弟。禄山得以出入禁中，因请为贵妃儿。玄宗与贵妃共坐，禄山先拜贵妃，玄宗问何故，对曰："胡人先母而后父。"以此取悦玄宗，玄宗遂使其兼御史大夫。

安禄山起兵反唐

天宝十四年（公元 755 年）十一月，安禄山于范阳起兵反唐，引军南下，烟尘千里。

安禄山早已阴蓄异志，秣马厉兵，李林甫、杨国忠多次上奏玄宗，言安禄山有反心，但玄宗不听。天宝十三年（公元 754 年），杨国忠言安禄山必反，且曰："陛下试召之,必不来。"玄宗召之,禄山闻命即至,帝由是更加亲信之,并加禄山左仆射,继又以禄山为闲厩(jiù)、陇右群牧等使,兼知总监事。禄山乘机选健马堪战者数千匹。安禄山又奏称,其部下征战有功,乞不拘常格,超资加赏。于是授将军者500余人,中郎将者2000余人。禄山欲反,先以此收买军心。安禄山辞归,玄宗解御衣赐之。安禄山从京师归范阳后,朝廷有使者来时,总是称病不出迎,盛陈武备,然后再见。公元755年三月,玄宗命给事中裴士淹宣慰河北,至范阳后,20余天才得见禄山,但不修人臣之礼。杨国忠乘机求禄山反状,命京兆尹围其宅第,捕杀禄山在京师的门客。安禄山闻知,反心更坚。六月,禄山子庆宗因尚皇室女荣义郡主,玄宗以赐庆宗成婚为由,下诏请禄山至京师观礼,禄山以病为由不至。七月,禄山上表献马3000匹,但护送兵将竟达6000余人。河南尹达奚殉疑其借此叛乱,奏请火速下诏,禁安禄山兵马入京。此时,玄宗亦怀疑安禄山有反心,但禄山重兵在手,难以制服。安禄山独与孔目官太仆丞严庄、掌书记屯田员外郎高尚等密谋,其余将帅,皆不知情。恰有奏事官自京师还,禄山诈为敕书,召集部将说:"今有密旨,令禄山将兵入朝讨杨国忠。"众将愕然相顾,但无人敢有异言。十一月九日,禄山发所部兵及同罗、奚、契丹、室韦总共15万众,号为20万,从范阳起兵。命范阳节度副使贾循守范阳,平卢节度副使吕知诲守平卢,别将高秀岩守大同,其余将领皆率兵出发。次日,安禄山阅兵誓众,并传令,有异议煽动军心者,斩灭三族。然后,引军南下,安禄山乘铁舆而行,步骑精锐,烟尘滚滚,鼓噪震地。由于承平日久,百姓不知战事,闻范阳兵起,皆惊恐失措。河北为安禄山辖区,叛军一路而行,各州县望风瓦解。

安禄山起兵反唐

杨国忠拜相

天宝十一年(公元752年)十一月,李林甫死,杨国忠拜相。

杨国忠,蒲州永乐人,杨贵妃堂兄,本名钊,后玄宗赐名国忠。杨国忠利用杨贵妃之关系,先被授金吾兵曹参军、闲厩判官,掌财管物,分铢不差,深得玄宗赏识,后迁为监察御史。国忠因结贵妃姊妹,玄宗好恶,一应俱知,故玄宗以国忠为贤才，又升为度支员外郎。数年间，杨国忠即领15职。天宝七年（公元748年）杨国忠又升至给事中，兼御史中丞，专判度支，势倾天下。天宝十一年五月，又加京兆尹杨国忠御史大夫、京畿、关内采访使，威权日盛，国忠遂与李林甫争夺朝政大权。玄宗晚年，以为天下太平，无复可忧，深居禁中，以声色自娱，一切政事悉委李林甫。林甫迎合帝意以固其宠；杜绝言路以成其奸；排抑胜己以保其位，诛逐贵臣以张其势。凡在相位19年，遂酿成天下大乱。此时，杨国忠权震天下，遂与林甫为敌，于玄宗前，屡进谗言，并排挤林甫心腹，玄宗于是疏远林甫，而重用国忠。十一月，李林甫死，玄宗以杨国忠为右相，兼文部尚书，并封魏国公。杨国忠一人凡领40余使，把持朝政，权倾一时。

颜真卿起兵讨叛

天宝十四年（公元755年）十二月，平原太守颜真卿起兵讨叛，诸郡响应，共推颜真卿为盟主。

颜真卿起兵讨叛

安禄山未反前，平原太守颜真卿已察安禄山必反，遂借下大雨之机，修城挖壕，征丁壮，充实粮仓。禄山认为真卿乃一介书生，并未放在心上。及禄山反，下牒真卿率平原与博平兵7000人防守黄河渡口，真卿遂派平原郡司马参军李平从小道奔赴京城，将安禄山叛乱的消息上奏朝廷。玄宗闻知禄山反后，河北郡县无敢抗拒者，曾感慨说："难道二十四郡就无一义士？"及李平至朝廷，玄宗大喜，称颜真卿为真正义士。颜真卿招募勇士，几日间便得万余人，谕以起兵讨安禄山，慷慨涕泣，士皆感愤。真卿杀禄山党羽，遣使密怀购贼牒至河北诸郡联合起兵，诸郡多响应，纷纷起兵斩杀安禄山将吏，共推颜真卿为盟主，军事上统一由其指挥，共同抗击叛军。

郭子仪平河东

至德二年（公元757年）二月，郭子仪平定河东。

郭子仪平河东

河东郡居两京之间，扼叛军要冲，得河东，就可收复两京。当时安禄山大将崔乾祐守河东，郭子仪派人潜入河东，与陷于叛军的唐官吏联络，等待官军至后作为内应。郭子仪遂率兵从洛交向河东进发，又分兵攻取冯翊。二月，河东司户韩旻等翻河东城以迎官军，杀叛军近千人，叛军大将崔乾祐逾城以身免。然后发城北兵来攻城，并阻击官军，被郭子仪击退。子仪率兵追击，杀4000人，俘5000人，崔乾祐逃至安邑，安邑人开城门进，刚进一半，安邑人豁然闭门击之，已进者均被消灭。崔乾祐遂从迳（jìng）岭逃跑。河东遂平。

史思明降唐

至德二年（公元757年）十二月，叛军大将史思明降唐。

史思明，营州人，本突厥与西域胡人混血儿。天宝初，积功至将军，知平卢军马。

唐军收复洛阳，安庆绪逃至邺郡，其大将北平王李归仁率精兵曳落河及同罗、六州胡数万皆败归范阳，所过掳掠，人物无遗。史思明以精兵设备，并遣使招之，曳落河与六州胡皆降。只有同罗兵不从，思明率兵击之，同罗大败，思明悉夺其所掠人与物，其余同罗兵逃归其国，思明势力大增。安庆绪忌思明势力强大，特遣部将阿史那承庆与安守忠往征其兵。史思明部将劝其归顺朝廷，以赎前罪，史思明以为然。遂囚禁阿史那承庆等，遣部将窦子昂奏表以所部13郡及兵8万来降唐，所部河东节度使高秀岩也来降。十二月，窦子昂至京师。肃宗大喜，封思明为归义王，以为范阳节度使，并其子 7 人皆封显官。又遣内侍李思敬与乌承恩往范阳宣慰，使思明率所部兵讨安庆绪。乌承恩所至宣布朝廷诏旨，除安庆绪所据相州外，河北郡县皆降于唐。

李光弼邙山之败

上元二年（公元 761 年）二月，李光弼被迫与史思明交战，大败于邙山。

李光弼

李光弼败史思明于河阳后，有人言，洛中叛军将士多为燕人，久戍思归，攻之必破。陕州观军容使鱼朝恩说肃宗令李光弼进取东京。光弼奏称："贼锋尚锐，未可轻进。"朔方节度使仆固怀恩因李光弼治军严厉，由畏而恶之，遂附会鱼朝恩，亦言东都可以收复，于是中使相继于道，督促光弼出兵。李光弼不得已，被迫出兵，遂使郑陈节度使李抱玉守河阳，与怀恩率兵会鱼朝恩及神策军节度使卫伯玉攻洛阳。光弼命于邙山依险布阵，仆固怀恩却阵于平原，史思明乘官军阵脚未稳，进兵击之，官军大败，死数千人，军资器械尽弃。李光弼、仆固怀恩走保闻喜，鱼朝恩、卫伯玉败还陕郡，李抱玉也弃河阳而逃走，河阳、怀州皆陷叛军之手。朝廷闻知战事，速增兵屯于陕郡，以防叛军西侵，邙山败后，李光弼上表请求自贬，肃宗遂下制以李光弼为开府仪同三司、侍中，领河中节度使。

收复东京

宝应元年（公元 762 年）十月，唐与回纥联兵大败叛军，攻克东京。

唐与回纥诸军发于陕州，仆固怀恩与回纥自渑池入，潞泽节度使李抱玉从河

收复东京

阳入，河南等道副元帅李光弼自陈留入，会于洛阳，阵于横水，叛军数万，立栅自守。怀恩阵于西原，遣骁勇骑兵及回纥从南山出栅东北，内外夹击，大败叛军。史朝义闻知，率其精兵10万前来救援，阵于昭觉寺，官军突袭之，虽杀伤甚多，而叛军阵不动。鱼朝恩又派射生手500人力战，叛军被杀死者甚多。镇西节度使马琦单骑奋击，突入敌阵，叛军左右遂退，官军乘之而进，叛军大败，人马相互践踏，杀6万余人，俘2万。史朝义率轻骑数百东走。怀恩率兵进克东京及河阳城，继下郑州、汴州、汝州。回纥兵入东京，大肆杀掠，死者万计，大火数十日不灭。朔方、神策军亦以东京、郑、汴、汝州为贼境，所过掳掠，三月乃止。州县房屋殆尽，士民皆衣纸。

五代十国

（公元907年至960年）

【历史解说】

唐朝末期，藩镇割据势力进一步发展。唐朝灭亡后，在中原一带相继出现了后梁、后唐、后晋、后汉、后周五个朝代。史称五代。五代凡53年（公元907-959年），共更换了8姓14君。

唐末战乱

公元907年，唐宣武节度使朱全忠（原名朱温）消灭了许多割据势力。初步统一了黄河流域，废唐哀帝自立，建立后梁。朱全忠称帝后，其他藩镇一面斥责其篡位，一面又纷纷仿效而各自称王。后梁政权对农民横征暴敛，以致暴发了毋乙和董乙领导的农民起义，在农民起义军的打击下，仅存在了16年的后梁为另一藩镇李存勖所取代。公元923年，李存勖在洛阳建立后唐。公元936年，太原石敬瑭以出卖燕云十六州为代价，向契丹借兵推翻了后唐，建立了后晋。契丹贵族对中原的掠夺，遭到人民群众的英勇抵抗。石敬瑭死后，其侄石贵即位。公元946年，契丹攻陷后晋都城开封。后晋被推翻后，原石敬瑭部将、大原节度使刘知远于公元947年在太原称帝，建立后汉。后汉统治集团内部矛盾十分激烈，将相之间相互为仇，刘承祐即位后，疑忌大臣权重，恐受其制，于是开始大肆杀戮，终于激起郭威兵变。公元950年，郭威攻入开封，推翻了后汉，公元951年称帝。建立后周。郭威对后周的政治、经济进行了一系列变革，收到了不小的成效。他去世后，养子柴霜（郭）荣即位，致力于统一大业，在郭威的基础上，对后周的政治、经济乃至社会、文化各个方面进行了整顿和改革，为后来北宋的统一奠定了基础。

在北方五代更迭嬗（shàn）变的同时，中国南方和北方河东地区，先后存在过10个割据政权（不包括一些小的割据势力），史称“十国”。即吴、前蜀、后蜀、南唐、闽、楚、北汉、南汉、南平（荆南）、吴越10个割据政权。

“五代十国”是中国继魏晋南北朝之后再度陷入分裂混乱的时期，是安史之乱以后藩镇割据局面的延续和扩大,但同时也是中国走向统一的过渡时期。各地人民反对分立割据带来的制度不统一,关卡林立、禁令繁多、商税苛重等种种灾难;又由于契丹贵族的掠夺,人民要求统一,以便集中力量进行抵御。到了五代后期,统一的趋势已日益明显。而且,南北两方,虽然在政治上处于分立割据状态,但它们之间保持着紧密的经济联系,促进了北方经济的恢复和发展,为全国准备了条件。

公元960年,后周禁军统领赵匡胤趁公元959年柴荣在北伐契丹的战争中病死,7岁幼子柴宗训即位之机,发动了陈桥兵变,夺取了后周政权,建立了北宋。北宋立国后,首先出兵南方,消灭了南平、后蜀、南汉、南唐、吴越等政权,公元979年又征服了北汉,五代十国的割据局面遂告结束,中国再次统一。

五代十国时期,全国的经济重心已从黄河流域逐渐转移到长江流域。但经济发展依然不慢,农业、手工业、商业都较发达,海上贸易也相当繁荣。这一时期,起于唐代的词开始走上兴盛阶段,此外,书法、绘画领域的成就也在历史上占有一席之地,对北宋乃至后世都有较大影响。

朱全忠代唐称帝建后梁

开平元年(公元907年)四月,唐宣武节度使朱全忠废唐哀帝自立,国号梁,史称后梁,建都汴(今开封)。

朱全忠,本名朱温,小名朱三,宋州砀山(今属安徽)人。公元877年参加黄巢起义,公元882年叛变降唐,任河中行营招讨副使,赐名全忠。次年,为宣武节度使(治汴州,今开封),与李克用等联合镇压黄巢起义军。黄巢起义军失败后,朱全忠以河南为中心,极力扩张势力,消灭了许多割据势力,初步统一了黄河流域,成为唐末最大的割据势力。公元901年率兵入关中,控制了唐中央政权。公元904年用武力将唐昭宗逼迁洛阳,不久派人杀死唐昭宗。立昭宗儿子李柷为帝(哀帝)。公元907年,朱全忠逼唐哀帝禅位于他,自己登上皇帝宝座,是为梁太祖,建元开平。后梁疆域包括宣武、宣义、天平、护国、天雄、武顺、佑国、河阳、义武、昭义、保义、忠武、匡国、镇国、武宁、忠义、荆南等21镇。

晋王李存勖大破梁军

开平二年(公元 908 年)五月,晋王李存勖亲率军御后梁,大破后梁军。

晋王李存勖大破梁军

开平二年二月,唐河东节度使晋王李克用病重,立其长子存勖(xù)为后嗣。克用死,存勖袭位。存勖袭位后,即与后梁争夺黄河流域统治权,大兴战事。晋将李嗣昭坚守潞州(今山西长治),后梁军转攻潞州,构筑重城,内以防逃亡,外以拒援兵,谓之夹寨。后梁军攻潞州,久攻不下。士兵疲惫,多逃亡。梁帝朱晃亲至泽州(今山西晋城)接应班师,诸将以为李克用死,潞州孤城无援,必可取,朱晃遂南还,后梁军在夹寨者亦不再设防。晋王李存勖亲率大军,直趋上党。五月初,乘晨雾抵夹寨。后梁军毫无准备,将士尚未起,军中惊扰。晋兵填堑烧寨,鼓噪而入,后梁军大溃南遁,诏讨使被杀,逃亡将校士卒数以万计,委弃资粮、器械堆积如山,晋军大胜。

李存勖率军返回晋阳(今山西太原)后,犒赏诸将士。朱温听说夹寨失守,惊叹道:“生子当如李亚子(亚子,存勖小名),克用为不亡矣!”。

李存勖称帝建后唐

后梁龙德三年,后唐同光元年(公元 923 年)四月,晋王李存勖在魏州称帝建后唐。

李存勖是沙陀部(原是西突厥的一个小部)首领李克用之子,小名李亚子。祖父朱邪赤心,曾助唐王朝镇压庞勋起义。被唐懿宗赐姓名为李国昌。黄巢起义军攻长安后,公元 881 年李克用被唐僖宗任用为代州刺史、雁门以北行营节度使,率沙陀兵帮助唐政权镇压黄巢起义军。唐朝因李克用攻下长安,镇压起义有功,公元 883 年,封李克用为河东节度使,治太原,后封晋王。从此,李克用以河东一带为根据地,逐渐扩充实力。唐末,李克用和朱温为争夺地盘而连年混战,双方交战达二十余年,朱温势力逐渐强大,而李克用却只能孤守晋阳。公元 908 年,李克用死,子李存勖继晋王位。他在做晋王时整顿军队,先灭幽州的燕王刘仁恭、刘守光父子,后驱逐南下的契丹兵出境。并与夺取了政权的后梁太祖朱温争夺地盘,打败了朱温。此后,李存勖进一步发展势力。是年二月,李存勖建置百官,是月,从将佐及藩镇劝进,在魏州称帝。李存勖以唐后裔自称,承继唐统,故建国号为唐,史称后唐,以别于唐朝,建元同光,李存勖即后唐庄宗。以魏州为兴唐府,建东京;于太原建西京,以镇州为真定府,建北都。当时后唐统辖有 13 节度、50 州。

后唐灭后梁

后梁龙德三年,后唐同光元年(公元 923 年)十月,后唐攻后梁,后梁亡。

李存勖称帝的前后,即筹谋灭后梁。他派李嗣源率兵渡过黄河,大举伐梁,袭取后梁之郓州(今山东郓城县)。后梁以王彦章、段凝统兵抵御,彦章分兵围郓州,并与后唐军大战于杨刘(今山东东阿县北),不久,彦章因谗而罢,后梁以段凝代王彦章为北面招讨使,将士不服,以致使后梁遭受战略上的重大损失。后梁又以精兵授段凝,旨在大举攻后唐,致使大梁无兵。李存勖纳部将郭崇韬之计,送魏国夫人刘氏、皇子刘继岌回兴唐府,与之诀别,“事之成败,在此一举,如不能成功,就把我们全家集合起来到魏宫全部自焚”。是月,李存勖亲率大军从杨刘渡过黄河,向大梁进军。一战俘梁将王彦章,一路长驱直指大梁。向封丘门发起进攻,后梁军出门投降,李嗣源入城,当日,李存勖也由梁门进入城中,后梁百官在马前迎接。后梁主令近臣皇甫麟断其首,麟遂杀梁主而后自刎。次日,后唐兵入大梁,后梁亡。后梁将吏皆降后唐,李存勖遣使宣谕诸道,后梁 50 余节度使皆上表入贡,后唐以新官命之。后梁之领域,尽为后唐所有。

后唐灭后梁

石敬瑭割地建后晋

清泰三年，后晋天福元年（公元936年）十一月，后唐河东节度使石敬瑭（táng）以割地贡帛等条件，取得契丹的援助，推翻了后唐，取得政权，国号晋，迁都开封，史称后晋。

石敬瑭，沙陀族人，后唐明宗李亶的女婿，明宗末年，他身兼太原尹、北京（今山西太原）留守、河东节度使三要职，握有重兵和财富。明宗李亶死后，即位的闵帝李从厚想让他移镇成德而未成功。

公元934年，后唐末帝李从珂即位，对石敬瑭也怀有戒心。五月，李从珂命令石敬瑭移镇天平（郓州军号，今山东东平），石敬瑭拒命，并在晋阳起兵叛乱。李从珂颁下诏书剥夺石敬瑭所有官爵，任命张敬达为太原四面兵马都部署，杨光远副之，率兵讨之。六月，后唐的军队把石敬瑭围困在晋阳城中。七月，石敬瑭遣使以割地称臣为条件向契丹求救，契丹出兵救援。石敬瑭会合契丹兵，乘胜大败后唐兵。是月，石敬瑭受契丹册封为帝，建都汴梁（今河南开封），国号晋，史称后晋。后晋除割燕云16州于契丹外，其疆域略同于后唐。公元946年，被契丹所灭，共历二帝11年。

北 宋

（公元960年至1127年）

【历史解说】

宋分北宋和南宋。自公元960年赵匡胤“陈桥兵变”代后周而建北宋至1127年“靖康之耻”为金所灭，凡历9帝168年，为北宋。

北宋是一个比较独特的历史时期，它自立国伊始，即强邻压境，自始至终国力萎靡不振，为少数民族政权辽、金、夏所欺凌压迫。但其文化却多姿多彩，影响甚远，成为转合中华民族的一股主力。

在政治制度上，北宋中央集权制有了重大发展。这主要表现为封建政权、军权、财权的高度集中和意识形态领域内唯心主义道学（又叫理学）的兴起。北宋统治者为了加强中央集权，吸取唐末藩镇割据、节度拥兵的深刻教训，对藩镇武将的权力大加削弱。在财、政、军诸领域多用文人，宋统治者还特别重视以科举笼络文人。实行文治，以达到其“强干弱枝”“守内虚外”巩固统治的目的。

北宋的社会经济取得了显著的进步，突出表现在农业（大量农田的开垦、农作物品种的增多、农具的革新）、手工业、冶金、煤炭、武器制造、纺织业、陶瓷业和国内外贸易的发达、行会制度的盛行、城市经济的繁荣、纸币及汇兑的流行。

北宋文化极盛，学术上理学使儒学真正哲学化；史学硕果累累；词别具一格，堪称一绝；古文，通俗文学及戏剧说唱艺术也发展迅速。

宋代的科学技术较之前代有了一个质的飞跃，数学、天文、历法、医药、建筑等方面都取得了很大的成就，三大发明（印刷、火药、指南针）的完成和发展是这时期科技发展的显著标志。

然而貌似发达的北宋由于加强中央集权的种种措施矫枉过正，却是国弱民贫。随着土地兼并日益严重，阶级矛盾也不断尖锐和激化，农民起义此起彼伏，先后出现了王小波、方腊、梁山泊等大规模农民起义。北宋后期，王安石变法图强未竟，反而引起党争之祸，统治阶级内部矛盾也已无法调和，1127年，内忧外患的北宋最终招来“靖康之耻”而走向灭亡。

陈桥兵变赵匡胤建宋

宋太祖

建隆元年（公元 960 年）正月，后周禁军统帅——殿前都点检赵匡胤在陈桥驿（今河南封丘南陈桥镇）发动兵变，夺取了后周政权，建立了北宋王朝。

赵匡胤（yìn），涿州（今河北涿州市）人，生于洛阳夹马营。在后周时历任殿前都指挥使、殿前都点检、检校太尉、归德节度使等职，掌兵权。公元 959 年，后周世宗柴荣病死，年仅 7 岁的幼子宗训（后周恭帝）继位。是年元旦，宰相范质等因镇（今河北正定）、定二州谎言北汉与契丹合兵来攻后周，于是命赵国胤带兵北上抵御。初三日夜，大军驻扎于陈桥驿。赵匡胤弟赵光义与归德军掌书记赵普等策划发动军事政变，当夜派人回京城告知石守信等为内应。次日凌晨，授意将士把黄袍加在赵匡胤身上，拥立赵匡胤为皇帝。赵匡胤遂回师开封，柴宗训被迫禅位。这样，赵匡胤登上了皇帝的宝座，改国号为宋，年号建隆，仍定都开封。赵匡胤为宋太祖。

成立枢密院

枢密院是宋的最高军事机关，又称宥（yòu）司。

赵匡胤承唐末五代旧制，设枢密院。掌军国机务、兵防、边备、军马以及中高级武官的裁用、考核、升降等。枢密院与中书门下合称为“二府”。中书门下称东府、政府，枢密院为西府、枢府。

宋初，枢密院的长官为枢密使，或为知枢密院事；副长官为枢密副使，或同知枢密院事，官资浅则称枢密直学士签署院事、同签署院事，常以文臣充任，统辖三衙，以文制武。枢密使的地位略低于宰相，而与参知政事、枢密副使等合称为执政官。枢密院的设置，宰相的权力遭到削弱。北宋初及庆历年间，宰相有时兼任枢密使。

赵匡胤杯酒释兵权

赵匡胤杯酒释兵权

建隆二年（公元 961 年）七月，宋太祖赵匡胤设宴解除武将兵权。

赵匡胤即位后，采纳赵普建议，着手解除禁军宿将的兵权。是年闰三月，首先罢殿前都点检慕容延钊、侍卫马步军指挥使韩令坤兵权。赵匡胤又设晚宴请侍卫马步军都指挥使石守信、殿前都指挥使王审琦等禁军宿将饮酒。待酒酣耳热之时，赵匡胤屏退左右，劝谕石守信他们释去兵权，到地方上任节度使，多买良田美宅，歌儿舞女，终其天年。君臣之间结为姻缘，两无猜疑，上下相安。次日，石守信、王审琦等上表假称有疾，要求解去兵权，赵匡胤欣然准奏。以石守信为天平节度使，高怀德为归德节度使，王审琦为忠正节度使，张令铎释去侍卫亲军都虞侯职出任镇宁节度使。自此，殿前都点检副都点检之职遂废，其他军职则另选一些资历较浅、威望不高、易于驾驭的将领担任。史称“杯酒释兵权”。这是消除禁军将领发动兵变夺取政权而采取的一个政治举动。公元 969 年，赵匡胤故伎重演，又宴请节度使王彦超、武行德、郭从义、白重赞、杨廷璋，劝使罢镇改官，以消除藩镇割据的隐患。

赵匡胤亲征北汉

开宝二年（公元 969 年）二月，宋太祖赵匡胤率兵亲征北汉。

开宝元年七月，北汉主刘钧去世，养子刘继恩为新主。九月，刘继恩被杀，继元嗣位。赵匡胤乘北汉政局动荡之时，派李继勋率兵进攻北汉，不料契丹军前来支援北汉，宋军无功而还。是月，赵匡胤经过一番筹备后，率兵亲征北汉。十月，宋军构筑长连城围攻太原，立砦(zhài)于城四面。宪州(今山西静乐)等以城降。赵国胤下令壅汾水、晋水冲灌太原。北汉大将刘继业(入宋后更名杨继业)等出城与宋军交战，被宋军大败。四月，契丹军分两路出兵援救北汉，一路从石岭关入，宋军大败契丹援军于阳曲。五月，契丹军另一路从定州入，又被宋军大败于嘉山。太原元气大伤，岚州落入宋军手中。闰五月，水入太原城中，城中乱作一片。北汉人急塞水口。北汉大臣郭无为筹划向宋投降，被就地正法。契丹再派兵驰援北汉。宋军屯兵太原城下，久攻不克，损兵折将，又因酷暑淫雨，兵士多有生病，遂班师，迁北汉万余户百姓于山东、河南后还回开封。

赵匡胤亲征北汉

宋代科举

宋代科举仿自唐代，但有很多改进并有自己的特色。唐代的考试人为的弊端较多，参考的举子奔走考官疏通关系之风很浓，考前交接公卿，视通关节为平常之事，没有门径可走、出身贫寒的人，往往丧失了录取的机会。宋代比较开明，太祖太宗特别规定：权门势子的子弟不得与贫寒人家子弟竞争功名，因而政权更加开放给广大的有为青年。唐代科举的权柄专在礼部，主考官与考生之间形成恩师门生的亲密关系，容易结党营私。宋太祖收回“恩出师门”，一方面增加御试，另一方面禁止公荐旧规。对称考官“座师”“恩门”的举子特严加惩戒。自此，所有取人用人之柄，尽归皇上。唐代考试试卷不弥封，考官容易徇私舞弊，而权贵对考官或施以利诱，或加以权威，考官易丧失超然公正的立场。宋则于太宗时立糊名法，真宗时创誊录制，杜绝一切人为的弊源。

宋代科举分三个阶段：①乡试，亦称解试，多在贡举的前一年秋季举行，故称秋试或秋闱。考中的称为得解或发解，第一名称为解元。②省试，由礼部负责，会集诸州的得解人而试之，故称会试，在春正月举行，又称春闱。考中的称为过省，第一名称为省元或会元。③御试，即殿试，由考官评阅后排定次第于御前拆号，近读前十名的策论给皇帝听，君主有权升降名次。第一名称状元，第二名称榜眼，第三名称探花。唱名后赐宴于廷称为闻喜宴。殿试的淘汰率不高，约三取其一，仁宗时虽曾一度全部录用，但不是经常的、绝对的。正科之外，还有恩科。

宋军大败辽军于满城

太平兴国四年（公元979年）九月三十日，宋军在满城大败辽军。

宋军大败辽军于满城

是年七月六日，高粱河之战后，宋军被迫退守瓦桥关南、定州、镇州（今河北正定）。是月初，辽景宗耶律贤命燕王韩匡嗣为都统，率耶律休哥、耶律斜轸（zhěn）等部10万大军南下攻宋，又命大同军节度使耶律善补率兵分道而进。三十日，辽军进至满城西，集结兵力，准备向镇州进攻。宋镇州都统辖刘延翰在徐河设阵，关南守将崔彦进率兵秘密迂回至辽军侧背，以图夹击。定镇守将崔翰、李汉琼率兵赶到，按赵光义之阵图，分八阵迎敌。

在镇州监军李继隆的极力支持下，崔翰等遂改八阵为二阵，前后相辅。并派人到辽营诈降。辽大将耶律休哥认为宋军并非真降，劝韩匡嗣严兵以待，韩匡嗣不听。宋军乘机从三面向辽军发起进攻。韩匡嗣军手足无措，完全失去防范能力，全军溃败，死伤惨重；只有耶律休哥军整师北还。宋军乘势追至遂城（今河北徐水西），杀辽兵万余人，获马匹千余，缴获兵器、车帐不计其数。

南　宋

（1127 年至 1279 年）

【历史解说】

1127 年，赵构在南宋（今河南商丘）即位，重建宋朝，史称南宋。

南宋自建朝伊始，就与金对峙。虽有岳飞等南宋军民英勇抵抗金军的进攻，但宋高宗赵构与权相秦桧等一味屈膝求和，苟安江南。与金对峙百余年虽有一些君臣励精图治，但往往权臣专擅朝政，政治昏暗，多少北伐雪耻之志，梦断于西湖烟雨之中。尖锐的民族矛盾与阶级矛盾激起此起彼伏的人民起义。不久，大漠雄鹰蒙古族崛起，挥骑南下，灭西夏扫金。1279 年随着陆秀夫抱幼帝赵昺投海而死，山河破碎的南宋王朝历经 152 年，终致灭亡。

南宋退处江左，在政治社会诸方面传袭了北宋诸多特点，但时移势异，与北宋又有着一定差别。

在政治制度上，南宋进一步加强中央集权，建立起一套相当完备的中央集权制度。南宋时期，南方经济迅猛发展，农业方面农田继续大量开垦；棉花种植得到推广，棉纺织手工业长足发展；造船业异常发达；制瓷、造纸、印刷业等也超越前期。两宋史学达到封建社会最高峰。其新体裁的创设，当代史的发达，理志的纂修，金石学的建立，以及长篇巨著之众多，都是历代所没有的。文学方面，完全成熟的南宋词占据文坛重要地位，与唐诗成为中国古代文化史上的两朵奇葩。艺术方面也呈现一派空前繁荣的景象。

赵构即位宋室南迁

建炎元年（1127 年）五月，康王——赵桓弟赵构即位于南京应天府，宋室南迁。史称南宋。

1126年，赵桓派康王赵构出使金军。赵构经滑、濬等州行至磁州，为宋臣宗泽与军民劝阻。赵构遂南返相州（今河南安阳）。

赵构即位

十二月，赵构受诏开大元帅府于相州，自任兵马大元帅，知中山府陈边元帅，聚兵万人，分5军而进，起兵勤王，驻兵大名。宗泽自大名至开德，与金兵大战13次，连续获胜。建炎元年二月，赵构至济州（今山东济宁），时有众8万，分屯诸州。

四月，金军掳二帝北去，金军撤兵北归后，（伪）楚皇帝张邦昌在吕好问等官员的压力下，迎元祐皇后入宫，垂帘听政。后遣人奉"大宋受命之宝"，诣济州劝赵构即位。宗泽也上书赵构劝他做皇帝。

五月，赵构到南京（商丘）称帝，是为高宗，重建起宋王朝，改年号建炎。张邦昌到南京来朝称贺，赵构封他为太保。

李纲为相

建炎元年（1127年）五月，李纲出任宰相。

李纲（1083—1140年），邵武（今属福建）人，字伯纪。1112年为进士，1125年为太常少卿。时金兵分两路南下侵宋，李纲刺臂血上疏，请赵佶禅位于太子，以号召天下人。赵桓即位后，除兵部侍郎，坚决主战，反对迁都。后升尚书右丞、亲征行营使，负责部署开封城的防御，登城督战，屡退金兵。金兵闻李纲名而丧胆。每宋使至燕山，金人必问李纲、赵鼎安否。不久，赵桓在别人的挑拨下，以"专主战议"贬谪李纲。

李纲为相

1127年，赵构建南宋，起用深孚众望的李纲做尚书右仆射兼中书侍郎（右相）。李纲提出十条抗金报国的主张，反和主战，请严惩张邦昌等汉奸，破格任用抗金将士。他还提出改革军制，整顿纪律，重新部署防御力量，募兵买马等一系列措施，但不为赵构所纳。他极力反对逃往东南，主张打回东京，力荐抗金勇将宗泽出任东京留守，主持开封防务，力主设置河北招抚司和河东经制司，支持两河军民的抗金斗争。

李钢毫不妥协的抗金主张，为赵构及其宠臣黄潜善、汪伯彦等所不容，他们肆意诋毁李纲，破坏其军政部署，李纲当了75天的宰相，被迫辞职。他罢相后四五天内所有抗金措施全被废除。

岳飞收复建康

岳飞收复建康

建炎四年（1130年）五月，岳飞率军在静安镇击退金兵，收复建康。

韩世忠黄天荡胜金军后，金军退回建康，掳掠大批居民和财物，集中到六合。金军在城内放起大火后，退出建康城，准备从静安镇渡江北返。到静安后，却意外地遭到了岳飞军的沉重打击。

金兵焚掠建康时，岳飞军正驻扎在距建康不远的前线。岳飞得知金兵到静安，主动向敌军发动出其不意的猛攻。权建康通判钱需，在建康失陷后拒不降敌，在静安镇附近联合抗金乡兵，坚持抵抗。金军来攻，乡兵从敌后杀出，主动配合，两军夹攻，金兵大败。十数里内，金兵尸横遍野，金兵大小军官170多人被杀。宋军缴获金兵马甲近200副，弓箭刀旗金鼓等3500多件。金兵败退，岳飞、钱需进驻建康城，胜利地收复了建康。

张俊集议北伐

绍兴六年（1136年）二月，宰相兼都督诸路军马事张俊召各路将领到平江府集议北伐。

金兵退后，绍兴五年二月，赵鼎、张俊分任左右相。赵构命张俊、岳飞领兵镇压了杨么领导的农民起义队伍。事过之后，张俊回朝，又向赵构建议，北伐刘豫，恢复中原。次年二月，张俊召集将领集议北伐。议定由韩世忠军出楚州攻淮阳，刘光世屯合肥，张俊屯盱（xū）眙（yí），岳飞驻襄阳，作进取中原的准备。张俊部署军事后，请赵构进驻建康。在张俊的主持下，刘豫齐军的进攻被彻底粉碎了。

宋金第一次和议

绍兴八年（1138 年）十二月，赵构在投降派秦桧等人的筹划下，与金朝达成协议。

刘豫伪齐军南侵失败，金统治者便宣布废掉其伪齐国。金王朝派遣宋朝在金的使者王伦回朝，向赵构诱降。绍兴七年十二月，王伦向赵构奏金朝口信。一意追求妥协苟安的赵构，得报大喜，厚赏王伦。绍兴八年十月，反和舆论高涨，秦桧无法制止。中书舍人勾龙如渊向秦桧建议，选择台官（御史台）就可控制言路。秦桧罢免反和的台官张戒、萧振等，用党羽勾龙如渊为御史中丞，施庭臣为侍御史，控制言论。赵构、秦桧罢斥抗战派，起用投降派，控制了反和言论。遂于十二月，赵构令秦桧代表自己拜受金朝诏书，接受“和议”。金朝把陕西、河南地赐给宋朝，宋向金称臣，每年贡银 25 万两，绢 25 万匹。金朝归还徽宗和皇后的棺木。这样，赵构便在抗金得胜有利的形势下，成了金朝的臣民。宋金达成了第一次和议。

岳飞应诏班师

绍兴十年（1140 年）七月，赵构、秦桧一天之内，连下 12 道金牌，追令岳飞班师。

郾(yǎn)城大捷后,岳飞全军将士士气更加高昂,急切地等待着渡河进军的命令。赵构、秦桧却再一次决定停战求和。他们一面急令张俊、杨沂中等从宿州、亳州和泗州撤军,使岳飞军陷于孤立;一面又以"孤军不可久留"为理由,勒令岳飞退兵。岳飞上书力争,但赵构、秦桧执意不肯。赵构、秦桧一天之内,连下12道金牌追令岳飞退兵。如果不奉诏班师,非但有违抗朝命之罪,而且有陷入金军重围的危险。在若不班师,必将丧师的情况下,岳飞经过慎重考虑,终于最后决定忍痛班师。岳飞悲愤交集,慨叹道:"十年之功,毁于一旦。"只得先扬言要渡河进攻,迷惑金军,然后下令从郾城撤退。当地民众拦马哭留,岳飞出示班师诏书,军民痛哭失声。岳飞下令,留兵5日,保护人民南撤。七月间,岳飞军民退守鄂州,已收复的郑州、颍昌、蔡州、淮宁等大片土地又被金军夺去。

抗金名将岳飞惨遭杀害

绍兴十一年(1142年)正月,赵构、秦桧以"莫须有"的罪名,杀害了岳飞。

赵构收回韩世忠、张俊、岳飞等兵权后,张俊转而依附秦桧主和。韩、岳成为秦桧的大敌。金朝又秘说秦桧:"必杀岳飞,才可议和。"金朝明确提出杀岳飞为议和条件。赵构、秦桧密谋实现这个条件求和。七月间,秦桧党羽、右谏议大夫万俟卨(xiè)罗织岳飞罪名,上奏弹劾岳飞。岳飞被罢官出朝。九月,秦桧一伙又伙同张俊收买岳飞部将王贵部下的副统制王俊,指使王俊诬告张宪与岳云谋反,把张宪、岳云逮捕下狱。十月,岳飞也被秦桧诱骗入狱。秦桧命御史中丞何铸、大理卿周三思审讯,岳飞裂衣示背所刺"精忠报国"四字,以明心迹。何铸知其冤,力辩岳飞无辜。秦桧改命万俟卨(xiè)审讯岳飞,诬陷岳飞。岳飞见无理可喻,长叹道:"我方知已落秦桧奸贼之手,使我为国忠心,一旦都休。"

抗金名将岳飞惨遭杀害

秦桧之流又百般拷打,诬陷岳飞,岳飞始终不服,最后只在供状上写下"天日昭昭!天日昭昭!"八个大字。

朝中正直大臣都为岳飞力辩。被罢免了的枢密使韩世忠质问秦桧,但秦桧回答说："飞子云与张宪书虽不明，其事体莫须有（或许有）。"韩世忠愤慨地说："'莫须有'三字何以服天下！"十二月，赵构与秦桧终于以"莫须有"的罪名，毒杀了岳飞。岳云、张宪被斩首。岳飞军中一些官员被罢免。

岳飞惨遭杀害之后，"天下闻者无不垂涕，下至三尺之童，皆怨秦桧。"事后又有很多人提议为之昭雪。1162 年，赵昚（孝宗）下令追复岳飞原官。1178 年，谥武穆。1204 年，赵扩（宁宗）又追封为鄂王。

宋金达成绍兴和议

绍兴十二年（1142 年）二月，宋廷派使臣进誓表于金，双方达成和议。

宋金达成绍兴和议

宗弼因战事失利，渐有和意。以赵构为首的南宋政府乃加快了投降求和的步伐。赵构与秦桧谋害岳飞的同时，按照金完颜宗弼（兀术）的旨意，于绍兴十一年九月开始，正式向金求和。十月，赵构派吏部侍郎魏良臣等使金，在宗弼面前"再三叩头，哀求甚切"，宗弼才准议和。十一月，金朝派使臣萧毅到"江南抚谕（yù）"，规定宋朝交纳银绢。次年二月，条约正式生效。其主要条款是：①宋金间以西起大散关、东沿淮河之线为界；②宋向金称臣；③宋每年向金输纳银 25 万两，绢 25 万匹；④宋割唐州（今河南唐河）、邓州（今河南邓州市）、商州（今陕西商县）、泗州（今江苏盱眙北）及和尚原、方山原等地给金；⑤金归还徽宗赵佶木棺与高宗赵构生母韦氏。

通过这次和议，金得到了从战场上得不到的大片土地和金帛，宋金之间确定了政治上的不平等关系，结束了长达十余年的战争，形成了长期南北对峙的局面。

著名抗元将领文天祥

祥兴元年(1278年),抗元将领文天祥被俘。

文天祥(1236—1283年),宋吉州庐陵(今江西吉安)人,字宋瑞,一字履善,号文山。1256年,20岁的文天祥进士及第,为宁海军节度使判官。1259年,蒙古军南下攻鄂州(今湖北武昌),宦官董宋臣劝理宗赵昀迁都,文天祥上书坚决反对,并提出御敌之计,未被采纳。后历任刑部郎官,知瑞、赣等州。1275年,闻元兵南下,在赣州组织义兵入卫临安。次年,出任右丞相兼枢密使,出使元议和,痛斥伯颜,被拘至镇江。后脱逃,经真州、扬州、通州入海至温州,与陆秀夫等拥立益王赵昰于福州,复任右丞相兼枢密使。1277年进兵江西,收复州县多处。终因寡不敌众,不久败退广东,坚持抵抗。祥兴元年十二月,在五坡岭(进广东海丰北)被俘,坚拒元将张弘范诱降,书《过零丁洋》诗以明志。诗末有"人生自古谁无死,留取丹心照汗青"之句。赵昺小朝廷灭亡之后,被押到元大都。拘押3年,元世祖忽必烈屡劝其降,天祥宁死不屈,在狱中写下了名作《正气歌》,其中有:"是气所旁薄,凛烈万古存。当其贯日月,生死安足论!"的凛然佳句。忽必烈劝降不成,遂于1283年1月,杀文天祥于菜市口。死时年仅47岁。天祥到菜市口临刑前问明方向后,面南再拜受死。其精忠浩气,视死如归的精神,永垂千秋万世。

大宋丞相文天祥

辽

（公元916年至1218年）

【历史解说】

辽朝崛起于中国的北部和东北部，西辽存在于中国的西北部，西辽共存在了311年，和两宋存在的时间相差无几。而辽朝的版图“东西朔南，何啻万里”，是北宋版图的两倍，西辽的版图也比南宋大得多。

辽朝崛起

辽朝的统治政权，是以契丹贵族为首，包括汉、奚、渤海等族上层人物组成的联合政权；西辽的统治政权，是以契丹为首，包括汉、回鹘和突厥等族的上层人物组成的联合政权。在中华民族发展壮大的历史过程中，有着两辽统治政权的坚强作用。

在两辽的统治地区，汉民族是非常重要的组成部分。他们占西辽统治地区人口的多数，同其他少数民族一起，为两辽的政治、经济和社会发展作出了巨大的贡献。辽朝在中国的封建化过程中起了重大的促进作用，辽朝早期统治的大部分地区尚处在奴隶制社会。在辽朝统治的中后期，与中原汉族封建王朝的交往中，在以韩延徽、韩德让等大批汉族官僚的影响下，在俘掠大批汉人和设置诸多投下州城的情况下，辽朝北部的契丹等少数民族由奴隶制社会迅速向封建制社会转化的重要组成部分。

两辽统治时期

辽朝统治者为了解决契丹奴隶制地区与中原汉族封建制地区统治和管理上的差异与矛盾，实行了“北南面官制”的统治制度。以“北面官”统治契丹少数民族，以“南面官”统治汉人，妥善地解决了统治和管理上的矛盾。可以毫不夸张地讲，10世纪中后期到11世纪前半期的辽朝，是当时中华民族的主导性政权，它撑起了中华民族大厦脊梁。后晋的石敬瑭是辽朝的儿皇帝，刘继元的北汉是辽朝的属国，西夏臣属于辽朝，高丽向辽朝纳贡，而澶（chán）渊之盟的宋朝，则称辽朝的承天后为叔母，并且每年向辽朝输纳银10万两，绢20万匹。两辽统治时期,为中华多民族走向融合和统一,作出了重大的贡献。中原大地渗进了契丹民族的血液,辽上京地区和西辽西域地区,浸润着汉民族的辛酸。契丹代中国。两辽以后的亚欧许多民族以契丹代称中国,至今有的外国语言仍然以“契丹”指称中国。由此可以看出两辽在中国历史上留下了深刻的和不可磨灭的痕迹。

总之,在中华大地群雄角逐的激烈争斗中,处于奴隶制的契丹少数民族,能够驾驭包括已经处在封建社会的汉民族在内的各族人民,并且驰骋了二百余年,真可谓历史的奇迹。辽朝是短暂的,但辽朝是强大的,辽朝的业绩是辉煌的,辽朝在中国历史上的作用是客观存在的。当然辽朝俘掠包括汉民族在内的各民族人民作为辽朝统治者的奴隶,是野蛮和残酷的。

契丹大字和契丹小字

契丹大字和契丹小字都是根据汉字字体创制的拼音文字。契丹大字是以几个音符叠成契丹语的一个音缀,在形状上仿照汉字合成一个方块字,特别繁赘难认。据史书记载,这种契丹大字是契丹贵族知识分子突吕不创制的。契丹小字,笔画比契丹大字简单,所以也叫“小简字”。据史书记载,契丹小字是阿保机的弟弟学习回鹘文后制造的。契丹小字大约是以一个方体字代表一个音缀,不过不像契丹大字那样合叠成多音衔的方块字,而是仿照古回鹘文的办法,从上至下,连续直写,所以称它“数少而该贯”。但因为每个音缀仍然是来自汉字的方体,无法联定,造成各音缀相互分离,各个多音词之间不易截断的缺点,运用起来,非常不方便。这种契丹大字和小字,估计只是在契丹贵族文人中使用,范围极有限。辽朝的文化主要是依靠汉字做工具进行传播和发展的。

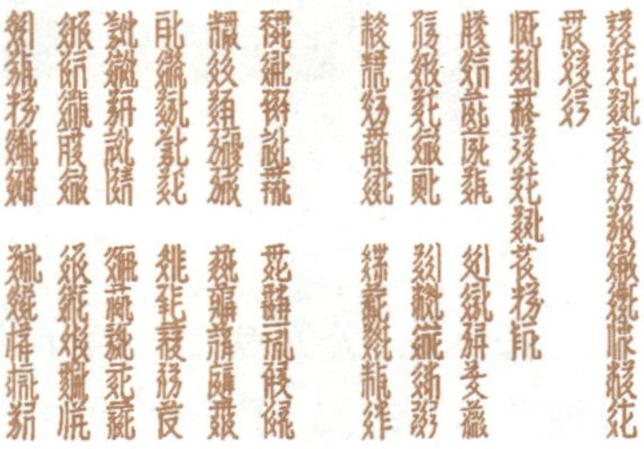

契丹文字

阿保机采取新措施

天祐四年(公元907年),耶律阿保机当选为契丹族部落联盟长后,为了巩固他的统治地位,采取了两个新措施:第一,在部落联盟内设立"惕隐"官职。其职能是负责管理迭剌部贵族的"政教",调节贵族集团内部的事务,以保证迭剌部贵族对耶律阿保机的绝对服从。首任惕隐官是阿保机的本族兄弟剌葛。第二,阿保机为他自己设立了侍卫亲军——宿卫军。这支侍卫亲军是由从每个部落中精选出来的士兵组成的。其职能是保卫阿保机的安全,并加强阿保机政权的统治力量。宿卫军的首领是阿保机的支持者曷鲁、故鲁和阿古只。

辽朝重臣韩德让

韩德让(公元941—1011年),辽朝大臣,今属河北玉田人。辽圣宗即位时年幼,国事由萧太后主持。韩德让深得萧太后的宠信,总领宿卫,加开府仪同三司,兼政事令。统和十七年(公元999年),韩德让以南院枢密使兼北院枢密使,总管契丹和汉人两院事务,进封大丞相。辽圣宗赐姓耶律,赐名德昌,隆运,先封齐王,后改封晋王,列于皇族横帐,其权位在亲王之上,仅次于皇帝和太后。韩德让在辽朝中的显赫地位,标志着辽朝汉人势力的极大增长。

辽朝重臣韩德让

改革法令

统和二十四年(1006年),承天后和圣宗对严酷的刑法进行了改革,从而放宽了法令。圣宗下诏:主人只要不是犯了谋反大逆和流死罪的,其奴婢不得告首;如果奴婢犯死罪,送交民府治罪,不允许主人擅自处杀。依据改革后的法令,主人已不能够任意宰杀奴隶。以前,夷离毕掌管刑狱,圣宗时,北院枢密使和南院枢密使开始自理讼事。1026年,圣宗下诏:“我们国家因有契丹、汉人,所以用北南二院分治。……如贵贱异法,必然生怨。如今小民犯罪,必不能向朝廷申诉,而皇族、外戚(后族)可以行贿徇免。今后,贵戚因事被告,不论事情大小,都令所在官司案问,具申北南院复问,得实奏闻。”这道诏令,削弱了契丹贵族对奴隶和汉人的特权。此后,又将汉人与契丹人斗殴致死、治罪轻重有别的法律,改为汉人与契丹人同等治罪。契丹人犯了大罪,也同样按照汉人法律治罪。

东侵高丽

开泰五年(1016年),辽耶律世良、萧屈烈领兵攻打高丽,破郭州,掠获珠宝辎重甚多,高丽死亡数万人。此前,辽太祖和辽太宗时与高丽有聘使往来。公元934年,渤海世子大光显领兵数万投靠高丽,高丽姓王氏。随即高丽与辽朝绝交,互相敌视。公元985年,辽朝准备大举进攻高丽,结果由于辽泽水溢,道路不通而未能成行。公元992年12月,辽命东京留守萧恒德率兵攻打高丽。次年,攻破高丽蓬山郡,高丽请求和谈。辽册封高丽成宗为高丽国王,并将萧恒德女儿嫁给高丽国王。1010年,高丽穆宗被贵族康兆谋杀,显宗即位。辽圣宗亲率40万大兵征伐高丽,高丽康兆率兵30万反击。辽兵连续攻陷郭州、肃州,直抵高丽都城开京。高丽显宗南逃。辽圣宗进入开京,大肆焚烧而去。1013

年，辽圣宗派遣耶律资忠出使高丽，强行索要高丽的兴化、通州等六城，高丽拒绝，扣压资忠。1019 年，辽朝集结大兵，准备再次攻打高丽，高丽显宗急忙派遣使臣议和。高丽仍然按照成宗时的制度，继续向辽缴纳贡品。

辽金议和

金朝建立后，派遣使者与辽朝议和。金对辽提出的条件近似澶渊之盟时辽对宋提出的条件，即金朝要辽册封金帝为大金大圣大明皇帝，称兄，每年输银 25 万两，绢 25 万匹，割让辽东、长青两路地。而辽朝册封阿骨打为东怀国皇帝，不称兄，其他条件答应。但阿骨打不满意，于 1120 年攻打辽上京，上京留守降。天祚帝逃亡西京。至此，辽朝的版图已失去近半。

辽金议和

西夏

（1038 年至 1227 年）

【历史解说】

西夏乃党项族拓跋氏所建的封建割据王朝。自景宗元昊(hào)称帝到末主眈(dān)被杀，共传 10 帝，历时 190 年。西夏朝前期同辽、北宋鼎立，后期与金、南宋并存。从其存在的合法性意义上讲，西夏始终未能取得独立的地位，不是向北宋和辽称臣，便是依附于金朝和成吉思汗的蒙古王朝。但从客观实际上看，西夏是当时中国西部地区的一个军事强国，完全能够同北宋和辽朝相抗衡，甚至强于北宋。从本质上讲，西夏向北宋称“臣”，完全是为了要获取北宋给西夏的赐品，而北宋给西夏的赐品，起先可能是沽名钓誉，“金钱外交”，以巨大的物质牺牲换取“尊荣”的所谓“君臣关系”；而到后期，则是被逼无奈，“赐”无异于“贡”，因为西夏尝到了“赐”的甜头，而北宋在武力的威胁下已不具有“断奶”的自主权。

纵贯西夏 190 年历程的重大线索，则是“三皇”盛世和“两后”专权。即景宗元昊、崇宗乾顺、仁宗仁孝的建设与治理，没藏氏和梁氏后党专权误国。景宗元昊于夏大庆二年(1038 年)10 月 11 日即皇帝位，国号大夏，改为天授礼法延祚元年，定都兴庆府(今宁夏银川)，定官制、定礼仪、造文字、建蕃学、设左右厢 12 监军司，先后在三川口、好水川、定川及贺兰山等战役中，战胜宋辽，形成了同北宋和辽朝相抗衡的鼎立局势。西夏的政权得到进一步的巩固和壮大。而元昊“峻诛杀”政策的实施，导致了杀身之祸及后党没藏氏兄妹长达 6 年的专权。

𪻐都五年(1061 年)4 月，毅宗凉祚在大将漫洋的支持下，擒杀了没藏讹庞父子及皇后没藏氏，另立梁氏为后，结束了没藏氏专权的局面，亲临朝政。10 月，下令去蕃礼，从汉礼。1062 年，仿宋官制，增设官职，任用汉人，调整州军。拱化元年(1063 年)，恢复对宋互市榷场。拱化五年(1067 年)闰三月，向宋神宗谢罪请和。12 月卒。后党梁氏长达 32 年的专权开始，西夏进入黑暗时期，直至夏永安二年(1099 年)正月辽道宗遣使臣用毒酒杀死梁太后。此后西夏进入“和平之君”崇宗乾顺统治下的和平发展时期。乾顺建“国学”(汉学)，实行封王制度。初结辽抗金，后依附金朝。战争逐年减少，人民安居乐业，社会经济得到了恢复和发展。

夏大德五年(1139年)6月,乾顺死,仁宗仁孝即位。仁宗办学校、设科举、推崇儒学,立翰林学士院,尊孔子为文宣帝,改定民乐和法律,修乐书《新律》,修法典《天盛年改定新法》;立通济监铸钱;依靠金朝的力量,粉碎了任德敬篡权分裂西夏国的阴谋,巩固了西夏国的统治,使西夏进入经济、社会、文化繁荣发展的大好时期。乾祐二十四年(1193年)9月,仁宗仁孝死,其子纯祐即皇帝位。从此,西夏走向衰落直至灭亡。应天元年(1206年)正月,镇夷郡王安全发动宫廷政变,废黜纯祐(hù),自立为帝。夏皇建二年(1211年)7月,齐王遵顼(xū)发动宫廷政变,废黜襄宗安全,自立为帝。光定十三年(1223年)12月,在蒙古军的威逼下,神宗遵顼将皇位传给次子德旺。乾定四年(1226年)7月,献宗德旺死,其侄子晛被蒙古军杀死,西夏亡。

党项族的由来

党项族又叫党项羌。原先在今青海省的那曲和四川省的松潘以西山谷地带。唐朝时,党项族人受吐蕃压迫,迁居到今天的甘肃、宁夏和陕北地区。部分党项人进入汉人居住的州城,逐渐接受汉文化,汉人称他们为“熟户”;而野居在山林中的党项人被汉人称作“生户”。居住在夏州一带的党项羌部落,叫平夏部。部落首领拓跋氏,唐朝赐姓李,受封为夏州定难军节度使。1038年,拓跋氏后裔李元昊在兴庆府(今宁夏银川)建立国家,即西夏。

李继迁割据地盘

李继迁(公元963—1004年),党项族人,后周银州防御使李光俨的儿子。公元974年,11岁即出任定难军管内都知蕃落使。公元982年,李继迁与亲信数十人奔夏州东北300里之地斤泽,抗宋自立。从此以后,联络各方豪杰,转迁无常，逐渐强大。公元985年，诱骗杀害了宋朝将领曹光实，袭据银州，自称定难军留后。后来向辽朝称臣，辽朝还以宗室女封义成公主许嫁给李继迁，册封他为夏国王。后来依附宋朝，任银州观察使，受宋朝皇帝赐姓名——赵保吉。公元996年，攻击宋军于浦洛河，围攻灵州。次年，宋遣吏求和，授予李继迁定难军节度夏银、绥、宥（yòu）、静等州的观察处置押蕃落等使。1002年攻陷灵州，改为西平府，定石都城。1003年，攻西凉府，遭到吐蕃大首领潘罗支袭击，中流矢。1004死。临死前对其亲信张浦等嘱咐说："你们和我一起征战多年，谊同兄弟；我自幼生长兵间，历尽了艰苦。而今以灵、夏之众，虽不能和宋、辽争衡，但只要你们尽加辅佐，见机行事，也许可以保持旧业，为我们祖先争得光荣。如能这样，我就没有什么遗憾的了。"李继迁死后，其子李德明即位。

李继迁割据地盘

定兵制立军名

西夏广运三年（1036年）九月，元昊开始实行征兵制度。军队分为"正军"和"抄"。男子凡年满15岁者均为丁，列入兵籍。当遇战事，根据部落大小出丁助钱。征兵的具体办法为：每一丁中取正军一人，每四丁中抽抄二人，每一正军配备二抄。正军专门从事战斗，抄随军负担杂役。

定兵制立军名

元昊为了加强对西夏境内广大党项人民的统治，增强了军事力量和军事机构系统。分"国内诸州计之总兵五十余万"为左、右厢。设立12监军司：左厢神勇军司，驻今陕西榆林县东南；祥祐军司，驻今陕西横山县东北；嘉宁军司，驻今宁夏同县东北；西寿保泰军司，驻今甘肃靖远县北；卓啰和南军司，驻今宁夏银川市西北和贺兰山东；甘州甘肃军司，驻甘州；瓜州西平军司，驻瓜州；黑水镇燕军司，驻今甘肃金塔县东北；白马强镇军司，驻今内蒙古阿拉善左旗吉兰泰；黑山威福军司，驻今内蒙古额济纳旗南。每个监军司设都统军、副统军、监军司各一职，由党项贵戚豪右担任。另外还设指挥使、教练使、左右侍禁等数十职，由党项人和汉人担任。这种军事机构和指挥系统，调动灵活，作战机动。

元昊称帝建国

夏大庆三年(1038年)十月，元昊与大臣野利仁荣、杨守素等商议称帝之事。十月十一日，元昊在都城兴庆府南筑台受册，即皇帝位，国号大夏(也叫大白上国、白上大夏国)，改元天授礼法延祚元年。

任命野利仁荣、嵬(wéi)名守全、张陟、张绛、杨廓、徐敏宗、张文显为中书令、枢密使、侍中等职，主管谋议。任命杨守素、钟鼎臣、嵬名聿荣、张延寿等为官计、受纲领教长官。又以野利旺荣、野利于乞、成逋(bū)克成、卧移尝多、如定多多、马窦维吉等分驻12监军司，统领各地军队。

宋仁宗

称帝后，建立蕃学，实行以科目取士的科举制度，改变了过去官属由世族相传或幕府迁擢的旧制。

夏辽之战

天授礼法延祚五年(1042年)三月，元昊请辽出兵攻宋，辽出兵到幽州却不前进，元昊甚为不满。翌年八月，西夏出兵帮助辽朝镇压了夹山部呆儿部族起义，而辽将所有掳获物据为己有，更激起了元昊对辽的怨恨。十一月，元昊煽动辽统治下的山南党项各部及呆儿族叛辽附夏。天授七年四月，辽朝山西五部节度使屈烈等率部投夏，辽责令归还，夏不答应。5月，辽派兵讨伐叛辽的党项族，元昊出兵救援,杀了辽招讨使萧普达等。

夏辽之战

辽兴宗大怒,从各地抽调10万大军,准备讨伐西夏。十月,辽分兵三路,对夏发起大规模进攻,在贺兰山北打败夏兵。元昊以缓兵之计,派人向辽谢罪,请辽退兵。北院枢密使萧惠说:“夏人忘恩背盟,今天子亲临,大军并集,如若不将西夏一举征服,将来后悔莫及。”兴宗采纳了萧惠的意见,下令辽军向河曲(今内蒙古鄂尔多斯境内)进军。元昊退兵百里。每退30里,都将方圆几十里的田园烧尽。

辽军所到之处,人马无所食,元昊发起反攻,将辽军大败于河曲,并俘虏萧胡睹等大臣数十人。这时,元昊又派人向辽请和,辽兴宗无力再战,遂与夏讲和。

蒙古灭西夏

夏蒙议和后,蒙古不断向西夏征兵,西夏因“不堪奔命,礼意渐疏”,结果惹怒了蒙古。1217年12月,蒙古军渡过黄河进攻西夏,逼近中兴府,神宗遵顼惊恐万状,将太子德任留在都城防守,自己匆忙逃到西凉,夏兵无力抵抗,向蒙古请降。

1123年,遵顼让位给德旺。德旺想联合漠北未被蒙古征服的部落,共同抗击蒙古,不料被蒙知悉,成吉思汗决定调集大军灭西夏。1224年9月,蒙古军攻陷银州,西夏数万人战死,夏将令塔海被俘后遇害。

德旺表示愿意投降并派遣人质,蒙古退兵。1226年2月,成吉思汗借口西夏迟迟不纳人质,又亲自率兵10万,攻入西夏,先后攻破黑水、兀剌海、沙州等州城。5月,蒙古军南下,接连攻陷肃州、甘州、西凉府。西夏的河西地区几乎全部丧失。7月,献宗德旺死。献宗的侄儿晛被拥立继位。8月,蒙古西路军抢占了黄河九渡,攻破应里。10月,蒙古东路军攻陷夏州。接着,蒙古军东西两路夹击西夏的政治和经济中心灵、兴地区。11月,成吉思汗亲率大军围攻灵州,德任率领固守灵州的夏兵同蒙古军进行了殊死的战斗,其激烈程度为蒙古军作战以

蒙古灭西夏

来所少见。终因夏兵伤亡惨重而失败。灵州失陷,德任不屈被杀。1227 年 1 月,末主晛顾不得改元,继续使用乾定年号。蒙古军兵临城下,又发生强烈地震,房倒屋塌,瘟疫流行。末主晛走投无路,派遣使节请求成吉思汗宽限一个月便献城投降。7 月,末主晛降,被蒙古军杀。西夏亡,历时 190 年。

金

(1115 年至 1234 年)

【历史解说】

金朝是辽朝统治下的松花江以北地区的“生女真”氏族部落发展壮大而来。金朝的历史,是金朝奴隶制政权战胜辽朝封建制政权和打败北宋封建统治的历史,同时也是金朝由奴隶制度转化过渡到封建制度的历史,更是女真社会、政治、文化、习俗等汉化的历史。女真族建立的金朝夺取了辽朝和北宋的统治政权和统辖地域,但女真族却成为汉文化的“俘虏”,被强大的汉族文化所同化、所淹没。胜利即失败,失败则胜利,这就是金朝历史发展的辩证法。

辽天庆五年,金收国元年(1115 年)元旦,女真部完颜阿骨打在居地安出虎水(今黑龙江哈尔滨南阿什河)地区,建国称帝,国号大金,年号收国,是为金太祖。

金太祖颁法令,造文字,实行勃极烈制度,改革军事制度,击垮辽朝,使辽天祚帝成为“丧家之犬”,西逃活命。

金国崛起

金天辅七年(1123 年)八月,金太祖病死,其子吴乞买即皇帝位,年号天会,是为金太宗。金太宗擒辽天祚帝,灭北宋,掳走徽宗、钦宗二帝,将南宋高宗赵构追至温州。金朝的统治版图达到了秦岭和淮水。金太宗励精图治、改革勃极烈制度,实行科举制度,在燕云地区实行汉官制度,仿照了辽、宋改革军事制度,立赋税制度,设牛头税,使金朝的统治得到了巩固,经济得到了发展。金天会十三年(1135 年)正月,金太宗死,金熙宗合剌即位。金熙宗废除了勃极烈制度,采用汉制,废除“齐国”,设行台。实行天眷新制、“换官制”以加强政权,设御史台,建都城,定礼仪,进一步汉化。

金皇统九年(1149 年)十二月初九日夜,海陵王完颜亮勾结秉德、唐括辩等人杀死金熙宗篡位。海陵王废行台尚书省,迁都燕京(今北京),定五京制,颁布“正隆官制”,南迁女真人与汉人杂居耕作。

正隆六年(1161 年)十月初八日,东京政变,金世宗完颜雍即皇帝位,12 月

26日海陵王被部将所杀。金世宗即位后，政治上广泛吸收汉族等官员参与军政，注重守令之选，严密监察之责；经济上，重农桑之利，放免二税户和奴婢，广开榷场，规定商税法，铸铜钱，取消坑税，形成了多民族的统治核心，出现了经济的繁荣发展，史称“小尧舜”。此后到章宗时期，政治腐败，黄河三次大决堤，财政困难，滥发纸币和银币，人民贫困疾苦，金朝走向衰落。至宁元年(1213年)8月25日，胡沙虎发动政变，杀卫绍王永济，立世宗孙完颜珣即皇帝位，是为宣宗。金宣宗迫于蒙古军的进攻，南逃汴京。都城中都失陷，金朝灭亡的丧钟敲响。天兴元年(1232年)12月25日，金哀宗告别皇太后和后妃，自都城汴京出发，一路逃跑，最后逃到蔡州，不思国事，反而还想修宫室、选宫女，此等昏君世上少有。天兴三年(1234年)蒙古军兵临城下，哀宗仓皇中将皇位传给东面元帅承麟，自缢而亡。诸将及军士500余人投河自尽，末帝承麟被乱兵杀死，存在了120年之久的金朝灭亡了。金朝是短暂的，但它留给人的思索是无限的。

女真族的由来

女真族分布在长白山、黑龙江和松花江流域。辽朝建国前史称“肃慎”。辽朝建国后，女真族属辽朝统治。此时，在文献上正式确立了“女真”的译名。辽朝根据女真人的分布，分别叫北女真、东北女真、南女真、长白山女真、鸭绿江女真等。女真各部都接受辽朝的统治，向辽朝纳贡。居住在今辽宁和吉林南部地区的女真人，被编入辽朝户籍，叫做系籍女真，也叫“熟女真”；居住在松花江以北、宁江以东地区的女真虽受辽朝统治，但未编入辽朝户籍，叫做无系籍女真，也叫“生女真”。金朝正式由“生女真”部落联盟发展而来。

阿骨打建立金朝

辽天庆三年(1113年)十月，完颜部联盟长乌雅束死。劾里钵次子阿骨打继位为联盟长，称都勃极烈。阿骨打继任联盟长时，女真各部落的联盟已经巩固，这就使以阿骨打为首的统治集团把侵掠的矛头指向辽朝。辽天庆四年（1114 年）九月，阿骨打率兵攻克辽朝的宁江州城（今吉林扶余东面南小城子），十一月，在出河店（今黑龙江肇源）打败辽朝军队，乘胜攻占宾州、咸州。随着女真部落联盟统治地盘的扩大和女真奴隶制度的发展，原先的氏族部落联盟统治形式越来越不适应了。顺应女真族发展的客观要求，阿骨打于辽天庆五年（1115 年）夏历正月元旦称帝，建立起女真奴隶主国家政权，国号大金，年号收国。阿骨打没有模仿汉朝制度立太子，皇位的继承仍然保留着推选的制度，但实际上金朝的权力已经完全掌握在阿骨打家族手中。

阿骨打建立金朝

金太祖破辽

收国元年（1115 年）正月，金太祖建立金国后，即向辽朝的北方重镇黄龙府发动进攻，并于九月攻占了黄龙府。金天辅元年（1117 年），金兵攻取辽朝的泰州、显州。

辽朝的乾、懿、豪、徽、成、川、惠等州相继投降金朝。辽朝派遣使臣到金议和，往返几次。金天辅三年（1119 年）六月，辽太傅习泥烈奉册玺来，封金太祖为“东怀国皇帝”，金太祖不答应，并对群臣说：“辽人屡败，遣使求和，只饰虚辞、作为缓兵之计，当议进讨。”

金太祖破辽

金天辅四年（1120 年）四月，金兵进攻辽上京，辽上京留守挞不野投降。辽天祚帝逃往西京。金天辅六年（1122 年），金兵攻下辽中京，进据泽州，辽天祚帝逃往鸳鸯泊。接着，金兵攻占西京，招降元德、云内、宁边、东胜等州。辽天祚帝逃入夹山。十二月，金太祖进入燕京城，接受百官朝贺。至此，辽朝仅剩天祚帝在逃，其国土已纳入金朝的版图。金天辅七年（1123 年）8 月，金太祖在领兵回师的路上病死。吴乞买继皇帝位，史称金太宗，改年号为天会，延用勃极烈制度。

天祚帝降封海滨王

金天会三年(1125年)二月,辽天祚帝被金兵擒获。8月,金太宗降封辽天祚帝为海滨王。天祚帝任海滨王1年多后病死。从对天祚帝的态度,可以看出金太宗的胸怀。

创造女真文字

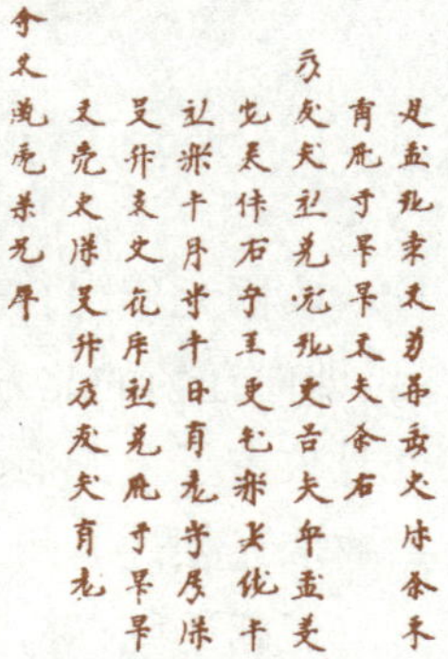
女真文字

金朝建立后,金太祖命完颜希尹创造女真文字。完颜希尹根据由汉字改制的契丹字,拼写女真语言,于天辅三年(1119年),创制成女真文字。同年八月正式颁行。成为金国官方通用的文字。女真字是汉族、契丹族和女真族三种文化交融与碰撞的结晶。

勃极烈制度

金朝建立后,废除了过去部落联盟时的国相制。设立了谙版勃极烈、国论忽鲁勃极烈、阿买勃极烈、昃勃极烈,分别由吴乞买、撒改、辞不失、杲担任。勃极烈实际上是辅佐皇帝的统治机构,是全国最高的行政管理中枢。

东京辽阳政变

海陵王一意孤行,对劝阻他南侵的人,杀的杀,贬的贬,连徒单太后也被他杀害,朝中震惊,反对南侵的人不敢做声了。

但物极必反,海陵王的末日也来到了。金正隆六年(1161 年),正当海陵王率领大军渡淮水,进攻庐州之际,东京辽阳发生了政变。事情的经过是:海陵王自辽东征调大批女真兵南下侵宋,女真兵多不愿南下,行到山东时,南征万户、曷(hé)苏馆女真猛安完颜福寿等领兵 1 万多人,中途叛变,逃回辽阳,完颜福寿和完颜谋衍等在东京辽阳发动政变,杀了副留守高存福,拥立完颜雍做皇帝,即金世宗。

十月初八日,金世宗下诏废黜海陵王,自辽东征调大批女真兵南下侵宋,改元大定。十一月二十七日拂晓,耶律元宜率领将士袭击海陵王营帐,乱箭射杀海陵王。真可谓善有善报,恶有恶报,海陵王的下场也不比熙宗强多少。

元

(1206年至1368年)

【历史解说】

正当中原地区出现宋金对峙、纷争不已的时候，我国北方的蒙古族开始崛起于漠北高原。1206年，成吉思汗统一了蒙古各部，建立了蒙古政权。

成吉思汗建立蒙古政权后，就开始了西征和统一全国的活动，成吉思汗和他的继承者，先后灭了西辽、高昌、西夏、金、大理、吐蕃等少数民族的政权。随后，忽必烈挥戈南下，灭南宋，进而统一全国。

马克思说过："野蛮的征服者总是被那些所征服的民族的较高文明所征服，这是一条永恒的规律。"当蒙古贵族的统治扩大到中原和其他地区后，陈旧的奴隶统治方式已经严重不适应形势的发展，汉族的较高文明对蒙古贵族的影响越来越大，采用"汉法"，也就是走封建化的道路，已成为不可抗拒的历史潮流。忽必烈是采用"汉法"很坚定的蒙古统治者。1271年，他按照汉族的传统封建制度和措施，建立了元朝。

元朝是继秦汉、隋唐之后，中国历史上又一次大统一的时代。这种大统一有利于社会经济的恢复和发展、文化科学技术的提高、各民族之间的互相融合和联系，中国交通和中外关系也更加密切。

蒙古贵族在用武力征服全国的过程中，社会经济一度遭到了严重的破坏。但是元朝建立后，社会逐渐安定下来。元代的农业、手工业逐渐发展起来。在农业方面，生产工具有很大的改进，还创造了不少新农具，全国各地还兴修了不少水利工程。这样，北方的农业生产比金朝时期有所提高，南方则在原有基础上有更大发展，南粮大量北运。新的经济作物棉花在全国普遍种植。少数民族地区普遍有屯田，农牧业都有不同程度的发展。元代的手工业具有自己的特点，官营手工业规模很庞大，特别是丝织业、棉织业、陶瓷业、军用工业，比前代有所进步。棉织业是一门新兴的手工业，自从黄道婆从海南黎族那里学来了先进技术并加以改进后，我国古代的棉织业进入了一个新的发展阶段。

元代的文化科学技术有很多发明创造。元曲是中国文学史上一朵新的绚丽花朵，关汉卿、王实甫、马致远、白朴等元曲家的作品，一直是中国人民引以为傲的文学遗产。元代在天文、地理、农学、医学等方面的成就十分突出。著名的天文学家郭守敬、农学家王祯(zhēn),都对祖国的科学事业作出了杰出的贡献。维吾尔族农学家鲁明善,写出了《农桑衣食撮要》。元代在科学技术的应用上,如火铳(chòng)的使用,指南针和航海技术、活字印刷的推广,都达到了新的水平。

然而,元朝的阶级压迫和民族压迫是十分严重的。同历代封建王朝一样,皇室、贵族、官僚、地主占有大量土地和财富,过着奢侈腐化的生活;广大劳动人民则无地或少地,生活极其贫困。蒙古统治者为了维护他们的特权,推行民族分化和民族歧视政策,对劳动人民进一步限制和压迫。

在元朝不到一个世纪的时间里,农民起义此起彼伏,一直没有间断过。1351年终于汇成了规模巨大的元末农民大起义的狂潮。杰出的农民领袖刘福通、彭莹玉领导的南北红巾军,以“杀尽不平”的英雄气概,给元朝封建统治者以沉重的打击。元朝终于被推翻了。

铁木真被推为“成吉思汗”

1189年,铁木真被推举为蒙古部首领,尊称“成吉思汗”,建立起封建的蒙古汗国。他经过16年征战,连续战胜了塔塔儿、克烈、乃蛮等几个最大的部落,其他小的部落也先后降服或自动归附,蒙古各部最后统一。

1206年,蒙古各部在斡难河畔召开了忽里勒台(部落联盟会议),推举铁木真为全蒙古大汗,以成吉思汗为首的蒙古各部首领,成为蒙古新兴的贵族阶级,加上效忠于他们的“伴当”阶层,就构成了蒙古的统治集团。个体牧民和奴隶,则处于被统治的地位。

汗国建立后,成吉思汗制定了一套军事行政制度。他把蒙古各部的牧民,按10进位编为十户、百户、千户和万户,并设十户长、百户长、千户长和万户长进行管理。万户长和千户长由大汗直接任命。辖区内的男子,“上马则准备战斗,下马则屯聚牧养”。它既是军事组织,又是地方行政组织和生产组织。为了加强大汗的权力,成吉思汗把他的亲卫军增加到1万人。在司法行政方面,他设立了“断事官”,以处理民、刑诉讼事件。将办理的案件记载在“白纸青册上的,子子孙孙,永远不得更改!”这样就出现了成文法。宗教方面,设立了专门主管宗教的制度,使宗教为其统治服务。此外,汲取乃蛮的经验,采用畏兀儿字母书写蒙古语言,作为自己的文字。

蒙古封建汗国的建立,使各部落的奴隶逐步获得解放,成为封建制下的牧奴,从而推动了蒙古地区生产的发展,也有助于蒙古民族共同体的形成。成吉思汗顺应历史发展趋势,促进了蒙古各部的统一和汗国的建立,不失为蒙古的民族英雄。

蒙古族的起源

蒙古族是我国的一个古老的民族,原分布在额尔古纳河流域,8世纪开始西迁,游牧于克鲁伦河、土拉河源头和肯特山以东地区。当时蒙古草原上有许多部落,较大的有塔塔儿、克烈、乃蛮、汪古等部。蒙古原是一个部落的名称,后来蒙古统一各部,它就成为草原各部的通称。

成吉思汗发动对外战争

蒙古汗国建立后,成吉思汗及其继承者发动了一系列大规模的战争。在几乎整个13世纪中,蒙古铁骑踏遍了东自黄河、西至多瑙河的欧亚大陆,使各国人民蒙受严重的战争灾难。这些战争,大致可分为西征和南下两个方面。

成吉思汗在1219至1225年亲自西征。在占领整个中亚细亚和南俄罗斯草原后,把这些地区分封给他的儿子术赤、察合台和窝阔台。成吉思汗死后,察合台、窝阔台成立独立的汗国,术赤的儿子拔都在封地上建立了金帐汗国。后来,在蒙哥汗统治时期,其弟旭烈兀出兵伊朗、巴格达、阿拉伯等地,在他征服的地区又建立了伊儿汗国。这四大汗国逐渐走上独立发展的道路。

首先是建立了一套中央集权的统治机构。元改三省制为单省制。中央设中书省,总理全国政务,枢密院掌军事,御史台司监察。另外,设通政院管驿站,将作院管工匠，集贤、宣政二院管宗教事务等。地方设行中书省（简称行省），除河北、山西、山东直属中书省（称为“腹里”），吐蕃（西藏）地区属宣政院外，全国分为岭北、辽阳、河南、陕西、四川、甘肃、云南、江浙、江西、湖广10个行省，分辖路府州各县。各级军民官署除主官外，均设“达鲁花赤”，掌实权。岭北（漠北蒙古）、辽阳（东北）、甘肃、云南四个行省的建立，是元朝的创举，它大大加强了中央对边疆的统治。澎湖、台湾则设巡检司，属浙江行省泉州路同安县管辖。行省制度的确立，是我国历史上政权机构的一项重大变革，它从政治制度上巩固了国家的统一，使中央集权在行政体制上得到了保证。

成吉思汗

忽必烈在全国设行省

至元二十四年（1287年），忽必烈在全国设行省，作为地方一级的行政机构。

“行省”的名称在金朝时就已经开始使用了。元朝在统一全国的过程中，随着统治区域的扩大，设立了不少行中书省，以代表中书省在地方上行使职权。1287年忽必烈决定把这项制度在全国推行。除了中书省直辖山东、山西、河北和山外之地，宣政院辖吐蕃及诸王封地外，全国分设10个行省：岭北、辽阳、河南、陕西、四川、甘肃、云南、江浙、江西、湖广。行中书省的权力是很大的，它统辖路、州、府、县的政务、钱粮、兵甲、屯种、漕运、军事等。行省的长官是平章政事，另设有右左丞、参知政事等。这样，就做到了“都省握天下之机，十省份天下之治”，中央和地方政体合一，使行政机构有机地结合在一起。

忽必烈

忽必烈推行“汉法”

忽必烈上台前后，为了使蒙古统治者适应对汉族人民的统治，采用“汉法”，改革“旧章”，从而实现了封建制度的革新。

在忽必烈即位之前，以汉族为主的中国北方各族人民，纷纷起来反抗蒙古统治者的压迫。蒙古贵族落后和野蛮的统治方式，造成北方社会经济的停滞和衰退。忽必烈即位后，面对人民群众的反压迫斗争，在继承过去的封建中央集权制度的同时，改变蒙古贵族的旧制度，限制蒙古诸王在封地内专横跋扈，以适应统治的需要。正如史书说“仪文制度，遵用汉法”。忽必烈采用“汉法”，就是承袭宋、金以来的封建政治和经济制度，在新的历史条件下加以某些改进，使上层建筑能够适应经济基础。这对于社会的安定和进步，显然是起了作用。

元廷严格军官世袭制度

至治三年(1323 年)二月，英宗申严军官世袭制度。

军官世袭制主要包括：军官战死，子孙按军官原等级继承；军官病死，或年满 70 退役，子孙按降两级继承。继承者必须年满 20 岁，并实行以长子继承制为核心的嫡系亲属继承制。此时，为了避免在继承问题上的争执，重申必须严格执行这一继承制度。

元朝国力衰退

郭子兴

元朝从1294年世祖去世到1333年顺帝即位的40年间,共换了10个皇帝。每换一次,都要发生皇室贵族内部的互相残杀,因而造成统治集团的四分五裂,削弱了统治力量。特别是元世祖以后诸帝,多昏庸腐朽,骄奢淫逸。武宗时,宗教活动费占政府财政收入的三分之二,他即位不足一年,用银820多万锭,而政府每年才收入280万锭。元政府为弥补亏空,滥发纸币、扩大税额和卖官鬻(yù)爵。一般官员更是敛刮成风,据《草木子》记载"所属始参曰拜见钱,无事白要曰撒花钱,逢节曰追节钱,生辰曰生日钱。……论诉曰公事钱"。贵族、官僚、喇嘛僧侣依仗权势欺凌人民,致使社会更加动荡不安。

政治败坏,剥削荷重,使劳动人民失去抗御天灾的能力。从1324年开始,蝗旱水灾和地震连年不断。1333年顺帝即位,京畿大雨,平地水深丈余,饥民40多万。

朱元璋参加义军

至正十二年(1352年)四月,朱元璋参加了郭子兴的红巾军。

朱元璋,安徽凤阳人。17岁时父母及兄死于饥荒,为了谋生,他不得不入皇觉寺为僧。红巾军起义爆发后,他看到元朝大势已去,投奔了郭子兴的红巾军。

在作战中因勇敢善战,朱元璋不断被郭子兴重用。郭还把义女马氏嫁给了朱元璋。马氏即以后的马皇后。郭子兴死后,朱元璋担任了这支部队的实际领导,他接受了韩林儿的封号和副元帅官职。1355年,朱元璋率军打过长江,于第二年攻克集庆(今南京),作为根据地,并自称吴国公。

高筑墙,广积粮,缓称王

至正十八年(1358年)十二月,朱元璋率兵10万,进攻浙江婺(wù)州(今金华)。

朱元璋占领集庆后,利用元朝无暇南顾的机会,积极发展自己的势力。他路过徽州时,召见儒生,问以时事,最后采纳元池州学正朱升"高筑墙,广积粮,缓称王"的建议,建立根据地,发展生产,扩充军队。

1356年至1359年,他不断向外扩张,先后占领了皖南和浙东等地。1360年,南方红巾军重要领袖徐寿辉被部将陈友谅杀害。陈友谅据江州(江西九江)称帝,改国号汉,并与割据江东的张士诚勾结,经常从东西两面夹击朱元璋。1363年,朱元璋与陈友谅会战于鄱阳湖,陈友谅败死,其子陈理归降。朱元璋改称吴王,势力扩展到湖南、湖北和江西等地。

朱元璋称吴王讨元

至正二十四年(1364年)二月,朱元璋即吴王位。

朱元璋称王建制,开始了建立全国政权的第一步。即位后,朱元璋逐步建立起了百官位。1364年,先后设中书左右相国,以李善长为右相国,徐达为左相国,常遇春、俞通海为平章政事,汪广洋为右司郎中,张昶(chǎng)为左司郎中。这时,小明王仍居住在滁州。

称王后,朱元璋继续推翻元朝的军事斗争。他看到武昌久围不下,乃亲自前往督战。

在洪山城外消灭了元军增援军队,致使武昌守将张定边感到抵抗无望,不得不投降朱元璋。

此后,朱元璋又把作战矛头对准了张士诚部。十一月,命大军前往江淮征讨。屡败张士诚军。

朱元璋一面继续军事斗争,一面进行恢复经济的准备。1365年,他下令农民种植桑麻。其诏令曰:"凡农民田五亩至十亩者,栽麻、木棉各半亩,十亩以上者倍之,其田多者,率以是为差。有司亲监督率,不如令者处罚,不种桑,使出绢一匹,不种麻及木棉,出麻布、棉布各一匹。"

朱元璋

至正二十七年(1367年)九月,朱元璋发布讨元檄文,提出"驱逐胡虏,恢复中华,立纲陈纪,救济斯民"的纲领。

本年九月朱元璋的大将徐达攻克苏州,俘张士诚。不久,张士诚自杀于建康。接着又克庆元(浙江宁波),迫使方国珍归降。江南地区基本上被朱元璋统一。

徐　达

紧接着,朱元璋命徐达、常遇春出师北伐,并发表讨元檄文。

在讨元檄文中提出"驱逐鞑(dá)虏,恢复中华"的口号。他对汉族以外的各族宣布:"愿为臣民者,皆与汉人同等对待。"

此时,朱元璋军士气大振。北伐军先扼潼(tóng)关,断元右翼,然后进军河北,直取大都。

同时,朱元璋命令汤和、廖永忠、吴祯率领舟师自明州(今浙江宁波)航海攻取福州。在福州城内外,义军与元军展开厮杀,最后义军获胜,夺取福州城。

明

（1368 年至 1644 年）

【历史解说】

1368 年，明太祖朱元璋建立明朝，开始采取一系列措施，以巩固它的统治。在政治上进一步加强中央集权的专制主义，所有军政大权统归皇帝掌握，使秦汉以来的中央集权制度有了进一步的发展。

靖难之变

朱元璋死后，他的孙子朱允炆即位。燕王朱棣发动了“靖难之变”，夺取了政权。朱棣与蒙古和西域诸部多次作战，继续巩固了北部和西北部的边防。他又派遣太监郑和七下西洋，和亚、非的三十多个国家建立了友好往来的关系，在早期世界航运史上写下了光辉的一页。明朝中叶以后，皇帝昏庸，吏治腐败，朝臣朋党倾轧，宦官乘机揽权，他们作恶多端，任意逮捕臣民，滥杀无辜，搜刮了大量的金银珍宝。一些不知羞耻的官吏奔走在他们的门下，卑躬屈膝，仰承鼻息，造成了明朝吏治的极端腐败。

在经济上，由于地主阶级的不断集中土地，封建剥削日益加重，贵族、勋（xūn）戚、官僚和太监掠夺了大量的土地，皇室也占有“皇庄”。他们肆意搜刮，甚至任意生杀佃户。农民无法生活，大量离开土地。这时，农民起义相继爆发。

面临着吏治腐败，经济萎缩，阶级矛盾日益尖锐的情况，大学士张居正进行了改革。他在澄清吏治，增辟财源，整顿军事，提倡务实精神等方面，都作出了一定的贡献。

隆庆、万历年间，商品经济发展，资本主义生产关系的萌芽在江南地区的若干手工业部门中已在酝酿。江苏、浙江、安徽和江西的一部分地区，农产品丰富，手工业发达。苏、杭和江宁的丝绸，景德镇的瓷器，松江的棉布，驰名中外。

万历年间，神宗朱翊钧贪财黩货，派出大量的矿监税使，到处横行，敲诈勒索，残杀人命，引起了许多城市居民的反抗。苏州的织工暴动，是我国封建社会晚期斗争中的新现象。

地主阶级中的知识分子“东林党”人，也和腐败势力展开了斗争。他们反对横征暴敛,反对宦官任意残害人民,反对贪官污吏,主张改革弊政,减轻人民负担,缓和阶级矛盾,借以维护封建统治阶级的长远利益和长期统治,这就引起了皇室宦官集团对"东林党"人的疯狂镇压。由于他们的主张反映了广大群众的某些愿望,受到城市人民的拥护。当一些人被宦官爪牙逮捕时,遭到了城市居民的反对。在明朝内部各种斗争错综交叉地进行的时候,东北地区的满族发展到奴隶社会,开始了对外的掳掠,对明王朝构成严重威胁。

李自成

在封建剥削日益加重,农民无法继续生活下去的时候,西北农民起义在连年灾荒的情况下爆发了。李自成领导的起义军经过长期艰苦的斗争,终于打下了北京,崇祯帝朱由检自缢身亡,明王朝灭亡。李自成大顺政权也由于本身所具有的局限,加上满族奴隶主的参与镇压,使这次起义失败了。

明朝科学技术方面取得了比较显著的成绩,如李时珍的《本草纲目》、宋应星的《天工开物》、徐光启的《农政全书》等,成为科技土壤上的绚丽花朵。

朱元璋建明朝

洪武元年(1368年)正月,朱元璋在北伐的胜利进军中称帝,定国号大明,年号洪武,定都南京,改大都为北平府。

明朝刚建立时,元的残余势力还从四周威胁着明朝政权;元顺帝拥兵上都,扩廓帖木儿盘踞山西,丞相纳哈出屯兵金山(今内蒙古通辽市东境,西辽河南岸),梁王雄踞云南。另外,陕西的李思齐和四川的明升也分别拥兵割据,牵制明朝,使其不能全力对付元残余势力。

朱元璋建明朝

朱元璋为解除上述威胁,在建国以后进行了长达20年的统一战争。洪武元年闰七月,大将徐达督师北上,克通州,逼近大都,元顺帝率后妃仓促北遁。八月,北伐军入大都,元朝灭亡。九月,北伐军西进,山西扩廓帖木儿北逃,后死于和林。北伐军转入陕西,李思齐被迫出降。1369年二月,元顺帝乘虚攻通州,常遇春、李文忠等率九万大军回击,直捣元上都,顺帝北走沙漠,翌年死去,北伐获胜。1371年,明将汤和等率军南下四川,降明升。1382年,明兵由四川、湖广两路进入云南,陷昆明,梁王兵败自杀,南征成功。1387年,冯胜、傅友德、蓝玉诸将奉命北上,包围金山,纳哈出势穷请降,辽东全部平定,全国再度统一。

朱元璋改革政治体制

朱元璋改革政治体制

明初沿袭元制,设中书省掌管行政,大都督府掌军政,御史台掌纠察。后来,朱元璋作了全面改革。

政治制度方面,首先调整了地方机构。1376年,废除行中书省,在全国先后设13个承宣布政使司,洪武九年,全国分设浙江、江西、福建、北平、广西、四川、山东、广东、河南、陕西、湖广、山西十二个布政使司,十五年增设云南布政使司。每省置左右布政使各一人,掌管地方民政和财政;另设提刑按察使司管刑事,都指挥使司管军事,合称"三司"。"三司"互不统属,分别秉承朝廷意旨办事,从而使地方权力更加集中于中央。

布政使司下有府、县两级地方政府,设知府(直录州相当于府,长官为知州)和知县(一般州县相当于县,长官为知州)。各级地方官吏均由中央任免。

由吏、户、礼、兵、刑、工六部分管全国行政。每部设尚书一人、(左右)侍郎二人,直接对皇帝负责。另设殿阁大学士,以备顾问。这样集大权于皇帝一身,使皇权空前高涨。

军队方面,建立起一支一百八十多万人的常备军,按卫、所制度编制起来,驻扎全国各地。112人组成一百户所,1120人组成一千户所,5600人组成一卫,军官分别为百户、千户、卫指挥。兵士平时归卫所操练,战时由兵部调遣,由皇帝任命的总兵官统帅。战争结束后,将领缴印回任,官兵各归卫、所。1380年,朱元璋将大都督府分为左、右、前、后、中五都督府,分掌兵籍与军政,但无调兵权。这样,兵部、都督府、总兵官都不能单独掌握军权,军事大权进一步集中到皇帝手中。

1382年,朱元璋改御史台为都察院,长官为左右都御史,下设监察御史和巡按御史,代表皇帝巡察各地。全国最高司法机构是大理寺,负责审理案件。刑部、大理寺和都察院分典刑狱,合称“三法司”。

经过改革、行政、军事、监察机构彼此独立,又相互牵制,最后由皇帝统一指挥。一切权力集中于皇帝手里,中国的封建专制制度发展到了顶峰。

《大明律》颁行

洪武七年(1374年),明政府颁行《大明律》。

朱元璋称帝前,即令人修订法律,1374年制成《大明律》。《大明律》是以《唐律》为蓝本,共十二篇六百零六条,克服了元朝法例条格冗繁的弊病。经过1397年的进一步修订,《大明律》成为中国封建社会更为完备的法典。

《大明律》共分三十卷,篇目有名例一卷,包括五刑〔笞(chī)、杖、徙、流、死〕、十恶(谋反、谋大逆、谋叛、恶逆、不道、大不敬、不孝、不睦、不义、内乱)、八议(议亲、议故、议功、议贤、议能、议勤、议贵、议宾),以及吏律二卷、户律七卷、礼律二卷、兵律五卷、刑律十一卷、工律二卷,共四百六十条。与前代相比,在量刑上大抵罪轻者更为减轻,罪重者更为加重。前者主要是指地主阶级内部的诉讼,后者主要指对谋反、大逆等阶级镇压的严厉措施。不准“奸党”“交结近侍官员”“上言大臣德政”等,反映了明朝初年朱元璋防止臣下揽权,交结党援的集权思想。

郑和七下西洋

永乐三年(1405年),郑和第一次率船队下西洋(当时称今加里曼丹至非洲之间的海洋为西洋)。

郑和(1371—1435年)明朝宦官、航海家。回族。祖与父都到过伊斯兰教圣地麦加,幼时就对外洋情况有所了解。明初入宫做宦官,永乐三年(1405年)

率水手、官兵27800余人，乘“宝船”63艘，远航西洋两年后而返，以后又屡次航海，总计28年间，七次远航，经30余国，最远曾达非洲东岸的红海和麦加。他在第7次下西洋的归国途中，于1435年死于印度的古里（今印度的科泽科德市）。该地现有三保祠。郑和七下西洋，有着非常重要的历史意义：

第一，开辟了中国到达红海及东非沿岸的航道。过去中国的使者、商人、宗教徒去欧洲东部、阿拉伯半岛和非洲东岸，都是通过陆路。郑和船队开辟了中国到红海及非洲东岸的一条海道。

第二，扩大了国际贸易，增进了中国同亚非国家人民的友谊。郑和每次出海，都满载着金银、绸缎、瓷器、铁器和茶叶等贵重货物，与亚非各国进行交换。归来时，则满载着象牙、香料、宝石、硫黄和珍禽异兽等各国的土特产品。在1417至1419年，郑和一行应邀到达非洲东岸木骨都束时，受到当地国王的宴请，并交换了礼物，回国时带回特产马哈兽（长颈鹿，当时中国人称为“麒麟”）、花福鹿（斑马）、千里骆驼（骆驼）、鸵鸟等。

第三，开阔了中国人民的视野，增长了关于印度洋至非洲东岸的地理学知识。郑和七次下“西洋”，绘制《航海地图》册，其中包括地图22页。这是中国地理学史上最早的海洋地图。此外，同行人马欢著有《瀛涯胜览》，费信著有《星槎胜览》，巩珍著有《西洋番国志》。书中描写了他们沿途所见的山川景色，风土人情，是中外交通史上的重要著作。

第四，促使华侨入南洋。随着郑和下“西洋”，海上交通发达，国际贸易频繁，江、浙、闽、广等地有大批人民移居南洋。据1618年出版的张燮的《东西洋考》记载，在爪哇、加里曼丹、菲律宾、马来半岛，有一千乃至上万的华侨。他们带去了较高的生产技术和封建文化，在那里垦辟荒地，开发矿藏，种植水稻，经营蔗园、椒园，许多中国商人也将瓷器、丝绸、铁器等运往南洋，再贩回胡椒、棉花、谷米和药材等，从而促进了南洋的开发。

明成祖朱棣亲征蒙古

永乐八年（1410年）三月，成祖第一次亲征，率大军北伐蒙古，命皇长孙瞻基留守北京，户部尚书夏原吉辅佐。

成祖命清远侯王友督中军，安远伯柳升为副，宁远侯何福、武安侯郑亨督左右哨；宁阳侯陈懋（mào）、广恩伯刘才督左右掖；都督刘江督前哨。大军一路途经兴和(今河北张北),过大伯颜、小伯颜山,万里萧条;到达清水源(即马塔八海子,今内蒙古境内)小驻,其地水苦咸,人不能饮,军队不可久留。成祖又率军经杨林、广武镇、威虏镇、长清塞、顺安镇等地,至元石坡。到月卢朐(qú)河边,看到河水可饮,成祖改月卢朐河名为饮马河,又为河上地定名为平漠镇。

明成祖朱棣亲征蒙古

五月,明军与蒙古军在斡难河遭遇,大败蒙古大将本雅失里所部于斡难河,成祖亲率大军追击。本雅失里欲与阿鲁台向西逃窜,阿鲁台不从,于是君臣始各为部。本雅失里又败后,仅以七骑向西逃走,后为瓦剌人所杀。阿鲁台东奔,成祖又下诏调兵征讨阿鲁台。

六月,成祖率军经阔滦(luán)海子(今内蒙古呼伦湖)与阿鲁台在静虏镇开战,击败阿鲁台,并北追百余里至回曲津,又大败之。其势力损失大部。成祖遂决定班师。经开平至北京,还至京师。

朱棣迁都北京

永乐十九年(1421年),明成祖朱棣迁都北京。

朱棣为了巩固北部边防,决定迁都北京。永乐七年(1407年)五月,征集全国工匠、民工,开始修筑北京城,历时十三年始告建成。都城的规模宏大,分内城、皇城和紫禁城三个部分,宫殿雄伟壮丽。现在的北京故宫,大部分为当时兴建的。

兴建北京城的同时,还疏通了大运河,以便于南粮北调。一切准备就绪,永乐十九年正月,正式迁都北京。改北京为京师,改南京为"留都",合称南北直隶,从此北京成为明朝的政治、经济和文化的中心。

明设“九边”修筑长城

嘉靖二十六年(1547年)二月,动工再修偏东一段长城,是明长城的最后一项工程。

明初,为防御蒙古袭扰,在东起鸭绿江,西至嘉峪关的绵延万里之线上设“九边”。初设辽东(镇守区相当今辽宁大部,镇守总兵官驻广宁,即今辽宁北镇。隆庆元年后移驻辽阳,即今辽宁辽阳)、宣府(镇守区相当今河北省西北部内外长城一带,总兵官驻宣府,即今河北宣化)、大同(镇守区相当今山西外长城以南,总兵官驻山大同)、延绥(镇守区东至黄河,西至定边营,即今陕西定边。总兵官镇守今陕西绥德。成化七年移治今陕西榆林,此后通称榆林)四镇;继设宁夏(镇守区相当今宁夏北部黄河沿岸一带,总兵官驻今宁夏银川)、甘肃(镇守区相当今甘肃嘉峪关以东、黄河以西及青海西宁一带,总兵官驻甘州卫即今甘肃张掖)、蓟(jì)州(镇守区相当今河北长城内东起山海关、西至居庸关天津以北一带,总兵官驻三屯营即河北迁西西北)三镇;另外太原(镇守区相当山西内长城以南,西起黄河、东抵宁武,总兵官初驻偏头即今山西偏关东北。寻移今山西宁武,境内偏头、宁武、雁门三关并列,故太原镇又名三关镇)、固原(镇守区相当今宁夏南部、甘肃东南一带,总兵官驻今宁夏固原)以近边,亦称二镇。合称“九边”,派驻重兵。

后明政府又沿各镇修缮长城,加强防卫。成化十年修东起清水营(今陕西府谷东北),西至花马池(今宁夏盐池西)一段长城长达1700里。嘉靖七年,又修宁边营(今陕西定边,即今宁夏盐池之东南),蜿蜒向西北至横城堡(今宁夏银川东南)一段长城长300里。今再修偏东一段长城,自大同西路至宣府东路长800里。

戚继光防倭

嘉靖三十八年(1559年)九月,戚继光奏请募兵操练。十月,赴义乌,募得精壮士卒3000余人。

戚继光防倭

戚继光在浙，见卫所军不习战，于九月奏请募兵操练。十月赴义乌，挑选精壮的农民、矿工，计3000余人，一面防倭，一面训练。戚继光练兵分3个步骤：一是“明束伍”，即编立队伍，加以统束。以12人为1队，设队长；4队为1哨，设哨长；4哨为1官，设哨官统领；4官为1总，设把总。戚继光自将中军，统率全营，演练鸳鸯阵法。二是教号令，戚继光将军中金彭、号炮、旗帜、锣钹、竹筒、灯笼等所代表的指令，编印成册，使士兵牢记，绝对服从。三是练武艺，即按鸳鸯阵法的需要，再根据士兵本身的不同素质，分别授以藤牌、狼筅（xiǎn）、长枪、叉、钯、棍、刀等长短器械的使用，各尽所能，密切配合。基本阵法是低头执牌前进，兵仗紧随于牌筅救牌，长枪救筅，短兵救长枪。根据战时需要，鸳鸯阵还可变为“三才阵”“两仪阵”等。在戚继光的严格训练下，“戚家军”英勇善战而名闻天下。

俞大猷、戚继光破倭于福清、兴化

俞大猷、戚继光破倭于福清、兴化

嘉靖四十二年（1563年）四月，俞大猷（yóu）、戚继光分别破倭（wō）于福清、兴化。

嘉靖四十年四月，戚继光在浙江率戚家军剿倭，九战皆捷。倭寇流窜福建同安，夜袭永宁卫城。次年十一月，又陷兴化府。朝廷命俞大猷、戚继光分任剿（jiǎo）倭总兵官、副总兵官，率兵征讨。四月，刘显、俞大猷合歼屯居在福清的倭寇。与此同时，戚继光统率浙江兵入援福建、与刘显、俞大猷分兵3路进攻平海卫。戚继光率兵中路军首先登城，刘、俞左右相继突入，斩杀两千二百余人，大破倭寇，收复兴化。继光以功升都督同知，代俞大猷为总兵官。

嘉靖四十三年二月，继光相继败倭于仙游、同安、漳浦等地，斩获甚众，余倭掠渔舟出海而逃。福建倭患渐次平定。兴化大捷之后，俞大猷被两广总督兼巡抚吴桂芳荐为广东总兵官，专责剿倭。六月，俞在惠州海丰，斩倭一千二百余人，称“海丰大捷”，破降与倭寇勾结的潮州大盗吴平及其余党。倭患始息。

阉党专权

明中叶以后宦（huàn）官专权，当时依附宦官的官僚结成党羽叫做阉党。英宗时王振，宪宗时汪直，都有党羽，而武宗时刘瑾专政，阁臣焦芳等附之，阉宦之权始凌驾于内阁之上。熹宗时魏忠贤专权，内外官僚，奔走门下；结成党羽，攻击东林党人，陷害异己；魏忠贤之党羽、门生还为之建造生祠。崇祯帝即位，穷查党羽，定为逆案，但阉党余孽并未根绝。

魏忠贤矫诏杀王安专制朝政

天启元年（1621 年）五月，魏忠贤矫诏杀王安，遂擅威福，专制朝政。

魏忠贤，原名李进忠，后复魏姓，又赐名忠贤。本为河间肃宁无赖，赌博不胜，自宫为阉，结太监魏朝而被推荐给王安，遂为李选侍心腹。定兴民侯二妻客氏，选为朱由校熹〔（xī）宗〕乳母，魏朝与忠贤为争客氏争斗不已，王安大怒，偏信忠贤而勒退魏朝。朱由校立，客氏、忠贤得志，记恨王安，两人密谋，矫诏杀王安，尽逐王安名下宦官，客、魏两人得势。

目不识丁的魏忠贤窃得司礼秉笔太监大权，朱由校深信之。而朱由校本好斧锯墨漆，魏忠贤趁其引强削墨兴浓之时奏事，朱由校讨厌，且说：“知道了，你看着自理吧。”自此以后，魏忠贤邀其党羽处理章奏。

天启三年正月，阁臣顾秉谦、魏广征，惟魏忠贤之命是从，使其收揽政柄，又派宦官刺边事，再兼提督东厂，权势大增，得擅威福，人称“九千岁”。

魏忠贤遣宦刺探边事

天启三年(1623年)二月,魏忠贤以朱由校(熹宗)考察边情,常遣宦官刺探边关,借以收揽军政大权。魏忠贤欲掌军政大权,在天启二年三月,便劝朱由校选武阉、练火器,又引导由校为倡优声妓,从事狗马射猎之事。称之为学内操。后武阉增至万人,束甲出入,征炮之声,喧震内外。三月,魏忠贤借朱由校考察边情,常遣宦官至关门具事状奏报。督师孙承宗方出关巡宁远,得知宦官刺边事,抗疏直言,以为不可。由校不理,魏忠贤遂肆意派遣内操习武事的宦官行边刺事,致使边臣引事多为掣(chè)肘(zhǒu)。次年三月,又设各边监军太监,魏忠贤借以收揽军政大权。

东林党与魏忠贤的斗争

神宗为了搜刮财物,派出许多太监到外地去。他们勒索财物,残杀人命,为非作歹,肆无忌惮。甚至一些地方官也被他们随意处置。徐懋(mào)衡揭发了陕西税监梁永的罪恶,李三才揭发了安徽税监陈增等人的罪恶,凡此都引起了皇帝和太监们的憎恶。

熹宗天启(1621—1627年)时,统治阶级内部的斗争愈来愈激烈了。最初"东林党"人叶向高、邹元标、杨涟、赵南星等人得到执政的机会,反对"东林党"的人暂时销声匿迹。但此后,太监魏忠贤纠命"东林党"以外的浙、齐、楚等党派中的一些大官僚,互相勾结,对"东林党"人进行迫害。他们编制了东林《同志录》《点将录》等,把他们想要打击的编入册内,又将东林党人加以《水浒》中为他们所蔑视的农民起义领袖的绰号,如托塔天王李三才,及时雨叶向高、大刀杨涟、智多星缪昌期、神机军机顾大章等,制造压制他们的舆论。

同年六月,左副都御史杨涟(lián)上疏弹劾魏忠贤二十四条罪状,其中有:①自行拟旨、擅权乱班;②斥逐直臣,重用私党;③亲属滥加恩荫,甚至小孩子也做了高官;④利用东厂特务机关,陷害好人;⑤穷奢极侈、生活腐化等。左佥都御史左光斗也写成了奏劾魏忠贤的奏疏,魏忠贤听说了,不等他奏上,就把他削籍为民。给事中魏大中与同官奏劾魏忠贤擅权结党,孤立皇帝。接着上疏弹劾魏忠贤的还有黄尊素、袁化中、李应升、周宗建等七十余人。

东林党与魏忠贤的斗争

这一年,又发生了两淮巡盐御史崔呈秀贪污受贿的事。左都御史高攀龙揭发此事,吏部尚书赵南星奏请将崔呈秀遣戍。崔呈秀连夜跑到魏忠贤的家中,叩头哀告说:"高攀龙、赵南星都是东林党人,如果不去掉他们,我辈不知死到哪里?"崔呈秀还请魏忠贤收留自己为养子。专权的太监和无耻的官僚进一步结合起来,对他们所憎恨的官员开始下毒手了。他们用廷杖打死告发者,指使阉党奏劾并罢免了高攀龙、赵南星、杨涟、左光斗、周宗建、李应升、黄尊素、魏大中等人。接着,又派锦衣卫缇(tí)骑到他们家中去逮捕。顾大章因受刑不过自缢身死,杨涟、左光斗、袁化中、魏大中、周朝瑞五人都被阉党使用酷刑致死。死后还诬陷他们贪赃,株连家室亲朋。周宗建、李应升、黄尊素等也相继惨死狱中。高攀龙被迫在家中投池自杀。赵南星死于戍所。曾是东林党人或和东林党人关系较近的人都被免官、放逐或杀戮。李三才由于已在天启三年(1623 年)病死,只好把他削籍为民,夺去给他的封诰。天启五年八月,御史张讷奏请拆毁天下所有的书院,停止讲学,以压制在野官员和知识分子对时政的议论。

当锦衣卫缇骑(特务人员)在苏州逮捕周顺昌时,苏州人民奋起反对,当场打死缇骑一人,其他缇骑受伤逃跑。周顺昌自投监狱后被打死。巡抚毛一鹭逮捕了居民颜佩韦等五人,并把他们杀死。苏州人民为了纪念他们,把他们葬于虎丘,题墓碑为"五人之墓"。前往浙江逮捕黄尊素的缇骑。行至苏州,也被人民打散。经过这次教训,缇骑再也不敢到外地去任意捕人了。这说明"东林党"人反对阉党的斗争是正义的行动,他们的某些主张是得到人民拥护的。1627 年 8 月,熹宗病死,崇祯帝朱由检继位,才把魏忠贤等人除掉。

皇太极施计　袁崇焕被杀

崇祯三年(1630年)八月,朱由检(思宗)中皇太极反间计,杀袁崇焕。

袁崇焕(1584—1630年)字元素。广西藤县人,万历四十七年进士。历兵部主事、监军佥事、宁前兵备佥事,天启三年(1623年)九月奉命筑宁远城,晋升为右参政、按察使职,仍驻守宁远。天启六年正月,努尔哈赤亲率十余万后金兵攻宁远,崇焕集众守城,发炮进击,努尔哈赤负重伤,败退而归。崇焕以宁远大捷加兵部左侍郎。

崇祯皇帝

天启元年七月五日,又击退后金兵的进攻,取得了对后金兵作战的第二次胜利。由于魏忠贤记恨崇焕,罗织"不救锦州"罪,崇焕愤然乞休归里。朱由检即位,召还崇焕,天启元年四月命以兵部尚书兼右副都御史都师蓟(jì)辽。崇祯二年十月,皇太极入侵明朝,因畏惧崇焕,不敢直攻宁远,而由蒙古境分兵3路,越龙井关,入遵化,直逼京师城下。崇焕未得诏命,即千里回师救援。皇太极骚扰东去,且施反间计陷害崇焕。朱由检误信,于十二月逮袁崇焕下狱,崇祯三年八月磔(zhé)于西市,天下冤之。自袁崇焕死,边事益无人。

清查魏忠贤余党

崇祯二年(1629年)正月,诏定魏忠贤逆案。

起初,负责处理魏忠贤案的韩火广,不想广搜树怨,仅呈报四五十人。朱由检(思宗)嫌少,令重新圈定。主管官以不谙三尺法推辞,最后交刑部尚书乔允升审定。3月审定逆案成,上报朱由检亲加裁定。除魏忠贤等以谋反大逆罪磔死外,其余以六等定罪;崔呈秀等6人以首逆同谋立斩;刘志选等19人以交结近侍俱斩，秋后处决魏广微等 11 人及魏志德等 35 人以交结近侍次等，俱充军；在监李实等 15 人以会拥戴，亦俱充军；顾秉谦等 129 人交结近侍又次等，俱坐徒 3 年，赎为民；黄立极等 44 人以交结近侍减等，俱革职闲住。

李自成伪降突围

李自成伪降突围

崇祯七年(1634 年)七月，义军被困车箱峡，李自成等以伪降突围。

六月高迎祥、李自成等为陈奇瑜、卢象升、洪承畴等击败，损失惨重，避入兴安(今陕西安康)之车箱峡。车箱峡长 40 里，四山环立，又逢淫雨二十余天，义军弓矢皆湿，缺饷乏食，战马多死。7 月自成接受顾君恩所献伪降之计，以重宝贿赂陈奇瑜左右及诸将乞降。陈奇瑜应允，改编民军回籍耕田，迎祥、自成等遂突破官军包围，出车箱峡，重整旗鼓，继续战斗。

陈奇瑜因此于十一月落职下狱，朱由检(思宗)以洪承畴为五省总督。而民军在迎祥、自成的率领下，自陕西入河南，而总督、部理二臣，追随民军去向，专事征讨。接着，又议增兵 12 万，增饷 280 万。筹饷之策有四：因粮、盐地、事例、驿递。仅因粮(因旧额之粮、量为加派，亩输粮 6 合，石折银 8 钱，灾伤不纳)一项，即征 193 万余两。嗣昌再荐熊文烂为兵部尚书升总理南京、河南、陕西、四川、湖广军事，熊文烂推行先抚后剿(jiǎo)策略，与杨嗣昌的军事围剿相配合，以瓦解民军。

皇太极称帝改国号为清

崇祯九年(1636 年)四月，皇太极在盛京(沈阳)称帝，改国号为清，改元崇德，改女真为满族。

皇太极建国后，依照明朝的制度设置六部、内三院（国史、弘文、秘书）、都察院、理藩院等机构。皇太极将满洲八旗中的正黄、镶黄、正白三旗直接掌握在自己手中，称为上三旗，以扩大皇权。并宣布在沈阳开科取士，招降汉族官僚地主。在他统治的东北和蒙古地区，实际上已建立起以满洲贵族为主本的满、汉、蒙地主阶级联合统治政权，为后来代替明王朝统治全国打下基础。崇祯十六年八月，皇太极逝世，第九子福临六岁即位，改元顺治，皇太极弟多尔衮和济尔哈朗辅政。

李自成被推为闯王

崇祯九年（1636 年）八月，高迎祥在战斗中牺牲，李自成被推为闯王。李自成是陕西米脂县李继迁寨人。其父务农，家境贫苦，幼年为地主放羊，稍长，在银川充当驿卒。崇祯二年（1629 年）参加起义，后为高闯王部下闯将，勇敢善战，足智多谋。荥阳大会后，声望日高。李自成同高迎祥、张献忠等部进入安徽后，焚毁明皇陵。1636 年，高迎祥在陕西作战牺牲，李自成被部众推为闯王，继续领导义军作战。

李自成建大顺政权

崇祯十六年（1643 年）二月，李自成在西安建大顺政权。

李自成义军在商、雒山中坚持斗争一年有余，到 1639 年夏，他听到张献忠谷城再起的消息。立即出山响应，但因力量单薄，于崇祯十三年（1640 年）再度被困于巴西鱼腹山中。后趁明军包围张献忠之机，以五十骑突围进入河南。是时，中原灾荒严重，农民纷纷举起义旗，参加李自成的队伍。知识分子牛金星、李岩、宋献策也投奔李自成。李自成采纳李岩等人的建议，提出“均田免粮”的口号，获得广大人民的欢迎，民间传诵着“杀牛羊、备酒浆，开了城门迎闯王，闯王来时不纳粮”等歌谣。

李自成建大顺政权

崇祯十四年(1641 年)正月,李自成攻占了洛阳,杀福王朱常洵,并打开官仓散粮给饥民,义军队伍迅速扩大到百万。崇祯十五年(1642 年)攻下襄阳,第二年,李自成改襄阳为襄京,自称新顺王。同年在河南汝州歼灭陕西总督孙传庭的主力,十一月乘胜进占西安。翌年正月,李自成在西安称大顺王,建立起大顺政权,年号永昌。

大顺军进入河南后,部分地区实现了"均田免粮"的主张。农民将南阳附近的地主庄田"俱已占完"。大顺政权建立后,山东诸城、山西大同等地农民,分占了诸侯和地主的土地和房屋。大顺军还募民垦荒,通商贾,铸永昌钱,推行"平买平卖"的经济政策。同时还镇压一些官吏与豪绅。改革科举制度,废除八股文,改试策论。这些措施,对于争取各阶层人民参加反明斗争,起了积极作用。一些封建知识分子也加入义军的行列,大顺军士气大振。

清

(1616年至1911年)

【历史解说】

清建国于1616年,初称后金,1636年始改国号为清。1644年,即清世祖顺治元年,清入主中原,到1911年,即宣统三年,清帝溥(pǔ)仪退位,民国肇(zhào)造,共286年。

清朝前期,统治者很善于总结历朝历代的统治经验,并采取了有利于社会安定和经济发展的积极措施,从而在康熙、雍正、乾隆三朝逐步达到鼎盛。由此出现了一个国家统一、政权巩固、社会安定、生产恢复、经济文化都比较繁荣的时期,这就是历史上的"康乾盛世"。康熙帝继位后,基本上采用了适应汉族地区发展水平的封建统治制度,并对满族奴隶主势力加以限制。同时还建立了对边疆各民族地区的统治,从而基本上奠定了中国的版图。康乾时期,全国的耕地面积超过了明末最高数字,达到六七百万顷;人口空前增长,达到3亿以上。由于经济的繁荣和文化自身的发展,清朝前期在思想学术和文学艺术方面也取得了巨大的成就。

乾隆时期是清代强盛的顶峰,也是其衰败的起点。各种社会矛盾日趋尖锐。表面的强盛掩盖了内在的虚弱,歌舞升平的背后酝酿着衰乱的危机。西方殖民者千方百计要敲开中国的大门,人民群众的反抗斗争此起彼伏。但总体而言,清前期中国,从历史纵向看,无论在经济、政治和文化方向,它在中国历史上都是有所发展、有所进步的。但从横向看,相对于蓬勃发展的欧洲国家而言,中国已逐渐脱离了世界先进行列,并与西方各国在经济实力和科学技术方面大大拉开了距离。

1840年,中国社会发生急剧转变。6月,英国悍(hàn)然挑起鸦片战争,用武力强行打开关闭已久的中国大门。不堪一击的清政府被迫于1842年与英国侵略者签订了丧权辱国的《南京条约》。紧接着1856年的第二次鸦片战争,1884年的中法战争,1894年的甲午中日战争和1900年的八国联军侵华战争,彼此间隔的时间越来越短,通过不平等条约强加给中国的战败条件也越来越苛刻,短短半个世纪,使中国一步步沦为一个典型的半殖民地半封建社会。在政治上,中国的领土和主权遭到严重破坏。经济上,传统的自然经济开始解体。帝国主义和中华民族的矛盾成为主要的矛盾。

随着民族危机的日益加剧，统治阶级内部先后出现了多次自救运动。先是19世纪60年代的洋务运动，继而是以康有为、梁启超为代表的维新派领导的维新运动，最终都以失败而告终。1901年至1905年，清政府提出“新政”，非但未能挽救清王朝，反而加速了其崩溃过程。

清政府腐败无能，但中国人民却是伟大而坚强的。三元里人民的抗英斗争捍卫了民族尊严，洪秀全的太平天国农民起义，将旧式的农民起义发展到了最高峰，加速了清王朝封建统治的衰亡。席卷中国北部的义和团反帝爱国运动，粉碎了帝国主义瓜分中国的美梦。最后，经过以孙中山为代表的资产阶级革命派坚韧不拔的斗争，终于在1911年推翻了清王朝的封建统治。

努尔哈赤统一女真

明万历十一年(1583年)，努尔哈赤起兵复仇，攻打尼堪外兰的图伦城。由此，一场大规模的女真统一之战便开始了。

这一年早些时候，明军进击建州卫王杲之子阿台。觉昌安(景祖)和塔克世(显祖)为明军做向导，作战中被明军误杀。努尔哈赤指斥随军作战的苏克苏护部图伦城主尼堪外兰负有罪责，要求为父祖报仇，便奋而起兵。尼堪外兰逃往嘉班，努尔哈赤领兵追袭，尼又自嘉班逃走。1586年，努尔哈赤攻占哲陈部的托漠河寨，得知尼逃往鄂(è)勒浑城，便领兵进袭，杀死尼堪外兰，兼并苏克苏护部。紧接着又相继收服哲陈部、完颜部。经过五年征战，使努尔哈赤由起兵时的一支弱小势力，称雄建州，成为女真族中最强大的力量。随后，又经过20年的征战，努尔哈赤发展到拥有精兵六七万；“自东海到辽边，北自蒙古、嫩江，南至朝鲜鸭绿江，同一语言俱征服”，使“诸部合一”，基本上完成了统一女真各部的大业。

大清国更易旧制

大清建国前后，皇太极开始变更旧制，实行改革。改革的主要内容包括：

改订满洲统治制度为贝勒议政。努尔哈赤建国初期，由四贝勒共同执政。

皇太极即位前,和代善、阿敏、莽古尔泰三大贝勒共理朝政。皇太极继位后即与诸贝勒定议设八大臣,与诸贝勒共坐议政。三大贝勒的权力缩小,皇帝主持的诸贝勒、八大臣议政会议,成为国家政治和军事的最高指挥机构;设定八旗官制,皇帝掌握精兵。早在努尔哈赤时,选拔八旗牛录的勇壮兵士组成巴牙喇(lǎ),每牛录17人。1634年,皇太极改巴牙喇厄真为巴牙喇章京。各旗的巴牙喇章京由皇帝直接调遣出兵,这样,皇帝便掌握了各旗的精兵。另外还授封勋爵,改订文字,制成有圈点的新满文。

设立蒙古八旗和汉八旗。蒙古降金将兵原来或自成一旗,或分隶满洲八旗。1635年,皇太极改订蒙古旗制,原分隶满洲八旗的蒙古兵丁析出,与蒙古降将统领的壮丁组成蒙古八旗。蒙古八旗仿满洲八旗制度,也分为黄、红、蓝、白四色,又各分正、镶两旗。各旗设固山额真,下设梅勒章京、甲喇章京。八旗壮丁地位仅次于满洲旗丁但优于蒙古各部兵民。

原来收降的汉军,也编入满洲八旗,只有佟(tóng)养、石廷柱部独立编旗。1642年正式编定汉八旗。编入汉八旗的汉人军兵,也称为旗人。他们在政治上和法律上都优于一般汉族官民。另外,还起用汉人文士。

依仿明制,改订官制。皇太极在建国前后,起用范文程、宁完我等人参议,依仿明制改订了中枢官制。明崇祯四年七月(1631年),设立吏、户、礼、兵、刑、工六部,极大地削弱了八旗贵族的权力,使国家权力更集中于皇帝一人。明崇祯九年(1636年)三月,又改文馆为内三院内(国史、内秘书、内弘文),各设大学士、学士主管。他们参与政要,成为皇帝的参谋和助手。同年六月,又设都察院和理藩院。二院与六部合称八衙门,构成中枢政府。

另外,还行科举、招揽人才,修会典。

多尔衮摄政

崇德八年(1643年)八月十四日,年仅6岁的福临(世祖)即皇帝位,定年号为顺治元年。经诸王贝勒公议,济尔哈朗与多尔衮(gǔn)辅理国政,誓告天地。次年,规定诸王大臣奏本,先交多尔衮,并尊多尔衮为皇父摄政王。这样,多尔衮实际上是最高统治者。

多尔衮(1612－1650年),系努尔哈赤第十四子。太宗时封和硕睿亲王。1644年,多尔衮率领清军攻入北京后,曾宣布任用明朝官吏,招集流民,减轻赋

税等措施。定都后,又仿明制对清王朝的政治制度进行了改订:

(一)削弱诸王。皇太极时,诸王兼领六部事。多尔衮辅政时,停止诸王兼理部务的制度。六部各任命尚书、侍郎管领,满洲诸王的政治权力由此受到极大的削弱。1644年,罢免郑亲王济尔哈朗辅政后,中枢政权集中到多尔衮手里。顺治五年(1648年)十一月,顺治帝又尊多尔衮为皇父摄政王(满语作“汗的父王”)。

(二)改革政体。皇太极时设立内三院(国史、秘书、弘文),各设大学士一人,分管诏令、文书诸事,不参与军国政务。多尔衮集中权力后,依仿明制,内三院为六部之首,成为中枢机构,大学士兼领六部尚书衔。1648年,增设六部汉人尚书,满汉兼用。各部尚书以下的官职,也任用了一批汉人降官,但满人官员处于优越的地位。由于任用大批汉官,也使满洲贵族势力受到一定的限制。

(三)地方官依明制,设置总督巡抚和州县官。边疆地区则由将军统辖。

(四)制定法律,推行继奉帝统的传统、尊孔崇儒、满汉通婚等制。

1650年,多尔衮病死,时年38岁。第二年,顺治帝下诏追削多尔衮封爵,籍没家产入官。到乾隆时,又恢复睿亲王封号。多尔衮摄政期间,奠定了清王朝的基业。

吴三桂导引清军入关

顺治元年(1644年)四月二十一日晚上,明山海关总兵吴三桂与清帅多尔衮拜天盟誓,三桂剃发归顺,导引清军进入山海关。

大清国建国前后,就已把消灭明朝作为目标。而明朝的腐朽,早已不堪一击。但此时的满洲贵族却着意于抢占人畜财物,清国的力量还是不足以灭明。皇太极主要是做灭明的准备。

1643年,顺治帝即位,多尔衮与济尔哈朗即发动了灭明的战争。兵至宁远,被总兵吴三桂领兵击退,清军不得前进。遂使招抚之计,遭三桂拒绝。1644年,大顺军进逼京城时,明朝急令吴三桂率军入卫京师。三月二十日,吴三桂在丰润得知北京失陷,立即退驻山海关。李自成命吴襄写信并犒银4万两招降,得吴三桂允诺。吴三桂带兵赴京途中,得知大顺拘禁了他的父母和爱妾陈圆圆,拷掠明朝大臣,又疑虑反悔,随即返回山海关,击败接防的农民军,举兵反大顺。此时,清军正加速进军的日程,向南边急速行进。李自成四月十三日亲率大军6万,仓促东征。并在山海关之间布阵,围攻吴三桂。吴三桂派副将杨坤等向多尔衮请兵。多尔衮喜出望外。二十二日，清军猛然出击，大顺军败溃。

四月二十九日，李自成返京，在武英殿仓促典礼，宣布即帝位。次日，便撤出北京，向陕西转移。此时，多尔衮与吴三桂自山海关南下。五月二日，多尔衮率清军入北京城，在明皇宫武英殿升座，接受明朝官员跪降。五月三日，清朝为崇祯皇帝发丧，以示对亡明的尊重。并采取了一系列措施争取明朝降官和汉族地主的支持，以稳定其统治。九月，顺治帝自盛京到北京。十月一日祭告天地，定都北京，建立起清朝的统治。

康熙设计擒权臣

康熙八年(1669年)五月十六日，康熙帝在鳌拜入见时，命侍卫将其逮捕，交议政王审问，朝政大权归于圣祖。

鳌拜，瓜尔佳氏，隶满洲镶黄旗。四大臣辅政时，索尼年老，鳌拜权势日盛，结党内外，意气凌轹。他矫召杀了直隶、山东、河南总督朱昌祚，巡抚王登联和户部尚书苏纳海；在康熙帝亲政后，还诬陷苏克萨哈上疏请辞辅政、守先帝陵寝为“不愿归政”，并列构24条罪状，要以大逆处，康熙帝不允所奏请。鳌拜强奏累日，迫使康熙帝改处苏克萨哈绞刑。不仅如此，大臣议事，稍有不顺，他便当面呵斥；文武官员，非亲不任；凡事更是在他家议定了才施行。苏克萨哈死后，他常称病不朝，要康熙帝亲去问疾。索尼死后，班行奏章多出自他手。鳌拜专权，已严重威胁到皇族和皇帝，使原来支持辅政四大臣的太皇太后也转而支持康熙帝向鳌拜夺回政权。

1667年，康熙亲政不久，便常以下棋名义，召侍卫索额图入宫商定，日选小太监之强有力者以练习布库戏为名，准备除掉鳌拜这个权臣。

康熙八年(1669年)五月十六日，鳌拜奉诏入见时，康熙便命侍卫将其逮捕，交议政王审问。亲王杰书等勘问鳌拜30条罪状，议将鳌拜立斩，亲子兄弟斩首，妻及孙为奴，家产籍没。遏必隆依附鳌拜有罪状十二，议革职立绞。班布尔善附和鳌拜，结党营私，有罪状二十一，议革职立斩。康熙诏谕，念鳌拜“累朝效力年久”，“朕不忍加诛，姑从宽免死”，革职拘禁。鳌拜后死于狱中。遏必隆削职免罪(次年，又恢复公爵)，鳌拜一党的班布尔善、穆里玛、阿思哈、泰尔图、噶褚(chǔ)哈、济世、吴格塞及鳌拜侄塞本特、纳莫均处死。康熙帝在太皇太后的支持下，顺利地消除鳌拜党人，一举夺回了政权。

吴三桂叛清

康熙十二年(1673年)十一月,吴三桂叛清,三藩之乱爆发。

清廷许尚可喜撤藩后,同年七月,平西王吴三桂、靖南王耿精忠为试探清廷态度,亦提出撤藩请求,康熙帝同意撤藩。

这时吴三桂拥有53佐领和绿旗兵11.2万人,镇守云南;耿精忠、尚可喜各有兵力15佐领及绿旗兵各六千多人,分镇广东和福建,称为三藩。三藩不仅有军权,而且有独立财政权和用人权,形成割据势力。康熙帝鉴于天下大权,当收归中央以统于一,果断下令撤藩。

清廷撤藩令下,吴三桂遂杀死云南巡抚朱国治,起兵反清。吴传檄远近,自称天下都招讨兵马大元帅,以1674年为周王六年,改元绍武,蓄发易衣冠,旗帜皆白。贵州巡抚曹申吉、提督李本深、云南提督张国柱皆从之。

吴三桂反叛消息传到京师,举朝震动。玄烨当即召议政王大臣等会议,商讨对策。"三藩"之乱自此始,直至康熙二十年(1681年)方告结束。

"三藩"反清平息

康熙十九年(1680年)十二月十九日,清军攻破昆明城,吴世璠自杀。历时8年之久的"三藩"反清被平息。"三藩"是指平西王吴三桂,镇守云南;平南王尚可喜,镇守广东;靖南王耿精忠,镇守福建。康熙十二年(1673年)十一月二十一日,吴三桂自称周王,开始反清。不久,广西将军孙延龄、靖南王耿精忠起兵响应。陕西提督王辅臣杀经略大臣莫洛,拥兵北走平凉,进攻陕甘。到1675年春,战争波及云南、贵州、四川、广西、台湾的全部,湖北、浙江、江西的部分,计11省。1674年夏,康熙帝派出满族诸王,领大兵南下,倾全力镇压。并辟陕甘战场、浙赣闽战场、广西战场、广东战场,到1677年春,在清军的反击下,王辅臣、耿精忠、孙延龄相继降清,郑经败走,吴三桂日益孤立了。

康熙十七年(1678年)三月,吴三桂在湖南衡州建号周国,自称周帝,建年号昭武。八月病死。十月,吴世璠继位。而此时清军在东南战场均获胜,又得吴三桂死讯。康熙急令各路军马分道反击。1679年,清军占领长沙,肃清湖南,吴军退守贵阳。同时,清军攻克桂林、南宁,收复广西。到1680年底,清军又夺回四川。

康熙十九年(1680年)十月,清军攻克镇远、平越、贵阳,吴世璠等退守云南。此时,云南各地文武官员先后降清,吴世璠在昆明困守孤城。十二月十九日,吴军守将开城投降,吴世璠(fán)自杀。"三藩"反清彻底平息。

废止海禁,开海贸易

康熙二十三年(1684年)七月,康熙帝决定废止海禁,开海贸易。并对海上贸易做了若干具体规定。

这些规定是:①沿海广东、福建、江南、浙江、山东与直隶省,许百姓装载500石以下船只往海上贸易捕鱼。预行禀明该地方官登记名姓,取具保结,发给印票。②在江南、浙江、福建、广东四省设海关,管理来往船只,并征收税银。外国贡船所带货物不再收税,其余私来贸易者,听所差部臣照例收税。③直隶、山东、江南、浙江、福建、广东各省,先定海禁处分之例,尽行停止。若有违禁将硫磺、军器等物私载在船出洋贸易者,仍照律处分。

由此,海外贸易发展到东洋、南洋,远至欧洲。

施琅出兵

康熙二十二年(1683年)八月,福建水师提督施琅(láng)统兵入鹿耳门,进驻台湾,郑克塽剃发降迎,交出延平王金印,至此,清朝统一了台湾。

本年六月,施琅率领战船出征台湾,经过海上激战,全歼郑氏水师,占领澎(péng)湖。七月,康熙下令招抚台湾军民,如能投诚,既往不咎,台湾掌握兵权的刘国轩倡议降清，于是遣使议降。八月，施琅率兵进驻台湾。郑克塽等往北京朝见，受封为公爵，刘国轩、冯锡范为伯爵，俱隶上三旗。

1684 年，在台湾设府，由福建省管辖。台湾府下设台湾、诸罗、凤山三县，派兵驻守。

赋税制度大改革

雍正元年（1723 年），雍正帝颁诏开始实施重大赋税改革。

这次赋税改革的中心内容是，将人丁税与田亩税合一，依地亩多少统一征收赋税，号为“摊丁入亩”。

自康熙五十一年起，定“滋生人丁，永不加赋”之法，以限制赋税的增加。但行之既久，各地人口生死迁徙，原定税额与实际不符，出现了许多流弊。而根据康熙时编审户口的政策，老不除籍，壮不加丁，亡故者仍在籍不减。应纳丁银也由在籍人士负担。农人被迫流亡，丁税的征收已成为一个严重的问题了。

雍正帝即位不久，便根据直隶巡抚李维钧疏言，颁发诏令，于雍正二年为始，在直隶造册征收。每田赋一两，摊入丁银二钱二厘。依据占田多少交纳赋税。占田多的地主须多纳田赋和附加的地丁银，少地和无地的农民可少交或不交赋税，从而保证赋税征收。随后，全国各省除奉天省因“户籍无定”没有实行外，全部完成了这一赋税制度的改革。

设立军机处

雍正十年（1732 年），清王朝铸造“办理军机印信”，军机处成为正式的常设机构。

军机处派选大学士、尚书、侍郎数人入值，名为“军机处行走”。后来又保选内阁中书舍人数名，缮（shàn）写文书、保管文件，为军机章京。军机处只有值庐，称“内庭差使”。部院大臣不得擅入，军机大臣也不得接见外吏。皇上每天寅丑二时，召军机大臣，口授谕旨，或把章疏交下审下。军机大臣“承旨书谕”经办一切。内而六部各卿寺及九门提督、内务府太监之敬事房，外则 18 省及边疆将军、办事大臣，迄于属国，有事无不综汇。凡巡幸、谒陵、经筵、蠲(juān)赈与朝内侍郎以上，外省知府、总兵以上，黜陟调补，及晓谕中外谕旨，为“明发”；告诫臣工，指授方略，查核政事，纠正处理不当的刑狱，为“廷寄”。“明发”交内阁，转发部科；“廷寄”密封交兵部驿马递送，注明日行三百里或四五六百里，以至八百里。内阁、翰林院撰拟不当，下军机处审定。军机大臣还被派往各处调查，处理各种重要事件。军机处承旨出政，把议政王大臣与内阁票拟合而为一。军机大臣满汉兼用，但大学士、军机大臣的领班需由满大臣担任。汉大臣参与机要，草拟谕旨。

军机处，始为军需房，是 1726 年雍正帝下密旨在内廷设立的，以筹办西北用兵的军需。1730 年，在内廷设军机房，随后改称军机处。

清朝派兵平定准噶尔部叛乱

乾隆二十年(1755 年)二月，清朝派兵向伊犁进军，攻击准噶尔部。

1754 年，阿睦尔撒纳与达瓦齐交战，阿部兵败，降清。此次，清朝分兵两路向伊犁的达瓦齐部进军：班第统北路军，从乌里雅苏台出发；永常统西路军，从巴里坤出发。清军所到之处额鲁特部与准噶尔部纷纷降清。五月五日，两路清军到达伊犁，准噶尔兵溃散。达瓦齐逃到乌什城时仅剩百余人，被维吾尔族的阿奇木伯克霍吉斯擒献清军。清军控制了天山南北路。八月，阿睦尔撒纳反清，杀死班第、鄂容安。天山北路又被阿部攻占。次年正月，清军反攻。二月至伊犁，阿逃往哈萨克。六月，蒙古喀尔喀部反清，准部发生内乱。次年三月，清军衮扎布出北路，兆惠出西路，夹击准部。时正值额鲁特部痘疫流行，巴雅尔等被俘。六月，清军追击阿部，阿逃往俄罗斯，病死。

1762 年，清政府于惠远城设伊犁将军，“总统新疆南北两路事务”(《平定准噶尔方略》续编，卷 19)。

清政府颁定鸦片禁令

嘉庆二十年(1815 年)三月,清廷颁定鸦片禁令。

两广总督蒋攸铦(chā)奏酌定《查禁鸦片烟章程》。请于西洋货船到澳门时,先行查验,并明立赏罚,使地方官知所惩劝。为此,本月二十三日,嘉庆帝谕称:"鸦片烟一项,流毒甚炽,多由夷船夹带而来。嗣后西洋货船至澳门时,自应按船查验,杜绝来源。至粤省行销鸦片烟,积弊已久,地方官皆有失察处分。恐伊等瞻顾因循,查拿不力,嗣后有拿获鸦片烟之案,除查明地方委员等,有得夫故纵情事应严参办理外,其仅止失察者,竟当概行宽免处分。至所请拿获兴贩烟斤,自 200 斤至 5000 斤以上,分别纪录加级及送部引见,并军民人等拿获奖赏,以及诬良治罪之处,俱着照该督等所请办理。"

林则徐在湖广严禁鸦片

道光十八年(1838 年),湖广总督林则徐厉行禁烟,卓有成效。他在武昌、汉口、长沙等地设禁烟局收缴烟具,制戒烟药丸、药方,施药断瘾,成效显著。

在道光帝要各省督抚讨论黄爵滋的禁烟奏折时,林则徐在 1838 年 9 月 20 日写了著名的《钱票无甚关碍宜重禁吃烟以杜弊源片》。在这个奏折中,林则徐一针见血地揭露了鸦片输入对中国社会经济的严重破坏,认为如不推行严禁政策,采取有效办法,"若犹泄泄视之,是使数十年后,中原几无可以御敌之兵,且无可以充饷之银"。他的透彻分析、恳切陈词促动道光皇帝决定采取禁烟措施,由此引发了一场轰轰烈烈的禁烟运动。也标志着严禁派的主张最终获胜并付诸实行。

中英鸦片战争爆发

道光十九年(1839年)10月1日,英国辉格党内阁开会讨论侵华问题,正式做出向中国出兵的决定。1840年2月,任命海军上将乔治·懿律和商务监督查理·义律为向清政府进行交涉的正、副全权代表,并以懿律为东方远征军总司令。6月,懿律率领一支由48艘舰船和4000多名士兵组成的所谓的"东方远征军"从印度等地侵入广东省海面。中英鸦片战争爆发。

英军先犯广州,再攻厦门,均未得手。7月,英军占领定海。接着,英国军舰又开到大沽口,施加武力威胁。清政府被敌军的"坚船利炮"所吓倒,下令将林则徐撤职查办,改派琦善为钦差大臣与英军谈判,大大助长了侵略者的嚣张气焰。1841年1月7日,英军攻占珠江口的沙角、大角两炮台。琦善妥协乞和,义律单方面宣布《穿鼻草约》。道光认为有损天朝尊严,决定对英宣战,将琦善革职查办,另派皇侄奕山到广东主持军务。5月下旬,英军进攻广州,经过5天战斗,清军溃败,退入城内。奕山乞和,双方订立《广州和约》,规定向英军交付"赎城费"600万元。8月26日,英军攻陷厦门。接着又先后攻占了浙江的定海、镇海、宁波三城。道光决定第二次出兵,派皇侄奕经赴浙江率军迎敌。全军溃败。1842年6月,英军进入长江口,攻占吴淞炮口。英舰溯江而上,一直开到南京下关江面。8月9日,英军齐集南京登陆。

中英《南京条约》签订

道光二十二年(1842年)8月29日,清政府在英军炮口的威逼下,被迫签署了耻辱的城下之盟《南京条约》。

《南京条约》的主要内容是:①割让香港岛;②赔款2100万元;③开放广州、厦门、福州、宁波、上海五处为通商口岸,英国有权在上述口岸派驻领事;④英国货物进出口关税须经两国协商;⑤取消清政府的公行制度,两国商人实行自由贸易。1843 年 7 月 22 日,《中英五口通商章程》和所附海关税则在香港公布施行。承认英国享有领事裁判权,商定海关税率相当于值百抽五。10 月 8 日,中英《虎门条约》签订。作为《南京条约》的补充条款,主要内容为:准许英人在五口租地建屋,永久居住;英国取得片面的最惠国待遇,中国给予其他国家任何权利,英国可以"一体均沾"。

太平军攻克南京正式建立农民政权

咸丰二年(1852 年)4 月 5 日深夜,太平军乘雨从永安突围北上,沿途摧枯拉朽,所向披靡,前后用了不到一年的时间,就攻克南京,正式建立起一个与清王朝相对峙的农民政权。

在进军途中,太平军北上围桂林,攻克全州,冯云山牺牲。6 月 12 日,太平军进入湖南,相继占领道州、江华、永明、郴(chēn)州等地。9 月,猛攻长沙不下,萧朝贵阵亡。太平军转经益阳,直取岳州,建立水营。然后水陆两路,向湖北挺进。12 月下旬至 1853 年 1 月,太平军相继攻克汉阳、汉口、武昌,军威大振。沿途杀逐官绅地主,烧田契,散粮物,加之军纪严明,大得人心,从者如云,很快发展成为一支 10 万人的大军。2 月 9 日,太平军放弃武汉,水陆两路,顺长江东下。以横扫千军之势,在一个月内破九江,占安庆,取芜湖,陷和州。3 月 19 日,太平军攻克南京,改名天京,定为都城。

太平天国颁布《天朝田亩制度》

咸丰三年(1853 年)冬,太平天国颁布了《天朝田亩制度》。这是一个以土地分配制度为核心,涉及政治、经济、军事、文化等方面的社会改革纲领。

《天朝田亩制度》是作为封建制度的对立物而出现的。作为近代中国农民运动的伟大纲领,它集中地反映了中国世世代代劳动人民要求永远摆脱政治压迫和经济剥削的崇高理想,它所设计的人类社会的理想蓝图是近代中国人民探索救国救民道路的一次重要尝试。

它宣布一切土地和财富归皇帝所有。规定“凡天下田，天下人同耕”。土地分为9等，好次搭配，按人口平均分配，15岁以下减半。同时规定按太平军编制建立兵农合一的乡官制度。县以下乡官分伍、两、卒、旅、师、军诸级。军师以下各级乡官，全由农民公举。并规定：以25家为一基本单位，设立国库。一切公产，全由国库保管。各家农副业生产所得，除留足口粮消费部分外，全部缴归国库。婚丧弥月喜事等额外开支，由国库按定制支给。鳏(guān)寡孤独废疾者，皆由国库给养。通过这个制度的实施，最终建立一个“有田同耕，有饭同食，有衣同穿，有钱同使”“无处不均匀，无人不饱暖”的理想社会。

英、美、法三国要求修改条约

咸丰四年(1854年)，英、美、法为了扩大它们的既得权益向清政府提出了修改条约的要求。“修约”的依据是1844年中美《望厦条约》和中法《黄埔条约》中的“12年后可按具体要求对条约做些个别修改”的语句。

10月15日，英公使包令、美公使麦莲等自上海抵大沽要求修约。英要求18条等，中国全境开放，承认鸦片为合法贸易，废除内地税，外国公使驻北京；美要求11条，除开放长江外，准美国人在中国沿海捕鱼、开矿，设立官栈寄囤货物，货不出售三年内不纳税。清廷派长芦盐政崇纶和文谦接洽，拒绝了修约要求。

太平天国发生天京大变乱

咸丰六年(1856年)9月至11月，天京城内发生了大规模的内乱。史称“天京变乱”，又称“杨韦事变”。

太平天国建都天京后，杨秀清居功自傲，专权跋扈，上逼洪秀全。1853年12月24日，曾假托天父下凡，借故小事，竟要杖责洪秀全；下压起义有功将领，杖责燕王秦日纲、兴国侯陈承熔、卫国侯黄玉昆。1856 年 8 月，南京城围暂解，杨秀清认为这是扩大个人权位之机，公然逼洪秀全亲到东王府封其为万岁。洪秀全佯允其请，急密令韦昌辉、石达开回天京图杨。

韦昌辉从江西带 3000 人于 9 月 1 日深夜赶回天京，迅即围东王府，杀杨秀清及其家人侍从。杨秀清所属先后被杀达 2 万多人。石达开于 9 月中旬从武昌赶回，责备韦昌辉妄杀无辜。韦大怒，又要杀石达开。石达开缒城出走，韦昌辉竟杀石达开全家。11 月 8 日，石达开自安庆渡江至泾县，讨伐韦昌辉，请洪秀全杀昌辉以正国法，平众愤。时韦昌辉妄逞威福。滥杀"文武大小男女"，甚至率兵围攻天王府。天王与合朝内外同心诛韦，人心大定。天王令将韦昌辉首级解至宁国府，交石达开验看。石达开回京，合朝欢腾，同举辅政。

英法联军入侵中国

咸丰六年至咸丰十年(1856—1860 年)，英、法两国在俄、美等国的支持下联合发动侵华战争。这次战争的目的在于扩大鸦片战争中所攫取的权益，它是鸦片战争的继续，所以被称为第二次鸦片战争，又称"英法联军"之役。

10 月 23 日，英国以"亚罗号事件"为借口，向广州发起进攻，挑起了战争。法国则以"马神甫事件"为借口，联合英国进攻中国。美、俄表示支持，企图从中趁火打劫。10 月，英军进攻广州，遭到狙击，被迫撤退。1857 年 12 月，英法联军 5000 人再次进攻。两广总督叶名琛不作应战准备，敌军乘虚而入，广州陷落。英、法、美、俄四国使臣北上至大沽口外和清政府代表谈判。由于英、法制造障碍，谈判破裂。1858 年 5 月，英法联军攻陷大沽炮台，直扑天津。清政府急派全权大臣到天津乞和，分别与英、法、俄、美四国签订《天津条约》。

1859 年 6 月，到中国换约的英、法公使拒绝清政府指定的自北塘登陆入京的路线，其武装"护送"公使进京的军舰无理闯入大沽口，遭到中国军队痛击。1860 年 8 月，英法联军攻占天津，进入通州，逼近北京。咸丰皇帝逃往热河，命其弟恭亲王奕䜣留守北京，主持和议。10 月，英法联军打进北京，进行野蛮洗劫。侵略军将被誉为"万园之园"的圆明园，恣意抢劫破坏，纵火焚毁。

10 月 24、25 日，奕䜣屈辱求和，与英、法代表先后交换《天津条约》批准书，并签订了《北京条约》。

英国挑起“亚罗号”事件

咸丰六年(1856年)10月8日,英国驻广州领事巴夏礼有意制造“亚罗号”事件。英国则借此发起了第二次鸦片战争。

10月8日,广东水师检查停在珠江炮台附近之中国走私船“亚罗号”,拘捕海盗及水手12人。“亚罗号”为便于走私,曾购买香港船舶登记证,时已满期,并未挂英国旗。12日,英广州领事巴夏礼借口该船在香港领过船舶登记证,言“亚罗号”是英国船,中国无权登船捕人,并伪造情节,诬赖中国水师撕毁“亚罗号”船上的英国旗,向两广总督叶名琛强硬要求放回水手,向英国谢罪,限24小时内答复。14日,叶名琛被迫送去所捕水手9名。巴夏礼既不接受水手,又拒收叶名琛复照。21日,巴夏礼向叶名琛致最后通牒,要求叶名琛道歉,礼还全部水手,否则以武力解决。次日,叶名琛被迫同意全部要求,英方自食诺言,拒不接受水手和叶名琛的照会。英国巴麦尊内阁以“亚罗号”事件为借口,遂联合法国发动第二次鸦片战争。

英法两国与中国签订的不平等条约

咸丰八年(1858年)6月26日、27日,桂良、花沙纳分别与英、法全权代表额尔金和葛罗签订了《中英天津条约》和《中法天津条约》。这两个不平等条约的主要内容有:公使驻北京,用平等礼节;开放牛庄、登州、台湾(台南)、淡水、潮州、琼州、汉口、九江、南京、镇江为通商口岸,海关雇用外人;耶稣教、天主教教士得入内地自由传教;外国人得往内地游历通商;修改税则;外国兵船、商船得在各通商口岸停泊,对英赔款400万两,对法赔款200万两,交清后退还广州。30日,咸丰帝批准条约。定在一年之内互换条约批准书。

11月8日和24日,又与英法两国签订了中英中法通商章程善后条约。从此,鸦片贸易合法化,海关落入外国人手中,外国商品大量倾销,中国在经济上进一步半殖民地化。

1860 年 10 月，清全权大臣奕䜣与英、法两国互换《天津条约》，并签订了《北京条约》（原称《续增条约》）。主要内容是：①开天津为商埠；②准许招募华工出国；③割让九龙司地方一区（九龙半岛界限街以南）给英国；④赔还教产给天主教堂；⑤赔偿英法军费各 800 万两白银。

英法联军劫掠焚烧圆明园

咸丰十年（1860 年）10 月，英法联军将被誉为“万园之园”的圆明园，恣意加以抢劫破坏，并纵火焚毁。10 月 6 日晚，法国侵略军先闯入园内，英国公使额尔金和英国侵略军头目克林顿因迷路，于 7 月上午方抵达园内。第一天园内还比较平静。第二天，侵略军便开始进行抢劫活动。克林顿先令军官分批去抢，后来，联军司令部正式下令可以“自由劫掠”。于是全园大乱，这伙明火执仗的强盗，疯狂地抢劫园内的金银珠宝、珍贵文物、各种艺术品和精美的丝绸，自己背不走的，就动用牲口和大车。

为掩盖劫掠罪行，10 月 18 日，英使额尔金下令彻底焚毁圆明园。米启尔中将的 10 个师和骑兵的大半部分共 3500 余人，狂奔入园，四处纵火，烟青云黑，遮天蔽日，大火整整烧了两天两夜。圆明园这座清朝经营了 100 多年，聚集古今珍品，综合中外建筑艺术的辉煌宫殿和壮丽园林，就这样被侵略者毁之一炬，留下的仅仅是一堆堆瓦砾、一处处灰冢。

沙俄侵吞中国东北大片领土

咸丰八年（1858 年）5 月 22 日，俄国东伯利亚总督穆拉维约夫利用英法发动第二次鸦片战争之机，率兵船直趋瑷珲，约黑龙江将军奕山谈判界务。

开议初，穆拉维约夫就强迫奕山在事先拟订好的条约草案上签字，并以联合英国对华作战要挟，并以兵船在夜间施放枪炮恫吓。28 日，奕山在沙俄炮口下被迫签订不平等的中俄《瑷珲条约》。俄国割去黑龙江以北、外兴安岭以南中国领土 60 多万平方公里，仅规定瑷珲对岸精奇里江以南一小块地区(即江东六十四屯)仍由中国人"永远居住"，归中国官员管理，俄人"不得侵犯"；并把乌苏里江以东约 40 万平方公里的中国领土作为中俄两国的"共管之地"。

1860 年 11 月，俄国又利用英法联军攻占北京的时机，借口"调停有功"，以"兵端不难屡兴"威迫清政府与其签订了中俄《北京条约》。《北京条约》和 1864 年 10 月签订的中俄《勘分西北界约记》，割占了巴尔喀什湖以东、以南 44 万平方公里的中国领土。俄国通过上述不平等条约，共侵占了中国 144 万平方公里的领土。

《中俄天津条约》签订

咸丰八年(1858 年)6 月 13 日，清钦差大臣桂良、花沙纳与俄使普提雅廷签订了《中俄天津条约》，共 12 款。

条约的主要内容是：俄国得在上海、宁波、福州、厦门、广州、台湾(台南)、琼州等七处口岸通商，若他国再有在沿海增开口岸，准俄国一律照办；俄国得在中国各通商口岸设立领事馆，并派兵船在这些口岸停泊；俄国东正教教士得入内地自由传教；日后中国若给予其他国家以通商等特权，俄国得一律享受；第九款还规定中俄派大员查勘(kān)"从前未经定明边界"，企图借"勘界"割占中国领土。

垂帘听政慈禧独揽大权

咸丰十一年(1861 年)12 月 2 日，慈安、慈禧两宫皇太后于养心殿垂帘听政。慈禧开始独揽清朝最高权力达 40 余年。

清朝祖制，"太后不预政"。辛酉政变后实行垂帘听政开清代政制先例，为清政府的最大制度变动之一。为了实行个人独裁专制，慈禧在有生之年竭力维持垂帘听政式的政治局面。

同治死于大婚(1873 年)之后第二年(1874 年)。由于大婚之后才准许亲政,因此整个同治朝基本上都是太后垂帘听政,也就是慈禧一人专政。同治帝死后,慈禧挑选醇亲王奕譞的次子载湉(年仅 3 岁)即位,就是光绪帝,这样就开始了慈禧的第二次垂帘听政。1889 年,慈禧不得不归政于光绪。但光绪对"朝廷大政,必请命乃行"。1898 年戊戌政变后,光绪被幽禁于瀛(yíng)台,慈禧开始第三次听政。这时她已撤去与朝臣相隔的垂帘,公开地和光绪并坐听政,形如二君,光绪只能充当一个傀儡。即便如此,慈禧仍不断设法废掉光绪,但因各种原因未能如愿。1908 年 11 月 14 日,慈禧死的前一天光绪死去。慈禧让光绪的弟弟载沣的儿子溥仪即位,即位时才 2 周岁。慈禧在临终前夕仍然选择了一个小皇帝做名义上的统治者。

清廷设立总理各国事务衙门

咸丰十一年(1861 年)1 月 20 日,清政府为办理洋务在京师设立总理各国事务衙门(简称"总理衙门"),命恭亲王奕䜣、大学士桂良、户部侍郎文祥为总理衙门大臣,管理各国通商事务。

总理衙门"一切仿照军机处办理",设大臣、章京,由亲王兼领首席大臣,其他大臣则由军机大臣、大学士、尚书、侍郎中指派兼任。各省督抚例兼总理衙门行走,方便对外交涉。该衙门下属机构有同文馆、海关总税务司等,职责相当繁重。1901 年,按《辛丑条约》规定,总理衙门改为外务部。

辛酉政变

咸丰十一年(1861 年)8 月 21 日,咸丰帝诏立载淳为皇太子;命怡亲王载垣、郑亲王端华、协办大学士户部尚书肃顺、御前大臣景寿及军机大臣穆荫、匡源、杜翰、焦祐瀛 8 人为"赞襄政务王大臣",执掌政权。次日,咸丰帝病逝于热河(今河北承德)避暑山庄,载淳即位,定次年改元为祺祥。

咸丰帝病死后,载淳生母慈禧太后策动东宫慈安太后与肃顺等八大顾命大臣争权，并与在京的恭亲王奕䜣秘密联系。9月初，奕䜣在与外国侵略者取得默契后，以奔丧为名，赶至热河行宫，与两太后密谋，旋返京布置。10月4日，上东太后徽号为慈安皇太后，西太后徽号为慈禧皇太后。10月26日，两太后偕幼帝载淳由间道回京，咸丰帝灵柩则由肃顺另路护送。11月1日，皇太后等返抵北京，当日召见奕䜣等于大内。2日，发动政变。宣布载垣等即行解任。3日，授奕䜣为议政王，在军机处行走。7日，改年号"祺祥"为"同治"。8日，斩肃顺，赐载垣、端华自尽，辅政大臣其余5人或革职，或充军。11日，载淳登极，以1862年为同治元年。

中俄签订《伊犁条约》

光绪六年(1880年)2月，清廷命驻俄公使曾纪泽为出使俄国钦差大臣，重新交涉伊犁问题。

1871年，俄国出兵侵占伊犁地区。至左宗棠西征胜利，俄国仍拒不退出伊犁。1878年6月，慈禧令吏部左侍郎崇厚为"全权大臣便宜行事"，使俄索述伊犁。1879年10月，崇厚在沙俄的胁迫下，与俄国擅订《里瓦几亚条约》。按该约规定，中国收回伊犁城，但需割让大片领土给俄国，还要赔偿280万两白银的兵费和邮费等。清廷以崇厚违训越权擅自签约而拒绝批准，并将其逮捕入狱。

曾纪泽至俄国后，尽力维护国家主权，经反复交涉，于1881年2月与俄国外相签订了《伊犁条约》。俄国通过此约和1882年至1884年订立的五个勘界议定书，从中国夺去了霍尔果斯河以西7万多平方公里的土地，索取了"赔款"白银500万两及其他特权。

中法战争爆发

光绪九年(1883年)，中法战争爆发，至1885年结束。中国打了胜仗竟屈辱求和，不败而败。

是年12月，法军向进驻中越边境的清军发动进攻，挑起战争。清政府惊慌失措,派北洋大臣李鸿章在天津与法谈判,1884 年 5 月签订了《中法会议简明条款》。

但法国蓄意扩大战争,派遣舰队于 8 月进犯台湾,被中国守军击退。接着,对清福建水师发起突袭,中国舰船毫无戒备,清政府被迫正式宣战。

1885 年 3 月法军再次向中国镇南关守军发起进攻。清爱国将领冯子材率官兵奋起反击,大败法军。可是腐败无能的清政府却于 4 月和法国签订停战条款,6 月派李鸿章与法国签订了丧权辱国的《中法新约》。中国不败而败,法国不胜而胜。

镇南关大捷

光绪十一年(1885 年)3 月 24 日,清军 70 岁老将冯子材大破法军于镇南关(今友谊关)关前隘,取得威震中外的镇南关大捷。

马尾海战后,清廷对法宣战。但陆路战场形势十分不利,谅山、镇南关等先后失陷。此时,退休后被起用的冯子材受命指挥前敌情军。他大力整顿溃军,积极备战,准备收复镇南关。3 月 23 日,法军司令尼格里率军三路进关,直扑关前隘,被清军拼死击退。24 日晨,关前隘四山大雾,法军炮声震天,主力猛攻长墙,有些法兵已越墙而入。在此危急时刻,冯子材持矛大呼跃出,奋勇当先。全军随其与敌展开猛烈搏斗,夺回了关前隘的东岭、西岭,越南义民千余人亦前来助战。法军三面受敌,伤亡惨重。败逃关外,退回谅山。

镇南关大捷扭转了整个中法战局,清军乘胜追敌出关,于 29 日收复谅山,30 日收复谷松、观音桥等地,直逼北宁、河内。31 日,法军败讯传至巴黎,茹(rú)费理内阁倒台。中国军队获得辉煌胜利。

维新思想兴起

在太平天国革命风暴后的相对稳定时期,从旧的封建士大夫群中分化出一批主张改良变法的早期维新思想家。他们大多感到封建文化的落后与“无实”

"无用",要求向西方学习先进的资产阶级文化,这批初步具有资产阶级思想倾向的知识分子,反映了中国早期资产阶级的某些利益和愿望。他们上承龚自珍、魏源、林则徐,下启戊戌时期变法维新思潮,代表维新思想的兴起。

19 世纪 70 至 80 年代,是早期维新思想的发生时期,其主要代表人物有冯桂芬、薛福成、马建忠等。

冯桂芬(1809—1874 年),字林一,号景亭,江苏苏州人。他的著作《校邠庐抗议》,就发挥了他的维新思想。他提出"以中国文伦常名教为原本,辅以诸国富强之术"的观点,把"中学"和"西学"看作是主和辅的关系,认为应该向西方学习,改革我国某些制度。

薛福成(1838—1894 年),字叔耘,号庸盦,江苏无锡人。其著作为《庸盦全集》。他仍持"以西人器数之学以卫吾尧舜文武周孔之道"的"变器卫道"的观点,又主张"使古今中西之学合而为一",赋予"西学"以很高地位。这显示出他们在遵循圣人之道和学习西方之间的矛盾心态,这正是中国早期资产阶级矛盾性格的反映。薛福成提出"工商立国"说,他更深刻地在《变法论》中提出"变"的理论根据,否认有所谓永恒不变的天道,因而也无永恒不变的人间体制。这种理论虽还不彻底,但极富有时代意义,丰富了早期维新学派的思想理论。后来戊戌维新思想家们就将此"变"论推到了新的高度。

马建忠(1849—1900 年),字眉叔,江苏丹徒人。他著有《适可斋纪言纪行》与《马氏文通》。他是我国近代早期新学派中宣传西方重商主义理论的杰出代表。他提出了"国强基于国富,国富唯赖行商"(《适可斋纪行·南纪行》)的观点,强调国富有赖于通商和争取有利的对外贸易,他的理论代表新出现的资产阶级的利益,要求政府保护资本主义企业与关税,是资产阶级要求自由放任的观点。

19 世纪 80 年代至 90 年代是早期维新思想发展时期,代表人物有郑观应、何启等。

郑观应(1842—1922 年),字正翔,号陶斋,广东香山人,其著作有《盛世危言》《盛世危言后编》与《罗浮待鹤山人诗草》等。他具有进步的社会政治观点,指出西方国家的"体""用"即其议会制度、科技成就与物质文明。因此他主张学习西方国家的"富强之本",而且他特别重视资本主义国家的议会制度。由此,他的"西学"观点与变法图强、抗御外国侵略紧密联系起来。他还公开代表资产阶级直接要求封建王朝开放一部分政权,但仍寄希望于封建王朝自下而上地改良。他提出的"人尽其才""地尽其利""货畅其流"的一个比较全面发展资本主义的经济纲领口号,后被孙中山先生所接受。

何启(1858—1914 年),字迪之,号沃生,广东南海人。他曾与胡礼垣合作发表了许多政论文章。汇集为《新政真诠》。他除提倡自由发展资本主义工商业之外，竭力宣传西方资产阶级民主政治的理论，提出国家长治久安的根本之策在于选举、设议院，全面变法改革。他的“民权”说，虽指新兴资产阶级，却强调国家强弱与当政者能否得到广大人民的信任有关，这多少含有近代民主思想的内涵。

这两批早期维新派，多半脱胎于洋务官僚，且政治和经济地位都十分软弱，都是改良主义者，并不想推翻现有的封建政权。但他们与清廷反动顽固派有本质的不同，他们提倡西学是为了求国家的富强，以抵御西方列强的侵略。

康有为上皇帝书

光绪十四年(1888年)10月，康有为在北京参加顺天乡试期间，写成五千多字的《上清帝第一书》，首次上书光绪。他在上书中分析了时局，称“强邻四逼于外，奸民蓄乱于内”，请皇帝“变成法，通下情，慎左挽救国家危亡”。但因无朝臣敢于右，以代为呈递，光绪未能看到。

是年上清帝书以后，一直到1898年戊戌变法兴起，康有为曾七次上书光绪皇帝，提出变法主张。其中以第二次的“公车上书”(1895年4月)和第六次的《应诏统筹全局折》(1898年1月29日)最为知名。前者虽未到达光绪皇帝之手，但却是维新思潮开始发展为政治运动的标志；后者书于变法前夕，集中反映了维新派参与政权的强烈愿望和改革现状的全部要求，是维新派的政治纲领。

甲午战争

光绪二十年(1894年)7月25日，日本挑起意在侵略中国的甲午战争以后，驻守在朝鲜牙山的中国军队聂士成部虽作了顽强的抵抗，但主将叶志超不战而逃，退到平壤。以后，日军步步紧逼，先后八个月时间，在朝鲜和中国两个战场上，中、日之间进行过多次战斗。甲午中日战争最终以清政府的惨败而告终。

9月15日，日本侵略者兵分四路，向平壤大举进攻。平壤清军1.5万人与日军激战。总兵左宝贵誓死拒守平壤城，力战中弹牺牲。左宝贵壮烈殉国后，马玉昆等在大同江东岸击退敌军。但叶志超却下令弃城北撤。“一夕狂奔三百里”，安州、定州皆弃而不守，奔过鸭绿江，逃回中国境内，以后朝鲜境内就没有中国军队了。

平壤战役后，日本侵略军在大东沟以南的黄海，向中国军队发动进攻。中国海军提督丁汝昌统率北洋舰队与日本舰队进行了一场大规模海战。黄海大战历时 5 小时，中国损失军舰 5 艘，日本军舰重伤 6 艘。这时，中国舰队主力尚存，仍可与敌周旋，然而李鸿章却令舰队退驻威海卫港，不准出海作战，结果坐以待毙。

10 月下旬，日军分两路向中国东北进犯。一路从朝鲜北渡鸭绿江，攻陷九连城、安东等地。另一路从辽东半岛东岸花园口登陆，占领金州，从后路包抄，攻陷大连、旅顺。

1895 年 1 月中旬，日军在山东半岛登陆，抄袭威海卫后路，同时以海军封锁威海卫港口，北洋舰队陷于港内，腹背受敌。舰队爱国官兵英勇抵抗半月之久。最后，在日军海陆夹攻之下，全军覆没。丁汝昌、刘步蟾拒降殉国。3 月，侵入盛京的日军又先后攻占牛庄、营口等地，不到 10 天，占领辽东半岛。

康有为领导“公车上书”

光绪二十一年（1895 年）5 月 2 日，康有为邀集部分在京应试的举人前往都察院上万言书，签名的举人达 1300 余人。因当时称各省进京会试的举人为“公车”，此次上书被人们称为“公车上书”。

1895 年 4 月，日本逼签《马关条约》的消息传到北京，群情激奋。正在北京参加会试的康有为连夜起草万言书，发动在北京应试的各省举人联名上书光绪皇帝，痛陈民族危亡的严峻形势，提出拒和、迁都、练兵、变法的政治主张，请求光绪采取“下诏鼓天下之气”“迁都定天下之本”“练兵强天下之势”和“变法成天下之治”等四项措施。“公车上书”提出了“改变祖宗之法”的要求和富国、养民、教民、练兵四方面的具体措施，是资产阶级改良派的政治纲领，揭开了维新变法运动的序幕。

孙中山创立兴中会

光绪二十年(1894年)11月24日,孙中山在檀(tán)香山(位于夏威夷群岛上)创立兴中会。兴中会是中国第一个资产阶级革命团体。它的成立,标志着中国资产阶级革命派的初步形成和革命活动的开始。

成立大会通过孙中山草拟的《兴中会宣言》,指出“是会之设,专为振兴中华,维持国体起见”。以“驱除鞑(dá)虏,恢复中华,创立合众政府”作为奋斗纲领。翌年2月,孙中山回到香港,21日,孙中山与杨衢(qú)云、郑士良等在香港成立兴中会总部,将杨衢云、谢缵(zuǎn)秦等于1892年创立的辅仁文社并入,并通过修订的《兴中会章程》。对外称“乾亨行”,准备广州起义。1895年9月,参加兴中会的会员共有153名。该会逐渐发展起来以后,留下来参加兴中会的名单共有279人,其中华侨或侨居国外经商或从事其他职业的占78%强。

中日《马关条约》

光绪二十一年(1895年)4月17日,李鸿章在日本马关(今下关)春帆楼与日本首相伊藤博文签订中日《马关条约》。该条约是《南京条约》之后最严重的卖国条约。

1894年底,日军借甲午战争大胜之势,要求中国派全权大臣赴日本议和。清政府派户部左侍郎张荫桓、湖南巡抚邵友濂为全权大臣赴日。1895年2月,日本以张、邵二人全权不足,拒绝谈判。清廷被迫命李鸿章为头等全权大臣赴日。李鸿章于3月19日率随员一百余人抵马关。20日,谈判开始。中方要求停战,日方则提出苛刻的停战条件,为中方拒绝。24日午后,李鸿章在路上突被日本浪人枪伤面部。日方遂在李病榻前议定五条件停战。在谈判中,李鸿章一再争取,但日方多次威吓,步步紧逼。15日,征得清廷允许,议定《马关条约》,并于15日正式签订。5月2日,清廷批准该约,8日在烟台换约。

《马关条约》的基本内容是:①承认日本对朝鲜的控制;②割让辽东半岛、台湾;③赔偿日本军费白银2亿两;④开放沙市、重庆、苏州、杭州为商埠;⑤允许日本在中国通商口岸设立工厂,产品运销内地时,只纳进口税,并享有设栈(zhàn)寄存等优待条件。

《中俄密约》

光绪二十二年(1896年)6月3日,俄国采取威逼、利诱、贿赂等手段使清朝特使李鸿章签订《中俄密约》,亦称《御敌互相援助条约》《防御同盟条约》。

1869年2月,清廷授李鸿章为钦差头等出使大臣,前往俄国祝贺加冕,并往英、法、德、美亲递国书。

4月30日到达俄彼得堡,5月3日与俄财政大臣维特、外交大臣罗拔诺夫开始秘密谈判。沙俄以中俄共同防日为诱饵,以300万卢布给李鸿章作报酬,李鸿章收受巨款贿赂,出卖主权。在莫斯科签订了该密约。主要内容为:如遇日本侵犯俄国亚洲东部或中国、朝鲜土地时,中俄两国派水陆各军互相援助;战时俄国兵舰得驶入中国所有口岸;允许俄国在黑龙江、吉林地方建筑铁路达海参崴(wēi),铁路由华俄道胜银行承办经理。

义和团运动

光绪二十四年(1898年),义和团运动在山东冠县兴起,尔后很快波及全省。是年义和拳组织冠县18村庄乡民焚毁教堂。又在日照县反对传教,殴伤德教士。继在莒州、沂州、兰山、郯水等处不断掀起反洋教、反侵略的斗争。1899年春,德国侵略军公然占领兰山、日照、即墨、沂蚶(hān)等地,镇压中国人民的爱国运动。3月,朱红灯和心诚和尚率领义和拳众在山东恩县、平原一带起义,列队千人,开放大炮,屡次击败清军。9月,平原杆子李庄义和拳与教会发生冲突。10月,朱红灯、心诚和尚率众来援,11日,败平原县令蒋楷于杆子李庄。

18日，再败清军袁世凯部于平原、恩县间之森罗殿。

1898年至1899年间，山东全省包括省城附近，几乎到处都有义和团在活动。西北部沿运河各地，包括寿张、聊城、临清、清平、茌平以至高唐、恩县等，义和团的声势最大。由于山东巡抚张汝梅和毓（yù）贤基本上采取安抚策略，所以义和团在山东获得了至少半合法的地位，并得到更加迅猛的发展。“义和团”这个名称就是由于官方实行这种安抚策略而取得的。

百日维新

光绪二十四年（1898年）6月16日，光绪第一次召见康有为，商讨确定变法的步骤和措施。特许康有为专折奏事，命在总理衙门章京上行走，参赞新政。随后，光绪根据康有为等人的建议，颁布了一系列变法诏书和谕令。主要内容有：经济方面，设立工商局、路矿总局，提倡开办实业；修筑铁路，开采矿藏，开办邮政；组织商会、农会；改革财政，编制国家预算。政治方面，删改则例，裁撤闲散衙门，裁汰冗员，准许“旗人”自谋生计，广开言路，允许士民上书言事。军事方面，裁汰绿营，西法练军，使用洋枪，改练洋操。文教方面，废除八股取士，改试策论；取消书院，广设学堂，创办京师大学堂，设译书局，派留学生；准许自由开办报馆、学会，奖励科学著作和发明。颁布革新政令，目的在于学习西方文化科学技术和经营管理制度，发展资本主义，建立君主立宪政体，使国家臻（zhēn）于富强。

美国的“门户开放”政策

光绪二十五年（1899年）9月6日，美国国务卿海约翰训令驻英、俄、德大使分别向三国致送“门户开放”照会。照会称，英美两国商业界均“急切要求”在中国维持“门户开放”政策。美国承认列强侵略中国所获得的“势力范围”，要求在一切“势力范围”内取得通商自由，享受不平等条约所订的低税率，分享列强在中国的特权,“利益均沾”。11月13日对驻日、17日对驻意、21日对驻法大使发出同样训令。列强复照表示基本接受后,1900年3月20日,美国宣布门户开放政策,已得各国圆满答复。“门户开放”政策,完全是美国同其他国家的分赃协定,它反映了帝国主义列强在中国的争夺和勾结。

戊戌政变

光绪二十四年(1898年)9月21日,慈禧发动政变,幽禁光绪帝于中南海瀛台,并用光绪名义发布上谕,“再三吁恳慈恩训政”“由今日起,在便殿办事”。同日,以康有为“结党营私,莠言乱政”为由,将其革职。康广仁着步军统领衙门拿交刑部治罪。旋发密旨拿获康有为“就地正法”。22日,荣禄派兵3000人,大捕维新派和帝党人士。政变后,康有为得英国保护,逃香港;梁启超得日本保护,走横滨。28日,谭嗣同、林旭、刘光第、杨锐、杨深秀、康广仁同时被处死于北京菜市口,称“戊戌六君子”。康有为、梁启超被通缉,维新官员陈宝箴、江标、黄遵宪等数十人被罢免。10月2日,英军2000人到大沽,借口护侨,相继入京。守旧派有所畏惧,被捕官员得免屠杀。慈禧临朝“训政”,一个月内,除京师大学堂外,新政全被废除。戊戌变法失败。

从“扶清灭洋”到“扫清灭洋”

光绪二十四年(1898年),山东义和团首先打出了“保清灭洋”的旗帜,以后又提出“扶清灭洋”,为各地义和团所接受。义和团提出“扶清灭洋”的口号反映了帝国主义同中华民族的矛盾成为主要矛盾的客观实际,反映了这场农民革命运动最初是以反对帝国主义为主的,既团结了更多的群众参加斗争,又缓冲了义和团与清朝政府的矛盾,换取了各派政治势力对义和团一定程度上的理解和支持。难怪《中外日报》对清政府有这样的评论:“忽闻助清美名,灭洋快事,满朝心醉,举国皆狂,则斯时非惟纵之,且或煽之。”义和团的一份揭帖可以清楚地说明这一点:“神助拳,义和团,只因鬼子闹中原。”“兵法易,助学拳,要杀鬼子不费难。挑铁道,把线砍,旋再毁坏大轮船。大法国,心胆寒,英吉、俄罗势萧然。一概鬼子全杀尽,大清一统庆升平。”

在实践方面,前期的反洋斗争主要表现为拆铁路,焚教堂,杀教民,攻使馆。1900年八国联军进攻中国,义和团在廊坊、大沽、天津、北京等地英勇抗击侵略者,使其付出了重大的代价。在清政府公开剿杀义和团之后,义和团余部举起了“扫清灭洋”的口号,继续坚持斗争。

八国联军入侵华北

光绪二十六年(1900年)6月17日,大沽口失陷后,天津战事随即展开。守卫天津的清军和义和团殊死抵抗入侵者。至7月,登陆的联军援兵增至2万人。14日,联军攻入南门,天津遂告陷落,京师门户大开。随后几日,天津遭到全面洗劫。22日,列强主持的天津都统衙门成立,对天津及周围地区实行殖民统治。

8月4日,八国联军约2万人,自天津沿运河两岸向北京进犯。从14日起各国军队相继侵入北京城。15日凌晨,西太后挟光绪帝微服出德胜门西逃。16日,紫禁城失陷。八国联军对北京居民进行了残暴的屠杀和抢劫。侵略军不仅在大街小巷“逢人即发枪毙之”,而且闯进居民住宅乱杀乱砍。昔日金碧辉煌的北京城,变成到处是破壁残垣、满目萧条的荒野。联军占领北京之后,曾特许军队公开抢劫三日,皇宫、官衙、王府、商店、当铺、民宅,皆被洗劫一空。11月17日,联军总司令瓦德西抵京。12月10日,联军设立“北京管理委员会”。联军在北京实行军事殖民统治的同时,还派兵四处攻掠。此后,侵略联军陆续增至兵10万人,继续扩大侵略战争。他们首先在京津附近地区到处进行劫掠焚烧。尔后各国争先占领从天津到山海关的铁路线。接着侵略军队又以讨伐义和团的名义进兵冀中地区。从保定向南攻到了正定一带。9月,德、意、奥三国军队经由宣化侵入张家口。差不多同时,德国、法国、英国、意大利军队占领紫荆关、广昌(今涞源),清朝军队退到了山西省灵邱、平型关。次年的3月初法军又进占了娘子关。可以说,此时南至正定,北至张家口,东至山海关,西至娘子关,均在八国联军的势力圈内,他们往来逡(qūn)巡,铁蹄踏遍华北大地。

沙俄武力侵占东北三省

光绪二十六年(1900 年)10 月,在俄军数路十数万人进攻下,东北三省全境沦陷。

沙俄在派遣军队参加八国联军镇压义和团的同时,借口保护正在修建的中东铁路,出动俄军 17 万余人,分数路入侵我国东北。一路俄军自海兰泡渡黑龙江,于 8 月 4 日攻陷瑷珲。28 日,发动突然袭击,占领黑龙江省城齐齐哈尔。黑龙江将军寿山以死殉职。俄军入城后,府库财物、图书档案被抢劫一空。自海参崴出发的俄军 7 月 30 日攻陷珲春。8 月 29 日占领宁古塔,吉林将军长顺与俄方在伯力签订降敌“和议”,清军一律缴械,银库、军械由俄兵看守。9 月 22 日,俄军进吉林省城,拆毁制造军火的机器局,抢走银元厂大量存银。一路俄军自旅顺出发,8 月 4 日占领营口,9 月 28 日攻占辽阳,10 月 1 日,俄军进盛京。至此,东北三省全境沦陷。

慈禧挟光绪皇帝仓皇出逃

光绪二十六年(1900 年)8 月 15 日晨,慈禧挟光绪帝微服出德胜门,向西仓皇出逃。随行者仅载漪、刚毅等十数人,护卫清军百数人。

在西逃路上,慈禧一方面布置奕劻、李鸿章、荣禄等为全权大臣便宜行事,迅速办理投降、议和事宜;同时又宣布“剿匪”上谕,命令对义和团“痛加剿除”“严行查办,务净根株”,调各路清军进攻义和团,同时向联军请求“助剿团匪”。

9 月 10 日,西太后等逃至太原,10 月 26 日,抵西安。先住南院陕甘总督署,旋移驻北院巡抚衙门,即以此为行在。并下令各省应解京钱粮均转输西安。

《辛丑条约》签订

光绪二十六年(1900年)9月7日,在西逃途中,慈禧授令庆亲王奕劻、大学士李鸿章、荣禄为全权大臣便宜行事,刘坤一、张之洞会办议和事宜,均准便宜行事。迅速办理妥协、议和事宜。是年12月22日,英、俄、美、日、德、法、意、奥、比、西、荷11国以公使照会形式将他们议定的"议和大纲"12条交给了清廷议和代表。李鸿章等当即电告西安,慈禧当日复电表示"所有十二条大纲,应即照允"。只是要求"竭力磋商"详细条目,"补救一分是一分"。

1901年9月7日,奕劻、李鸿章与11国代表签署《辛丑条约》(即《辛丑议定书》,或《辛丑各国和约》)。附件19件。其主要内容为:①中国赔款海关银四亿五千万两,分三十九年还清,年息四厘,本息共计九亿八千多万两,以海关税、常关税和盐税作抵押。②将北京东交民巷划为外国使馆界,由各国驻兵管理,"中国民人,概不准在界内居住"。③拆毁大沽炮台及北京到渤海口的所有炮台,而外国有权在北京至山海关的12个据点驻扎军队。④永远禁止中国人民成立或加入任何反帝组织,违者处死。清政府各级官吏对人民的反帝斗争,"必须立时弹压惩办",否则革职永不续用。并责成清政府须惩办"纵信"义和团而开罪外国侵略者的官员100多人。⑤改总理各国事务衙门为外务部,班列六部之首。⑥清政府分派王大臣赴德、日两国"谢罪",在德国公使克林德被杀地点建立牌坊,对被杀之日本使馆书记生杉山彬"须用优荣之典"。

这个条约是中国近代丧权辱国最为严重的不平等条约,它表明清政府完全变为帝国主义统治中国的工具,成了名副其实的"洋人的朝廷"。

"清末新政"的政治改革措施

光绪二十七年至三十一年(1901—1905年),清政府连续颁布谕旨,提出新政30余项,并切实加以推行。其中,政治方面的改革主要有三个方面:

(一)整顿政治机构。改总理衙门为外务部(1901 年),班列六部之首。新设督办政务处(1901 年)、商部(1903 年)、巡警部(1905 年)、学部(1905 年)。同时裁撤无用衙门、淘汰冗员。

(二)删改修订刑律。1902 年参照西方和日本刑律修订《大清律例》。废除凌迟、枭首、戮尸等酷刑,死罪皆改为斩决,徒刑以下罪名,不准刑讯。笞杖改为罚金。充军流刑改为服劳役。

(三)筹饷练兵。1901 年裁汰制兵、练勇,停止武科举,编练常备军。军队分为常备、续备、后备三类,步、马、炮、工、辎重五个兵种。1903 年设立练兵处,统筹练兵事宜,派袁世凯在天津主持,到 1905 年编成北洋军 6 镇约 7.5 万余人。同时令各省设立武备学堂,培养军事人才。从 1904 年起决定每年派 100 人赴日本学习军事。此外,还通令各省创办巡警,并于 1905 年设立巡警部。

清廷下诏“变法”

光绪二十七年(1901 年)1 月 29 日,避乱西安的慈禧太后和光绪皇帝颁布“预约变法”上谕,宣称“维新”。

上谕说:“世有万古不易之常经,无一成不变之治法。”“盖不易者,三纲五常,昭然如日星之照世;而可变者,令甲令乙,不妨如琴瑟之改弦。”上谕表示要力图振作,谋求富强,并命臣工参酌中西政治,举凡朝章、国政、吏治、民生、学校、科举、军制等,各抒所见。此后,清廷以推行“新政”名义,陆续施行了一些“改革”措施,以稳定和加强统治。

4 月 21 日,清廷成立“督办政务处”为推行“新政”的办事机关。派李鸿章、荣禄、王文韶、鹿传霖等六人为督办政务大臣,刘坤一、张之洞(后增派袁世凯)遥为参与。下设提调二人,章京若干人。负责制定“新政”各项措施,掌管各地官吏奏章及办理全国官制、学校、科举、吏治等事务。1906 年改称会议政务处,次年并入内阁。

中国同盟会成立

光绪三十一年(1905年)8月20日,中国同盟会在日本东京举行成立大会。大会通过《中国同盟会总章》,选举孙中山为总理。设本部于日本东京。

是年7月,孙中山从欧洲到达日本。经过同黄兴、宋教仁、陈天华等人的磋商。决定以兴中会、华兴会为基础,联合光复会等革命团体,成立统一的组织。7月30日,各革命团体的代表和10省部分留学生共七十多人,在东京召开了筹备组党会议,决定将准备建立的统一组织定名为中国同盟会(简称“同盟会”)。

同盟会本部机构在总理之下按三权分立的原则,设执行、评议、司法三部。推举黄兴为执行部庶务部长,总理不在时主持会务。国内在上海、重庆、香港、烟台、汉口建立东、西、南、北、中五个支部。各省区建立分部。同盟会成员主要是中小资产阶级及其知识分子。另外,还有一些资产阶级自由派和地主阶级反满派,以及若干会党分子。不到一年入盟者逾万人。

孙中山与“三民主义”

光绪三十一年(1905年)11月,孙中山在为同盟会机关刊物《民报》写的发刊词中,把“驱除鞑虏,恢复中华,创立民国,平均地权”这个资产阶级革命纲领阐发为民族、民权、民生三大主义,即三民主义。这是中国第一个比较完整的资产阶级民主革命纲领。

所谓民族主义,就是“驱除鞑虏,恢复中华”。就是说推翻以满族贵族为首的清政府,解除国内的民族压迫,建立以汉族为主体的民族国家。所谓民权主义,就是“创立民国”,即推翻君主专制制度,建立资产阶级共和国,这是三民主义的核心。所谓民生主义,就是“平均地权”,其核心是解决土地问题。办法是核定地价,现有地价仍属原主所有;革命后因社会经济发展而增值的地价则归国家所有,并逐步实现土地国有化。

孙中山、黄兴发动黄花岗起义

宣统三年(1911年)4月27日,孙中山、黄兴等发动了震惊中外的广州起义。由于寡不敌众,起义失败。起义者英勇牺牲和被捕就义者近百人。事后,广州人民收殓烈士遗骸72具,合葬于城郊黄花岗。故又称这次起义为“黄花岗起义”。

1910年11月,孙中山在槟(bīng)榔(láng)屿(今属马来西亚)召集会议,决定广州起义。会后由黄兴、赵声在香港组织统筹部,派同盟会员在新军、巡防营和会党中活动,并向海外华侨募集经费,选拔800人组成“先锋队”(敢死队),在广州设秘密据点38处。

4月23日,黄兴由香港潜入广州,建立起义指挥部。因内奸告密,两广总督张鸣岐严加戒备,搜捕革命党人,起义部署被打乱。在实力尚未集中而又不得不发的情况下,黄兴决定4月27日发动起义,分四路进攻。黄兴率敢死队一百二十多人攻入总督署,张鸣岐逃走。起义军纵火焚督署,在东辕门外与李准的卫队相遇接战。起义军与大队清军激烈巷战,奋战一昼夜,终因伤亡重大,寡不敌众,被清军水师提督李准击败。黄兴伤右手,断两指,仍坚持指挥,直到剩下一个人才改装逃往香港。喻云纪、方声洞、林觉民等不少革命党人受伤被俘后,大义凛然,从容就义。

武昌起义

1911年10月10日晚7时,武昌新军起义,辛亥革命爆发。

保路运动发动以后,湖北的两个革命团体文学社和共进会加紧了策动起义的工作。1911年9月14日,文学社和共进会的负责人接受同盟会中部总会的建议,举行联席会议,拟定了起义计划,组成统一的领导机构。蒋翊武任革命军总指挥,孙武任参谋长,刘公为未来的军政府总理,刘复基、彭楚藩为军事筹备员，派居正、杨玉如赴上海邀请同盟会领导人黄兴、宋教仁和谭人凤前来主持大计。同时与邻省进行联系，策动响应。起义日期最初定于10月6日（中秋节），后因准备不足而延期。10月9日，孙武等在汉口俄租界宝善里的共进会机关赶制炸弹，不慎爆炸受伤。起义机关暴露，准备起义时使用的旗帜、文告、印信、名册等悉数被闻声赶来的俄国巡警搜去。湖广总督下令闭城搜捕。当晚设在武昌的起义指挥机关也遭破坏。蒋翊武机智脱险，刘复基、彭楚藩、杨宏胜等被捕遇害。在整个局面处于群龙无首的状态时，革命士兵自行联络，约定10日晚上继续发动。当晚7时许，新军第八镇工程第八营士兵、革命党人熊秉坤打响了第一枪。起义士兵攻占了楚望台军械库。其他标营的士兵积极响应，齐集楚望台，推举日知会会员、新军左队队官（连长）吴兆麟为临时总指挥。经过一夜血战，占领总督衙门，湖广总督逃跑，武昌起义胜利。

武昌起义爆发，各省随后纷纷宣布独立，清朝的统治开始走向瓦解。清政府任命北洋新军统帅袁世凯为内阁总理大臣，成立内阁并统领清军。但他一方面以武力压迫革命军（阳夏战争），另一方面却暗中与革命党人谈判。清帝于1912年2月12日正式退位，并在退位诏书中宣布“即由袁世凯以全权组织临时共和政府”，标志着中国两千多年来的君主制的正式结束。